utb 2837

AF771664

Eine Arbeitsgemeinschaft der Verlage

Böhlau Verlag · Wien · Köln · Weimar
Verlag Barbara Budrich · Opladen · Toronto
facultas · Wien
Wilhelm Fink · Paderborn
A. Francke Verlag · Tübingen
Haupt Verlag · Bern
Verlag Julius Klinkhardt · Bad Heilbrunn
Mohr Siebeck · Tübingen
Nomos Verlagsgesellschaft · Baden-Baden
Ernst Reinhardt Verlag · München · Basel
Ferdinand Schöningh · Paderborn
Eugen Ulmer Verlag · Stuttgart
UVK Verlagsgesellschaft · Konstanz, mit UVK/Lucius · München
Vandenhoeck & Ruprecht · Göttingen · Bristol
Waxmann · Münster · New York

basics

Wilhelm Hofmann,
Nicolai Dose, Dieter Wolf

Politik-wissenschaft

3., überarbeitete Auflage

UVK Verlagsgesellschaft mbH · Konstanz
mit UVK/Lucius · München

Zu den Autoren:
Prof. Dr. Wilhelm Hofmann lehrt Politikwissenschaft an der Technischen Universität München.
Prof. Dr. Nicolai Dose leitet den Lehrstuhl für Politikwissenschaft und Verwaltungswissenschaft an der Universität Duisburg-Essen und ist Geschäftsführender Direktor des dortigen Instituts für Politikwissenschaft sowie des Rhein-Ruhr-Instituts für Sozialforschung und Politikberatung.
Dr. Dieter Wolf ist wissenschaftlicher Mitarbeiter an der Universität Bremen.

Bibliografische Information der Deutschen Nationalbibliothek
Die Deutsche Nationalbibliothek verzeichnet diese Publikation in der Deutschen Nationalbibliografie; detaillierte bibliografische Daten sind im Internet über http://dnb.d-nb.de abrufbar.

1. Auflage 2007
2. Auflage 2010

Einbandgestaltung: Atelier Reichert, Stuttgart
Coverfoto: © Atelier Reichert
Lektorat: Verena Artz, Bonn
Satz und Layout: Claudia Wild, Konstanz
Druck und Bindung: Pustet, Regensburg

UVK Verlagsgesellschaft mbH
Schützenstr. 24 · D-78462 Konstanz
Tel.: 07531-9053-0 · Fax 07531-9053-98
www.uvk.de

UTB-Band Nr. 2837
ISBN 978-3-8252-4466-8

Inhalt

Grundlagen der Politikwissenschaft | 1

Inhalt

Was heißt hier Wissenschaft? | 1.1

Alltagsnähe der Politik | 1.1.1

Politik – Politikwissenschaft

Über Politik soll und kann gerade in einer demokratischen Ordnung jeder mit gutem Recht mitreden. Sie ist eine Angelegenheit für alle und es gibt kein Wissensmonopol der Politikwissenschaft bezogen auf die Politik. Allerdings sind von den eigenen Interessen ausgehende Verzerrungen und die Unkenntnis der politischen Institutionen an der Tagesordnung. Fast alltäglich ist auch die Neigung zur häufigen und heftigen Diffamierung »der Politik« und »der Politiker« als habgierig oder inkompetent. Diese Beobachtungen verweisen auf ein eigentümliches Verhältnis der Politikwissenschaft zum politischen Reden und Handeln.

Politik ist ein gesellschaftlicher Bereich, zu dem kein privilegierter Zugang einer wissenschaftlichen Elite existiert. Sie ist Teil alltäglicher Erfahrung und Praxis, der gegenüber auch die Wissenschaftler keine absolut neutrale Distanz erreichen können. Politische Entscheidungen erregen die Gemüter, finden Zustimmung bei den einen und vehemente Ablehnung bei den anderen. Diese Stellung der politischen Realität gegenüber der Wissenschaft lässt sich kaum aufheben. Sie bietet der Politikwissenschaft einen eher positiven und einen eher negativen Ausgangspunkt. Die Nähe zum alltäglichen Leben und die spürbaren Auswirkungen politischer Entscheidungen bergen das Risiko, dass die Politikwissenschaft von Vorurteilen und Interessen stark beeinflusst wird. Zugleich bieten die Nähe der politischen Realität und die Betroffenheit durch Politik die Chance unmittelbarer Anknüpfung. Politikwissenschaft braucht zumindest im Normalfall kein Labor.

Zusammenfassung

(Vorwissenschaftliche) politische Erfahrung
Die alltägliche Erfahrbarkeit von Politik bietet der Wissenschaft Möglichkeiten der direkten Anknüpfung, erschwert aber gelegentlich die sachliche Auseinandersetzung.

1.1.2 | Wissenschaft und Methode

Was aber ist der Unterschied zwischen einem leidenschaftlichen politischen Streit an einem Stammtisch und einer engagierten wissenschaftlichen Diskussion in einem Universitätsseminar?

Methodische Kontrolle und Wissnschaft

Wissenschaft ist ein gesellschaftliches Unternehmen und dient der organisierten Produktion von Wissen. Der wesentliche Unterschied zum alltäglichen Wissen besteht darin, dass die Wissenschaft sich um die dauernde Überprüfung der Verfahren (Methoden), mit denen das Wissen gewonnen wird, bemüht. Das wissenschaftliche Wissen wird im Gegensatz zum alltäglichen Wissen methodisch kontrolliert erarbeitet. Es sind bestimmte Verfahren, die von der Gemeinschaft der Wissenschaftler als der Sache angemessen akzeptiert werden, und die Konzentration auf den gemeinsamen Gegenstandsbereich, die die Aussagen einer Wissenschaft kontrollierbar und überprüfbar machen.

Theoretischer Rahmen der Forschung

Ein weiterer wesentlicher Unterschied zu alltäglicher Rede über Politik besteht in den Ansprüchen wissenschaftlicher Aussagen. Wissenschaft will ein politisches Phänomen auf abstrakter Ebene erklären und verstehen. Sie macht allgemeinverbindliche und systematische Aussagen über Politik, die wegen ihrer methodischen Begründung von beliebigen anderen Menschen (d.h. intersubjektiv) überprüft werden können. Die Aussagen hängen daher nur noch zu einem möglichst geringen Teil von der persönlichen Perspektive des Wissenschaftlers ab; d.h., jeder, der sich mit den entsprechenden Verfahren vertraut gemacht hat, kann unabhängig von seiner Herkunft die Wahrheitsfähigkeit von politikwissenschaftlichen Aussagen beurteilen und von seinem Standpunkt aus kritisieren.

Diese Aussagen sind – wenn es sich um solche einer empirischen Politikwissenschaft handelt – entweder an der Realität überprüfbar (falsifizierbar) oder aber – wenn es um Normen bzw. Verfahren einer normativen Politikwissenschaft geht – in ihrer Begründung durchsichtig und nachvollziehbar. Sie sind in einen theoretischen Rahmen eingebaut, der, so weit dies möglich ist, die grundlegenden Voraussetzungen und Annahmen der eigenen Forschung thematisiert. Der theoretische Rahmen dient der Orientierung und Reflexion des eigenen Forschens; er ermöglicht zudem den Bezug auf die Gesamtgesellschaft, weil er die Zusammenhänge von Politik und Gesellschaft modelliert, die dann wiederum überprüft werden müssen.

Definition

Politikwissenschaft
- Die Politikwissenschaft steht in einem kontinuierlichen, aber reflexiven Verhältnis zur politischen Realität.
- Sie macht methodisch überprüfbare Aussagen über Politik mit einem Anspruch auf Wahrheitsfähigkeit.
- Sie bezieht ihr Forschen auf einen theoretischen Rahmen.
- Sie systematisiert und verallgemeinert ihre Erkenntnis.

Abhängigkeit der Erkenntnis | 1.1.3

Instrumente der Erkenntnis

Wie das Zusammenspiel aus methodischem Instrumentarium, theoretischem Rahmen und Erkenntnisgewinn aussehen kann, lässt sich an einem historisch-literarischen Beispiel erläutern. Bertolt Brecht beschreibt in seinem Schauspiel »Das Leben des Galilei« das Aufeinandertreffen von traditionalistischen Gelehrten und dem modernen Wissenschaftler Galilei. Während Galilei als Erfahrungswissenschaftler mit dem Blick durch sein Fernrohr neue Entdeckungen am Sternenhimmel macht, verweigern seine traditionalistischen Gegner den Blick durch das optische Gerät. Sie begründen das damit, dass dort nichts sein könne, weil die klassischen Autoritäten dies in ihren Schriften bereits bewiesen hätten. Durch Technik gestützte und systematisch verbesserte Beobachtung steht hier gegen die gehorsame Auslegung der überlieferten Tradition. Die Gelehrten folgen der Autorität der antiken Überlieferung und können daher nicht der technisch vermittelten eigenen Beobachtung vertrauen. Von ihrem Standpunkt aus ist der Glaube an das, was durch das Fernglas zu sehen ist, naiv. Derjenige, der dagegen erfahrungsgestützt argumentiert, wird wiederum ihren blinden Glauben an die überlieferte Autorität als naiv empfinden.

Verschiedene theoretische Raster, die auch Paradigmen (altgriech. für Urbzw. Musterbild) genannt werden, führen zu unterschiedlichen Methoden der Erkenntnisgewinnung (hier: Beobachtung und Kommentar) und wirken wie ein Filter für das, was als mögliche Antworten auf die gestellten Fragen zugelassen wird. Ein wesentlicher Unterschied zwischen den Positionen ist zudem, dass sie sich innerhalb der eigenen Konzeption unterschiedlicher Formen der Wissensverbesserung bedienen. Aus Beobachtungen abgeleitete Gesetzmäßigkeiten können durch abweichende Beobachtung korrigiert werden. Das ausschließlich auf Text basierende Wissen kann letztlich nur durch eine neue Lektüre korrigiert werden.

Zusammenfassung

Methoden
Unterschiedliche Verfahren der Forschung führen zu verschiedenen Begründungen von wahrheitsfähigen Aussagen und zu verschiedenen Ergebnissen.

1.2 | Was heißt hier Politik?

Autonomie und Funktionalität

Was also kann unter Politik verstanden werden? Selbst wenn man die alltagsweltlichen Vorstellungen von Politik als zu unscharf zurückweist und bestenfalls als Anknüpfungspunkte wissenschaftlicher Politikvermittlung gelten lassen will, so sieht man sich einer großen Vielzahl von Bestimmungen des Politischen gegenüber. Grob unterscheiden lassen sich dabei zunächst zwei Richtungen, von denen eine die Autonomie der Politik vertritt, während die andere deren bloße Funktionalität behauptet. In verschiedenen Spielarten ist damit gemeint, dass es entweder eine gewisse Eigengesetzlichkeit des Politischen gibt oder dass Politik als gesellschaftlich, kulturell bzw. vor allem ökonomisch bestimmte Realität verstanden werden muss, deren wesentlichen Entwicklungen von außen vorgegeben werden.

Zusammenfassung

Zwei Verständnisse von Politik
- Ist Politik ein eigenständiger gesellschaftlicher Bereich (Autonomie der Politik), so kann sie im Kern nur aus sich selbst erklärt werden, wobei andere soziale und kulturelle Faktoren nicht ausgeblendet werden dürfen.
- Ist das, was in der Politik geschieht, vollkommen von anderen gesellschaftlichen Bereichen abhängig (Funktionalität der Politik), so muss Politik von den dort ablaufenden Prozessen her verstanden werden und könnte auch tendenziell ersetzt werden.

Politik in der Moderne

Moderne Gesellschaften weisen zahlreiche mehr oder weniger klar erkennbare Teilbereiche auf, die sich zwar deutlich voneinander unterscheiden lassen, die aber zugleich eng miteinander verbunden sind. Die Art und Intensität der Verbindung hat sich im Laufe der Geschichte stark verändert.

Verdeutlichen lässt sich das an der Beziehung von Politik, Wirtschaft und Religion vom Mittelalter bis in die Gegenwart hinein. Auch eine mittelalterliche Gesellschaft hatte eine wirtschaftliche Sphäre (Subsystem), die nicht ohne Auswirkungen auf die Machtmöglichkeiten des Königs war. Der Herrscher eines großen und reichen Landes konnte mehr Glanz entfalten und mehr Macht gegenüber anderen ausüben, als dies bei einem armen Fürsten der Fall war. Trotzdem war die Herrschaft des Monarchen nicht in erster Linie durch den Erfolg der jeweiligen »Volkswirtschaft« gerechtfertigt, wie das gelegentlich in modernen Demokratien zu sein scheint, sondern zuallererst durch göttliche Gnade.

Dieses Verhältnis dreht sich in der Moderne fast vollkommen um. Religiöse Rechtfertigung ist für politische Herrschaft nicht mehr angemessen. Der moderne Verfassungsstaat basiert sogar auf der weltanschaulichen Neutralität der Verfassungsordnung. Ökonomische Leistungen werden dagegen für den modernen Staat wesentlich wichtiger. Politik greift steuernd in den Markt ein. Die Ökonomie produziert die nötigen materiellen Mittel, die vom Staat für die Erreichung politischer Ziele mit Steuern belastet werden können. Dieses wechselseitige Leistungsverhältnis bis hin zur Durchdringung der gesellschaftlichen Teilbereiche (Subsysteme) nennt man Interpenetration.

Definition

Gesellschaftliche Subsysteme
Moderne Gesellschaften haben in der gesellschaftlichen Entwicklung (= Evolution) zahlreiche gesellschaftliche Teilbereiche (= Subsysteme) ausgebildet, die für die Gesamtgesellschaft bestimmte Funktionen erfüllen und eigenen Gesetzmäßigkeiten folgen. Zwischen den verschiedenen Systemen bestehen mehr oder weniger dichte Verbindungen, wobei Leistungen ausgetauscht werden.

Damit drängt sich natürlich die Frage auf, was Politik für die anderen gesellschaftlichen Bereiche bzw. für die Gesamtgesellschaft leisten soll und kann. Das, was Politik für die Gesellschaft bedeuten kann, lässt sich ohne den jeweiligen historischen und kulturellen Kontext nur schwer bestimmen. Es ist abhängig von den Selbstdeutungen der jeweiligen Gesellschaft, den

Erwartungen der Beherrschten und der Machthaber. Daher sollen zunächst einige klassische Politikbegriffe und deren orientierende Bedeutung vorgestellt werden.

1.2.1 | Klassische Politikbegriffe

Perspektiven und praktische Folgen

Für eine Einteilung, wie sie in Abbildung 1 vorgenommen ist, müssen immer Vereinfachungen und Zuspitzungen vorgenommen werden. Es versteht sich von selbst, dass ein empirisch-analytisches Wissenschaftskonzept im Dienste einer emanzipatorischen Politik stehen kann und es ist ebenso selbstverständlich, dass dieses Konzept nicht blind sein muss gegenüber Werten und Normen. Unterschiedlich sind allerdings die zentralen Aspekte. Bei einem empirisch-analytischen Vorgehen läge der Schwerpunkt auf der Untersuchung von Ursachen und ihren Wirkungen und nicht primär auf der idealen Umsetzung von Normen. Dagegen findet ein normativer Ansatz seine wesentliche Bezugsdimension in dem erkennbaren Bezug der praktischen Politik zum Sollen (moralische Rechtfertigung, Verfassung etc.). Während eben dieses Sollen den empirisch arbeitenden Kollegen zunächst als soziales Faktum interessiert, geht es in einem normativ orientierten Diskurs nicht um das bloße Faktum einer Regel, sondern zuerst um ihre Begründbarkeit und dann um ihre Wirkungen auf den politischen Prozess.

Selektive Wirkung

Das lässt sich am Beispiel einer Revolution zeigen. Der normativ-(ontologisch) arbeitende Wissenschaftler wird ein solches Ereignis zunächst unter dem Aspekt betrachten, welche Form legitimer Herrschaft durch diese umgestürzt wurde. Er wird nach der Begründung der neuen Herrschaft fragen und diese einer Kritik im Lichte bestimmter Ordnungsideale unterziehen. Die Dimension des sozialen Kampfes, die der dialektische Ansatz besonders betonen würde, käme dabei naturgemäß eher weniger in den Blick. In

Abb. 1 | *Die drei klassischen Politikbegriffe*

Politikbegriff	Politik ist:	hervorgehobene Dimension
normativ-ontologisch	eigenständiger Seinsbereich, der im Wesentlichen der ethisch-moralischen Orientierung und Kooperation dient	Normen (z. B. Verfassungen, Werte, Güter)
kritisch-dialektisch	Ausdruck der wirtschaftlichen Entwicklung der jeweiligen Gesellschaft	sozialer Kampf (Klassenkampf), Unterdrückung, Ausbeutung und Emanzipation
empirisch-analytisch	gesellschaftlicher Teilbereich, in dem gesamtgesellschaftlich relevante Entscheidungen gefällt werden, die mit Zwangsgewalt versehen sind	das Handeln von Akteuren in bestehenden politischen Ordnungen und das Ergebnis dieses Handelns

der kritisch-dialektischen Perspektive wiederum wäre die zentrale Frage, welche gesellschaftlichen Gruppen als Träger der Umwälzungen nun verstärkt politisch partizipieren können und ob sich die sozialen Verhältnisse verbessert haben. Für die empirisch-analytische Wissenschaft wären zunächst einmal die konkreten Bedingungen, unter denen es zu einer Revolution kommt, von Interesse. Sie fragt, ob sich aus der Beobachtung Aussagen über deren Verlaufsgesetzlichkeit ableiten lassen und wie für zukünftige Entwicklungen (je nach Standpunkt) hier Vorsorge getroffen werden kann. Dass all dem wesentlich verschiedene theoretische Konzepte von Politik zugrunde liegen, wird uns noch weiter beschäftigen (→ vgl. Kapitel 2.1).

Zusammenfassung

Auswirkung der Politikbegriffe auf die Forschung
Die Vorstellung, die von Politik bereits vor dem Beginn der eigentlichen Forschungstätigkeit existiert, führt dazu, dass der Gegenstand unter einer bestimmten Perspektive behandelt wird (selektive Ausrichtung).

Die drei analytischen Dimensionen der Politik | 1.2.2

Polity – Politics – Policy

In der gegenwärtigen Situation der Politikwissenschaft, die sich als eine moderne empirische Sozialwissenschaft versteht, hat sich aus dem empirisch-analytischen Ansatz eine andere Feineinstellung des Politikbegriffes ergeben, die vom Fach insgesamt akzeptiert wird. Dabei wird Politik als gesellschaftlicher Teilbereich verstanden, der für die Gesamtgesellschaft allgemeinverbindlich Entscheidungen trifft. Die Qualität dieser Entscheidungen wird nicht vorwegnehmend beurteilt. Allerdings werden drei analytische Dimensionen der Politik unterschieden. Gemeint ist die Unterscheidung nach Polity, Politics, Policy (s. Abb. 2).

Nutzen der Differenzierung

Das Konzept der analytischen Dimensionen des Politischen geht davon aus, dass sich diese drei Aspekte in jedem politischen Phänomen mehr oder weniger deutlich identifizieren lassen. Es bildet einen wesentlichen Ausgangspunkt moderner Politikwissenschaft. Die Differenzierung des Politikbegriffs in diese drei Dimensionen erlaubt, Beziehungen zwischen diesen Teilaspekten herzustellen. Dies ist etwa der Fall, wenn die Art und Weise der Interessenauseinandersetzung (Politics) durch die Vorgaben der Polity erklärt werden sollen. So ermöglichen beispielsweise das Recht auf freie Meinungsäußerung (Art. 5 GG) und die Versammlungsfreiheit (Art. 8 GG) bestimmte Formen des öffentlichen Protestes. Gäbe es diese Garantien nicht, sähen die Politics völlig anders aus.

Abb. 2

Analytische Dimensionen der Politik

Polity	Polity bezeichnet das Normengefüge, welches die politischen Strukturen und die sich hieraus ergebende Ordnung bestimmt. Konkret müsste man in Deutschland dazu zählen: das Grundgesetz und die in ihm verankerten Institutionen (z. B. Bundestag, Bundesregierung, Bundesverfassungsgericht) und Verfahren (z. B. die Vorschriften, die bei der Gesetzgebung zu beachten sind).
Politics	Politics bezieht sich auf den Prozess des Politikgestaltens, der durch Konflikt, Konsens und Durchsetzungsprozesse gekennzeichnet ist. Dieser Prozess, in dem Interessen von politischen Akteuren vertreten werden, findet im Idealfall innerhalb der Vorgaben der Polity statt und wird von ihr kanalisiert.
Policy	Umfasst die inhaltliche (materielle) Dimension von Politik, die sich in Parteiprogrammen, Koalitionsvereinbarungen, Gesetzen (z. B. Bafög, Gesundheitsreformgesetz oder Elterngeld) und Rechtsverordnungen niederschlägt. Über die Inhalte wird im Rahmen der Vorgaben durch die Polity häufig gestritten, wenn die verschieden Interessen aufeinanderprallen (Politics).

Zusammenfassung

Nutzen des analytischen Politikbegriffs für die Forschung

- Mit der Differenzierung in die drei analytischen Dimensionen von Politik (Polity, Politics und Policy) lässt sich derjenige Teilbereich deutlicher benennen, der gerade gemeint ist.
- Die Differenzierung ermöglicht es, die besondere Ausprägung eines Teilbereichs durch einen anderen Teilbereich zu erklären.

1.3 | Analytische Bausteine der Systemforschung

1.3.1 | Kategorienbildung mit System

Wie jede andere Wissenschaft auch benötigt die Politikwissenschaft analytische Werkzeuge. Eine empirisch-analytische Politikwissenschaft (→ vgl. Kapitel 1.2.1), die darum bemüht ist, Erkenntnisse aus der Beobachtung zu gewinnen, braucht Kategorien, um die beobachtete Wirklichkeit für die Analyse, aber auch für die Beschreibung handhabbar zu machen. Dabei werden Teile der beobachteten Wirklichkeit zunächst voneinander abgegrenzt und zueinander in Beziehung gesetzt. Im einfachsten Fall erlaubt dies eine systematische Beschreibung.

Beschreibung

Anspruchsvoller ist es, wenn mit einer oder mehreren Kategorien eine andere Kategorie erklärt werden soll. Als Beispiel kann folgender angenommener Erklärungszusammenhang gelten: Spenden von Wirtschaftsverbänden an politische Parteien sorgen dafür, dass sich die Parteien bei ihren Entscheidungen nach den Interessen dieser Wirtschaftsverbände richten. Um einen solchen Erklärungszusammenhang formulieren zu können, reicht es nicht, diesen Vorgang ein einziges Mal beobachtet zu haben. Für eine solche nicht nur für eine Partei und eine Situation geltende Aussage ist es notwendig, die entsprechende Beobachtung in einer wiederkehrenden Zahl von Fällen zu machen und nicht nur im Zusammenspiel von einem Wirtschaftsverband und einer Partei. Vielmehr müssen mehrere Wirtschaftsverbände und mehrere Parteien betroffen sein. Darüber hinaus muss das jeweilige Verhalten auf eine nachvollziehbare und verlässliche Weise »gemessen« werden (→ vgl. Kapitel 1.1.2).

Erklärung

Gelangt man zu der Erkenntnis, dass der ermittelte Erklärungszusammenhang robust ist, können vorsichtige Prognosen aufgestellt werden. Wird z.B. beobachtet, dass eine bestimmte Partei regelmäßig Spenden in nennenswerter Höhe von verschiedenen Verbänden der deutschen Wirtschaft erhält *und* fortgesetzt eine Politik im Interesse dieser Verbände betreibt, dann kann prognostiziert werden, dass die Partei den Interessen der Wirtschaft gegenüber besonders aufgeschlossen sein wird, wenn sie weiterhin Geldmittel von den Wirtschaftsverbänden erhält. Voraussetzung hierfür ist natürlich, dass sich der entsprechende Erklärungszusammenhang vorher in der Realität bewährt hat, er also vorläufig bestätigt wurde. Man spricht hier von Vorläufigkeit, weil man nie weiß, ob es in der Realität nicht einen Fall geben wird, der belegt, dass der Zusammenhang nicht immer oder nicht mehr gilt.

Prognose

Zur »Messung« und zur Überprüfung von vermuteten Zusammenhängen hält die empirische Forschung einen Werkzeugkasten mit relativ ausgereiften methodischen Instrumenten bereit. Hier geht es vor allem um den Aspekt, dass eine systematische Wissenschaft analytische Werkzeuge benötigt, um die Realität handhabbar zu machen. Dabei soll insbesondere eine Auseinandersetzung mit Kategorisierungen und ihrem Nutzen erfolgen.

Messung

Wie müssen Kategorien gebildet werden, damit sie auch tatsächlich einen Erkenntnisgewinn bringen? Kategorien sollten einen gewissen Allgemeinheitsgrad aufweisen. Sie sollten also mehr als einen einzigen Fall abdecken. Sinnvoll ist es, sich auf eine Gruppe von ähnlich gelagerten Fällen zu konzentrieren. Die Ähnlichkeit bezieht sich dabei auf das mit der Kategorie erfasste Merkmal. Bei der Kategorie »Wirtschaftsverband« z.B. ergibt sich die Ähnlichkeit erstens aus der Charakterisierung als Verband und zweitens aus der näheren Bestimmung, dass Interessen der Wirtschaft wahrgenommen werden. Definiert man Verbände in einer ersten Annäherung als Organisationen, welche die Interessen ihrer Mitglieder im öffentlichen Raum vertreten, welche aber keine Regierungsbeteiligung anstreben, dann ist eine wichtige Abgrenzung gegenüber Parteien gefunden. Gegen-

Kategorien

über dieser anderen wichtigen Institution im öffentlichen Raum zur Interessenwahrnehmung wäre die Definition also trennscharf. Man wird kaum eine Institution finden, die definitionsgemäß sowohl Verband als auch Partei ist. Denn entweder strebt die Organisation eine Regierungsbeteiligung an oder nicht. Das eine Mal ist sie eindeutig Partei und das andere Mal eindeutig Verband.

Im betrachteten Fall geht es jedoch nicht nur um einen Verband, sondern um einen, der die Interessen der Wirtschaft vertritt. Hier könnte man den Bundesverband der Deutschen Industrie, Handwerksverbände, den Bundesverband der Freien Berufe oder die Bundesvereinigung der Deutschen Arbeitgeberverbände nennen. Kategorisierungen sind allerdings nur dann sinnvoll, wenn mit ihnen ein Unterschied beschrieben, erklärt oder prognostiziert werden kann. Dies ist beispielsweise der Fall, wenn die Aussage getroffen wird, dass Wirtschaftsverbände häufig einflussreicher sind als Freizeitvereine. Eine Unterscheidung einzuführen und dann nicht mehr mit dieser zu arbeiten, ist hingegen meistens wenig sinnvoll.

Zusammenfassung

Kategorienbildung

- Kategorien sollten einen gewissen Allgemeinheitsgrad aufweisen und sich trennscharf von einander abgrenzen lassen.
- Wenn mit einer Kategorisierung anschließend nicht mehr gearbeitet wird, deutet dies darauf hin, dass sie möglicherweise entbehrlich ist.

1.3.2 | Forschungsheuristiken

Zur Analyse politischer Zusammenhänge wird häufig auf methodologische Anleitungen zurückgegriffen (Methodologie = Lehre von den wissenschaftlichen Methoden). Es werden also Anleitungen herangezogen, die theoretisch fundierte Methoden zur wissenschaftlichen Erkenntnisgewinnung enthalten. Sie arbeiten meist mit bestimmten Variablen und Kategorisierungen, die die Forschung anleiten sollen. So wird beispielsweise vorgeschlagen, hauptsächlich vom Handeln der zentralen Akteure auszugehen.

Akteurorientierte Ansätze

Akteure sind damit die handelnde Einheit. Dies können einzelne Individuen wie der Bundespräsident, der Bundeskanzler, ein Ministerpräsident, der Vorsitzende eines Verbandes, aber auch Institutionen sein wie beispielsweise der ADAC, der Bundesrat, die Finanzministerkonferenz oder die Europäische Kommission. Akteurorientierte Ansätze beziehen sich also auf das Handeln der Akteure. Dabei wird jedoch nicht das Handeln nur eines

Akteurs betrachtet, sondern vor allem wie die verschiedenen Akteure miteinander umgehen und sich u. U. gegenseitig beeinflussen.

Die methodologischen Anleitungen, in denen die zentralen Variablen sowie die expliziten und impliziten Hypothesen über ihr Verhältnis zueinander enthalten sind, kann man auch als Forschungsheuristiken bezeichnen. Hiervon gibt es in der Politikwissenschaft eine ganze Reihe. An dieser Stelle werden zwei dieser Forschungsheuristiken näher betrachtet:

1. der *Rational Choice-Ansatz*, der bestimmte Annahmen über das Verhalten der Akteure macht und Vorkommnisse auf das Handeln von Akteuren zurückführt,
2. der *akteurzentrierte Institutionalismus*, der davon ausgeht, dass materielle Politik nicht nur von Akteuren, sondern auch von den Institutionen beeinflusst wird, die die Akteure umgeben.

Rational Choice-Ansatz

Mit dem Rational Choice-Ansatz werden Ereignisse im Wesentlichen auf das Handeln von Akteuren (= die jeweils Handelnden) oder Akteursgruppen zurückgeführt. In solchen Handlungstheorien werden Akteure als die zentralen Gestalter der Umwelt betrachtet. Sie handeln auf der Basis von vorher getroffenen Entscheidungen. Damit dies überhaupt möglich ist, wird davon ausgegangen, dass sie eine gewisse Wahlfreiheit besitzen. Zentrale Annahme des Rational Choice-Ansatzes ist jedoch, dass die Akteure rational handeln; mit anderen Worten, die Akteure haben klare Vorlieben und Ziele (Präferenzen) und verfügen über alle wichtigen Informationen, um diesen Vorlieben und Zielen entsprechend entscheiden zu können. Dies heißt dann auch, dass den Akteuren alle wichtigen Handlungsmöglichkeiten bekannt sind und sie auch abschätzen können, welche dieser Möglichkeiten ihnen den größten Nutzen bringt. Dass diese Annahme nicht besonders realistisch ist, wurde vielfach kritisiert. Allerdings machen ihre Verfechter geltend, dass sie so lange mit dieser Annahme arbeiten können, bis es einen Ansatz gibt, der die tatsächlich beobachtbaren Ergebnisse menschlichen Handelns besser erklären und prognostizieren kann. Wenn die Erklärungskraft groß sei, wäre es nicht schädlich, so zu tun, *als ob* die Annahme tatsächlich gegeben sei.

Das grundlegende Problem, das schon Hobbes umtrieb, nämlich die Annahme, dass die reine Verfolgung von Eigeninteressen ins Chaos führt, wenn nicht ein gegenseitiger Vertrag geschlossen wird greift für die Verfechter des Rational Choice-Ansatzes unter Hinweis auf Adam Smith und sein grundlegendes Werk »The Wealth of Nations« (1776) nicht. Smith und mit ihm die klassische und neoklassische Wirtschaftswissenschaft nehmen nämlich an, dass sich das größte Gemeinwohl einstellt, wenn die Akteure nur ihre Eigeninteressen verfolgen. Allerdings gilt dies nur unter gewissen Annahmen wie dem Schutz des Eigentums, der Freiheit des Handels usw., weswegen auf den Leviathan des Thomas Hobbes nicht ganz verzichtet werden kann (→ vgl. Kapitel 2.3.2).

Rational Choice-Ansätze gehen also von rationalen Erwartungen der Akteure aus und führen Entwicklungen wie beispielsweise den vielfach beklagten Bürokratisierungsprozess auf Entscheidungen dieser Akteure zurück. Will man entsprechende Prozesse erklären, müsste man – folgt man der »Forschungsanleitung« des Rational Choice-Ansatzes – die Vorlieben und Ziele sowie die daraus resultierenden Entscheidungen der beteiligten Akteure analysieren.

Akteurzentrierter Institutionalismus

Einen anderen »Bauplan« für Forschungsanstrengungen gibt der akteurzentrierte Institutionalismus an die Hand. Er sagt, dass nicht nur die Akteure betrachtet werden sollen, sondern auch die Institutionen, die diese umgeben. Auch wird nicht davon ausgegangen, dass Akteure stets rational handeln; es wird auch nicht so getan, als ob sie dies täten. Vielmehr werden beispielsweise die Handlungsorientierungen (z.B. Wohlstand, Reputation oder Nächstenliebe) der Akteure betrachtet und es wird berücksichtigt, dass diese nur über begrenzte Kapazitäten der Informationsverarbeitung verfügen. Dabei interessieren insbesondere die aus Einzelakteuren zusammengesetzten Akteure (z.B. Verbände und Unternehmen), denn sie verfügen über verhältnismäßig großen Einfluss auf Politikprozesse und damit auch auf das Ergebnis politischer Auseinandersetzungen.

Wie schon erwähnt, werden neben diesen Akteuren auch Institutionen in die Analyse einbezogen. Dabei wird ein weiter Institutionenbegriff zugrunde gelegt. Es werden nicht nur die Institutionen wie der Bundestag, der Bundesrat und das Bundesverfassungsgericht mit den jeweils geltenden Verfahrensregeln (etwa: was schreibt das Grundgesetz über den Gesetzgebungsprozess vor?) betrachtet. Vielmehr interessieren auch die vielen formellen und informellen Regeln, die helfen, Verhalten zu erklären oder vorherzusagen. Dazu gehört das Demonstrationsrecht genauso wie beispielsweise der Umstand, dass im Bundestag im Rahmen der Aussprache über den Haushalt des Bundeskanzleramts immer auch eine Generaldebatte über die Politik der jeweiligen Bundesregierung stattfindet.

In welchem Verhältnis stehen Akteure und Institutionen im akteurzentrierten Institutionalismus zueinander? In einer eher kurzfristigen Betrachtung muss man davon ausgehen, dass Akteure innerhalb eines gegebenen institutionellen Kontextes handeln. Die Institutionen können das Handeln der Akteure fördern, aber auch hemmen und kanalisieren. Ist beispielsweise für die Verabschiedung eines Gesetzes die Zustimmung des Bundesrats erforderlich und besitzen die Parteien, die die Bundesregierung tragen, nicht die erforderliche Mehrheit im Bundesrat, ist die Bundesregierung in ihrer politischen Gestaltungsfähigkeit beschränkt. Auch wenn Institutionen als kurzfristig nicht veränderbar betrachtet werden müssen, können sie doch in einer mittel- und längerfristigen Perspektive auch selbst Gegenstand der politischen Auseinandersetzung mit dem Ziel einer Veränderung werden. Ein gutes Beispiel hierfür sind die Bemühungen um die Reform des deutschen Föderalismus (→ vgl. Kapitel 3.5.3).

Leistungen von Forschungsheuristiken

Welche Leistungen erbringen Forschungsheuristiken wie der Rational Choice-Ansatz und der akteurzentrierte Institutionalismus für den Forschungsprozess? Sie leiten diesen an. Sie sagen, auf welche Faktoren insbesondere zu achten ist. Allerdings erschließt sich aus dem Hinweis, dass im Wesentlichen Akteure (Rational Choice-Ansatz) bzw. Akteure und Institutionen (akteurzentrierter Institutionalismus) wichtig sind, noch kein genauer Bauplan für die eigene Forschung. Konkrete systematisierende Anleitungen müssen erst aus der jeweiligen Fragestellung entwickelt werden. Möchte man beispielsweise wissen, wie verschiedene Formen des Föderalismus (→ vgl. Kapitel 3.5) auf die Reformfähigkeit eines Nationalstaats wirken, leitet sich daraus ab, welche institutionellen Vorgaben genauer zu betrachten sind. Dies können beispielsweise die Regeln sein, aus denen sich das Ausmaß der Beteiligung der Länder an der Gesetzgebung des Bundes ergibt. Wichtig ist auch die Eigenständigkeit der Länder, die sich z.B. anhand der Gesetzgebungskompetenzen und dem Ausmaß ihrer Finanzhoheit ablesen lässt.

Neben den institutionellen Gegebenheiten wirken jedoch auch andere Faktoren auf die Reformfähigkeit eines Nationalstaats. Folgt man dem akteurzentrierten Institutionalismus, sind auch die wichtigen Akteure zu betrachten. Damit gelangen die Verbände ins Blickfeld und ihre Fähigkeit, den politischen Prozess zu beeinflussen (→ vgl. Kapitel 3.1). Wichtig für die Reformfähigkeit dürfte auch das Parteiensystem sein und die Chance, stabile Mehrheiten im Parlament zu organisieren (→ vgl. Kapitel 3.2). Von Interesse könnte zudem die Weltmarktoffenheit sein. Im jeweiligen Forschungsdesign (= Plan für eine systematische empirische Forschung) müssten diese verschiedenen, als relevant herausgearbeiteten Variablen berücksichtigt werden. Wie dieses Forschungsdesign im Einzelnen zu gestalten ist, wird in entsprechenden Methoden-Lehrveranstaltungen und Lehrbüchern vermittelt.

Zusammenfassung

Was leisten Forschungsheuristiken?
Eine Forschungsheuristik hilft, die jeweils relevanten Variablen zu ermitteln. Sie weist den Forschungsprozess in die »richtige« Richtung. Die tatsächlich erklärungskräftigen Variablen ergeben sich aus der Forschungsfrage. Sie können nicht ohne Vorkenntnisse, die aus der einschlägigen Literatur gewonnen werden müssen, benannt werden. Das konkrete Forschungsdesign schließlich legt fest, wie die Untersuchungsfälle auszuwählen sind.

Lernkontrollfragen

1 Was unterscheidet die Politikwissenschaft von einem Alltagsverständnis von Politik?
2 Welche zentralen Aspekte geben die klassischen Politikbegriffe vor und was folgt aus diesen für die konkrete Forschung?
3 Welche Ausdifferenzierung hat der empirisch-analytische Politikbegriff gefunden?
4 Nennen Sie bitte Beispiele für eine Beschreibung, eine Erklärung und eine Prognose.
5 Erfüllt Ihrer Meinung nach die Unterscheidung von Polity, Policy und Politics die Kriterien für eine sinnvolle Kategorisierung? (Diskussionsfrage; gut geeignet für Arbeitsgruppen.)
6 Welche Funktion erfüllen Forschungsheuristiken? Verdeutlichen Sie dies anhand von Beispielen.

Literatur

Alemann, Ulrich von/Forndran, Erhard (2005), Methodik der Politikwissenschaft, 7. Auflage, Stuttgart.
Eingeführtes Lehrbuch zur Methodik der Politikwissenschaft, in dem neben vielen praktischen Fragen (Arbeitstechniken, Aufstellung eines Forschungsplans, Arten der Erhebung von Daten usw.) auch die klassischen Politikbegriffe behandelt werden.

Behnke, Joachim/Baur, Nina/Behnke, Natalie (2010), Empirische Methoden der Politikwissenschaft, 2. Auflage, Paderborn u. a.
Systematisch aufgebautes Methodenlehrbuch, das ausgeprägt mit politikwissenschaftlichen Beispielen arbeitet.

Böhret, Carl/Jann, Werner/Kronenwett, Eva (1988), Innenpolitik und politische Theorie, 3. Auflage, Opladen, insbesondere S. 1–12.
Immer noch äußerst lohnendes Lehrbuch, in dem auf den hier interessierenden ersten Seiten die unterschiedlichen Politikbegriffe sehr schön verdeutlicht werden.

Braun, Dietmar (1999), Theorien rationalen Handelns in der Politikwissenschaft. Eine kritische Einführung, Opladen.
Lehrbuch, das in einen wichtigen Theoriebereich der Politikwissenschaft einführt. Es werden sowohl die Grundlagen der ökonomischen Theorie der Politik als auch Anwendungen in einzelnen Teilbereichen dargestellt.

Frantz, Christiane/Schubert, Klaus (Hrsg.) (2010), Einführung in die Politikwissenschaft, 2. Auflage, Münster.
Amerikanischen »Textbooks« nachempfundenes, großformatiges Lehrbuch, das in seinem Aufbau den drei Dimensionen des wissenschaftlichen Politikbegriffs folgt. Der Band ist mit seinen zahlreichen Karikaturen, Grafiken und Fotos sehr anschaulich.

Habermas, Jürgen (1968), Erkenntnis und Interesse, Frankfurt/Main.
Habermas wendet sich in seinem Buch gegen die Vorstellung von einer »objektiven Erkenntnis«. Denn jedes Bemühen um Erkenntnis sei von theoretischen Grundannahmen und vom jeweiligen Interesse an einer spezifischen Erkenntnis vorgeprägt.

Mayntz, Renate/Scharpf, Fritz W. (1995), Der Ansatz des akteurzentrierten Institutionalismus, in: Renate Mayntz/Fritz W. Scharpf (Hrsg.), Gesellschaftliche Selbstregelung und politische Steuerung, Frankfurt/Main u. a., S. 39–72.
Der zentrale Aufsatz, in dem der Ansatz des akteurzentrierten Institutionalismus erstmalig von den seinerzeitigen Direktoren des Max-Planck-Instituts für Gesellschaftsforschung in Köln entwickelt wird. In dem Sammelband, in dem der Aufsatz erschienen ist, finden sich weitere Beiträge, in denen der Ansatz bereits angewandt wurde.

Theorien der Politik(wissenschaft) | 2

Inhalt

Theorie und Politik | 2.1

Theorie zwischen Problemlösung und kritischer Orientierung | 2.1.1

Erwartungen an Theorie

Die Antwort auf die Frage, was Theorie innerhalb der Politikwissenschaft leistet bzw. leisten soll, hängt immer auch davon ab, welcher Politikbegriff zugrunde gelegt wird. Bei allen Ähnlichkeiten und vielfältigen Überschneidungen lassen sich empirische und normative Konzeptionen von politischer Theorie unterscheiden. Empirisch-analytische Ansätze sehen Theorie als Mittel zur Erklärung politischer Phänomene. Normative Ansätze betonen die eigenständige moralische Dimension politischer Realität.

Theorie: empirisch-analytisch | 2.1.1.1

Wenn Politik vor allem als der gesellschaftliche Teilbereich begriffen wird, in dem für die ganze Gesellschaft verbindliche Entscheidungen getroffen werden, dann soll Theorie bei der Erklärung dieses Phänomens helfen. Sie leistet einen Beitrag für die Formulierung praktischer Politik, darf sich aber gerade deshalb nicht zu weit von der politischen Realität entfernen und muss immer an ihr überprüfbar sein. Durch diese strenge Forderung nach der Überprüfbarkeit der Aussagen anhand der Realität sollen ideologische

Verzerrungen verhindert werden. Ausgehend von solchen Überlegungen verlangt der Hauptvertreter des Kritischen Rationalismus, Karl Popper (1902–1994), dass alle wissenschaftlichen Aussagen widerlegbar sein müssen (Falsifikation). Eigene Wertungen und weltanschauliche Vorurteile der Forscher sollen möglichst vollkommen ausgeschaltet werden (Wertfreiheit). Das diesem Konzept zugrunde liegende Bild von Politik und Politikwissenschaft ist das von *trial and error*. Angeleitet von wissenschaftlichem Wissen, das selbst allerdings immer der Überprüfung und Verbesserung bedarf, steuert Politik die gesellschaftliche Entwicklung und lernt aus ihren Fehlern. Ziel von Theorie ist es in diesem Kontext, der empirischen Forschung Orientierung zu geben. Normative Aussagen sind im strengen Sinn in diesem Ansatz nicht begründbar, können aber Gegenstand der Untersuchung sein.

Logik von Versuch und Irrtum

Zusammenfassung

Theorie: empirisch-analytisch
Politische Theorie wird im Kontext empirisch-analytischer Ansätze zu einer Tätigkeit, die:

- Forschungsaktivitäten auf eine pragmatische Konzeption hin orientiert;
- Aussagen über mögliche Ereignisse und Entwicklungen macht, die überprüft werden können;
- Wertorientierungen der Forscher aus der Forschung ausschließen will.

Was damit gemeint ist, lässt sich beispielhaft am Theorieverständnis des Kritischen Rationalismus zeigen. Karl Popper formuliert in »Die Logik der Sozialwissenschaften«:

»[...]

a) Die Methode der Sozialwissenschaften [...] besteht darin, Lösungsversuche für ihre Probleme [...] auszuprobieren. [...] Wenn ein Lösungsversuch der [...] Kritik nicht zugänglich ist, so wird er [...] ausgeschaltet, [...].
b) Wenn er einer sachlichen Kritik zugänglich ist, dann versuchen wir, ihn zu widerlegen; denn alle Kritik besteht in Widerlegungsversuchen.
c) Wenn ein Lösungsversuch [...] widerlegt wird, versuchen wir einen anderen.
d) Wenn er der Kritik standhält, dann akzeptieren wir ihn vorläufig; [...].
e) Die Methode der Wissenschaft ist also die des tentativen Lösungsversuches (oder Einfalls), der von der schärfsten Kritik kontrolliert wird. [...] (»trial and error«).
f) Die [...] Objektivität der Wissenschaft besteht in der Objektivität der kritischen Methode; [...].« (Popper (1969) 1993: 103–123, gekürzt).

Nach Karl Popper macht Theorie einen kritisierbaren Erklärungs- bzw. Lösungsvorschlag. Wenn er nicht widerlegbar ist, wird er versuchsweise (= tentativ) und für eine bestimmte Zeit als handlungsleitend akzeptiert. Der Vorschlag kann auf der theoretischen Ebene widerlegt werden, wenn sich beispielsweise Widersprüche ergeben oder sich grundlegende Annahmen als unzutreffend erweisen. Er kann aber vor allem durch die Auswertung von praktischer Erfahrung widerlegt werden. Die Verfahren (Methoden), mit denen jeweils die Ergebnisse gewonnen werden, müssen in jedem Fall transparent und nachvollziehbar sein.

Theorie: normativ

2.1.1.2

Ordnung und Orientierung

Wenn Politik als ein gesellschaftlicher Teilbereich verstanden wird, in dem Menschen vor dem Hintergrund höherwertiger Prinzipien ihre gemeinsamen Angelegenheiten regeln, dann müssen diese Prinzipien und die von ihnen abgeleiteten Verfahren der Entscheidungsfindung in das Zentrum der Forschung rücken. Es geht dann um die Frage, ob und wie solche höherwertigen Prinzipien (z.B. die Menschenrechte) selbst noch mal begründet werden können und welche politischen Institutionen den bereits anerkannten Normen am ehesten entsprechen. Ziel normativer Theorie ist das Verständnis und die Begründung von Ordnungskonzeptionen. Diese Ordnungskonzeptionen lassen sich in der gesellschaftlichen Realität nie ganz verwirklichen, sie sind aber als Orientierungsrahmen für alle politischen Gemeinwesen notwendig. Der Ursprung dieser Ordnungskonzepte wird je nach der Ausrichtung der Theorie in unterschiedlichen Bereichen gesucht. So kann beispielsweise ein göttliches Gebot, die menschliche Vernunft in all ihren Spielarten oder der Sozialtrieb des Menschen als Ausgangspunkt der Begründung von Ordnung herangezogen werden.

Als Beispiel für eine normative Perspektive kann die neoklassische Theoriekonzeption von Eric Voegelin gelten. In »Die neue Wissenschaft der Politik« heißt es:

»Politische Gesellschaften müssen, um handlungsfähig zu sein, eine innere Struktur besitzen, [...]. Dieser Prozess, in dem eine Vielzahl von Menschen sich zu einer handlungsfähigen Gesellschaft gestaltet, soll die Artikulierung einer Gesellschaft, [...] genannt werden. Als Ergebnis der politischen Artikulierung gibt es dann Menschen, die wir Herrscher nennen, die für die Gesellschaft handeln [...].

Zusammenfassung

Theorie: normativ

Politische Theorie wird im Kontext normativer Ansätze eine Tätigkeit, die:

- Forschungsaktivitäten auf eine moralisch-normative Konzeption hin orientiert;
- Begründung und Auslegung von Ordnungskonzeptionen untersucht;
- die Wertdimension der Politik und der Politikwissenschaft herausarbeitet und bejaht.

Gibt es wirklich so etwas wie Repräsentation der Wahrheit in der Gesellschaft? [...] Dann würde zu unterscheiden sein zwischen der Repräsentation einer Gesellschaft durch ihre existenziellen Repräsentanten, und einer zweiten Relation, in welcher die Gesellschaft selbst etwas, das über sie hinausgeht, eine transzendente Wirklichkeit, repräsentiert.« (Voegelin (1959) 1991: 61 u. 83).

Nach Eric Voegelin geht normative Theorie davon aus, dass Gesellschaft durch Institutionen der Herrschaft (z.B. Krone, Parlament) und die jeweiligen Amtsinhaber (z.B. Herrscher, Parlamentarier) repräsentiert wird. Sie machen die Gesellschaft handlungsfähig und sind Stellvertreter des gesellschaftlichen Willens (= Repräsentation 1). Gleichzeitig gibt es aber eine grundlegende Ordnungskonzeption, die nie ganz in der verwirklichten Ordnung aufgeht (z.B. Menschenrechte, göttliche Ordnung) und als deren teilweise Realisierung sich Gesellschaft verstehen kann (= Repräsentation 2). Weil wir in der Politik immer auch Ordnungen verwirklichen, die über den Moment hinausweisen und uns als Menschen angehen, existiert in jeder konkreten politischen Realität ein normativer Horizont.

2.1.2 | Theorie – historisch oder systematisch?

2.1.2.1 | Theorie als Ideengeschichte

Was untersucht die Ideengeschichte

Zahlreiche Lehrbücher und Nachschlagewerke zur politischen Theorie sind historisch aufgebaut und bieten eine Geschichte des politischen Denkens, die dann als politische Ideengeschichte bezeichnet wird. Politische Ideengeschichte geht davon aus, dass eine Vielzahl kultureller und sozialer Bedingungen auf die verschiedenen Konzepte von Politik eingewirkt haben. Neben diesen meist außertheoretischen Faktoren richtet die Ideengeschichte ihr Augenmerk nicht nur auf den Kontext, in dem die jeweilige politische Ordnungsvorstellung entstanden ist, sondern sie achtet besonders darauf, wie und warum bestimmte Autoren sich auf ihre Vorgänger beziehen. Die Gründe für die Ablehnung vorheriger politischer Ordnungen werden untersucht und die jeweilige spezifische Eigenleistung des Autors in seiner Zeit herausgearbeitet.

Politische Ideengeschichte geht auch den Wirkungszusammenhängen einer Theoriekonzeption nach. Sie fragt nach deren Einfluss auf spätere Theorien und auf die praktische Ordnung von Politik (z.B. Verfassungen, politische Erklärungen und Weltanschauungen). Politische Ideengeschichte ist damit eine Art Archäologie des politischen Denkens. Sie rekonstruiert die früheren Schichten gegenwärtiger Ordnungskonzeptionen und gibt damit einen Einblick in die historische Dynamik ihrer Entstehung. So kann gezeigt werden, wie voraussetzungsvoll und schwierig die Entwicklung moderner Demokratien war, welche abgestorbene Zweige der Entwicklung es gibt, wo Rückschritte und Fehlentwicklungen verzeichnet werden müssen. Sie kann aber auch das Verständnis für die Genese außereuropäischer politischer Kulturen unter dem Blickwinkel ihrer besonderen Entwicklung wecken.

Archäologie der Politik

Wenn sie so verstanden wird, ist die Ideengeschichte keine Wissenschaft der toten Körper, sondern ein Beitrag zum Verständnis lebendiger Politik aus der Perspektive ihrer Entwicklung. Auf keinen Fall kann aber die Geschichte politischer Ideen eine Begründung geltender Ordnungen ersetzen.

Systematische politische Theorie

2.1.2.2

An diesem Punkt wandelt sich politische Ideengeschichte, wenn sie Teil einer modernen Sozialwissenschaft bleiben will, in politische Theorie mit einem systematischen Erkenntnisinteresse. Systematische politische Theorie behandelt die historische Genese der Theorien als einen Materialbestand und trennt scharf zwischen der Entwicklung und der Geltung eines Ansatzes. Sie kann am historischen Material die wechselseitige Abhängigkeit von Ideen und gesellschaftlichen Konstellationen diskutieren. Außerdem bieten die vorliegenden Theoriebestände einen gewaltigen Vorrat an möglichen Konzepten und Argumenten, die zwar nicht ohne Vermittlungsleistung auf die Gegenwart angewendet werden können, die aber gleichwohl gewürdigt werden müssen, wenn nicht Traditionsverlust drohen soll.

Systematik der Politik

Theorie in systematischer Absicht stellt allerdings nicht die Entwicklung eines Denkansatzes in den Mittelpunkt. Vielmehr geht es ihr um die Mobilisierung der Geschichte des politischen Denkens zu systematischen Zwecken. Die Ausgangsfrage ist dabei nicht, was der oder jener Theoretiker gedacht hat, sondern welchen Beitrag sein Werk zur Lösung eines bestimmten politischen Problems darstellt. Gefragt wird, wie Politik als Gegenstandsbereich überhaupt theoretisch modelliert werden kann und welche Aussagen sich normativ oder beschreibend über bestimmte Teilbereiche des Politischen machen lassen.

Theorie als Problemlösung

2.1.2.3 | Politisches Denken

Politik und Kultur

Den weitesten Rahmen einer Beschäftigung mit den intellektuellen und kulturellen Formen der Auseinandersetzung mit dem Politischen setzt wohl der Begriff des politischen Denkens. Er zeigt an, dass die systematische wissenschaftliche Beschäftigung mit Politik nur eine der kulturellen Formen des Umgangs mit Politik darstellt. Die Reflexion des Politischen ist aber nicht allein ein Geschäft der »professionellen Wissenschaft«. Sie findet sich in zahlreichen anderen Kommunikationsformen, hinterlässt Spuren in der Literatur, Kunst oder in audio-visuellen Medien. Immer dient sie der Selbstverständigung der Gesellschaft Bezug auf die politische Ordnung, egal ob sie in Texten, kulturellen Praktiken oder im Spielfilm stattfindet. Auch wenn diese Formen der Selbstauslegung des Politischen nicht unbedingt den Anforderungen wissenschaftlicher Argumentation in Hinblick auf Methode und Widerspruchsfreiheit genügen, sind sie oft mächtige Beiträge zum politischen Diskurs.

Die griechische Tragödie und Komödie sind der ästhetische Ausdruck der attischen Demokratie, Shakespeares Dramen spiegeln die Politik des elisabethanischen Zeitalters und Fritz Langs »Metropolis« bearbeitet gesellschaftliche Probleme der entwickelten Moderne. Auch aktuelle Produkte der Unterhaltungskultur können Beiträge zum Verständnis der gesellschaftlichen und politischen Ordnung in einem fiktiven Diskurs sein. Er-

Abb. 3 | *Die Beziehung von politischer Ideengeschichte, politischer Theorie und politischem Denken*

Politische Ideengeschichte	Thematisiert politische Ideen unter → historisch-genetischem Aspekt Zentrale Fragen: • Wie entsteht eine Theorie und wie bezieht sie sich auf ihren Entstehungskontext? • Welches Verhältnis hat sie zu ihren Vorgängern und welche Wirkung entfaltet sie in der politischen Ideengeschichte?
Politische Theorie	Betrachtet politische Konzeptionen in der → systematischen Dimension Zentrale Fragen: • Welchen Beitrag leistet eine Theorie zur Erklärung eines politischen Phänomens? • Welches Modell von Politik (Demokratie, Gerechtigkeit usw.) ergibt sich aus ihr?
Politisches Denken	Untersucht alle kulturellen Phänomene auf → Ordnungsmodelle und politische Wissensbestände Zentrale Fragen: • Welche Konzepte von Politik entfalten sich in den verschiedenen kulturellen Objekten? • Wo liegen jeweils die Grenzen zwischen Politik und den anderen Bereichen der Gesellschaft?

wartet man vom politischen Denken nicht primär die Tugenden der akademischen Wissenschaft, so eröffnet sich die politische Dimension zahlreicher kultureller Leistungen, die mächtige Ordnungsentwürfe darstellen.

Ideologie und Selbstbeschreibung des Systems | 2.1.3

In jeder Theoriekonzeption wird die Frage, was Theorie sein und leisten soll, unterschiedlich beantwortet. Das heißt: Theorie diskutiert immer, was Theorie ist. Dieses Phänomen nennt man Reflexivität. Die grundsätzliche Reflexivität der Theoriebildung führt zu einer fast unüberschaubaren Vielzahl von Konzepten, von denen im folgenden Abschnitt zwei exemplarisch vorgestellt werden.

Reflexivität der Theorie

Ideologielehre | 2.1.3.1

Das kollektive Unbewusste

Der Philosoph und Soziologe Karl Mannheim (1893–1947) arbeitete in den 1920er-Jahren an einer wissenssoziologischen Ideologielehre. Dabei ging er davon aus, dass jede gesellschaftliche Gruppierung eine eigene Welterklärung benötigt, um sich ihren Ort in der Geschichte und ihre Lebensmöglichkeiten verständlich machen zu können. Es ist Kennzeichen der modernen Welt, dass nach dem Zeitalter der Aufklärung religiöse Welterklärungen ihre verbindliche Kraft verloren haben. Zunehmend treten von politischen Gruppen getragene Weltanschauungen, die der jeweiligen sozialen Lage der Menschen entsprechen, an ihre Stelle. Man teilt mit den Mitgliedern der gleichen sozialen Klasse bzw. Gruppierung nicht nur eine bestimmte Lebensform, sondern auch eine politische Weltinterpretation. Es ist das gesellschaftliche Sein, das – wie Marx das bereits formuliert hatte – das Bewusstsein bestimmt. Das Ergebnis dieses von der sozialen Lage und den Gruppenanschauungen beeinflussten Denkens nennt Karl Mannheim Ideologie und zählt als deren wichtigste Vertreter Konservativismus, Sozialismus, Liberalismus und Faschismus auf.

Allen politischen Ideologien ist gemeinsam, dass sie einen Herrschaftsanspruch aus einer bestimmten Art der Welterklärung ableiten und denselben Anspruch anderer Ideologien wegen deren angeblich fehlerhafter Weltinterpretation ablehnen. Ein wirklich ideologisches Bewusstsein erhebt Anspruch auf die alleinige Herrschaft und verzerrt damit ganz grundsätzlich die politische Realität:

»Der Begriff der Ideologie reflektierte die dem politischen Konflikt verdankte Entdeckung, dass herrschende Gruppen in ihrem Denken so intensiv mit ihren Interessen an eine Situation gebunden sein können, dass sie schließlich die Fähigkeit verlieren, bestimmte Tatsachen zu sehen, die sie in ihrem Herrschaftsbewusstsein verstören könnten. In dem Wort Ideologie ist implizit die Einsicht enthalten, dass in bestimmten Situationen das kollektive Unbewusste gewisser Gruppen sowohl diesen selbst wie anderen die wirkliche Lage der Gesellschaft verdunkelt und damit stabilisierend wirkt.« (Mannheim (1929) 1952: 36).

Definition

Ideologie
Mit dem Begriff »Ideologie« bezeichnet man eine aufgrund der eigenen sozialen, ökonomischen oder politischen Interessen verzerrte Wahrnehmung der gesellschaftlichen Realität.

Politisches Denken als Ideologie schafft die Rechtfertigung für die Herrschaft einer bestimmten Gruppe und dient als Blaupause für die entsprechende politische Gestaltung der Realität. Auch in der Gegenwart, die gerne als nachideologisches und »postmaterialistisches« Zeitalter bezeichnet wird, spielen Ideen und Ideologien immer noch eine gewichtige Rolle. Auch wenn der Anspruch auf alleinige Wahrheit und das einzig angemessene Gesellschaftsbild in der entwickelten Demokratie nicht mehr opportun ist, so zeigt doch jede politische Programmatik immer auch bestimmte ideologische Schwerpunktsetzungen. Mit Karl Mannheim kann man die wichtigsten Ideologien entlang zentraler Begriffe der Politik von einander abgrenzen (s.a. Abb. 4):

Freiheit als Ordnung

- *Liberalismus*: Die individuelle Freiheit des Bürgers steht hier im Vordergrund. Er soll sich als Wirtschaftsbürger entfalten können und der Staat garantiert ihm die hierfür nötigen Rechte und Spielräume. Der Bürger genießt Schutz vor staatlichen Übergriffen und hat ein Recht auf Mitwirkung bei der politischen Entscheidungsfindung.

Vorrang des Gewordenen

- *Konservativismus*: Zentraler Bezugspunkt des politischen Denkens sind hier organisch gewachsene Einheiten wie Familie und Volk und nicht das vereinzelte Individuum. Der Staat ist eine aus eigenem Recht existierende Einheit, die über den Einzelnen hinausreicht. Die Menschen sind prinzipiell nicht gleich. Trotzdem besteht für die Starken eine Fürsorgepflicht gegenüber den Schwachen. Politische Mitwirkung wird auf ein Mindestmaß beschränkt.

Klassenlos und gleich

- *Sozialismus*: Ausgangsgedanke ist die Vorstellung, dass der Mensch nur als arbeitendes und konsumierendes Wesen gedacht werden kann. Deshalb sind die Bedingungen des Wirtschaftslebens ausschlaggebend für die gesellschaftliche Situation des Menschen. Im Mittelpunkt des Interesses steht daher die demokratische Gestaltung aller gesellschaftlichen Bereiche und die Emanzipation der abhängig Beschäftigten durch Reform oder Revolution.

- *Faschismus*: In dieser Ideologie gehen rassistische und autoritäre Vorstellungen eine Mischung mit sozialen Ideen ein. Im Zentrum des Denkens steht ein starker autoritärer Staat mit einem »Führer« an der Spitze, der den Willen des Volkes auch ohne demokratische und rechtsstaatliche Verfahren zum Ausdruck bringt. Das Individuum spielt keine Rolle, persönliche Opfer und der absolute Vorrang der »Volksgemeinschaft« stehen im Vordergrund.

Politik als irrationaler Kampf

Abb. 4

Ideologien im Überblick

Herrschaft	
Liberalismus	aus Zustimmung und Beteiligung der Bevölkerung, verfahrensabhängig
Konservativismus	naturgegeben, Institutionen sind historisch geronnene Vernunft
Sozialismus	soll tendenziell aufgelöst werden, Demokratisierung aller Teilbereiche der Gesellschaft
Faschismus	große Männer ohne Rechtfertigungsdruck als Vollstrecker der Vorsehung, Geschichte usw.
Politik	
Liberalismus	vernünftige Entscheidungsfindung, primär zur Sicherung der privaten und ökonomischen Sphäre
Konservativismus	auf natürlicher Ungleichheit aufbauende Entscheidungsfindung
Sozialismus	wird unter den Bedingungen der klassenlosen Gesellschaft unnötig und soll durch minimale Verwaltung ersetzt werden
Faschismus	irrationale Tätigkeit, deren letzte Dimension der Kampf der Völker und Gruppen ist
Individuum	
Liberalismus	Träger aller politischen Handlungen und Ausgangspunkt aller Rechtfertigungen von Herrschaft
Konservativismus	ist nur als Teil einer größeren Einheit (z. B. Familie) denkbar und lebensfähig
Sozialismus	Ziel ist eine Gesellschaft, in der die freie Entfaltung eines jeden die Bedingung der Entwicklung aller ist.
Faschismus	Wenn es sich nicht um herausragende Einzelne handelt, ist das Individuum irrelevant.
Gott/Religion	
Liberalismus	nur unter dem Aspekt religiöser Toleranz als Bedingung des freien Zusammenlebens aller relevant
Konservativismus	Quelle aller Ordnung und unverzichtbares Ziel menschlichen Handelns
Sozialismus	»Religion ist Opium fürs Volk« (Karl Marx), dient der Unterdrückung und Verschleierung menschlicher Ohnmacht.
Faschismus	willkürliche Bezugnahme auf jenseitige Ordnungen; oft auf Mythen jenseits der kirchlichen Religiosität

2.1.3.2 Theorie als Selbstbeschreibung des Systems

Identität durch Beschreibung

Einzelne Menschen und soziale Gruppen fertigen aus ganz bestimmten Gründen Selbstbeschreibungen an. Wer auf Dauer eine Identität haben will, kommt ohne eine Art Bild seiner selbst nicht aus. Auf ihm sind die wesentlichen Merkmale dessen, was ein Individuum zum Individuum macht, verzeichnet. Man kann es bei Bedarf als Selbstversicherung verwenden und den Mitmenschen vorweisen, wenn es darum geht, sich zu identifizieren. Ähnlich formen Gemeinschaften ein Bild ihrer selbst, das zur Integration der Mitglieder und zur Abgrenzung gegen Fremde dient. Dabei greifen soziale Einheiten wie Individuen auf ihre Geschichte als einem prägenden Merkmal der eigenen Identität zurück. Im Fall einer Gemeinschaft leistet die gemeinsame Geschichte dann die nötige Integration.

Eine Nation beispielsweise ist immer eine geschichtliche Gemeinschaft, die aus ihrer historischen Erfahrung lebt. Die wirklich wichtigen Ereignisse der eigenen Geschichte werden daher an Gedenk- und Feiertagen begangen und dadurch als Hintergrund der Gegenwart im gemeinsamen Gedächtnis verankert. Eine solche Nation ist aber immer auch durch bestimmte Merkmale geprägt, die sich aus der historischen Entwicklung ergeben haben, die aber zugleich intensiv die Gegenwart prägen. Sprache, Kultur und Religion sind die am stärksten prägenden Bereiche, die immer auch eine erhebliche Wirkung in die Politik hinein entfalten.

Selbstbeschreibung ist selektiv

Wesentliches Strukturelement einer solchen Selbstbeschreibung ist, dass sie immer kontrastierend wirkt und hochgradig selektiv sein muss. Wer sich als etwas beschreibt, dem ist damit zugleich deutlich, dass er sich von anderen (sie mögen ihm noch so ähnlich sein) unterscheidet. Zugleich kann bei einer individuellen oder auch einer sozialen Selbstbeschreibung nie die gesamte Realität Gegenstand der Beschreibung sein. Es müssen Kriterien ausgewählt werden, die das jeweilige Subjekt der Beschreibung wirklich angemessen und in den wichtigsten Zügen erfassen.

Selektion als Selbstvereinfachung

Wenn also Individuen oder Gruppen eine Art Bild von sich selbst anfertigen, so geschieht das im Rückgriff auf ausgewählte wesentliche Erfahrungen und kultureller Traditionen. Die Wahl der jeweiligen Aspekte ist nicht immer ganz frei, sie erfolgt unter dem zeitlichen und sachlichen Zwang, komplizierte Realitäten hochgradig vereinfachen zu müssen. Daher müssen solche Selbstbeschreibungen immer wieder veränderten Bedingungen angepasst werden und es kommt zu persönlichen bzw. politischen Spannungen und Krisen, wenn die eigene Beschreibung nicht mit der zusammenpassen will, die die anderen von einem oder der eigenen Gruppe angefertigt haben.

Politische Theorie erscheint unter diesem Aspekt als eine hoch abstrakte Selbstbeschreibung des politischen Systems, in der normative und deskriptive Elemente ineinander fließen. Der Systemtheoretiker Niklas Luhmann beschreibt dieses Phänomen der Selbstbeschreibung:

»Sie konzentriert Selbstbeobachtung mit Hilfe von Selbstbeschreibungen, das heißt mit Hilfe von Sinnstiftungen, die den Akt (das Ereignis) der Kommunikation von Selbstbeobachtung überdauern und nach Bedarf reproduziert werden können. Selbstbeschreibungen rekonstruieren die Komplexität des Systems, und zwar so, dass diese in vereinfachter Form [...] in das System wieder eingeführt und dann als Orientierungsfaktor benutzt werden kann.« (Luhmann 1987: 77).

Definition

Selbstbeschreibung von Systemen
Jedes komplexe System beschreibt sich in seiner Kommunikation immer auch selbst, um seine Identität über die Zeit hinweg zu erhalten und die Integration seiner Elemente zu garantieren.

Besonders erfolgreich im Bereich der theoretisch-systematischen Selbstbeschreibungen des Politischen war die Begrifflichkeit des Staates. Staat als juristisch-administrative Realität wird über Selbst- und Fremdbeschreibungen zum vorherrschenden Leitbild des Politischen, wenngleich natürlich systematisch gesehen Staat nur vor dem Hintergrund des Wissens, was denn Politik ist, begriffen werden kann. Niklas Luhmann nennt Gründe für diese erfolgreiche Begriffsmonopolisierung durch den »Staat«.

Eine wichtige Bedeutung kommt dem Staatsbegriff danach zu, weil er in der Form des Rechts- bzw. Verfassungsstaates das politische System in ein enges Verhältnis zum Rechtssystem gebracht hat (s. Abb. 5). Das Recht macht in diesem Verhältnis die Grundparadoxie der staatlich souveränen Willkür unsichtbar und konstruiert sie als rechtsförmig: staatliche und politische Gewalt ist immer auch willkürlich. Aus dieser Perspektive wird sie jedoch rechtlich und damit legal. Zugleich hilft die Politik in der Gestalt des Staates dem Recht die grundlegende Paradoxie der Rechtmäßigkeit unsichtbar zu machen. Die Differenz von Recht und Unrecht kann nicht im Recht dargestellt werden. Sie wird an den Staat, der in der Gesetzgebung Recht hervorbringt, delegiert. Damit diese für den modernen Staat unverzichtbare Entwicklung möglich werden konnte, war in erheblichem Ausmaß politische Theorie aktiv und erfolgreich.

Abb. 5

Staat und Recht in der Moderne nach Niklas Luhmann

Lernkontrollfragen

1. Was unterscheidet eine empirische von einer normativen Theorie in der Politikwissenschaft?
2. Welchen Teilbereich politischer Realität erfasst der Begriff des politischen Denkens?
3. Was ist das ideologische Moment des Politischen?
4. Benennen Sie die wichtigsten Grundannahmen der modernen politischen Ideologien!
5. Wozu braucht ein politisches System eine Selbstbeschreibung?

Literatur

Originalwerke

Luhmann, Niklas (1987), Staat und Politik. Zur Semantik der Selbstbeschreibung politischer Systeme, in: ders.: Soziologische Aufklärung 4, Opladen, S. 74–103.

Mannheim, Karl (1952), Ideologie und Utopie (Erstausgabe 1929), Frankfurt/Main.

Popper, Karl R. (1993), Die Logik der Sozialwissenschaften, in: Adorno, Theodor W. u. a. (Hrsg.), Der Positivismusstreit in der deutschen Soziologie (Erstausgabe 1969), München, S. 103–123.

Voegelin, Eric (1991), Die neue Wissenschaft der Politik (Erstausgabe 1959), München.

Sekundärliteratur

Beyme, Klaus von (2000), Die politischen Theorien der Gegenwart, 8. Auflage, Opladen.
Von Beyme stellt systematisch die Theoriebildung im 20. Jahrhundert mit Bezug zu Schlüsselbegriffen und zur empirischen Forschung dar.

Hartmann, Jürgen (2012), Politische Theorie: Eine Kritische Einführung für Studierende und Lehrende der Politikwissenschaft, 2. Auflage, Wiesbaden.

Kritische Einführung in die politische Theorie aus der Perspektive eines empirisch arbeitenden Politologen.

Kymlicka, Will (1990), Politische Philosophie heute, Frankfurt/M.
Darstellung der wichtigsten gegenwärtigen Denkschulen (Utilitarismus, Liberalismus, Marxismus, Kommunitarismus, Feminismus).

Llanque, Marcus (2008), Politische Ideengeschichte, Berlin.
Darstellung der Geschichte des politischen Denkens als ein vielfältig verwobenes System von Diskursen, in denen Klassiker und breitere Strömungen in ihren Bezügen erkennbar werden.

Llanque, Marcus/Münkler, Herfried (Hrsg.) (2006), Politische Theorie und Ideengeschichte, Berlin.
Problemorientiertes Lehr- und Textbuch, das ideengeschichtliche und systematische Perspektiven zu vermitteln versucht.

Neumann, Franz (Hrsg.) (1996), Handbuch Politische Theorien und Ideologien, 2 Bände, Opladen.
Überblick über sektorale bereichsspezifische Theoriebildung (Gesellschaftstheorie, Kapitalismus, Entwicklungstheorie) und wichtige Ideologien.

Nohlen, Dieter/Schultze, Rainer-Olaf (Hrsg.) (1995), Lexikon der Politik, Band 1: Politische Theorien, München.
Umfassendes Lexikon, das die wichtigsten Begriffe der politischen Theorienbildung (Macht, Herrschaft, Parteien usw.) erklärt.

Die Politik des guten Lebens | 2.2

Die Selbstständigkeit der Politik | 2.2.1

Politik als ein Bereich, in dem verbindliche Entscheidungen getroffen und mit Zwangsgewalt durchgesetzt werden, gibt es in zahlreichen historischen Epochen und in den verschiedensten Gesellschaftsordnungen. Sie tritt in frühen Gesellschaften zumeist als Hierokratie (Herrschaft durch Verfügung über Heilsgüter) auf und wird in Ämtern wie dem Priesterkönigtum institutionalisiert. Schon früh richten solche Ordnungen auch Verwaltungsstäbe ein und bringen so die Rationalisierung von Herrschaft in Gang.

Die Entstehung des Politischen

Politik als autonomer, der göttlichen Kontrolle weitgehend entzogener menschlicher Handlungsbereich entsteht historisch vergleichsweise spät im antiken Griechenland. Damit die Politik als eigener Bereich des menschlichen Daseins auch im Denken bewusst werden konnte, mussten in den griechischen Stadtstaaten des 5. Jahrhunderts vor Christus eine Reihe von Bedingungen erfüllt sein:

- *Sozialgeschichtliche Voraussetzungen:*
  dezentrale Machtverteilung (Inseln und Stadtstaaten);
  Ausgleich radikaler Eigentumsunterschiede;
  Beteiligung fast aller Bürgerschichten an den politischen Entscheidungen.
- *Soziokulturelle Voraussetzungen:*
  Lage an der Peripherie hoch entwickelter Kulturen (Ägypten, Persien),
  Entstehung des sogenannten Könnens-Bewusstseins, das einem ersten Aufklärungsschub entspringt und die menschlichen Handlungsmöglichkeiten erkennbar macht.

Die sozialen Voraussetzungen ermöglichen die tendenzielle Identität derer, die Entscheidungen treffen, mit denen, die sie als Untertanen ausführen. Begrifflich ist diese Identität im Bürger (altgriech. *polites*) erfasst und bezieht sich auf Vorstellungen von politischer Gleichheit und elementarer Gemeinsamkeiten. Die kulturellen Voraussetzungen markieren die Besonderheit eines Bereiches, der sich vergleichsweise frei und aus eigenen Gesetzen konstituiert, der aber dadurch auch nicht mehr aus dem Willen der Götter, einer göttlichen allgewaltigen Natur bzw. andere höherer Mächte erklärbar ist. Dem entsprechen politische und kulturelle Einrichtungen, in denen die freien und gleichen Bürger der Stadt ihr Zusammenleben organisieren und ihrer Welt einen Sinn geben. Gleichheit und bürgerliche Freiheit sind die zentralen politischen Ordnungsmuster. Komödie und Tragödie dienen als kulturelle Formen dem Verstehen der menschlichen Situation.

- *Isonomie* (Gleichheit vor dem Gesetz) und *Isegorie* (Freiheit der Rede):
  Rechtsgleichheit und Redefreiheit sind wesentliche Strukturelemente politischer Integration in die politische Gemeinschaft. Jeder Bürger hat das gleiche Recht auf angemessene Mitwirkung bei politischen Entscheidungen und daher auch die Freiheit, in der Volksversammlung zu sprechen. Er ist im Gegenzug bei der Umsetzung der Entscheidungen gefordert.
- *Tragödie* und *Komödie*:
  Der Mensch, dem Handlungsfreiräume erwachsen, kann scheitern oder sich bei seinem Tun lächerlich machen. Damit erweisen sich Verantwortung, Schuld und Scheitern als die andere Seite der Freiheit des Handelns, die den Raum der Politik eröffnet hat. Als kulturelle Formen des Umgangs mit den offenen Möglichkeiten des Handelns haben sie die gleichen Ursprünge wie eine zunehmend demokratische Politik.

Unter diesem Blickwinkel kann die Entstehung des Politischen als eine kulturgeschichtliche Sonderentwicklung verstanden werden. Politik wird als selbstständiger Bereich möglich, wenn sich in einem Gebilde wie dem attischen Stadtstaat – der Polis, der die Politik ihren Namen verdankt – ein eigenständiger Lebensbereich bildet, der klar genug vom religiösen Kult unterschieden werden kann. Politik regelt und organisiert das menschliche Zusammenleben in der Bürgergesellschaft auf der Basis von Tradition, Wissen und von moralischen Erwartungen. Sie nimmt den ganzen Menschen in Anspruch und, wenngleich sie noch weit von der modernen Allzuständigkeit entfernt ist, kann sich tendenziell jedem Bereich des Zusammenlebens zuwenden. Dadurch wird sie zu einer Kunst der gemeinsamen Lebensführung, die ständig die Frage nach dem guten Leben stellt und beantworten muss.

Politik: das dem Menschen Mögliche

Zusammenfassung

Entstehung des Politischen
Politik bildet sich in der griechischen Antike als eigenständiger Realitätsbereich heraus, der durch das Wissen über das selbstbestimmte menschliche Handeln und seine notwendige Beziehung auf die Gemeinschaft geprägt ist.

Platon: Wissenspolitik

2.2.2

Tod des Sokrates

Der in adliger Familie geborene Platon (ca. 427–347 v. Chr.) schloss sich dem Philosophen Sokrates als Schüler an. Nachdem Sokrates von einem Volksgericht wegen angeblicher Verführung der Jugend und Gotteslästerung zum Tode verurteilt worden war, festigte sich Platons grundsätzliche Überzeugung von den Mängeln der demokratischen politischen Ordnung. Seine Schriften stellen einen der zentralen Ausgangspunkte der abendländischen politischen Philosophie dar. Platon verfasste erkenntnistheoretische, sprachphilosophische, religionsphilosophische und ästhetische Schriften. Seine Texte sind Dialoge, in denen meist Sokrates als überzeugendster Gesprächsteilnehmer auftritt. Durch geschickte Gesprächsführung wird eine Annäherung an die Wahrheit literarisch inszeniert. In einem seiner Hauptwerke, der »Politeia«, beschreibt einer der Redner die demokratische Ordnung im sogenannten Schiffsgleichnis:

Schiffsgleichnis

»Denke dir also [...] einen Schiffsherrn, der zwar an Größe und Stärke alle anderen im Schiffe übertrifft, übrigens aber ist er schwerhörig, sieht auch wenig und versteht von der Schifffahrt sehr wenig. Nun geraten die Matrosen in Streit. Jeder glaubt, er müsse das Schiff steuern, auch wenn er das nie gelernt hat. Überdies behaupten sie alle, dass man die Seemannskunst überhaupt nicht lernen könne [...]. Denke dir nun, dass sie den Schiffsherrn umlagern. Sie bitten ihn und versuchen alles, damit er ihnen das Steuerruder übergibt. Sie bekämpfen einander und töten sich gar wechselseitig. Den Schiffsherrn aber machen sie betrunken oder fesseln ihn. Nun endlich an das Ruder gelangt plündern sie die Speisekammer und fahren zechend und schmausend über das Meer [...] Überall erzählen sie, dass es genüge an das Ruder zu kommen, auch wenn man nicht steuern kann [...].« (nach Politeia 488b–d).

Machterwerb – Machtverwendung

Das Volk ist in diesem Gleichnis offensichtlich Besitzer und eigentlicher Herr des »Staats-Schiffes«, das es über das Meer zu lenken gilt. Dieser Schiffsherr ist offensichtlich in seinen Fähigkeiten mehr als beschränkt. Er scheint wenig wahrzunehmen und auch nicht besonders klug zu sein. Diejenigen, die um die Lenkung des Schiffes konkurrieren, werden allerdings noch weniger vorteilhaft gezeichnet. Es sind offensichtlich ziemlich skrupellose

Gesellen, die vor keiner Gemeinheit zurückschrecken, um an die Macht und damit auch an die materiellen Güter auf dem Schiff zu kommen. Ihnen ist jedes Mittel zur Durchsetzung ihrer Machtansprüche recht. Über eines jedoch verfügen sie offensichtlich nicht: die Fähigkeiten, die nötig sind, um ein Schiff zu steuern. Sie leugnen gar, dass hierzu besonderes Wissen und besondere Kenntnisse nötig sind, und behaupten umgekehrt, es sei genug Beweis umfassender Kompetenz, wenn man den Kampf um das Ruder bestanden habe.

Mit diesem Gleichnis zeigt Platon das Problem der politischen Führung wie in einem Brennglas. Er scheidet im Gleichnis die Kompetenzen, die für den Machterwerb erforderlich sind, von denen, die für eine gute und der allgemeinen Wohlfahrt dienlichen Machtverwendung nötig wären. Er lässt keinen Zweifel daran, dass das Volk nicht befähigt ist, seine Herrscher auszuwählen oder gar die, die die Herrschaft haben, zu kontrollieren. Für Platon ist es eine grundsätzliche Schwäche der Demokratie, dass in ihr leicht die Schmeichler an die Macht kommen, die diese dann für ihre Zwecke und nicht für das Gemeinwesen nutzen.

Zusammenfassung

Demokratiekritik in Platons Schiffsgleichnis
Das Schiffsgleichnis formuliert als fundamentale Kritik an der Demokratie, dass das politisch unfähige und unreife Volk sich notwendig unfähige Führer auswählt, die die Gemeinschaft dann zu ihren eigenen Zwecken ausbeuten.

Weder auf der Seite des Volkes noch auf der der politischen Eliten, die sich im Gleichnis um die Macht balgen, findet sich das, was für Platon offenbar unverzichtbare Rechtfertigung aller Herrschaft sein muss: überlegenes Wissen in der Form einer überlegenen Weisheit. Was das Schiffsgleichnis zeigt, ist insgesamt eine zutiefst frustrierende Situation, in der jedoch noch nicht alle Hoffnung auf Besserung der politischen Verhältnisse verloren ist. Das Verhältnis von Wahrnehmung und Wissen hat Platon wegweisend für die gesamte abendländische Kulturgeschichte im berühmten Höhlengleichnis zusammengefasst:

Höhlengleichnis

»Nächst dem, [...] vergleichen wir unsere Natur in bezug auf Bildung und Unbildung folgendem Zustande. Sieh nämlich Menschen wie in einer unterirdischen, höhlenartigen Wohnung, die einen gegen das Licht geöffneten Zugang längs der Höhle hat. In dieser seien sie von Kindheit an gefesselt an Hals und Schenkeln, sodass sie auf dem selben Fleck bleiben und auch nur nach vorne sehen, den Kopf der Fessel wegen aber nicht herumdrehen können. Licht aber haben sie von einem Feuer, welches [...] hinter ihnen brennt. Zwischen dem Feuer und den Gefangenen [...] sieh eine Mauer aufgeführt, [...]. Sieh nun längs dieser Mauer Menschen allerlei Geräte tragen, die über die Mauer herüber ragen, und Bildsäulen und andere steinerne und hölzerne Bilder [...]. Auf keine Weise also können diese irgendetwas anderes für das Wahre halten als die Schatten jener Kunstwerke?« (nach Politeia 514a–515c).

Scheinwissen und Lebensführung

Damit ist die Art und Weise, wie Menschen ihre Umwelt wahrnehmen und Wissen erwerben, in Grundzügen beschrieben. Unsere Erkenntnis ist das Ergebnis einer vollkommenen Wirklichkeitsverzerrung, in der die Schatten der Dinge für die Dinge genommen werden. Die Menschen sind gefangen in einer Welt, aus der sie nur mit den größten Anstrengungen ausbrechen könnten. Sie sind zum Unwissen verdammt, weil bereits all das, was Ausgangspunkt ihrer Einbildungskraft und ihres Denkens in dieser Situation sein kann, bloßer Schein ist. Auf die Politik gewendet ist klar, dass unter diesen Bedingungen ein wirklich menschenwürdiges Leben und eine kompetente politische Führung unmöglich ist. Bestenfalls ist der Einäugige unter den Blinden König in diesem Reich des universalen Irrtums.

Unter den beschriebenen Bedingungen erlangen die niedrigen Bedürfnisse des Menschen, von Platon traditionell in den unteren Leibesregionen angesiedelt, die Herrschaft über die höheren Anlagen der Tugend und der Vernunft, die in Brust und Kopf lokalisiert werden. Seine Triebe halten den Menschen in einem Zustand, der weit hinter seinen Möglichkeiten zurückbleibt. Möglich wäre ihm ein Dasein, das sich aus philosophischer Einsicht heraus den ewigen Ideen des Wahren und Guten zuwendet. Das würde dann auch die Politik in die Aktivität einer wahrhaft tugendhaften Bürgerschaft verwandeln. Dahin scheint in der Höhle auf den ersten Blick jedoch kein Weg zu führen.

Weg aus der Verblendung

Allerdings eröffnet das Gleichnis die zumindest prinzipiell vorhandene Möglichkeit eines Aufstieges aus der Höhle. Es ist schließlich nicht die Naturausstattung des Menschen allein, die ihm eine klare Sicht der Dinge unmöglich macht, sondern es sind bestimmte Wahrnehmungs- und Vorstellungsverhältnisse, die seiner Höherentwicklung im Wege stehen. Platon spielt daher in der Fortsetzung seiner Geschichte den Fall eines Entkommens aus der Höhle der Verblendung durch. Er geht dabei davon aus, dass einer, der den Aufstieg geschafft hat, sich zunächst an das helle Licht der Sonne gewöhnen müsse, was wiederum nur unter Schmerzen möglich sein dürfte. Außerdem bedarf er eines Lehrers, der ihn dazu veranlasst, sein Augenmerk nun wirklich auf die Dinge zu lenken und sie bei ihrem richtigen Namen zu benennen.

Gemeint sind mit den wirklichen Dingen aber keinesfalls die materiellen Realitäten unserer Erfahrungswelt. In Platons idealistischer Philosophie

Ideenlehre

ist die Höhle nichts anderes als unsere alltägliche Welt und ihr Erfahrungshorizont. Alles in ihr ist vergänglich und nachgerade trivial. Wenn die Dinge in ihr irgendeine Bedeutung haben, so nur, weil die Ewigkeit der Urbilder (Ideen), nach denen sie letztlich geschaffen sind, ihnen einen Abglanz mitteilt. Der wahre Philosoph richtet sich daher an den ewigen Ideen aus und begibt sich auf die Suche nach der Wirklichkeit des Guten und der Wahrheit, im Vergleich zu der die die vergängliche Welt ein bloßer Schatten ist. Die Philosophie in ihrer Hinwendung zum Ewigen und Wahren ist die einzige vollendete Lebensform des Menschen.

Zusammenfassung

Das Höhlengleichnis
Im Höhlengleichnis zeigt Platon, dass der grundsätzliche Mangel der menschlichen Erkenntnis in ihrer falschen Ausrichtung auf die vergänglichen Dinge der Welt besteht. Nur wer sich den Ideen als Urbildern der Realität zuwendet, erlangt wahres Wissen und ist zum Herrschen berechtigt.

Die Folgerungen dieser Lehre für die politische Ordnungskonzeption sind in vielfacher Hinsicht bemerkenswert. Wenn schon aus dem Schiffsgleichnis klar wurde, dass Herrschaft ohne überlegenes Wissen nicht zu einem guten Ende führen kann, so wird im Höhlengleichnis klar gemacht, dass Wissen überhaupt ein knappes Gut darstellt, das nicht ohne Weiteres verfügbar gemacht werden kann. Der, der aus der Höhle entkommen ist, wird nämlich, wenn er zurückkehrt, und Platon hält ihn für zur Rückkehr verpflichtet, große Schwierigkeiten haben, seine privilegierte Erfahrung der Wahrheit den in der Schattenwelt verhafteten Mitmenschen mitzuteilen. Er läuft Gefahr getötet zu werden (Politeia 517a), weil sich die anderen ihre bescheidene Welt nicht nehmen oder schlecht machen lassen wollen.

Gleichwohl sieht Platon nur eine Möglichkeit dafür, dass sich in der Welt wahrhaft menschliche Verhältnisse durchsetzen. Die politische Gemeinschaft ist letztlich wie ein großer Mensch (*makros anthropos*) zu verstehen, in dem nur die Harmonie zwischen den verschiedenen Seelenteilen ein wohlgeordnetes Wesen hervorbringt. Es herrscht eine vollkommene Analogie zwischen dem Einzelwesen und der Polis: Den Körper des Menschen soll sein vornehmstes Vermögen – die Vernunft – regieren, das Gemeinwesen sollen die Weisesten seiner Bürger – die Philosophen – beherrschen.

Philosophenkönige

»Wenn nicht, [...], entweder die Philosophen Könige werden in den Staaten oder die jetzt sogenannten Könige und Gewalthaber wahrhaft gründlich philosophieren und also dieses beides zusammenfällt, die Staatsgewalt (dynamis te politika) und die Philosophie [...], gibt es keine Erholung von dem Übel für die Staaten, [...], und ich denke auch nicht für das menschliche Geschlecht, [...].« (nach Politeia 473d).

Die »Politeia« entwirft daher eine utopische Gesellschaft, in der musische und mathematische Bildung allen mehr oder weniger zugänglich sind, jeder ohne Ansehung seiner Herkunft einen Platz einnimmt, der seinen Fähigkeiten entspricht, kein Privateigentum existiert und Männer und Frauen weitgehend gleichberechtigt sind. Je nach Befähigung bilden die Menschen die Stände dieses Staatswesens. Die Mutigen werden Wächter, den Weisen steht die Führung zu und die, die nur normal begabt sind, sorgen für die ökonomische Reproduktion. Daraus ergibt sich eine direkte Entsprechung (Analogie) von Gemeinwesen und Einzelnem. Auch beim einzelnen Menschen soll die Vernunft die Führung über die Tugenden und Begierden übernehmen. So wird die Bändigung und Orientierung des einzelnen Menschen und der Gemeinschaft der Menschen letztlich durch die gleichen Kräfte vollzogen: die der Philosophie und der Vernunft (s. Abb. 6).

Mächtige Vernunft – vernünftige Macht

Im einzelnen Menschen und in der Polis setzt die Verwirklichung dieser Konzeption, die eine der ersten Utopien der Menschheit darstellt, ein radikal verändertes Verhältnis von Vernunft und Macht voraus: Die Vernunft muss mächtig werden und die Macht vernünftig. Platon selbst hat theoretisch wie in der praktischen Politik die Schwierigkeit diese Konzepts erkannt bzw. erlebt, dass ihm wesentliche Hindernisse entgegenstehen. Mehrfach hat er versucht über seinen Einfluss auf den Alleinherrscher von Syrakus wenigstens an einem Ort der philosophischen Herrschaft zum Durchbruch zu verhelfen und ist dabei gescheitert.

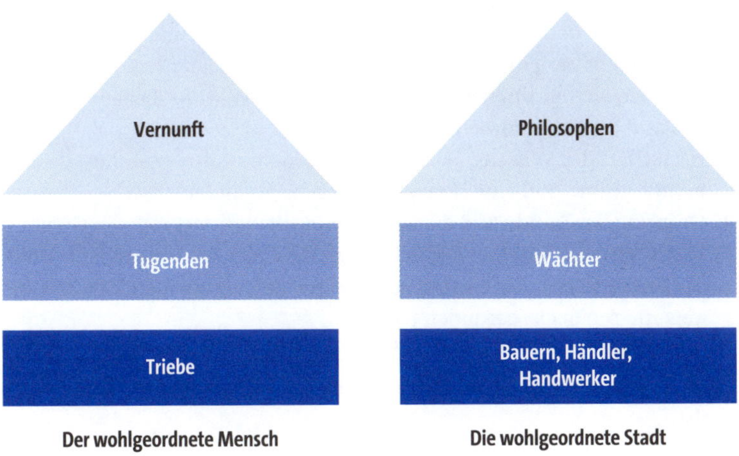

Abb. 6

Die Analogie von Polis und Mensch

Von Platons politischer Theorie geht jedoch trotzdem bis in die Gegenwart hinein ein erhebliches Anregungspotenzial aus. Es ergibt sich aus einer Politikkonzeption, die die Rechtfertigung von politischer Herrschaft durch Wissen in das Zentrum ihrer Argumentation stellt. Sie findet starken Widerhall in der Erwartung, dass Politik von den sachlich dazu befähigten und zugleich moralisch integren Menschen gemacht werden soll. Wenngleich Platon mit seinem Philosophenkönig sicher keine moderne »Expertokratie« ausrufen wollte und eher an einen umfassend gebildeten Weisen als an einen modernen Wissenschaftler gedacht hat, so bleibt doch seine Forderung nach Kompetenz bis in die Gegenwart plausibel.

Diktatur der Vernunft

Aber auch das Risiko, dass in den von ihm vorgetragenen Argumenten enthalten ist, ist nur zu deutlich erkennbar. Man muss Platon nicht zum »Feind der offenen Gesellschaft« hochstilisieren (Karl Popper), um zu sehen, dass seine Überlegungen mit einer liberalen Demokratie schnell in Konflikt geraten. Sein Modell erinnert, eben weil den Beherrschten (so sie keine Philosophen sind) insgesamt die Fähigkeit zur Beurteilung der Herrscher (so sie denn Philosophen sind) abgesprochen wird, an eine Erziehungsdiktatur, in der die Herrn ihr Volk erst zu Bürgern und Bürgerinnen machen müssen, die dann ihren Ort im Gemeinwesen einnehmen können. Einige der Mittel, die Platon dazu für unverzichtbar hält, kennen wir aus totalitären Systemen. So werden eine zentrale Familienplanung und die Auflösung der Familie, womit die Bildung von Vetternwirtschaft und Protektion zugunsten der gleichen Chancen für jeden verhindert werden soll, jedenfalls in einer freiheitlichen Ordnung nicht akzeptabel sein.

Zusammenfassung

Kennzeichen von Platons politischer Theorie

- Demokratie und Verblendung: Das Volk ist aufgrund mangelnder Fähigkeiten nicht zur politischen Entscheidung fähig. Die meisten Menschen befinden sich in ihrer Beschränkung auf die Welt der Dinge in einem Zustand der vollkommenen Verblendung.
- Herrschaft des Wissens: Nur auf überlegenem philosophischen Wissen kann legitime und gute Herrschaft aufgebaut werden.
- Ordnung der Stände und der Seele: Im Idealfall ordnet sich ein Gemeinwesen wie ein einzelner Mensch durch die Harmonie seiner Teile. Diese ist dann erreicht, wenn jeder Teil bzw. jede Befähigung den ihm bzw. ihr angemessenen Ort gefunden hat.

Aristoteles: Die Politik der Bürger

2.2.3

Aristoteles (384–323 v. Chr.) war Schüler Platons. Er gilt als einer der Begründer der abendländischen Wissenschaftstradition, insbesondere der Politikwissenschaft. Anders als sein Lehrer misst er den Bereich des Politischen nicht an ewigen Gesetzen und Ideen, sondern betrachtet ihn als ein Phänomen, das aus seinen eigenen Regeln aufgrund von Erfahrungen beurteilt werden muss. Er sammelte wahrscheinlich als einer der ersten Wissenschaftler Verfassungen, wertete sie systematisch aus und verglich sie in Beziehung zu dem Gemeinwesen, für das sie bestimmt waren. Das Ergebnis dieser Untersuchungen ist, dass es die beste Verfassung immer nur im Hinblick auf die Menschen gibt, die in ihr leben sollen.

Wissen vom Handeln

Das Programm einer praktischen Wissenschaft, für die Politikwissenschaft und Ethik in einem engen Verhältnis zueinander stehen, beschreibt Aristoteles in den Eingangskapiteln der »Nikomachischen Ethik«. Ausgangspunkt ist dabei die Überlegung, dass die Methode der Untersuchung eines Gegenstands immer von der Natur des Objektes abhängt. Ethik und Politik als Gegenstand der praktischen Wissenschaften stellen einen eigenen Bereich des Seins dar, der sich dadurch auszeichnet, dass er durch menschliches Handeln existiert und durch dieses Handeln auch jederzeit verändert werden kann. Dem entspricht die Qualität des Wissens, das im Bereich der menschlichen Dinge erworben werden kann. Es ist ein Wissen von Grundmustern (*typos*), das notwendig weniger genau und sicher ist als das Wissen, das über die sich ewig gleichbleibenden Gesetze und Strukturen der außermenschlichen göttlichen oder weltlichen Natur gewonnen werden kann. Der Mensch ist ein Mittelwesen. Was ihm gemäß ist, ist daher ein Handeln, das sich an der Mitte und der Mäßigung ausrichtet.

Ausgangspunkt der praktischen Philosophie, die in die beiden Teile der persönlichen (*Ethik*) und der gemeinschaftlichen Lebensführung (*Politik*) zerfällt, ist das Faktum des menschlichen Handelns. Aristoteles beginnt seine Ethik mit dem berühmten Satz:

»Jede Kunst und jede Lehre, ebenso jede Handlung und jeder Entschluss scheint irgendein Gut zu erstreben. Darum hat man mit Recht das Gute als dasjenige bezeichnet, wonach alles strebt.« (Nikomachische Ethik 1094 a1).

Das menschliche Handeln ist von seiner Struktur her gesehen auf ein Ziel ausgerichtet. Es ist teleologisch (altgriech. *telos* = Ziel). Das heißt aber, dass der Mensch nur handelt, weil er das Ergebnis seines Handelns unter irgendeinem Aspekt als gut für sich selbst und/oder andere einschätzt. Hier treten aber ernste Probleme auf. Offensichtlich herrscht keine Einigkeit unter den Menschen, was denn nun das Gute eigentlich sein soll. Bereits jeder für sich wird in unterschiedlichen Lebenslagen unterschiedliche Bedürfnisse haben und unterschiedliche Ziele. Dem Durstigen ist Wasser

Teleologie

ein höheres Gut als Nahrung, für den Hungrigen gilt wahrscheinlich das Gegenteil. Die gesamte Lebensführung und die angemessene Form des Zusammenlebens in der Gemeinschaft werden so Gegenstand einer Reflexion, von der Aristoteles aber noch glaubt, dass sie mit den Mitteln der Theorie zum Erfolg geführt und angeleitet werden kann.

Praktische Klugheit

Zentrales Instrument der ethisch-politischen Orientierung ist für Aristoteles das Vermögen der Menschen, das er Phronesis nennt. Gemeint ist damit die praktische Klugheit und Verständigkeit, die es dem Menschen in einer offenen Handlungssituation erlaubt, zu beurteilen, welche Handlung den Vorzug verdient. Wenn ein Ziel durch mehrere Handlungen erreicht werden kann, begibt sich der kluge und verständige Mensch in einen Prozess der Überlegung, in dem verschiedene Handlungen und ihre Ergebnisse erwogen werden. Die Struktur der guten Entscheidung muss so verstanden werden, dass – wenn die Möglichkeiten erkannt sind – mit Hilfe der Klugheit in einem Prozess des Abwägens eine Entscheidung getroffen wird.

Diese Entscheidung kann aber nicht auf absoluter Gewissheit aufbauen. Sie zielt zwar auf das Gute als Teil des vollkommen glücklichen Lebens (*eudaimonia*), ist aber dem Irrtum und der Täuschung ausgesetzt. Zugleich aber ist die praktische Klugheit als menschliche Kompetenz belehrbar und kann sich an Vorbildern orientieren. Ein wahrhaft kluger Mensch geht, bevor er entschiedet, mit sich zurate und ist für Beratung offen. Erst dann gibt er einer Handlungsweise den Vorzug.

Zusammenfassung

Struktur der ethischen Entscheidung

- Die praktische Klugheit (*phronesis*) ermöglicht dem Menschen, die Situation und die Handlungsmöglichkeiten zu erkennen.
- Er begibt sich in einen Prozess der Überlegung, der einem inneren Beratungsgespräch (*bouleusis*) entspricht.
- Nach Abwägung der möglichen Handlungen und der Einschätzung der Situation entscheidet er (*prohairesis*) schließlich, welche Handlung vorzuziehen ist.

Ethische Tugenden

Durchzusetzen vermag sich die praktische Klugheit als eine Verstandestugend (dianoetische Tugend) nur, wenn derjenige, der die Entscheidung trifft, auch über die nötigen charakterlichen Voraussetzungen (ethische Tugenden) verfügt. Er muss ein Temperament kultiviert haben, das seine Handlungen immer in der Mittellage zwischen den Extremen hält: Er ist mutig, was die Mitte zwischen Tollkühnheit und Feigheit darstellt, handelt mithin vorsichtig und bedacht, aber nicht zögerlich und ängstlich. Er ist freigebig und d.h. weder geizig noch ein Verschwender. Diese ethischen Tugenden und die Übung der praktischen Klugheit verlangen, dass die politische Gemeinschaft, für die sie letztlich unverzichtbar sind, ihnen auch Raum gibt. Offensichtlich geht Aristoteles in seiner pragmatischen Konzeption der guten Gemeinschaft von einem Kreislauf aus, in dem die wahrhaft Edlen ein Vorbild an Tugend und Maß darstellen, dem die normale Bevölkerung nacheifert und dem sie lobend und bewundernd gegenübersteht. Aus diesem Zusammenspiel ergibt sich ein sittlicher Horizont, in dem die hohe Qualität der Ziele des Handelns über Tugend und Tradition gewährleistet werden, während die Klugheit dafür eingesetzt wird, dass sie auf angemessene Art erreicht werden.

Hochgradig politisch relevant wird die skizzierte Ethik als Lehre vom guten Leben und Handeln für das politische Denken, weil Aristoteles eine strukturelle Gleichheit zwischen der ethischen und der politischen Entscheidungssituation diagnostiziert. Nicht nur der einzelne Mensch strebt nach dem, was er für gut hält, auch seine Gemeinschaften sind auf ein Ziel hin orientiert. Die politische Gemeinschaft als Gemeinschaft aller Gemeinschaften zielt sogar auf das höchste Gut, das auf dieser Erde zu verwirklichen ist: das gute Leben in einer Gemeinschaft.

Das höchste Gut

»Da wir sehen, dass jeder Staat eine Gemeinschaft ist und jede Gemeinschaft um eines Gutes willen besteht (denn alle Wesen tun alles um dessentwegen, was sie für gut halten), so ist es klar, dass zwar alle Gemeinschaften auf irgendein Gut zielen, am meisten aber und auf das unter allen bedeutendste Gut jene, die von allen Gemeinschaften die Bedeutendste ist und alle übrigen in sich umschließt. Diese ist der sogenannte Staat und die staatliche Gemeinschaft.« (Politika 1252 a1).

Daraus ergibt sich im weiteren Verlauf der Argumentation eine strukturelle Entsprechung zwischen der ethischen Entscheidungssituation des einzelnen Bürgers und der politischen Entscheidungssituation der ganzen Stadt. Aristoteles bietet uns ein komplexes, auf Überlegungen zum Zusammenhang von menschlichem Handeln, politischer Kommunikation und politischer Herrschaft aufgebautes Politikmodell an. Ausgangspunkt ist ähnlich wie bei Platon die Überlegung, wer denn die Herrschaft in einem politischen Gebilde übernehmen soll, damit dessen Qualität garantiert werden kann (s.a. Abb. 7). Ganz anders als sein Lehrer gibt Aristoteles aber zu bedenken, dass nur dann einer wegen seiner Vorzüge allein herrschen darf, wenn er alle anderen Mitbürger zusammen an Kompetenzen und Tugenden übertrifft. Wo dieser außergewöhnliche Zustand eintreten sollte, da ist die Monarchie ohne Zweifel die beste aller Staatsformen, wenn der König allein im Interesse seines eher unmündigen Volkes regiert. Die Aristokratie als Herrschaft einiger weniger (der *aristoi* = der Besten) lässt sich rechtferti-

Wer soll herrschen?

gen, wenn diese Edlen das Volk insgesamt übertreffen und zum Wohl ihrer Mitmenschen die Macht ausüben.

Beide Staatsformen allerdings sind durch schlimme Entartungen gefährdet. Sobald einer allein regiert, ohne dass er die nötigen Qualitäten hat und daher auch nur seine Interessen und nicht die des Gemeinwesens verfolgt, wird aus der Herrschaft des Einen eine Tyrannei. Wenn die wenigen nur ihre Interessen verfolgen, entsteht eine Oligarchie. Das Volk wird in beiden Fällen unter der im Kern illegitimen Herrschaft leiden.

Politie

Ideal ist eine Herrschaft in einer Gemeinschaft, in der sich die Bürger über die fundamentalen Fragen menschlichen Zusammenlebens einig sind und in der zugleich keine zu großen Unterschiede in Bezug auf die Moralvorstellung und die Kultur bestehen. Zentrale Voraussetzung aber ist, dass in diesem Gemeinwesen Freie über Freie herrschen. Genau betrachtet, so Aristoteles, ist das im Unterschied zur väterlichen, monarchischen oder despotischen Herrschaft die im eigentlichen Sinn politische Herrschaft:

»Aber es gibt auch eine Herrschaft, in der man über Gleichartige und Freie regiert. Diese nennen wir die politische Herrschaft. Sie muss der Regent lernen dadurch, dass er regiert wird [...] der gute Bürger muss sich sowohl regieren lassen, wie auch regieren können, und dies ist die Tugend des Bürgers: die Regierung von Freien in beiden Richtungen zu verstehen.« (Politika 1277b 5).

Definition

Politische Herrschaft
Politische Herrschaft ist die Herrschaft über Gleiche und Freie. Sie steht nur dem zu, der sich selbst beherrscht und auch beherrschen lässt.

Herrschaft der Bürger

In solch einem Gemeinwesen ist eine Politie möglich, in der zwar die wichtigen politischen Ämter an die Fähigen vergeben werden, in der aber alle Bürger an der politischen Meinungsbildung mitwirken. Voraussetzung für diese Mitwirkung ist, dass die Bürger über die nötige Selbstbeherrschung im engeren Sinn des Wortes verfügen. Tugendhafte Menschen beherrschen sich selbst und sie lassen sich beherrschen, was wiederum Voraussetzung für den Anspruch ist, gegenüber anderen Macht auszuüben. Aber auch solch eine Ordnung kann entarten, wenn die vielen Armen begreifen, dass sie die Macht zur Umverteilung der Reichtümer benutzen können. Dann entsteht eine Ordnung, in der die Vielen den wenigen vermögenden und herausragenden Mitbürgern ihren Wohlstand und ihre Stellung neiden und danach trachten, sich deren Güter anzueignen und die Angesehenen zu ver-

Gute Ordnungen	Entartete Ordnungen
Monarchie: Einer (der Beste) regiert im Interesse aller.	**Tyrannis:** Einer regiert in seinem eigenen Interesse.
Aristokratie: Einige (die Besten) regieren im Interesse aller.	**Oligarchie:** Einige regieren in ihrem Interesse.
Politie: Alle wirken an einer Regierung für alle mit.	**Demokratie:** Die Armen regieren in ihrem Interesse.

Abb. 7

Verfassungsformen des Aristoteles

leumden. Ganz gegen unseren positiven Wortgebrauch nennt Aristoteles diese Ordnung Demokratie. Sie ist genauso Unordnung wie die Tyrannei des Einen – sie ist die Tyrannei der Vielen.

Rhetorische Politik

Ihre inhaltliche Rechtfertigung erfährt die Mitwirkung der Menge dadurch, dass der politische Entscheidungsprozess als Beratungssituation modelliert wird. Das Wissen, das hier zum Einsatz kommen muss, ist hinreichend, aber nicht genau. Daher bedarf es einer gemeinsamen Anstrengung der Bürger, die Träger des Wissens und Akteure des Handelns sind. Aristoteles, der bereits die eigentliche Politik als Herrschaft von Freien über Freie charakterisiert hatte, sieht in der Beratung das institutionelle Konstitutionsmoment der legitimen Herrschaft unter den Bedingungen der Freiheit. Der große Pragmatiker Aristoteles formuliert zwei Grundsätze einer Mitwirkung der Vielen in der Politik.

- Nicht nur derjenige, der etwas herstellt, kann dies angemessen beurteilen, sondern auch der, der es verwendet (Politika 1182 a 20).
- Die vielen Bürger sind, wenn sie zusammenkommen und beraten, in fast jedem denkbaren Fall den wenigen Spezialisten an Wissen, Tatkraft und Rat überlegen (Politika 1281 a/b).

In der Beratungssituation, wenn die Bürger der Polis versammelt sind und die besonders geeigneten das Wort ergreifen und ihren Rat erteilen, wird wie in den anderen Typen der öffentlichen Rede das sittliche Selbstverständnis der Gemeinschaft aktualisiert. Das heißt, dass die Redner und die Bürger immer auch darüber beraten, wer sie als politische Gemeinschaft sind und wer sie in Zukunft sein wollen. Alle Reden, die Aristoteles in seiner Schrift über die Redekunst (Rhetorik) behandelt, sind in höchstem Maße politisch. Sie unterscheiden sich im Wesentlichen durch den Zeitpunkt, zu dem das Handeln stattfindet, und kaum im Hinblick auf die in diesem verwirklichten Werte (s. Abb. 8).

Aristoteles begreift Politik als einen kommunikativen Prozess der Suche nach der angemessenen Ordnung, in dem keiner die absolut richtigen Lösungen bereits parat hat. Es gibt nicht nur eine gute Ordnung und die Suche nach der angemessenen politischen Form des guten Lebens bleibt eine ständige Aufgabe. Gleichwohl leistet die politische Philosophie Orientierungshilfen und beschreibt den allgemeinen Rahmen, in dem Menschen angemessen nach der Form ihres Zusammenlebens suchen können.

Abb. 8

Typen der Rede und ihre ethisch-politische Bedeutung

Redetyp und Redeanlass	Handlungsperspektive	Werteperspektive
Beratungsrede vor der Volksversammlung	Was ist angesichts einer bestimmten politischen Lage, die in den Reden analysiert wird, zu tun? *Handlungszeit:* Zukunft	Welchem ethischen Leitbild will die Gemeinschaft folgen? Welches Handeln wäre lobenswert?
Lobrede vor dem versammelten Volk an Festtagen und bei Feiern	Die bereits vollbrachten Handlungen eines Menschen, der geehrt bzw. dessen Tod betrauert werden soll, werden in ihrer besonderen sittlichen Qualität und Bedeutung für die Gemeinschaft herausgestellt. *Handlungszeit:* Vergangenheit	Das vergangene Handeln wird an Maßstäben gemessen und in seiner Qualität zugleich empfohlen.
Trauerrede vor der um einen Menschen trauernden Gemeinde		

Zusammenfassung

Kennzeichen von Aristoteles politischer Theorie

- Strukturgleichheit von ethischer und politischer Entscheidung: Angesichts einer offenen Handlungssituation und dem menschlichen Streben nach einem guten Leben bedarf es einer vernünftigen und wohlberatenen Entscheidung über Handlungen.
- Herrschaft der Bürger: In einem Gemeinwesen der Gleichen und Freien ist Herrschaft nur im Wechsel von beherrscht werden und herrschen legitim. Das setzt tugendhafte und selbstbeherrschte Bürger voraus.
- Rhetorische Politik: In der politischen Beratung führt die Gemeinschaft einen Selbstverständigungsdiskurs über die eigene Existenz.

2.2.4 | Augustinus: Die Transzendenz der guten Ordnung

Rom und göttliches Reich

Nach der Eroberung Roms durch die Westgoten unter Alarich im Jahr 410 nach Christus neigt sich die Epoche der Antike ihrem Ende zu. Augustinus (354–430 n.Chr.), der sein Hauptwerk über den Gottesstaat (»De Civitate Dei«) vor allem schreibt, um das Christentum gegen den Vorwurf zu verteidigen, es sei schuld am Untergang Roms, entwirft eine politische Theologie, in der die Fragen der guten menschlichen Ordnung aus der Perspektive der jenseitigen Ordnung diskutiert werden. Nach seiner Lehre sind alle Menschen vor Gott gleich.

»Doch wer irgend als Mensch, das heißt als sterbliches, vernunftbegabtes Lebewesen geboren wird, mag er an Leibesgestalt, Farbe, Bewegung oder Stimme uns noch so fremdartig vorkommen, [...], er stammt von jenem Ersterschaffenen ab; daran darf kein Gläubiger zweifeln.« (Gottesstaat XVI/8).

Gleichheit in der Sünde

Die Menschen sind zunächst aber nur als Sünder vor Gott gleich, weil sie der auf Adam und Eva zurückgehenden Erbsünde verfallen sind. Adam und Eva hatten ihren menschlichen Willen dem Willen Gottes vorgezogen und wurden daher aus dem Paradies vertrieben. Wenn Gottes Gnade den Menschen nicht in einer Offenbarung die Augen für das Licht der Evangelien öffnet, führt kein Weg zur Erlösung aus der Sünde heraus. Die weltlichen Angelegenheiten sind danach zu beurteilen, ob sie dem Menschen Raum für ein gottgefälliges Leben lassen. Ein anderer Maßstab kann keine Geltung beanspruchen.

Die erlösungsbedürftige Menschheit befindet sich im Lichte der göttlichen Gnade auf einem Weg durch die Zeit, der ein eindeutiges Ziel hat. Für den einzelnen Menschen ist es sein individueller Tod, für die Menschheit ist es das Ende der Welt. In beiden Fällen steht der Gedanke der Rechenschaft und der Erlösung im Vordergrund. Am Tag des jüngsten Gerichtes werden die Sünder mit den ewigen Strafen bestraft und die wahrhaft Gläubigen mit dem ewigen Leben belohnt.

Gottesstaat und irdischer Staat

Bis zum Ende der Zeit aber, so Augustinus, ist die Geschichte die Geschichte zweier Reiche bzw. zweier Gemeinschaften (*civitates*), die – für das menschliche Auge bis zur vollkommenen Ununterscheidbarkeit vermischt – durch die irdischen Zeitalter pilgern: der *irdische Staat* der Menschen, die nach dem Fleische leben und sich um die Gebote Gottes wenig kümmern, und der *Gottesstaat* derjenigen, die nach dem Geist Gottes leben.

Niemand kann wissen, ob er der Gnade Gottes, die ihn erst zum Vollbürger des Gottesstaates macht, sicher sein kann.

»Während also dieser himmlische Staat auf Erden pilgert, beruft er aus allen Völkern seine Bürger und sammelt aus allen Zungen seine Pilgergemeinde. Er fragt nicht nach Unterschieden in Sitten, Gesetzen und Einrichtungen, wodurch der irdische Frieden aufrechterhalten wird, lehnt oder schafft nichts davon ab, bewahrt und befolgt es vielmehr, mag es auch in den verschiedenen Völkern verschieden sein, da alles ein und demselben Ziele irdischen Friedens dient. Nur darf es die Religion, die den einen und höchsten Gott verehren lehrt, nicht hindern.« (Gottesstaat XIX/17).

Staaten als Räuberbanden

Augustinus vergleicht die historisch existierenden Staaten mit Räuberbanden (Gottesstaat IV/4). Dieser Vergleich hebt darauf ab, dass ein Gemeinwesen, das sich nur auf der Grundlage eines gemeinsamen Interesses bzw. Nutzens bildet und nicht auf (göttliche) Gerechtigkeit aufbaut, letztlich – eben wie eine Räuberbande – keine moralische Grundlage hat. Es sieht seine Mitglieder nur unter dem Aspekt ihres Nutzens für die Erreichung

Definition

Zwei Reiche

Gottesstaat und irdischer Staat – die Gemeinschaft der wahren Gläubigen und die Vereinigung der auf die diesseitige Welt ausgerichteten Menschen – sind gemeinsam auf dem Weg durch die Zeit zum Ende der Geschichte, dem jüngsten Gericht Gottes.

seiner Ziele, egal welche das sein mögen, und wird sich auch anderen Gemeinwesen gegenüber nicht friedlich und konstruktiv verhalten.

Augustinus stellt in seiner politischen Theologie die Weichen für die grundlegende Sicht des Christentums auf den Bereich des Politischen. Weil er selbst in seinem turbulenten und wechselhaften Leben den tiefen Unfrieden einer Zeit politischer Umbrüche erfahren hat, wird ihm Politik zu einer bloßen Funktion der Erlösung im Jenseits, die aus sich heraus nur noch bestenfalls einen zweitklassigen Beitrag zum guten Leben leisten kann. Gleichzeitig zeigt sich in seinem Werk der christliche Universalismus, der in allen Menschen Abbilder Gottes sieht, in einer theoretisch anspruchsvollen Form. Die Lehre von den zwei Reichen führt die Vorstellung ein, dass Geschichte ein Ziel hat. Sie gibt in ihrer religiösen und später in ihrer säkularisierten (verweltlichten) Form eine der wesentlichen Muster der Erklärung von Geschichte ab. Wenn nämlich Geschichte ein Ziel und einen Sinn hat, so bestimmen sich die politischen Entscheidungen nicht zuletzt im Hinblick auf eben dieses Ziel.

Zusammenfassung

Kennzeichen von Augustinus politischer Theologie

- radikaler Universalismus: Alle Menschen sind unabhängig von ihrer Herkunft, ihrer Rasse (und tendenziell ihrem Geschlecht) gleich, wenn auch zunächst nur gleich sündhaft und erlösungsbedürftig.
- Geschichtsteleologie: Das einzelne Leben ist eingebettet in die Sinnhaftigkeit der gesamten Geschichte, die aber erst am Ende der Zeit in ihrer vollen Bedeutung erkennbar sein wird.
- Abwertung der diesseitigen Realität: Die menschliche Welt ist voller Gefährdungen für das Heil und die Politik kann bestenfalls eine Hilfsfunktion für das Seelenheil der Menschen erfüllen.

Die Präsenz der politischen Konzepte der Antike wird deutlich, wenn man sich klar macht, dass nicht nur so wichtige Begriffe wie der der Demokratie ursprünglich aus dem Altgriechischen kommen, sondern dass auch wesentliche Strukturen der Entscheidungsfindung hier erstmals erprobt wurden. Sie wurden unter dem Aspekt ihrer Funktionalität aber eben auch unter dem ihrer moralischen Richtigkeit auf höchstem Niveau diskutiert. Zugleich ging es immer auch um den engen Zusammenhang des guten und richtigen Lebens des Einzelnen und der Gemeinschaft. Ohne Zweifel kann man heute das Problem des guten Lebens nicht mehr in dem Sinn politisch lösen, dass mehr oder weniger verbindliche Lebensformen festgelegt werden. Die heutige Zeit kennzeichnet die Einsicht, dass ein allgemeiner Konsens über das gute Leben nur um den Preis der Unterdrückung hergestellt werden könnte. Trotzdem kann man aber jeden Tag feststellen, dass auch unter den Bedingungen einer entwickelten Demokratie Fragen der Lebensführung (z. B. des Konsumverhaltens, des individuellen Ressourcenverbrauchs, der Erwartungen gegenüber dem Gemeinwesen usw.) nicht folgenlos sind für Politik und das Zusammenleben in Gesellschaften, die scheinbar der Frage des individuellen Glücks gegenüber grenzenlos indifferent geworden sind.

Die moderne Antike

2.2.5 Machiavelli: Denken im Übergang

Niccolò Machiavelli (1469–1527) hatte am Übergang vom Mittelalter zur Neuzeit in Florenz bedeutende politische Ämter inne, fiel wegen seiner Sympathie für die republikanische Ordnung aber bei den immer wieder an die Macht gelangenden Medici-Fürsten in Ungnade, wurde gefoltert und starb verbannt auf seinem Landsitz. Machiavelli, der als einer der Begründer des modernen politikwissenschaftlichen Realismus gilt, erlebte und verarbeitete in seinem politischen Denken die Krise der italienischen Stadtstaaten, die zunehmend zum Spielball der sich entwickelnden europäischen Nationalstaaten wurden. Sein Werk, das neben den politischen Schriften Theaterstücke, historische Schriften und insbesondere Abhandlungen zur Kriegskunst umfasst, zieht aus den Erfahrungen ständiger Herrschaftswechsel und des wechselnden Kriegsglückes eine Reihe systematischer Schlussfolgerungen. Sie machen Machiavelli je nach Blickwinkel zum »Lehrer des Bösen« (Leo Strauss) oder zum hervorragenden Denker der Republik (Jean-Jacques Rouseau).

Krieg und Republik

Zentraler Ausgangspunkt seines politischen Denkens ist die Ablehnung aller Politikkonzepte, in deren Mittelpunkt das Gute und das gute Leben stehen. Machiavelli empfindet sie in einer Welt, die aus den Fugen geraten ist, als vollkommen realitätsfern und stellt ihnen sein Programm einer realistischen Politik gegenüber. In seiner Schrift »Il Principe« (1513), die sich formal, aber nicht inhaltlich an der mittelalterlichen Fürstenspiegelliteratur anschließt und die er verfasste, um sich bei den an die Macht zurückgekehrten Medici einzuschmeicheln, schreibt er:

Sein statt sollen

»Da es aber meine Absicht ist, etwas Brauchbares für den zu schreiben, der Interesse dafür hat, schien es mir zweckmäßiger, dem wirklichen Wesen der Dinge nachzugehen als deren Phantasiebild. Viele haben sich Vorstellungen von Freistaaten und Alleinherrschaften gemacht, von denen man in Wirklichkeit weder etwas gesehen noch gehört hat; denn zwischen dem Leben, wie es ist, und dem Leben, wie es sein sollte, ist ein so gewaltiger Unterschied, dass derjenige, der nur darauf sieht, was geschehen sollte, und nicht darauf, was in Wirklichkeit geschieht, seine Existenz viel eher ruiniert als erhält. Ein Mensch, der immer nur das Gute möchte, wird zwangsläufig zugrunde gehen inmitten von so vielen Menschen, die nicht gut sind.« (Der Fürst (1513) 1986: XV).

Wer wirklich etwas über Politik wissen will, der muss die Menschen nehmen, wie sie sind, und muss versuchen, aus der Geschichte zu lernen. Das ist möglich, weil sich die Menschen letztlich nicht ändern und sich aus diesem Grund die Geschichte in einem immer wiederkehrenden Kreislauf wiederholt (zyklisches Geschichtsbild). Machiavellis Menschenbild ist wenig schmeichelhaft. In seiner negativen Anthropologie erscheint der Mensch als schwach, gierig und ehrsüchtig. Wer herrschen will – und dies gilt insbesondere in schwierigen Zeiten – der darf kein noch so fragwürdiges Mittel der Herrschaft (z.B. Lüge, Verrat und Mord) verschmähen. Der politische Zweck, und das ist vor allem der Erhalt der persönlichen Herrschaft und des Staatswesens, heiligt jedes Mittel.

Definition

Politischer Realismus

Der realistische Politikbegriff bedeutet eine Hinwendung zur historischen und praktischen Erfahrung, den Verzicht auf idealistische Unterstellungen und die Akzeptanz eines negativen Menschenbildes. Macht und Machterhalt stehen unabhängig von ihren Zielen als faktischer Kern aller Politik im Zentrum der Aufmerksamkeit.

Handlungstheorie

Aus seinen Beobachtungen und der historischen Reflexion entwickelt Machiavelli eine sehr moderne Handlungstheorie, die sich um einige zentrale Begriffe herum gruppieren lässt (s. Abb. 9).

Der tatkräftige und vitale Fürst (Politiker) erkennt aufgrund seines Wissens von den politischen Handlungssituationen die Handlungsgelegenheit

Leitbegriff	Handlungsdimension
Ambizione	Ehrgeiz und Ruhmsucht sind die entscheidenden Triebfedern menschlichen Handelns.
Virtù	Tugend im Sinn der Handlungskompetenz des Fürsten: Er ist tatkräftig, stark und vital, schlau und geschickt.
Necessità	Gesetzmäßigkeiten des politischen Lebens: Weil die Geschichte als Zyklus abläuft, entstehen notwendig immer wieder ähnliche Situationen.
Occasione	Handlungsgelegenheit: In der politischen Situation gibt es den optimalen Handlungszeitpunkt, den es zu erkennen gilt.
Fortuna	Glück als unkontrollierbare Dimension des Handlungskontextes: Es bleibt, bei allem Wissen, aller Vorbereitung und aller Tatkraft immer ein Rest an Unsicherheit, der zwar verkleinert aber nicht beseitigt werden kann.

Abb. 9

Handlungstheorie der Politik

und setzt ohne Rücksicht auf irgendwelche moralischen oder sonstigen Bedenken mit dem nötigen Glück seine Ziele durch.

Machiavelli lässt keinen Zweifel daran, dass er moralische Skrupel in der Politik für nicht angebracht hält. Keinen Zweifel lässt er auch daran, dass das letzte Ziel seiner Ratschläge die Befreiung und Einigung Italiens darstellt. Ein vollkommener Fürst, der sich jenseits aller Moralität der dazu nötigen politischen Mittel bedienen darf, soll Italien einen und die »Barbaren« (Deutsche, Franzosen usw.) aus dem Land vertreiben. Im Idealfall soll er dann eine Republik nach römischem Vorbild gründen und sich nach getaner Arbeit aus der Politik zurückziehen. So mündet der »Principe« in das andere große Werk Machiavellis, das ihn als glühenden Republikaner erkennen lässt: die »Discorsi« (entstanden 1513/22). Er legt darin nahe, dass die anstehende Aufgabe mit der Gründung Roms verglichen werden kann. Auch wenn, so schreibt er, am Beginn der Geschichte Roms ein Brudermord stehen mag (Romulus tötet Remus), so ist diese Tat mehr als gerechtfertigt durch die Gründung Roms, der ersten vollkommenen Republik, der die Mischung demokratischer und aristokratischer Elemente in ihrer Verfassung gelungen ist. Sie gilt ihm als Lebensform, in der die Bürger nicht nur Reichtümern hinterherjagen, sondern sich mit aller Kraft um ihr Gemeinwesen kümmern. Dort gibt es keine gekauften Söldner, wie in den italienischen Städten zu Machiavellis Zeit, sondern nur Bürger unter Waffen, was bereits im Kern jede Form von Unterdrückung unmöglich macht. Gleichzeitig, und das zeigt die extrem starken militärische Einflüsse in Machiavellis Denken, ist diese Republik nach außen offensiv und stabilisiert sich durch Eroberungen nach innen.

Republik

Zusammenfassung

Handlungstheorie, negative Anthropologie und politischer Realismus
Machiavelli formuliert vor dem Hintergrund der Wirren im Italien des 15. Jahrhunderts auf der Basis einer historisch informierten Handlungstheorie eines der ersten realistischen Politikmodelle, das Erfahrung und ein negatives Menschenbild zur Grundlage aller Herrschaftskonzepte macht. Ziel ist dabei die Rekonstruktion einer republikanischen Ordnung und Lebensform, die einer außergewöhnlichen Gründerfigur bedarf.

Lernkontrollfragen

1 Was sind die wesentlichen Voraussetzungen dafür, dass sich im antiken Griechenland Politik als eigener Realitätsbereich herausbilden konnte.
2 Warum kritisiert Platon die Demokratie und welche Rolle spielt Wissen in seinem Politikkonzept?
3 Welche Strukturen unterscheiden die Politik nach Aristoteles von anderen Bereichen der Realität?
4 Warum ist Beratung für Aristoteles wichtig?
5 Unter welchem Aspekt sind die Menschen bei Augustinus gleich?
6 Was versteht man unter der Zwei-Reiche-Lehre und welche Bedeutung hat sie für den christlichen Politikbegriff?
7 Was versteht Machiavelli unter »Virtu« und in welchem Zusammenhang steht sie mit den anderen Grundbegriffen seiner Theorie?
8 Welche Bedeutung hat der Machtbegriff im Realismus?

Literatur

Originalwerke

Aristoteles:
Nikomachische Ethik (altgriech./dt.), hrsg. von Rainer Nickel, übers. von Olof Gigon, Düsseldorf/Zürich 2001.
Politik (Politika), hrsg. u. übers. von Olof Gigon, Zürich 1971.
Rhetorik, übers. von Franz G. Sieveke, München 1980.
Augustinus:
Der Gottesstaat, übers. von Wilhelm Thimme, München 1977.
Die Bekenntnisse (lat./dt.), übers. von Wilhelm Thimme, Düsseldorf 2004.
Machiavelli Niccolò:
Der Fürst/Il Principe (it./dt.), hrsg. u. übers. von P. Rippel, Stuttgart 1986.
Discorsi, hrsg. u. übers. von Rudolf Zorn, 3. Auflage, Stuttgart 2007.
Platon:
Werke in 8 Bänden (altgriech./dt.), hrsg. von Gunther Eigler, Darmstadt 1971. Band 4 umfasst die Politeia.

Sekundärliteratur

Bien, Günther (1973), Die Grundlegung der politischen Philosophie bei Aristoteles, Freiburg.
Standardwerk über das aristotelische Denken, das dessen besondere Bedeutung für die Politikwissenschaft deutlich macht.

Fetscher, Iring/Münkler, Herfried (Hrsg.) (1988), Pipers Handbuch der politischen Ideen, Bd. 1, München.
Handbuch mit Einzeldarstellungen zum politischen Denken in Athen (Raaflaub), zu Aristoteles (Spahn) und dem frühen Christentums (Klein).

Flasch, Kurt (1980), Augustin, Stuttgart.
Umfassende Darstellung des Lebens und des Werkes mit einer kritischen Würdigung des Augustinus und besonderer Betonung seines Einflusses auf das Christentum.

Höffe, Otfried (Hrsg.) (2014), Aristoteles – Die Nikomachische Ethik, 2. Auflage, Berlin.
Hier sind Texte zur Analyse der Ethik des Aristoteles versammelt, die sich u. a. mit seinem Gerechtigkeitsbegriff (Bien), der Tugendlehre (Wolf), der philosophischen Grundlegung (Höffe) und der Phronesis (Ebert) beschäftigen.

Horn, Christoph (Hrsg.) (1997), Augustinus – De Civitate Dei, Berlin.
Sammlung von Interpretationen des Gottesstaates, die die verschiedenen Dimensionen des Werkes von der Theologie bis in die Politikwissenschaft abdecken.

Kersting, Wolfgang (2006), Platons »Staat«, 2. Auflage, Darmstadt.
Werkgetreue Analyse der »Politeia«, die am Text entlang Platons Argumente erklärt.

Meier, Christian (1980), Die Entstehung des Politischen bei den Griechen, Frankfurt/Main.
Meier Beschreibt die soziokulturellen und institutionellen Voraussetzungen der Genese der antiken Demokratie und arbeitet dabei den Zusammenhang von Demokratie und kultischer Tragödie bzw. Komödie heraus.

Münkler, Herfried (2007), Machiavelli: Die Begründung des politischen Denkens der Neuzeit aus der Krise der Stadt Florenz, 2. Auflage, Frankfurt/M.
Standardwerk, das die sozialen, kulturellen, ökonomischen und kulturellen Kontexte des Werkes von Machiavelli exemplarisch rekonstruiert.

Ottmann, Henning (2001 f.), Geschichte des politischen Denkens Von den Anfängen bei den Griechen bis auf unsere Zeit, Teilbände: 1/1: Die Griechen. Teilband 1: Von Homer bis Sokrates, 1/2: Die Griechen. Teilband 2: Von Platon bis zum Hellenismus, 2/2: Das Mittelalter, Stuttgart.
Ideengeschichtliche Gesamtdarstellung aus einer Hand mit Einbeziehung des kulturellen Kontextes.

Zehnpfennig, Barbara (2011), Platon zur Einführung, 4. Auflage, Hamburg.
Knapper Gesamtüberblick über Leben und Werk, der sich auch ohne Vorbildung lesen lässt.

Legitimation von Herrschaft: Vertragstheorie | 2.3

Der Zwang zur Legitimation | 2.3.1

Herrschaft und Rechtfertigung

Wenn Herrschaft von Dauer sein soll, dann reicht Zwang als Mittel der Herrschaftssicherung allein nicht aus. Die Beherrschten müssen glauben, dass der Herrscher ein Recht zur Herrschaft hat. Ein politisches Gebilde bleibt nur dann stabil, wenn die Untertanen ohne die unmittelbare Ausübung von Gewalt gehorchen bzw. zumindest nicht rebellieren. Der Soziologe Max Weber hat in seiner Herrschaftssoziologie drei Typen von Herrschaft unterschieden (s. Abb. 10). Die Unterscheidung baut auf den Gründen auf, derentwegen die Herrschaft als rechtmäßig (legitim) angesehen wird (Weber (1922) 1980: III/§ 2).

Abb. 10

Die Typen legitimer Herrschaft nach Max Weber

Herrschaftstypus	Geltungsgrundlage	Herrschaftsmittel	Person des Herrschers
Legal-rationale Herrschaft	Legitimität schriftlich fixierter positiver (= gesatzter) Ordnung und Anweisungsrecht des durch sie zur Herrschaft Berufenen	Legale unpersönliche und gesatzte Ordnung (Recht)	Vorgesetzter
Traditionale Herrschaft	Alltagsglaube an die Heiligkeit der von jeher geltenden Ordnung und die Legitimität derer, die durch sie an die Macht kommen	Pietät (Ehrfurcht) gegenüber der Person vor dem Hintergrund der Tradition	Herr
Charismatische Herrschaft	außeralltägliche Hingabe an die Heiligkeit oder Heldenkraft einer Person und der durch sie offenbarten oder geschaffenen Ordnung	Vertrauen in die Person und Glaube an die Geltung der Offenbarung	Führer

Ohne Glauben an die Legitimität von Herrschaft, egal ob er sich auf Offenbarung, Tradition oder positives Recht stützt, ist kaum Stabilität erreichbar. Offensichtlich existieren diese drei Typen der Herrschaftslegitimation bis in die Gegenwart hinein nebeneinander. Allerdings ist die Entwicklung der Moderne dadurch gekennzeichnet, dass die rational-legale Legitimation von Herrschaft die Oberhand gegenüber den anderen Formen gewinnt. Das ist die politische Dimension einer ebenfalls von Max Weber beobachteten allgemeinen gesellschaftlichen Entwicklung der abendländischen Moderne. In der Moderne verlieren spätestens im 17. Jahrhundert die religiösen Ordnungen in den Glaubenskriegen der Zeit ihre allgemeine Verbindlichkeit. Immer mehr Aspekte der Realität werden wissenschaftlich erklärbar. Zunehmend wächst das kritische Bewusstsein der Individuen gegenüber den traditionellen Institutionen, die damit gleichzeitig ihre objektive Verbindlichkeit verlieren. Dadurch steigt in einer historischen Phase, in der sich der moderne Staat immer stärker in die gesellschaftlichen und individuellen Belange einmischt, zugleich das Bedürfnis nach alternativen Ordnungskonzeptionen und Begründungen. Diesen gesamten Prozess nennt Max Weber Rationalisierung und er beschreibt, wie er in der »Entzauberung« der Welt mündet.

Die politische Konstellation der Moderne

Vertragstheorie

Eine geradezu beispiellose Karriere in der politischen Theorie war in diesem Kontext der Vertragstheorie beschieden. Sie erfüllt eine Vielzahl von Bedingungen, die sie bis in unsere Zeit zu einem Modell der Rechtfertigung von Herrschaft und politischer Ordnung gemacht haben. Sie verbindet im Vertragsgedanken auf vernünftige und nachvollziehbare Weise die Freiheit der sich bindenden Individuen mit der notwendigen Errichtung einer öffentlichen Gewalt, der gegenüber die Bürger dann nur noch begrenzt frei sind. Dabei lassen sich ganz unterschiedliche Herrschaftsordnungen vertragstheoretisch rechtfertigen.

Zusammenfassung

Leistungen der Vertragstheorie
Vertragstheorien verbinden die beiden wichtigsten und zugleich widersprüchlichsten Pole des modernen politischen Denkens: das Individuum mit einem weitgehenden Anspruch auf Autonomie und Freiheit und den Staat, der als strafender und die Ordnung garantierender moderner Staat mit durchgreifender und effizienter Macht ausgestattet wird. Durch den Vertrag begibt sich das Individuum freiwillig in eine Ordnung, deren Zwangsdimension zwar Freiheit begrenzt, aber aus dem Willen der zum Vertrag entschlossenen Menschen abgeleitet werden kann.

2.3.2 Thomas Hobbes: Der Vertrag des Leviathan

Thomas Hobbes (1588–1679) schreibt und lebt in einer Zeit, in der religiöse Bürgerkriege und die damit eng verknüpften Auseinandersetzungen zwischen Krone und Parlament um die Macht Familien spalten und dazu führen, dass Brüder in verschiedenen Heeren gegeneinander kämpfen. Er empfindet den bewaffneten Streit um die richtige Religion als genauso gefährlich wie er die mittelalterliche Wissenschaft für widersinnig hält. Hobbes tritt in seinen politischen Schriften für einen theoretischen und methodischen Neuanfang ein und reflektiert die Bedingungen, unter denen ein Phänomen wissenschaftlich begriffen werden kann.

Bürgerkrieg und Wissenschaft

Wenn man, so Hobbes, etwas wirklich verstehen wolle, so müsse man den Untersuchungsgegenstand zunächst in seine Bestandteile zerlegen und dann wieder zusammenfügen (resolutiv-kompositive Methode). Was bei einer Uhr funktioniert oder einer beliebigen anderen Maschine, das funktioniert auch bei einem Gebilde wie dem Staat.

Definition

Thomas Hobbes' resolutiv-kompositive Methode
Der Staat ist eine Maschine, deren Bauplan man begriffen hat, wenn man sie zerlegen und wieder zusammensetzen kann. Die kleinste Baueinheit des Staates sind die Individuen. Das Thema der Vertragstheorie ist die vernünftige Form ihrer Vereinigung.

Naturzustand

Um den Staat in seine Teile zerlegen zu können, fingiert Hobbes einen vorstaatlichen Zustand, in dem der Mensch unter Laboratoriumsbedingungen beobachtet werden kann: den Naturzustand. In diesem Zustand, so Hobbes in seinem Hauptwerk dem »Leviathan« (1651), gibt es keine Kultur und Zivilisation. In ihm strebt das menschliche Wesen die Befriedigung seiner unmittelbaren und grundlegenden Bedürfnisse an. Weil das Überleben das übergeordnete menschliche Bedürfnis darstellt, muss von Natur aus dem Menschen alles erlaubt sein, was der Selbsterhaltung dient. Hobbes spricht in diesem Zusammenhang von einem *ius naturalis*, d.h. einem naturgegebenen Erlaubnisrecht. Unter den Bedingungen einer natürlichen Güterknappheit wird aus dem Naturzustand ein Kriegszustand. Jeder bekämpft jeden um der knappen Güter willen und es zeigt sich, dass selbst der Stärkste, der im offenen Kampf den Sieg davon tragen würde, nicht in Sicherheit leben kann, weil ein Schwacher ihn im Schlaf allein oder mit anderen zusammen überwältigen kann. Daher ist die vorherrschende Befindlichkeit unter diesen Bedingungen die Furcht vor einem gewaltsamen Tod.

Kriegszustand

Kalkül der Furcht

Aus dieser auf den ersten Blick aussichtslosen Situation gibt es nach Hobbes jedoch einen Ausweg. Die Menschen verfügen nämlich neben ihrer offensichtlich natürlichen Aggressivität auch über Vernunft. Sie vermögen einzusehen, dass das natürliche Gebot der Selbsterhaltung unter den geschilderten Bedingungen nicht verwirklicht werden kann. Das menschliche Streben nach Selbsterhaltung führt zu einem Kalkül, das die Einsicht in bestimmte vernünftige Regeln – eine Art Naturgesetz (*lex naturalis*) – ermöglicht. Weil Angst und Vernunft Kennzeichen des Menschen im Naturzustand sind, kann angenommen werden, dass der Übergang zu einem staatlichen Zustand durch die Einsicht in den universalen Nutzen folgender Regeln ermöglicht wird.

- Jedermann hat sich um Frieden zu bemühen, solange dazu Hoffnung besteht. Kann er ihn nicht herstellen, so darf er sich alle Hilfsmittel und Vorteile des Krieges verschaffen und sie benützen. (Suche Frieden und halte ihn ein.)
- Jedermann soll freiwillig, wenn andere ebenfalls dazu bereit sind, auf sein Recht auf alles verzichten; und er soll sich mit soviel Freiheit gegenüber anderen zufrieden geben, wie er anderen gegen sich selbst einräumen würde. (Was Du nicht willst, das man Dir tu, das füg auch keinem anderen zu.)
- Nach einer erfolgten Vereinigung müssen die bestehenden Verträge eingehalten werden. (Abgeschlossene Verträge sind zu halten.)

Zusammenfassung

Naturzustand – Kriegszustand – Vertrag
Der Mensch befindet sich von Natur aus in einem Kriegszustand mit allen anderen Menschen um die knappen Güter der Welt. Die Furcht vor einem gewaltsamen Tod motiviert seine Vernunft zur Einsicht, dass es besser ist, auf sein Recht auf alles zu verzichten und einen Staat zu gründen, wenn auch alle anderen dies in einem Vertrag tun.

Dem Vertrag, der auf dieser Grundlage geschlossen wird, liegt also eine Reihe von rationalen Überlegungen zugrunde, die darauf hinauslaufen, dass es im Interesse eines jeden im Naturzustand sein muss, diesen durch einen staatlichen Zustand zu ersetzen. Das geschieht unter der Voraussetzung, dass alle den Frieden suchen und dafür bereit sind, auf ihr natürliches Recht auf alles zu verzichten und sich an die damit verbundenen Abmachungen auch zu halten. Die rationalen Egoisten des Naturzustands schließen miteinander einen Vertrag: Sie verzichten auf ihr natürliches Recht und geben alle ihre politische Macht an den Staat ab. Damit wird der Staat errichtet und es entsteht ein sterblicher Gott, dem an Machtfülle kein anderes sterbliches Wesen gleichkommt.

Staat als sterblicher Gott

»Es ist eine wirkliche Einheit aller in ein und derselben Person, die durch Vertrag eines jeden mit jedem zustande kam, als hätte jeder zu jedem gesagt: Ich autorisiere diesen Menschen oder diese Versammlung von Menschen und übertrage ihnen mein Recht, mich zu regieren, unter der Bedingung, dass du ihnen ebenso dein Recht überträgst und alle ihre Handlungen autorisierst. [...] Dies ist die Erzeugung jenes großen Leviathan oder besser, [...], jenes sterblichen Gottes, dem wir unter dem unsterblichen Gott unseren Frieden und Schutz verdanken. [...] Hierin liegt das Wesen des Staates, der, um eine Definition zu geben, eine Person ist, bei der sich jeder einzelne einer großen Menge durch gegenseitigen Vertrag eines jeden mit jedem zum Autor ihrer Handlungen gemacht hat, zu dem Zweck, dass sie die Stärke und Hilfsmittel aller, so wie sie es für zweckmäßig hält, für den Frieden und die gemeinsame Verteidigung einsetzt.« (Hobbes (1651) 1984: II/17).

Absorptive Repräsentation

Indem jeder mit jedem einen Vertrag schließt, der hauptsächlich eine Verzichterklärung darstellt, entsteht eine neue Person im Souverän, dem die Vertragsschließenden das Recht zur Regierung übertragen. Genauer bedeutet das, dass die Untertanen alle Handlungen des Souveräns als die ihren ansehen. Der Souverän, der seine Bürger in den politischen Handlungen vertritt, nachdem ihm aller Rechte übertragen worden sind, tritt so sehr an die Stelle der Vertretenen, dass auf ihrer Seite gar keine politischen Rechte mehr übrig bleiben. Alles, was sie als politische Wesen waren, ist im Souverän aufgegangen (absorptive Repräsentation). Was immer in der Politik geschieht, es geschieht durch den Souverän und muss von denjenigen, die seiner Herrschaft unterworfen sind, als eigene Handlung verstanden werden. Nur durch den Staat sind sie eine Einheit. Ohne seine Existenz und seine durchschlagende Macht zerfällt ihr Gemeinwesen sofort wieder in den anarchischen Zustand der Natur, in dem es kein Recht im eigentlichen Sinne und keine staatliche Ordnungsgewalt gab.

Souveränität, Gewaltenteilung, Religion

Die aus dem Vertrag entstandene Souveränität ist absolut oder sie ist nicht. Daher kann sie auch nicht geteilt werden. Für Hobbes ist jede Form der Teilung staatlicher Gewalt unsinnig und der erste Schritt in den Bürgerkrieg. Der Souverän kontrolliert neben der Politik auch die zweite große Quelle der Rebellion und des Bürgerkriegs: die Religion. Er legt ein öffentliches Glaubensbekenntnis fest, an das sich alle Bürger im öffentlichen Raum zu halten haben. Was immer sie wirklich glauben bzw. was sie in ihren eigenen privaten vier Wänden an kultischen Handlungen vollziehen, ist dem Souverän so lange gleichgültig, wie dieser Glauben nicht öffentlich wird.

Erlöschen der Souveränität

Den Bereich des privaten Wirtschaftens und den der privaten Lebensorganisation lässt der Souverän weitgehend unberührt. Er garantiert die Eigentumsverhältnisse und konzentriert sich ansonsten auf die Politik. Sobald er es aber nicht mehr schafft, den gesellschaftlichen Frieden durch die vereinigte staatliche Macht sicherzustellen, existiert er nicht mehr. Die höchste Gewalt ist entweder die höchste Gewalt oder sie ist erloschen. Dann ist entweder ein anderer sterblicher Gott entstanden oder es herrscht Bürgerkrieg.

Zusammenfassung

Thomas Hobbes Theorie der Souveränität

- Souveränität schafft Einheit und nimmt die Gesamtheit der politischen Einzelwillen in den Staat auf (absorptive Repräsentation).
- Der Souverän als sterblicher Gott steht in keiner Rechtsbeziehung mit seinen Untertanen, weil der, der alles Recht garantieren soll, keinem Recht unterworfen werden kann und darf.
- Die institutionelle Struktur der Staatsspitze ist wenig bedeutsam, solange der Souverän ohne Anfechtung die alleinige Macht hat.
- Der Souverän kontrolliert die Staatsreligion und garantiert den Bürgern einen Raum privatwirtschaftlicher Freiheit in Hinsicht auf Produktion und Konsum.
- Wenn der Souverän seine Friedensgarantie nicht mehr aufrechterhalten kann, erlischt die Souveränität bzw. es herrscht Bürgerkrieg.

Kritik an Hobbes

Hobbes' Theorie wurde vielfach kritisiert. Zu den zentralen Kritikpunkten gehört, dass die vertragliche Ableitung des Souveräns aus dem Naturzustand problematisch ist, wenn der Mensch von Natur aus als rational kalkulierender Egoist begriffen wird. Ein solcher Egoist kann zwar wollen, dass alle anderen ihr Recht auf alles aufgeben, er selbst kann sich davon aber ausnehmen wollen. Dieses sogenannte free-rider-Problem taucht immer dann auf, wenn etwas gemeinschaftlich errichtet bzw. erhalten werden soll, was dem Individuum zunächst Kosten verursacht. So muss ich zwar wollen, dass alle anderen die Kosten für ihr Ticket im öffentlichen Nahverkehr bezahlen, weil sonst der Betrieb nicht gewährleistet werden kann, ich kann mich aber sehr wohl als Egoist von dieser Verpflichtung ausnehmen. Das Fazit dieser Kritik lautet, dass man mit einem rational motivierten Egoisten als kleinstem Bauteil kein politisches Gemeinwesen errichten kann.

Ein weiterer Kritikpunkt bezieht sich darauf, dass der Souverän bei Hobbes alle politischen Rechte in sich aufnimmt und den Untertanen keine anderen als ökonomische Freiheiten bleiben. Der kanadische Politikwissenschaftler Macpherson hat diese Position, wie auch die von John Locke (s. u.), als Theorie des Besitzindividualismus kritisiert, die in der politischen Garantie einer kapitalistischen Wirtschaft das einzige Ziel des Staates sieht. Der Verzicht auf alle politischen Rechte macht aus dem errichteten Gemeinwesen eine Willkürherrschaft mit ausschließlich ökonomischen Freiheiten. Dann aber gibt es keine vernünftigen Gründe mehr, einem Gemeinwesen beizutreten, wenn angesichts der ungebremsten Macht des Souveräns das Risiko besteht, dass es weniger Freiheit und Sicherheit bietet als der Naturzustand.

2.3.3 John Locke: Der Vertrag der repräsentativen Demokratie

Monarchiekritik

Eine Generation nach Hobbes schreibt sein Landsmann John Locke (1632–1704) im Auftrag einflussreicher politischer Kreise ein Buch, in dem er das biblische und das natürliche Recht der Könige auf Herrschaft in Zweifel zieht und dem Volk die letzte Entscheidung darüber zugesteht, wie es regiert werden will. Die »Zwei Abhandlungen über die Regierung« (»Two Treatises of Government«, 1689) sind einer der Meilensteine der Theorie der liberalen repräsentativen Demokratie. Zu ihrer Zeit dienten sie der Kritik an der monarchischen Erbfolge und wirkten auf die sogenannte Glorious Revolution (1688), in der Jakob II. seinen Thron an Wilhelm von Oranien verlor. In der ersten Abhandlung widerlegt Locke die Position von Sir Robert Filmer (1588–1653), der die königliche Herrschaft auf Adam und Eva zurückgeführt hatte. In der zweiten Abhandlung entwickelt er eine systematische Theorie repräsentativer Ordnung. Zeitgleich veröffentlicht Locke die Untersuchungen über den menschlichen Verstand (»Essay Concerning Human Understanding«, 1689).

Menschenbild: Freiheit und Vernunft

Der Mensch ist nach Lockes Vorstellung von Natur aus frei und vernünftig. Die natürliche Vernunft erkennt auf der Grundlage von Erfahrung alles, was wir wissen müssen. Sie beschreibt aber auch die Grenze dessen, was wir wissen können. Locke vergleicht den menschlichen Verstand mit einem Schiffslot oder einer Kerze. Das Lot reicht nicht notwendig bis zum Meeresgrund und das Licht erleuchtet nur einen begrenzten Raum. Beide erfüllen aber ihren Zweck, wenn sie Untiefen aufspüren, sodass das Schiff nicht aufläuft, oder das Zimmer so erhellen, dass man darin seiner Arbeit nachgehen kann.

Aus der Verfassung des Menschen schließt Locke, dass auch die biblische Offenbarung unserem natürlichen Wissen nicht wirklich etwas hinzufügen kann, weil wir uns angesichts zahlreicher widersprüchlicher Bibelauslegungen nur auf der Basis unserer Vernunft für die richtige Offenbarung entscheiden können. Es ist der freie und zur Einsicht fähige Mensch, von dem jede Rechtfertigung des Staates auszugehen hat. Verstand und Freiheit sind eng aufeinander bezogen. Der Verstand gibt der menschlichen Freiheit Orientierung im Rahmen des verbindlichen Naturrechts und die Freiheit eröffnet dem Verstand erst einen Spielraum, ohne den wir bloße Marionetten unserer Umwelt wären. Ohne Freiheit wäre der Verstand rein passiv – ohne Vernunft die Freiheit ziellos. Aufbauend auf diesen Überlegungen gestaltet sich das Modell des Naturzustands bei Locke deutlich anders als bei Hobbes:

Naturzustand

»Um politische Gewalt richtig zu verstehen und sie von ihrem Ursprung abzuleiten, müssen wir erwägen, in welchem Zustand sich die Menschen von Natur aus befinden. Es ist ein Zustand vollkommener Freiheit, innerhalb der Grenzen des Gesetzes der Natur ihre Handlungen zu regeln und über ihren Besitz und ihre Persönlichkeit so zu verfügen, [...]. Es ist darüber hinaus ein Zustand der Gleichheit, in dem alle Macht und Rechtsprechung wechselseitig sind, da niemand mehr besitzt als ein anderer: Nichts ist einleuchtender, als dass Geschöpfe von gleicher Gattung und von gleichem Rang, [...], ohne Unterordnung und Unterwerfung einander gleichgestellt leben sollen, [...].« (Locke (1689) 1977: II/§ 4).

Eigentum aus Freiheit

Schon im Naturzustand kann der Mensch Eigentum erwerben. Eigentum wurzelt in der als Selbstverhältnis definierten Freiheit: Ich bin frei, weil ich mir selbst gehöre und niemand ein Recht an mir hat. Weil aber der Mensch sich selbst besitzt, ist seine Arbeit, mit der er die natürlichen Dinge formt und gestaltet, ebenfalls etwas, was untrennbar zu ihm gehört. Durch Arbeit entsteht Eigentum, an dem derjenige, der es erarbeitet hat, ein natürliches Recht erwirbt. Der so erworbene Besitz wiederum wird zu einer materiellen Grundlage der freien Lebensgestaltung, in die sich kein anderer einmischen darf. Solange das Individuum sich in den Grenzen des natürlich Rechten bewegt, die Locke nicht genauer beschreibt, deren universale Erkennbarkeit und Geltung er aber immer unterstellt, darf ihn niemand an der freien Entfaltung im Rahmen seiner Möglichkeiten hindern. Es gibt offensichtlich ein Recht von Natur, aber keine Herrschaft von Natur.

Zusammenfassung

Kennzeichen des Naturzustandes bei Locke

- Von Natur herrscht zwischen den Menschen Gleichheit, sodass keiner einen legitimen Herrschaftsanspruch auf das Naturrecht gründen kann.
- Die Freiheit als Selbstverhältnis (jeder gehört sich selbst) ermöglicht Eigentum durch Arbeit.
- Das von Gott ausgehende natürliche Recht (Naturrecht) gilt unmittelbar und alle können es mit dem Verstand erkennen.

Lockes Ausgangszustand ist ein Zustand relativen Friedens, in dem die Menschen ihren Geschäften nachgehen und friedlich nebeneinander leben. Wenn sich aber nur einige wenige nicht an die Spielregeln der vernünftigen Natur halten, dann droht dieser Zustand jedoch, seine Harmonie zu verlieren und instabil zu werden. Der Frieden ist gefährdet, weil Übeltäter durch Bruch des natürlichen Rechts den Naturzustand in einen Kriegszustand verwandeln können. Im Naturzustand steht keine allgemeine Gewalt zur Verfügung, sodass jeder, dessen Rechte verletzt werden, auf sich gestellt zugleich Richter und Vollstrecker des natürlichen Rechts ist. Die überwältigende Mehrzahl der Menschen aber ist bestrebt den Frieden zu erhalten bzw. vielmehr ihn zu stabilisieren. Das ist für Locke die Geburtsstunde des politischen Gemeinwesens:

Der gefährdete Frieden

Entstehung des politischen Gemeinwesens

»Da aber keine politische Gesellschaft bestehen kann, ohne dass es in ihr eine Gewalt gibt, das Eigentum zu schützen und zu diesem Zweck die Übertretungen aller, die dieser Gesellschaft angehören, zu bestrafen, so gibt es nur dort eine politische Gesellschaft, wo jedes einzelne ihrer Mitglieder seine natürliche Gewalt aufgegeben und zugunsten der Gemeinschaft in all denjenigen Fällen auf sie verzichtet hat, die ihn nicht davon ausschließen, das von ihr geschaffene Gesetz anzurufen. Auf diese Weise wird das persönliche Strafgericht der einzelnen Mitglieder beseitigt, und die Gemeinschaft wird nach festen, stehenden Regeln zum unparteiischen Richter und einzigen Schiedsrichter für alle.« (Locke (1689) 1977: II/§ 87).

Gesetzgebung der Vernunft

Das politische Gemeinwesen entsteht erneut aus einer Übertragung der Rechte der Individuen. Allerdings besteht ein wesentlicher Unterschied zu Thomas Hobbes: Es werden nicht alle Rechte übertragen, sondern nur das

Recht zu strafen. Dies geschieht nur zu dem Zweck, dass die politische Gemeinschaft das unabhängig von ihr geltende natürliche Recht durchsetzen kann. Daher ist der erste Akt der Staatsgründung auch die Errichtung eines Organs der Gesetzgebung (Legislative). Die Legislative soll in dem von ihr zu schaffenden positiven Recht (den im Parlament verabschiedeten und dann verkündeten Gesetzen) letztlich das Naturrecht (das ungeschrieben der Vernunft einleuchtet) in Buchstaben gießen und es zur Geltung bringen. Locke argumentiert, dass nur dies der Zweck des Zusammenschlusses sein kann, weil sonst keiner ein Motiv hätte, den Naturzustand zu verlassen. Wer sich in Bezug auf die Sicherheit seiner Lebensführung im staatlichen Zustand schlechter stellen würde als im Naturzustand, würde keine Veränderung anstreben. So aber entsteht ein politischer Körper, der durch Mehrheitsentscheidungen handlungsfähig ist und Gesetze schafft. Seine zentrale Aufgabe ist die Umwandlung von natürlicher Freiheit in bürgerliche Freiheit.

Den Staat, der die ordnende und strafende Macht der Individuen aus dem Naturzustand in sich aufnimmt, gibt es daher ausschließlich zum Schutz des Eigentums (property). Damit ist gemeint, dass der persönliche Bereich des eigenen Lebens, Besitzes und Handelns (life, liberty and estates) geschützt werden soll vor jeder Art von Übergriffen. So erklärt sich, dass Locke – einer der ersten großen Theoretiker der Freiheit – so sehr auf den strafenden Staat abstellt.

Definition

Freiheit bei Locke

- Freiheit kann nur zusammen mit Gesetzen bestehen, weil schrankenlose Freiheit zu Unrecht führt.
- Freiheit ist Freiheit vom Zwang und von der Gewalttätigkeit anderer.
- Freiheit ist die freie Verfügung über den eigenen Besitz, die eigene Person und die eigenen Handlungen (*property* = Eigentum).
- Sie dient zuerst zum Erhalt der eigenen Person bzw. Familie.
- Politische Freiheit ist ein Recht auf Mitwirkung an der politischen Entscheidungsfindung.

Im Unterschied zu Hobbes äußert sich Locke auch über die angemessene institutionelle Form eines solchen politischen Gemeinwesens. Er zeichnet das Bild einer parlamentarischen Monarchie mit einem starken Parlament. In ihr sollen alle besitzenden Bürger über das Wahlrecht ein Mitspracherecht bei der Errichtung einer repräsentativen Versammlung haben. Sie ist gekennzeichnet durch verschiedene Gewalten, die Locke in ihrem Verhältnis zueinander beschreibt. Die parlamentarische Legislative ist das gewählte Zentrum der Verfassung. Sie macht die Gesetze und ihre Mitglieder versammeln sich nur auf Zeit, um danach wieder als Bürger selbst dem geschaffenen Recht unterworfen zu sein. Die regierende Exekutive beruft bei Bedarf das Parlament ein und führt die Gesetze aus. In den staatlichen Außenbeziehungen nimmt sie die Form der Föderative an, die über Krieg und Frieden, Verträge und Bündnisse bestimmt. Sie verfügt zudem über eine besondere zusätzliche Gewalt, die über die Ermächtigung durch die Gesetze hinausgeht. Diese Prärogative ist nötig, weil auch in besonderen Situationen, in denen bisher kein Gesetz existiert hat oder in denen keine gesetzliche Regelung möglich wäre (Katastrophen), Entscheidungsbedarf besteht.

Zusammenfassung

Gewaltenteilung bei Locke

- *Legislative*: Sie passt das Naturrecht der konkreten Situation an und formuliert es als positives Recht.
- *Exekutive*: Sie führt die Gesetze aus und beruft die Legislative ein;
- als *Föderative* entscheidet sie über Krieg und Frieden, schließt auswärtige Verträge und Bündnisse;
- als *Prärogative* entscheidet sie im Ausnahmefall und bei nicht gesetzlich regelbaren Materien (z. B. Katastrophen).

Appell an den Himmel

Diese Gewaltenteilung erscheint Locke sinnvoll, weil er nicht übersieht, dass die Gewalten immer dazu neigen, ihren Spielraum auf Kosten der jeweils anderen auszudehnen. Auch Übergriffe der Machthaber gegenüber der Bevölkerung müssen in Betracht gezogen werden. Angesichts dieser Tatsachen stellt sich die Frage, wer denn in so einem Fall der berufene Richter im Streit um Befugnisse und Kompetenzen sein könnte. Locke beantwortet diese Frage folgendermaßen: Wenn eine ins Amt gekommen Legislative oder Exekutive ihr Macht missbraucht, kann es hierfür auf Erden keinen Richter geben. Dem Volk bleibt im äußersten Fall nur der Appell an den Himmel – die Rebellion. Die vertraglich errichtete Macht, die aus dem Vertrauen der Beherrschten in die Machthaber (*trust*) gespeist wurde, fällt dann wieder zurück an das Volk und es ist berechtigt zu tun, was es für gut befindet. Widerstand ist damit gerechtfertigt, wenn sich die errichteten Gewalten nicht an den Vertrag halten.

»Wenn das Volk aber der Dauer seiner Legislative Grenzen gesetzt hat und diese höchste Gewalt in einer Person oder Versammlung nur auf Zeit geschaffen hat oder wenn diese Gewalt aufgrund von Übergriffen derer, die im Besitz der Autorität sind, verwirkt ist, so fällt sie mit der Verwirkung durch die Regierenden oder nach Ablauf der festgesetzten Zeit an die Gesellschaft zurück, und das Volk hat ein Recht, als höchste Gewalt zu handeln und die Legislative von nun an selbst auszuüben; oder aber eine neue Form der Regierung zu errichten, bzw. die Regierung unter der alten Form in neue Hände zu legen, wie es ihm gut scheint.« (Locke (1689) 1977: II/§ 243).

Wahl und Volkssouveränität

Hier wird noch ein zweiter Fall des Rückfalls der vertraglich transferierten Macht von den Amtsträgern an das Volk benannt: die periodisch wiederkehrende Wahl, die die Institutionen in ihrer Form belässt, die aber dem Volk das Recht einräumt, regelmäßig neue Personen mit der Wahrnehmung der einschlägigen Aufgaben zu betrauen bzw. die alten Amtsinhaber zu bestätigen. Das Volk ist im Moment des mehr oder weniger gewaltsamen Umsturzes wie im Moment der friedlichen Wahl der Souverän, der sein Gemeinwesen institutionell und personell so ordnet, dass die Freiheit der Individuen gewährleiste bleibt. Nach den souveränen Akten der Revolte oder der Wahl delegiert es in den meisten Fällen wieder die Macht an Institutionen und Machthaber. Diese bleiben aber auch nach der Neukonstitution der Herrschaft an den Vertrag gebunden.

Während Hobbes eine unbedingte vertragliche Übertragung von politischer Macht an den Souverän theoretisch begründet und als notwendig für ein friedliches Gemeinwesen rechtfertigt, schließen bei Locke die Menschen einen Vertrag auf der Grundlage klarer inhaltlicher und formaler Bedingungen. Die so errichtete Herrschaft zielt inhaltlich auf die Sicherung des freien Gebrauchs von Eigentum und hat im Idealfall die Form einer parlamentarischen Monarchie. Lockes auffällige Konzentration auf die freie und sichere Nutzung des Eigentums setzt seine Theorie noch stärker als die des Thomas Hobbes der Kritik des Besitzindividualismus (Macpherson) aus. Locke erklärt das Eigentum zur naturrechtlichen Grundausstattung jedes freien Menschen. Sein weiter Begriff von *property*, mit dem das Leben, die Freiheit und die freie Nutzung des Besitzes (life, liberty and estates) gemeint sind, verbindet sich mit der Vorstellung eines sich autark aus seinem Besitz erhaltenden Bürgers. So wie sich Freiheit und Verstand wechselseitig ermöglichen, so sind Freiheit und Eigentum aufeinander bezogen. Frei kann nur sein, wer sich aus eigener Kraft erhalten kann und die Selbsterhaltung ist nur in Freiheit sinnvoll.

Zusammenfassung

Lockes Vertragsgemeinschaft der Eigentümer

- Die vertragliche Zustimmung der Bürger legitimiert die Existenz des Staates, der daran gebunden bleibt.
- Das Individuum behält seine vorstaatlichen (natürlichen) Rechte auch in der politischen Gemeinschaft.

- Herrschaft ist an das Naturrecht und an die Bedingungen des Vertrages, der den Herrschenden die politische Gewalt auf Zeit anvertraut (*trust*), gebunden.
- Bei einem Vertragsbruch besteht ein Widerstandsrecht der Bürger. Im Fall schlechter Amtsführung ist die Abwahl möglich.
- Die gesamte politische Ordnung ist an die Sicherung von Eigentum gebunden, von dem auch Teilhabe- und Schutzrechte abhängig sind.

Jean-Jacques Rousseau: Die Vertragsgemeinschaft der identitären Demokratie

2.3.4

»Der Mensch ist frei geboren, und überall liegt er in Ketten.« Mit diesem Satz beginnt Jean-Jacques Rousseaus (1712–1778) berühmtes Buch »Vom Gesellschaftsvertrag« (Rousseau 1762/1977: I/1). Sein Autor hatte sich bereits kritische Gedanken zur Kulturentwicklung gemacht und war zu dem Ergebnis gekommen, dass die menschliche Geschichte keinesfalls einen dauernden Fortschritt zum Besseren darstellt. Vielmehr ist die Zivilisation das hochgradig zwiespältige Produkt einer Entfremdung von der Natur und einer oft widernatürlichen Verfeinerung der Sitten und Gebräuche. Rousseaus Blick fällt dagegen wohlwollend auf die einfachen Formen des Landlebens und der naturnahen frühen Stufen der Zivilisation und der menschlichen Entwicklung. Er schreibt kulturkritische Schriften sowie einen äußerst erfolgreichen Erziehungsroman (»Émile«), in dem er die überzogenen Erziehungsziele der Aufklärung scharf kritisiert und eine möglichst kindnahe Pädagogik mitbegründet.

Gesellschafts- und Zivilisationskritik

Rousseau beobachtet, dass der gesellschaftliche Zustand offensichtlich der Freiheit des Menschen nicht zuträglich ist. Die bestehenden Ordnungen lassen sich nur in der Begrifflichkeit von Knechtschaft und Unterdrückung beschreiben und sie verfügen neben der bloßen Machtausübung und Unterwerfung über keine Rechtfertigung. Stärke und Wahnsinn schaffen aber noch kein Recht. Recht kann nur aus der freien Zustimmung der Menschen abgeleitet werden, da nur so ein Zusammenschluss konstruiert werden kann, in dem alle gleich und zugleich frei sind.

Gleichheit und Freiheit

Auch Rousseau geht daher davon aus, dass man die Logik legitimer Staatsgründung nur verstehen kann, wenn man an dem Punkt einsetzt, an dem die Individuen sich zu einem Gemeinwesen zusammenschließen. An dem Punkt, an dem die vereinzelten Menschen untergehen würden, wenn sie ihre Kräfte nicht friedlich vereinigen, kommt es zum Zusammenschluss. Obwohl bereits in dieser frühen Phase widersprüchliche Interessen existieren, kann eine Vereinigung entstehen, weil das gemeinsame Interesse am Überleben alle anderen deutlich überwiegt. Die zentrale Frage aber ist, wie ein Gemeinwesen begründet werden kann, in dem die Menschen frei bleiben und nicht zu Sklaven werden.

Vertragsziel

»Finde eine Form des Zusammenschlusses, die mit ihrer ganzen gemeinsamen Kraft die Person und das Vermögen jedes einzelnen Mitglieds verteidigt und schützt und durch die doch jeder, indem er sich mit allen vereinigt, nur sich selbst gehorcht und genauso frei bleibt wie zuvor.« (Rousseau (1762) 1977: CS I/6).

Vertragsinhalt – Volkssouveränität

Diese Formulierung des Problems scheint die Quadratur des Kreises zu verlangen. Gefragt ist nach einer Vereinigung, die zugleich individuelle Freiheit garantiert. Kann Herrschaft ohne Zwang konstruiert werden, sodass sie mit vollkommener Freiheit harmoniert und letztlich mit ihr identisch wird? Rousseau argumentiert, dass dies nur möglich ist, wenn die Übertragung der politischen Rechte nicht – wie bei Hobbes oder Locke – an einen Souverän erfolgt oder an politische Institutionen. Er vertritt eine radikale Fassung der Lehre von der Volkssouveränität, wenn er verlangt, dass die sich mit dem Vertrag konstituierende souveräne Macht immer und jederzeit in dem sich vereinigenden Volk bleiben muss. Das ist aber nur möglich, wenn die Übertragung der Rechte nicht an Dritte stattfindet, sondern wechselseitig zwischen den Vertragspartnern.

»Schließlich gibt sich jeder, da er sich allen gibt, niemandem, und da kein Mitglied existiert, über das man nicht das gleiche Recht erwirbt, das man ihm über sich einräumt, gewinnt man den Gegenwert für alles, was man aufgibt, und mehr Kraft, um zu bewahren, was man hat. [...] Gemeinsam stellen wir alle; jeder von uns seine Person und seine ganze Kraft unter die oberste Richtschnur des Gemeinwillens; und wir nehmen als Körper, jedes Glied als untrennbaren Teil des Ganzen auf. Dieser Akt des Zusammenschlusses schafft augenblicklich anstelle der Einzelperson jedes Vertragspartners eine sittliche Gesamtkörperschaft, [...], die durch eben diesen Akt ihre Einheit, ihr gemeinschaftliches Ich, ihr Leben und ihren Willen erhält.« (Rousseau (1762) 1977: CS I/7).

Logik des Vertrages

Die Logik des Vertrages beinhaltet zwei wesentliche Annahmen. Die erste Annahme ist, dass sich vollkommene Wechselseitigkeit (Reziprozität) der Rechtsübertragung herstellen lässt. Das bedeutet, dass ich zwar auf meine Rechte verzichte, aber im Gegenzug die Rechte aller anderen übertragen bekomme. Ich gehöre in gewissem Sinn ihnen und sie gehören mir. Die zweite Annahme setzt voraus, dass nach so einer radikalen wechselseitigen Übereignung eine Gemeinschaft entsteht, die in hohem Maß ein Individuum mit besonderen Qualitäten darstellt. Das meint die Wendung von der »sittlichen Gesamtkörperschaft«.

Zusammenfassung

Struktur des Gesellschaftsvertrags

- Die Individuen schließen einen Vertrag, in dem sie sich wechselseitig ihre politischen Rechte übertragen.
- Die Gesamtheit aller politischen Rechte bleibt beim Volk als Ganzem (Volkssouveränität).
- Es entsteht eine unteilbare politische Einheit als sittlicher Gesamtkörper.

Volonté générale – volonté de tous

Die Vorstellung eines aus vollkommener Reziprozität (Wechselseitigkeit) hervorgegangenen neuen politischen Gesamtkörpers wirkt sich vehement auf das Verhältnis des Individuums zur Gemeinschaft aus. Wenn nämlich wirklich ein gemeinsamer Körper entsteht, so kann laut Rousseau davon ausgegangen werden, dass eben dieser Körper keinen seiner Teile verletzten oder ihm schaden will. Oder mit anderen Worten: da ich mit meiner Person durch den Gesellschaftsvertrag aus einem Menschen zu einem Bürger geworden bin, muss sich der Teil von mir, der in die Übereignung eingegangen ist, immer in Harmonie mit dem Gemeinwesen befinden. Dieses Konzept der vollkommenen Identität der Willen, das den Kern der identitären Demokratietheorie ausmacht, löst Herrschaft tendenziell auf. Weil er diese Identität für denkbar hält, glaubt Rousseau auch, dass es in der politischen Vereinigung einen gemeinsamen und damit wirklich am Gemeinwohl orientierten Willen (*volonté générale*) geben muss, der sich von allen anderen Willen unterscheidet, die noch in diesem Gemeinwesen existieren mögen.

Dieser Gemeinwille unterscheidet noch von dem bloß addierten Willen der vereinzelten Gemeinschaftsmitglieder substanziell. Der Wille aller (*volonté de tous*) ist, auch wenn alle möglichen individuellen Sonderinteressen in ihn Eingang gefunden haben, noch kein gemeinsamer Wille, sondern nur das Resultat der verschiedenen Sonderwillen (*volonté particulière*). Der Willensteil der einzelnen Mitglieder der Gemeinschaft, der in den Willen aller eingeht, ist nicht der Wille eines Bürgers, sondern eines mehr oder weniger unpolitischen Egoisten. Deshalb zielt auch der Wille aller nicht notwendig auf das allgemeine Wohl. Er kann selbst bei größtmöglicher Übereinstimmung der einzelnen Menschen gegen die sittliche Substanz der Gemeinschaft gerichtet sein. Nur wenn der Wille aller auf das Gemeinwohl abzielt und damit die gemeinschaftliche Tugend der Bürger tatsächlich Wirkung entfaltet, handelt es sich wirklich um den allgemeinen Willen.

Volonté particulière

Rousseau beschreibt die Möglichkeit des Widerstreits von Gemeinwillen (*volonté générale*) und Sonderwillen (*volonté particulière*) im einzelnen Menschen. Er geht davon aus, dass jeder Mensch einen Sonderwillen haben kann, der dem Gemeinwillen, den er als Bürger hat, widerspricht. Sein Sonderinteresse kann ihn dazu führen, dass er zwar seine Rechte als Staatsbürger in Anspruch nimmt, aber die Pflichten eines Bürgers nicht erfüllen will. Weil dies möglich ist, gibt es in diesem Fall eine stillschweigende Übereinkunft aller, dass die anderen den Abweichler vom Gemeinwillen zur Gefolgschaft zwingen dürfen. Rousseau meint, dass das »[...] nichts anders heißt, als dass man ihn zwingt, frei zu sein, [...]« (Rousseau (1762) 1977: CS I/7).

Zwang zur Freiheit

Mit dem Zwang zur Freiheit ist gemeint, dass der Betreffende gezwungen werden soll, dem Gemeinwillen, den er als Bürger hat, zu folgen und nicht seinem jeweiligen Sonderwillen. Er wird gezwungen das zu tun, was er von sich aus tun sollte: der bürgerlichen Existenz den Vorzug gegenüber der privaten zu geben. Gegen diesen Zwang ist kein Einspruch denkbar, weil Rousseau davon ausgeht, dass im Gemeinwillen des souveränen Volkes das Sollen mit dem Sein zusammenfällt. Allein die Existenz des souveränen Volkes garantiert, dass es alles, was es sein soll, auch schon ist.

Regierung und Repräsentation

Das Volk verfügt nur als Ganzes über den Gemeinwillen und kann deshalb auch nicht vertreten werden. Wer Repräsentanten schafft – egal ob Abgeordnete oder Regierungen – der schafft mit diesen Institutionen bloß einen Nährboden für das Wachstum von Sonderinteressen. Der Gemeinwille lässt sich nicht durch gewählte oder wie auch immer bestellte Repräsentanten vertreten. Er ist unverfälscht nur im versammelten Volk und das, was Mandatsträger welcher Art auch immer vertreten, ist bestenfalls sein Schatten. Daher soll es kein Parlament geben. Eine Regierung darf nur in dem Sinn existieren, dass von ihr die Beschlüsse des Volkes ausgeführt werden. Sie hat keine wirkliche politische Funktion und tritt nur in Aktion, um zwischen dem Volk als Souverän und dem Volk als Untertanen zu vermitteln. Das meint, dass die Regierung die Gesetzesbeschlüsse des in der Legislative versammelten Volkes umsetzt, wenn die Mitglieder der Versammlung wieder in ihre Privatsphäre zurückgekehrt sind. Die Bürger haben die Rolle gewechselt und sind vom souveränen Volk zum Volk als Untertanen geworden, das nun die vorher selbst gegebenen Gesetze befolgen soll. Wenn das Volk erneut seine Rolle als souveräner Gesetzgeber übernimmt, erlischt jede Macht der Regierung.

Zusammenfassung

Rousseaus Gemeinwesen

- Die vertraglich gegründete Gemeinschaft verfügt über einen Gemeinwillen (*volonté générale*), dem die Sonderwillen der vereinzelten Mitglieder (*volonté particulière*) und deren Addition im Willen aller (*volonté de tous*) gegenüber stehen.
- Nur der gemeine Wille zielt auf das Allgemeinwohl. Alle anderen Willen sind Abweichungen von dieser Orientierung.

- Jeder abweichende Wille wird zur Übereinstimmung mit dem Gemeinwillen gezwungen, weil nur so der wirkliche bürgerliche Wille des Einzelnen zum Ausdruck kommt (d.h. dass er der bürgerlichen Existenz den Vorzug vor seiner privaten Existenz gibt).
- Der Träger der Souveränität ist das in der Legislative versammelte Volk, dessen gemeiner Wille nicht vertreten werden kann.
- Die Repräsentation des Gemeinwillens in einem Parlament ist unmöglich und die Regierung ausschließlich Vollzugsorgan der Volksbeschlüsse.

Notwendigkeit eines Gesetzgebers

Rousseau erkennt, dass ein solches Gemeinwesen nur unter zahlreichen anspruchsvollen Bedingungen existieren kann. Es setzt eine extrem hohe sittliche und intellektuelle Reife der Bevölkerung voraus. Angesichts der Problematik, dass ein Volk, bevor es sich auf diese Weise zusammenschließt, eigentlich im Kern immer schon das sein müsste, was die Verfassung des Gesellschaftsvertrags erst aus ihm machen könnte, sieht Rousseau, dass die Einrichtung eines guten Gemeinwesens einen qualitativen Sprung in der Entwicklung verlangt. So wie Kinder der Erziehung und des Erziehers bedürfen, damit sie sich zu brauchbaren Gliedern der Gesellschaft entwickeln, so braucht das gesamte Gemeinwesen einen Gesetzgeber, der die Einrichtung der grundlegenden Gesetze des Gemeinwesens lenkt.

Der Gesetzgeber (*législateur*) kommt wie ein antiker Gesetzgeber oder Streitschlichter (Lykurg, Solon usw.) gegebenenfalls von außen, ist ein Fremder ohne Besitz in der Republik, weise und erfahren. Er darf bei seiner gesetzgeberischen Arbeit über außergewöhnliche Mittel verfügen, die bis hin zur Manipulation reichen. Allerdings ist seine Macht in einem Punkt beschränkt: Er soll zwar sicherstellen, dass die Gesetze dem mehr oder weniger blinden Gemeinwillen entsprechen, soll aber zugleich wirklich nur die Stimme dieses Willens sein. Er verfasst die Gesetze, schlägt sie dem Volk vor, belehrt es und lässt notfalls die Götter reden. Abstimmen und damit dem Gesetz Gültigkeit geben kann nur das Volk.

Probleme der identitären Demokratie

Die von Rousseau beschriebene wechselseitige Übertragung der Rechte und die Vereinnahmung der Individuen in das Gemeinwesen löst nur scheinbar das Problem der Herrschaft. Es wird zwar kein dritter neben den Vertragsschließenden zur Herrschaft ermächtigt, was scheinbar den Missbrauch der Macht unmöglich macht. Gleichzeitig ist es aber aus der Perspektive des Einzelnen gleichgültig, ob ihn einer oder viele andere mit dem Anspruch das Gemeinwohl zu vertreten, zur Freiheit zwingen wollen. Solch einem Zwang wohnt eine totalitäre Tendenz inne, die zeigt, dass demokratische Einrichtungen und Konzepte unbedingt die Ergänzung durch rechtsstaatliche Mechanismen brauchen. Das ist der Sinn der Absicherung individueller Rechte durch Grundrechte, die nicht zur Disposition stehen dürfen, weil kein Gemeinwohl der Republik dies rechtfertigen könnte.

Ein weiterer Kritikpunkt hebt auf die Problematik der Ermittlung des Gemeinwillens ab. Dieser mag zwar theoretisch als Ausdruck der sittlichen Gesamtkörperschaft, beschreibbar sein, dadurch wird aber auch deutlich, dass es sich bei diesem Willen eher um eine metaphysische (also hinter der erfahrbaren Welt liegende) und nicht empirisch fassbare Realität handelt. Mit den gängigen demokratischen Mechanismen des Streites und der politischen Auseinandersetzung um die richtige Entscheidung, die dann durch Abstimmungen beendet werden, ist er nicht zu ermitteln. In solchen Institutionen sieht Rousseau eher ein Anzeichen für die Spaltung des Gemeinwillens.

Zusammenfassung

Die Zwiespältigkeit von Rousseaus Gesellschaftsvertrag

- Der Zwang zur Freiheit, der einen abweichenden Willen zur Übereinstimmung mit dem Gemeinwillen bringen soll, birgt totalitäre Gefahren. Da der Gemeinwille als Ausdruck der sittlichen Dimension des Gemeinwesens institutionell oder auf dem Weg von Verfahren nicht ermittelbar ist, bleibt er als Realität unscharf und kann ideologisch missbraucht werden.
- Die Gründung der Republik, die Gesetzgebung und die Rolle der Bürger setzen ein Maß an Tugend und Einsatz voraus, das nicht von allen Bürgern erwartet werden kann. Um diese Lücke zu füllen, führt Rousseau die problematische Person des Gesetzgebers ein.
- Jedoch: ganz ohne einen am Gemeinwohl orientierten Willen der Bürger ist ein Staatswesen nicht lebensfähig und dauernd von Korruption und Missbrauch durch Sonderinteressen gefährdet.
- Rousseau formuliert die radikale Theorie der Volkssouveränität und wird damit zum Ausgangspunkt zahlreicher demokratischer Theoriekonzepte.

2.3.5 | Die Bedeutung der Vertragstheorie in der Moderne

Staat und Vertrag

Der Überblick über drei der wichtigsten Vertragstheorien hat gezeigt, welche besondere Leistung dieser Theorietyp angesichts des sich entwickelnden Staates der Moderne erbringen konnte. Er bindet politische Herrschaft, die im modernen Staat immer stärker in die Sphäre der Gesellschaft und damit auch des Bürgers eingreift, an Zustimmung. Das Individuum, das auch in seiner eigenen Wahrnehmung zum wichtigsten Akteur der Wirtschaft, Politik und Religion geworden ist, verlangt einerseits von dem sich konstituierenden Staat mehr an Leistungen in Bezug auf die Gewährung von Sicherheit und Schutz. Zugleich soll der Staat sich aber nicht gegen die Individuen wenden, die ihn zu ihrem Schutz berufen haben. Er soll nicht das Instrument in den Händen weniger werden. Gleichzeitig haben vor dem Hintergrund der Erfahrungen schrecklicher religiöser Kriege religiöse Legitimationsmuster an Bedeutung verloren.

Der Vertrag als das klassische Modell der bedingten Übergabe von Rechten eignet sich hervorragend für die Konstruktion von legitimer Herrschaft. Er ist nach beiden Seiten offen für die Modellierung von Bindung und dient daher gleichzeitig zur Zähmung des Staates und des Individuums. Dem Individuum kann am Beispiel der Vertragsschließung demonstriert werden, dass es aus guten Gründen auf seine Freiheit verzichtet, zugleich kann der Staat auf bestimmte Leistungen verpflichtet werden.

Kritik des Vertragsmodells

Natürlich hat die Vertragstheorie früh Kritiker auf den Plan gerufen, die ihr vorwerfen, dass der Vertrag ein leeres Konstrukt darstellt. Er ist, so argumentiert etwa David Hume (1711–1776), in keinem Fall ein historisches Ereignis und als Argumentation eher irreführend. Herrschaft mag historisch auf allen möglichen Mechanismen (Gewalt, effiziente Verwaltung usw.) aufbauen – sicher aber nicht auf der freien Zustimmung der Beherrschten. Ein anderer Kritiker, Jeremy Bentham (1748–1832), hebt in seinem »Fragment on Government« (1789) darauf ab, dass man das faktische Interessenkalkül der Bürger in Betracht ziehen muss, wenn man den Staat an ihre Zustimmung binden will. Die Gründe, die den Vertragsabschluss herbeiführen, sind durch den Vertrag nicht erledigt: die Nutzenerwägungen der Beherrschten gegenüber den Herrschern bleibt in Geltung und der fiktive Vertrag ist eigentlich nur eine Scheinlegitimation. Die Menschen gehorchen, solange die Herrschaft mehr nutzt als schadet, und sie rebellieren,

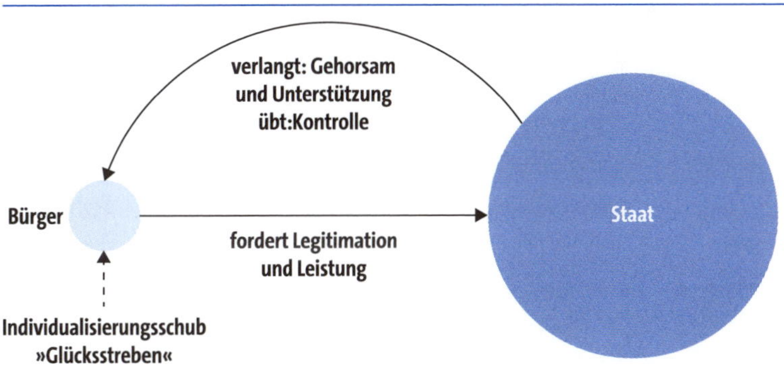

Abb. 11

Die Attraktivität der Vertragstheorie – zwischen Staat und Individuum

wenn das Gegenteil der Fall ist. Ein imaginärer Vertrag ändert an diesem Tatbestand nichts.

Wenn man so will, hat diese radikale Kritik das Moment der individuellen Zustimmung der Menschen zur Herrschaft, das den Kern des Vertrages und die Begründung für seinen Abschluss ausmacht, isoliert. Sie löst die Zustimmung vom Vertrag und macht sie zu einem dauernden Erfordernis, während die Vertragstheorie mit der Fiktion des Vertrages eine dauernde Infragestellung der Herrschaft gerade vermeiden wollte. Letztlich geht es jeder dieser Theorien um die Rückführung der Regierungs- und Gesetzgebungsgewalt auf die einzelnen Menschen. Sie demonstrieren entweder, dass es im Interesse des Menschen sein kann, einer absoluten Gewalt zuzustimmen, oder sie zeigen, dass keiner seine Rechtlosigkeit wollen kann, oder sie rekonstruieren aus den vereinzelten Individuen eine unteilbare Nation.

Lernkontrollfragen

1 Welches Menschenbild legt Thomas Hobbes seinem Naturzustand zugrunde und was hat das mit seinem Vertragsmodell zu tun?

2 Warum schließen die Menschen einen Vertrag zur Errichtung des Leviathan und welche Beziehung entsteht daraus zwischen dem Souverän und den Untertanen?

3 Wie leben die Menschen im Naturzustand bei John Locke und warum und wie verlassen sie diesen Zustand?

4 Was erfahren wir von Locke über die Formen des Regierungswechsels und ihre Rechtmäßigkeit?

5 Wie verbindet Jean-Jacques Rousseau im Gesellschaftsvertrag Freiheit, Gleichheit und politische Herrschaft?

6 Was ist der Unterschied zwischen dem Gemeinwillen und dem Willen aller bei Rousseau und was folgt daraus für die Rechtmäßigkeit von Repräsentation?

Literatur

Originalwerke

Textkritische Paperback-Ausgaben des Originaltextes mit zahlreichen Zusatzinformationen

Hobbes, Thomas (1991), Leviathan (Erstausgabe 1651), hrsg. von Richard Tuck, Cambridge.

Locke, John (1988), Two Treatises of Government (Erstausgabe 1689), hrsg. von Peter Laslett, Cambridge.

Rousseau, Jean-Jacques (1993), Du Contrat Social (Erstausgabe 1762), hrsg. von Robert Derathé, Paris.

Weber, Max (1980), Typen der Herrschaft, in: Wirtschaft und Gesellschaft (= Kap. 3, Buch 1, Erstauflage 1922), 5. Auflage, Tübingen.

Deutsche Übersetzungen mit Einleitung bzw. Erläuterungen

Hobbes, Thomas (1984), Der Leviathan (Erstausgabe 1651), übers. von Walter Euchner, hrsg. von Iring Fetcher, Frankfurt/Main.

Locke, John (1977), Zwei Abhandlungen über die Regierung (Erstausgabe 1689), übers. u. hrsg. von Walter Euchner, Frankfurt/Main.

Rousseau, Jean-Jacques (1977), Der Gesellschaftsvertrag (Erstausgabe 1762), übers. u. hrsg. von Hans Brockard, Stuttgart.

Sekundärliteratur

Kersting, Wolfgang (1994), Die politische Philosophie des Gesellschaftsvertrags, Darmstadt.
Umfassende Darstellung der Geschichte und Systematik des Vertragsdenkens in der politischen Philosophie.

Kersting, Wolfgang (Hrsg.) (2003), Die Republik der Tugend, Baden-Baden.
Sammlung von Beiträgen über den Zusammenhang von Rousseaus Kulturkritik, seiner Pädagogik und seinem politischen Denken.

Euchner, Walter (1979), Naturrecht und Politik bei John Locke, Frankfurt/Main.
Untersuchung zum naturrechtlichen Fundament von Lockes Denken, die den Zusammenhang von Toleranzforderung, Naturrecht und Politik darstellt.

Euchner, Walter (1996), John Locke zur Einführung, Hamburg.
Gut lesbare Einführung in das gesamte Werk, die sich hervorragend als Einstieg in Lockes gesamtes philosophisches und politisches Denken eignet.

Fetscher, Iring (1975), Rousseaus politische Philosophie, Frankfurt/Main.
Fetcher bringt die Systematik von Rousseaus Denken in Beziehung zur Französischen Revolution und macht damit dessen Wirkung für die gesamte revolutionäre Tradition Europas deutlich.

Starbonski, Jean (1993), Rousseau. Eine Welt von Widerständen, Frankfurt/Main.
Starbonski zeigt systematisch den Zusammenhang von Kulturtheorie und Autobiographie bei Rousseau und macht die typisch widersprüchliche Struktur seines Denkens zwischen Individualität und Gemeinschaft deutlich.

Weiß, Ulrich (1980), Das philosophische System von Thomas Hobbes, Stuttgart/Bad-Cannstatt.
Weiß arbeitet die Bedeutung der Maschine als Leitidee für das Verständnis des modernen Staates bei Hobbes heraus.

Willms, Bernard (1987), Das Reich des Leviathan, München u. a.
Werkanalyse vor dem historischen Hintergrund und unter Betonung der Selbstständigkeit des Politischen in Hobbes' Denken.

2.4 | Parlamentarische Repräsentation und Gewaltenteilung

2.4.1 | Frühe Institutionen der Repräsentation

Der Körper des Königs

Politische Repräsentation bedeutet, dass ein Vertreter verbindliche Entscheidungen für die von ihm repräsentierte Gruppe treffen darf und dass sein Handeln ihr zugerechnet wird. Lange vor der Herausbildung moderner Staaten waren Monarchen Repräsentanten des Staates. Ihre Person war Garantie staatlicher Einheit, ihre feudale Prachtentfaltung diente der Selbstinszenierung des Reiches und hatte einen stark sakralen Charakter. Das mittelalterliche politische Denken fasste das Phänomen der Repräsentation mit der Begrifflichkeit von den zwei Körpern des Königs. Wie Jesus Christus, der über einen sichtbaren menschlichen Körper verfügte und zugleich eine göttliche Realität besaß, so sollte der König zwei Körper haben: einen natürlichen menschlichen und einen zweiten »korporativen Leib« (Kantorowitz 1990: 33). Dieser zweite Körper war als legaler Körper und als fiskalischer Körper identisch mit dem »Reichskörper«. Als legaler Körper garantierte er die Fortdauer des Rechts und als fiskalischer die Kontinuität der Treue- und Abgabenverpflichtung über den Tod des sterblichen Leibes des Königs hinaus. Daraus ergab sich die Konstruktion, dass der unsterbliche und überindividuelle Körper des Staates im sterblichen des Monarchen repräsentiert wurde. Der real regierende König war Vertreter des ganzen Reiches und daher in gewisser Hinsicht selbst unsterblich.

Feudale Repräsentation

Bereits im Mittelalter gibt es immer wieder Auseinandersetzungen darum, wer denn nun das Reich wirklich repräsentieren durfte. Diese Frage wurde vor allem deswegen wichtig, weil selbst sehr starke Monarchen in vielen Fällen auf die Mithilfe ihrer Untertanen bei der Durchführung der Regierungsgeschäfte angewiesen waren. Königliche Macht reichte so weit, wie die Befehle des Königs befolgt wurden, und basierte nicht zuletzt auch auf den Informationen, die er über die politischen Probleme im Reichsgebiet erhielt. Als praktikable Einrichtung zur Kommunikation von Problemen und der Verkündung von Entscheidungen etablierten sich Institutionen, in denen der Adel, die Abgesandten der Teilgebiete des Reiches und der Monarch mit seinen Beratern Politik für das Staatswesen formulierten. Dabei sprachen die Adeligen für ihr Land und die Vertreter für ihre Kommunitäten (Gemeinden und Landkreise). Diese Repräsentanten waren nicht von den Beherrschten gewählt und es dauerte mehrere hundert Jahre bis sich die Verfahren der freien und geheimen Wahl etablierten.

Man nennt diese frühen beratenden Versammlungen Parlamente nach »parlior«, dem mittellateinischen Wort für Sprechen. Aus der ursprünglich vom König erzwungenen Vertretung im Parlament wurde ein Recht, dass die politisch aktive Bevölkerung auch deswegen forderte, weil politische

Entscheidungen immer tiefer in eine Vielzahl von Lebensbereichen eingriffen. Politische Mitwirkung als ein Mittel der monarchischen Regierung wandelte ihren Charakter und wurde zur Mitbestimmung und Kontrolle der exekutiven Gewalt. Aber auch Macht, die von gewählten Abgeordneten ausgeübt wird, kann missbraucht werden. Deshalb treten zusammen mit der Etablierung von parlamentarischer Mitbestimmung institutionelle Mechanismen, die alle Gewalt im Staat durch wechselseitige Kontrolle hemmen sollen, in den Vordergrund. Die Forderung nach Gewaltenteilung ergänzt die nach parlamentarischer Mitregierung.

Zusammenfassung

Wandel parlamentarischer Repräsentation
Die ursprünglich im Monarchen und seinem »Staatskörper« realisierte Repräsentation des Reiches wird aus praktischen Gründen durch eine Repräsentation der Kommunitäten (Gemeinde und Landkreise) ergänzt. Parlamente als zentrale Institutionen der Beratung, Rechtsprechung und Gesetzgebung verändern dann aber ihren Charakter als Herrschaftsmittel der Krone und werden zu Orten der politischen Mitbestimmung durch die Bevölkerung. Zur Partizipation tritt die Idee der Gewaltenteilung als Sicherungsmechanismus gegen den Missbrauch der Macht.

Nation und Repräsentation | 2.4.2

Revolution: Kampf um Repräsentation

Eine der großen Auseinandersetzungen um die Repräsentation des Volkes mündete in die Französische Revolution von 1789. Die französischen Generalstände waren seit mehr als hundert Jahren (1614) nicht mehr zusammengetreten. In einer ziemlich verzweifelten finanziellen Situation entschließt sich Ludwig XVI. 1788, die sein Reich repräsentierenden Stände einzuberufen. Die Repräsentation der Bürger – des sogenannten Dritten Standes neben dem Adel und dem Klerus – hatte vergleichsweise wenige politische Rechte. In dieser Situation verlangen die Vertreter dieses Dritten Standes die Gleichberechtigung mit den beiden anderen Ständen. Abbé Sieyes (1748–1836), einer der Delegierten, wird ein hervorragender Advokat dieser Forderung. In seiner Schrift »Was ist der Dritte Stand?« (»Qu'est-ce que le Tiers État?«, Januar 1789) diskutiert er die Frage, wer der eigentliche Repräsentant der französischen Nation ist. Er geht dabei von der Theorie Rousseaus (→ vgl. Kapitel 2.3.4) aus und argumentiert, dass sich die Nation aus den Willen der einzelnen Gesellschaftsmitglieder in einem Akt der Vereinigung gebildet hat.

Gesellschaft der Aktionäre

Moderne Gesellschaften gleichen allerdings Aktiengesellschaften, deren Aktionäre in einer arbeitsteiligen Produktionssituation leben und die sich weder fachlich noch moralisch besonders für die Führung der politischen Geschäfte eignen. Aus der politischen Mitbestimmung können diese Menschen aber, weil sie als Aktionäre gefragt werden müssen und einen Anteil der Nation bilden, nicht ausgeschlossen werden. Sie sind den Gesetzen unterworfen, die aus dem gemeinsamen Willen ausfließen und haben daher unverzichtbare bürgerliche Rechte. In einer solchen Situation ist aus praktischen und aus normativen Gründen die Wahl von Vertretern eine hervorragende Lösung. Das ist die Geburtsstunde der Regierung durch Vollmacht (gouvernement exercé par procuration).

»Was ist eine Nation? Eine Körperschaft von Gesellschaftern, die unter einem gemeinschaftlichen Gesetz leben und durch die selbe gesetzgebende Versammlung repräsentiert werden.« (Sieyes 1981: 124).

Repräsentation von Interessen

Eine gemeinsame Repräsentation wird hier zum Definitionskriterium der Nation. Die Bürger des über den Mechanismus der Repräsentation errichteten Staates geben jedoch ihre ihnen ursprünglich als Menschen zustehenden Rechte keineswegs an die Repräsentanten ab. Auch wenn sie die politischen Entscheidungen besser nicht selber treffen, so sind sie es in jedem Fall, die die Ergebnisse der Politik zu beurteilen haben. Sie sind dazu berechtigt, weil sie im eigentlichen Sinn des Wortes selbst die Nation sind und alle Gewalt innerhalb des Staates aus ihrer ursprünglichen Vereinigung ausfließt. Damit ist der Kampf um die richtige Repräsentation eröffnet und er ist gleichzeitig mit der grundsätzlichen Frage verbunden, wer ein Recht darauf hat, dass seine Interessen repräsentiert werden.

Sieyes argumentiert, dass nicht alle Interessen relevant für eine nationale Repräsentation sein können, und weist darauf hin, dass insbesondere die Vertretung des Reichs durch Stände zu einer extremen Verzerrung der Interessenlage geführt hat. Die ideale nationale Repräsentation wirkt wie ein Filter und es werden nur die wirklich allgemeinen Interessen repräsentiert und nicht die vom Allgemeinwohl abweichenden Sonderinteressen. Man kann nämlich, so der Abbé, drei Gruppen von Interessen isolieren.

1. die Interessen, die man vollkommen individuell nur für sich hat. Sie sind eigentlich politisch vollkommen irrelevant und auch vollkommen ungefährlich, weil sie einen Menschen gegenüber dem Rest des ganzen Volkes isolieren und daher ihre nationale Repräsentation absurd wäre;
2. die Interessen, die man mit allen anderen gemeinsam hat. Sie sind ebenfalls unproblematisch. Schließt ein vollkommen individuelles Interesse die Repräsentation aus, so fordert ein allgemeines sie geradezu. Das, was alle an Interessen miteinander teilen, soll der alleinige Gegenstand der Repräsentation und der Bemühungen der Repräsentanten sein. Rousse-

aus identitäres Konzept der Demokratie wird hier in ein Konzept identitärer Repräsentation umgeformt.
3. die Interessen, die Gruppenbildung zulassen. Sie sind gefährlich für das Allgemeinwohl, denn sie können sich machtvoll neben dem allgemeinen Interesse organisieren und die Entscheidungsfindung verhängnisvoll zu ihrem Vorteil beeinflussen. Daher soll es keine Repräsentation partikularer Gruppeninteressen geben und ihre Organisation soll unterbunden werden.

Zusammenfassung

Identitäre Theorie parlamentarischer Regierung
Die zentralen Grundsätze der identitären Theorie parlamentarischer Regierung sind:
- Nur und ausschließlich das allgemeine Interesse, das auf das Gemeinwohl zielt, soll repräsentiert werden. Es kann nur durch gewählte Parlamentarier vertreten werden, die ihren Wählern Rechenschaft schulden.
- Alle vom allgemeinen Interesse abweichenden Interessen sollen nicht vertreten werden.

Pluralismustheorie | 2.4.3

Gegen diese Position bezieht ein pluralismustheoretischer Ansatz Stellung und bringt die notwendige Vielfalt der organisierten Interessen in einer komplexen Demokratie ins Spiel. Die Argumentation differenziert zwischen einem hypothetischen allgemeinen Willen, der allerdings sehr schwer festgestellt werden kann, und einem empirischen Mehrheitswillen, der sich über die Verfahren von Abstimmung und Wahl feststellen lässt. Ernst Fraenkel (1898–1975), einer der wichtigsten Vertreter der neopluralistischen Theorie, verweist darauf, dass moderne Gesellschaften vielgestaltig sind und die offensichtlich bestehende Vielzahl von Interessen eigentlich nur diktatorisch auf einen angeblich immer schon bestehenden Gemeinwillen reduziert werden kann (Fraenkel (1964) 1991).

Interessenpluralismus

Das Ideal pluralistischer Demokratietheorie sieht das Parlament als zentrales Organ der politischen Willensbildung in einer durch Interessenpluralismus bestimmten Gesellschaft. Gleichzeitig aber sind die gesellschaftlichen Interessen organisiert und die Verbände dienen als Vermittler dieser Interessen und als wichtige Verbindung zwischen Staat und Gesellschaft. Die Feststellung des Volkswillens ist deswegen immer ein Prozess, der in den geltenden und durch den Rechtsstaat garantierten Verfahren durchgeführt

Plurale Repräsentation und Volkswille

werden muss. Im Idealfall verfügen die gesellschaftlichen Interessen über gleich starke Organisationen (die Arbeiter über starke Gewerkschaften und die Arbeitgeber über starke Arbeitgeberverbände). Dann kann bereits im vorstaatlichen Bereich ein möglichst fairer Interessenausgleich stattfinden (z.B. gerechte Tarifverträge), ohne dass der Staat regelnd eingreifen muss, oder aber es werden die relevanten Interessen auf der Ebene der politischen Entscheidungsfindung artikuliert und vertreten.

Wenn die identitäre Repräsentation letztlich keine von einem wie auch immer bestimmten Gemeinwillen abweichenden Interessen berücksichtigt sehen will, dann läuft sie Gefahr, die Vielzahl von gesellschaftlichen Interessen vorschnell zu reduzieren. Der Gemeinwille wird unter Umständen ein ideologisches Konstrukt, von dem derjenige, der ihn zu vertreten beansprucht, geradezu diktatorische Befugnisse ableiten kann. Der pluralistische Ansatz wiederum riskiert den Ideologieverdacht, weil er nahe legt, dass alle Interessen gleich stark gesellschaftlich organisiert sind und auf den parlamentarischen Entscheidungsprozess prinzipiell den gleichen Einfluss nehmen können. Dies ist aber eine sehr problematische Erwartung, weil schwache Interessen (→ vgl. Kapitel 3.1.3), wegen fehlender Ressourcen, meist nicht mit der gleichen Durchschlagskraft vertreten werden können wie starke (z.B. ökonomische).

Zusammenfassung

Repräsentation in der Pluralismustheorie

- Alle gesellschaftlichen Interessen sollen organisiert vertreten werden und der Staat sorgt im Zweifelsfall für die Stärkung eher schwacher Interessen.
- Politische Entscheidungen gründen nicht in einem vorher feststehenden Willen, sondern in komplizierten Vermittlungs- und Aushandlungsprozessen.

2.4.4 | Virtuelle Repräsentation und freies Mandat

Imperatives oder freies Mandat?

Aus unterschiedlichen Konzepten von Repräsentation ergeben sich spezielle Vorstellungen, wie Parlamentarier ihr Amt wahrnehmen sollen. Auch bei einem prinzipiellen Bekenntnis zur repräsentativen Demokratie kann die Vorstellung vom Verhältnis zwischen Wählern und Mandatsträgern erheblich variieren. Auf den ersten Blick besonders unvereinbar stehen sich die Konzepte des imperativen und des freien Mandats gegenüber (s.a. Abb. 12).

	Freies Mandat	Imperatives Mandat
Weisungen der Wähler	nicht verbindlich, aber Kommunikation mit Wählern	verbindlich
Rückruf vom Amt (Recall)	nur nach Ende der Amtszeit durch Verweigerung der Wiederwahl	jederzeit (evtl. mit einer bestimmten Mehrheit)
Verhältnis zu den Wählern	Vertrauen (Trust)	Kontrolle
Parlamentarismus	Kommunikation und Beratung	Umsetzung von Interessen
Repräsentation	virtuell und vermittelt	real und direkt

Abb. 12

Freies und imperatives Mandat

Argumente für ein imperatives Mandat

Die Verteidiger des imperativen Mandats führen an, dass das Volk als souveräne Quelle aller politischen Gewalten letztlich das Recht haben muss, seinen Parlamentariern klare Weisungen zu erteilen. An diese Befehle sollen sich die Abgeordneten halten und sie dürfen nur im Sinne dieser Weisungen im Parlament sprechen und abstimmen. Im Falle der Gehorsamsverweigerung haben die Wähler das Recht ihre Mandatsträger abzuberufen (*recall*). Der französische Aufklärer Denis Diderot (1713–1784) fordert in seinem Artikel »Repräsentation« in der Enzyklopädie das imperative Mandat als die einzig richtige Form politischer Vertretung:

»Die Repräsentanten treten an die Stellen der Bürger, von denen ihre Macht herstammt und denen sie folglich als ihre Werkzeuge untergeordnet sind. [...], ein Repräsentant kann sich niemals seinen Wählern gegenüber das Recht anmaßen in Opposition zu ihren Interessen zu sprechen. Die Rechte der Bürger sind die Rechte der Nation, sie müssen uneingeschränkt bleiben und sind unveräußerlich. Wenn man in dieser Sache die Vernunft zu Rate zieht, so zeigt sich, dass die Bürger und Wähler ihre Repräsentanten jederzeit Lügen strafen und zurückrufen können, wenn diese sie verraten, ihre Vollmachten (pleins pouvoirs) gegen sie verwenden oder auf ihre wesentlichen Rechte verzichten. Mit einem Wort: die Repräsentanten eines freien Volkes können ihm in keinem Fall ein Joch auferlegen, das sein Glück zerstört. Kein Mensch kann das Recht erlangen einen anderen gegen sein Glück zu repräsentieren.« (Diderot (1765) 1963: 52; übers.: W.H.).

Kritik am imperativen Mandat

Letztlich ist es kaum vorstellbar, dass für jedes konkrete Politikfeld und für jede politische Entscheidung erst der Wille der Wähler im jeweiligen Wahlkreis eingeholt wird. Es ist auch nicht der Sinn parlamentarischer Repräsentation, dass sich die gewählten Vertreter der Wahlkreise mit fest vorgeschriebenen Positionen gegenüberstehen. Die mitgebrachten Anweisungen können in keinem Fall mehr sein als die Willensäußerungen einer Mehrheit der Wähler in dem Wahlkreis. In der politischen Entscheidung soll aber auch die Minderheit des Wahlkreises berücksichtigt werden. Zudem muss im parlamentarischen Entscheidungsprozess eine Gruppe die andere zumindest prinzipiell überzeugen können, sodass wechselseitiges Lernen nicht ganz ausgeschlossen werden darf. Außerdem lebt der politische Prozess in einer Demokratie immer auch von der Möglichkeit, Kompromisse zu finden. Würde man all dies mit der Rückkoppelung an die jeweiligen Wähler verbinden wollen, so würden politische Entscheidungen so verzögert und so kompliziert gemacht werden, dass sie unmöglich in einer vernünftigen Zeitspanne fallen könnten. Edmund Burke (1729–1797) hat diese Argumente in einer Rede vor Wählern (»Speech to the Electors of Bristol«) zusammengefasst:

Argumente für das freie Mandat

»Sicherlich, Gentlemen, macht es das Glück und den Ruhm eines Abgeordneten aus in größter Eintracht, engster Gemeinsamkeit und offenem Gespräch mit denen zu leben, die er vertritt. Ihre Wünsche sollten von größtem Gewicht für ihn sein, ihre Meinung seinen höchsten Respekt haben und ihre Geschäfte seine uneingeschränkte Aufmerksamkeit genießen. Es ist seine Pflicht seine Ruhe, sein Vergnügen und seine Zufriedenheit der ihren zu opfern. In allen Fällen muss er ihre Interessen den seinigen vorziehen. Aber seine unvoreingenommene Meinung, sein reifes Urteil und sein aufgeklärtes Gewissen darf er ihnen genauso wenig opfern, wie irgendeinem anderen lebenden Menschen. Denn er erhält sie weder von ihrem Willen noch vom Gesetz oder der Verfassung. Sie sind eine treuhänderische Gabe (Trust) der Vorsehung, für deren Missbrauch er selbst als Person zutiefst verantwortlich ist. Ihr Abgeordneter schuldet ihnen nicht nur seinen Eifer, sondern auch sein Urteil und anstatt ihnen zu dienen betrügt er sie, wenn er es ihrer Meinung opfert. [...] Wenn die Regierung lediglich eine Sache des Willens einer der beteiligten Seiten wäre, so würde ohne Frage der ihrige den Vorrang genießen. Aber Regierung und Gesetzgebung sind eine Sache von Vernunft und Urteilskraft und nicht der momentanen Neigung. Und welche Vernunft wäre das denn, bei der die Entscheidung der Diskussion vorausgeht, bei der eine bestimmte Gruppe von Männern berät und eine andere entscheidet; [...].« (Burke (1774) 1887: 95 f., übers.: W.H.).

Die Abgeordneten sind nicht die Abgesandten feindlicher Nationen, die einen Friedensvertrag aushandeln sollen. Sie vertreten nicht primär lokale Interessen im Parlament, sondern sind lokal gewählt, um sich um das gesamte Reich zu kümmern. Daher repräsentiert jeder Abgeordnete auch das ganze Land, wenn er seinen Wahlkreis vertritt. Nicht das rücksichtslose Durchsetzen partikularer regionaler oder sektoraler Interessen ist das Ziel. Die Aufgabe der Mandatsträger ist die Repräsentation des Ganzen. Daher sind sie in ein doppeltes Vertrauensverhältnis eingespannt, das Burke mit dem Wort »trust« umschreibt.

Mandat ab Trust

Ein Trust ist im angelsächsischen Zivilrecht das Verhältnis von zwei Personen, in dem der eine für den anderen handelt und zugleich keine vollkommene rechtliche Kontrolle des Auftraggebers gegenüber dem Handelnden möglich ist. Treuhänderisch wahrt der Vertreter die Interessen des Vertretenen, als wären es die seinen. Weil aber keine effektive rechtliche Kontrolle dieses Verhältnisses möglich ist, können nur sein Gewissen und Gott gewährleisten, dass das Vertrauen nicht in der Zeit der Übertragung missbraucht wird. Übertragen auf das Mandat bedeutet das: Im Gewissen des Parlamentariers ist die gesamte Nation repräsentiert. Seine Funktion verlangt eine Verpflichtung dem Gemeinwesen gegenüber, deren Einhaltung in keinem Kontrollverfahren vollkommen überprüft werden kann. Zugleich ist das Gemeinwohl immer mehr als die Addition aller Einzelinteressen, schließt es doch – richtig verstanden – sogar das Wohl der kommenden Generationen ein. All das soll in der virtuellen Repräsentation berücksichtigt werden. Von einem Teil des Volkes bestellt soll der Abgeordnete sich allen verantwortlich fühlen. Am Ende der Vertrauensübertragung erlischt allerdings jeder Trust und fällt an die Vertretenen zurück. Das Grundgesetz für die Bundesrepublik Deutschland formuliert ein klassisches Modell des freien Mandats und der virtuellen Repräsentation.

»Die Abgeordneten des Deutschen Bundestages werden in allgemeiner, unmittelbarer, freier, gleicher und geheimer Wahl gewählt. Sie sind Vertreter des ganzen Volkes, an Aufträge und Weisungen nicht gebunden und nur ihrem Gewissen unterworfen.« (Art. 38.2 GG).

Definition

Virtuelle Repräsentation
Meint die Vertretung des gesamten Volkes durch den nur von einem Teil des Volkes gewählten Abgeordneten. Das Gewissen des Mandatsträgers verpflichtet ihn auf das Gemeinwohl, welches das Wohl der Nation und sogar kommender Generationen umfasst.

Parlamentarismus und Gewaltenteilung | 2.4.5

Auch wenn die parlamentarische Mitwirkung der Bevölkerung an der Besteuerung und Gesetzgebung garantiert ist, bleibt das Problem des prinzipiell immer möglichen Missbrauchs der Macht erhalten. Je mehr Macht dem modernen Staat zuwächst, desto wichtiger wird die Begrenzung dieser Macht. Eine Form, in der politische Macht zwar ausgeübt, aber zugleich auch begrenzt werden kann, ist ihre Aufteilung auf verschiedene Machthaber. Ziel der Gewaltenteilung ist primär die Sicherung von Freiheit.

Montesquieus Modell der Gewaltenteilung

Montesquieu (mit vollem Namen Charles Louis de Secondat Baron de La Brède et de Montesquieu 1689–1755) hat das Verfassungsmodell einer das Volk repräsentierenden Versammlung, einer starken Exekutive und einer Vertretung des Adels am Beispiel Englands beschrieben. Er analysiert im berühmten 11. Buch seines »Vom Geist der Gesetze« (»De l'Esprit des Lois«, 1748) allerdings eher ein ideales Modell als die politische Realität der englischen Verfassung seiner Zeit. Montesquieu argumentiert, dass in einem freien Staat jeder, dem ein freier Wille zugestanden werden müsse, auch an der Gesetzgebung beteiligt sein sollte. Zweckmäßig ist allerdings keine direkte Volksgesetzgebung, sondern die Bestellung von Repräsentanten, die dann tun, was das Volk selbst nicht tun kann.

Anthropologischer Pessimismus

Entscheidend für Montesquieus Konzeption der Institutionen ist sein Menschenbild, das von der prinzipiellen Korrumpierbarkeit der Menschen ausgeht. Er bezieht damit die Position des sogenannten anthropologischen Pessimismus, der davon ausgeht, dass »[...] jeder, der Macht hat, ihrem Missbrauch geneigt ist [...]« (Montesquieu (1748) 1951: XI/4). Dies lässt sich nur verhindern, wenn die Macht der Macht Schranken setzt (le pouvoir arrête le pouvoir). Nur so kann Freiheit gesichert werden. Sie besteht darin, dass man das tun darf, was man wollen soll, und nicht gezwungen werden kann, etwas zu tun, was man nicht wollen soll (Montesquieu (1748) 1951: XI/4). Freiheit ist Freiheit im Rahmen vernünftiger Sittlichkeit. Sie kann nicht durch eine alle anderen Gewalten zähmende Gewalt gewährleistet werden. Auch ein Parlament, eine Regierung oder eine Adelsversammlung wird früher oder später die Macht missbrauchen. Dagegen hilft auch nicht mehr politische Mitwirkung der Bürger, weil beispielsweise unter den Bedingungen des Mehrheitsprinzips immer eine nicht zustimmende Minderheit den Entscheidungen der Mehrheit unterworfen sein wird.

»Wenn in derselben Person oder [...] Körperschaft die gesetzgebende Gewalt mit der vollziehenden vereinigt ist, gibt es keine Freiheit, denn es steht zu befürchten, dass derselbe Monarch oder derselbe Senat tyrannische Gesetze macht, um sie tyrannisch zu vollziehen. Es gibt ferner keine Freiheit, wenn die richterliche Gewalt nicht von der gesetzgebenden und vollziehenden getrennt ist. Ist sie mit der gesetzgebenden Gewalt verbunden, so wäre die Macht über Leben und Freiheit der Bürger willkürlich, weil der Richter Gesetzgeber wäre. Wäre sie mit der vollziehenden Gewalt verknüpft, so würde der Richter die Macht eines Unterdrückers haben. Alles wäre verloren, wenn ein und derselbe Mensch oder die gleiche Körperschaft [...] folgende drei Gewalten ausüben würde: die Macht Gesetze zu geben, die öffentlichen Beschlüsse zu vollstrecken und die Verbrechen oder die Streitsachen der einzelnen zu richten.« (Montesquieu (1748) 1951: XI/6).

Montesquieu empfiehlt daher die Verteilung der Macht auf die drei Gewalten, die sich alle drei wechselseitig kontrollieren und hemmen. Er hält es zur Sicherung der Freiheit für zweckmäßig, wenn die Gesetzgebung (Legislative), die Regierung (Exekutive) und die Rechtsprechung (Judikative) in verschiedenen Institutionen organisiert und an verschiedene Personen delegiert werden. Jeder überwacht dabei den anderen und keiner kann ohne den anderen wirklich für die Bürger relevante Entscheidungen treffen. Gerichte und Regierung brauchen die Gesetze der Legislative, die Gesetzgeber brauchen die Hand der Exekutive und die Richter für die Durchsetzung ihrer Beschlüsse.

Beschränkung des Staatshandelns

Das Ergebnis könnte ein »Zustand der Ruhe oder Untätigkeit« (Montesquieu (1748) 1951: XI/6) werden, der aber in jedem Fall einem aktiven Staat vorgezogen werden muss. Wenn es darauf ankommt und die Problemlagen es verlangen, so argumentiert er, werden die Gewalten sich einigen. Ansonsten ist die Freiheit besser gesichert, wenn der Staat in seinen Gewalten nicht handelt. Unter diesem Blickwinkel ist das Modell der Gewaltenkontrolle auch ein Modell der Politikverhinderung. Gewaltenteilung im Sinne Montesquieus ist Garant minimaler staatlicher Aktivität und maximaler Freiheit der Bürger.

Zusammenfassung

Montesquieus Gewaltenteilungslehre

- Die Gewaltenteilungslehre geht von einer prinzipiellen menschlichen Neigung zum Machtmissbrauch aus (anthropologischer Pessimismus).
- Sie sieht in der Sicherung der Freiheit das zentrale Problem der Verfassungsordnung.
- Gesetzgebung (Legislative), Regierung (Exekutive) und Rechtsprechung (Judikative) sollen auf verschiedene Institutionen und Personen verteilt werden.
- Das Ziel ist Gewaltenkontrolle durch Teilung und wechselseitige Hemmung der Gewalten.
- Das Ergebnis sind ein zurückhaltender Staat und in Freiheit selbstverantwortliche Bürger.

2.4.6 Theorie der Parlamentsfunktionen

Parlamente sind ein Beispiel dafür, dass politische Institutionen bereits in ihrer historischen Entwicklung immer wieder der Kritik und der Rechtfertigung ausgesetzt waren. In der klassischen Parlamentarismustheorie werden die dabei verwendeten Argumente systematisch geordnet.

Politik: Effizienz und Würde

Der britische Autor Walter Bagehot (1826–1877) analysiert in seinem 1867 erschienenen Buch »The English Constitution« das Zusammenspiel der verschiedenen Institutionen des politischen Systems Englands. Er unterscheidet die Teile der Verfassung, die er die ehrwürdigen nennt (dignified parts of the constitution) von den effizienten (efficient parts of the constitution). Würdig sind Krone und Oberhaus als traditionelle Symbole des Landes. Für die faktische Regierung und Verwaltung des Landes spielen diese Teile der Verfassung eine untergeordnete Rolle. Daher gibt es neben diesen Institutionen der symbolischen Integration, die die Bürger an die politische Ordnung binden, indem sie die Gefühle der Menschen ansprechen, solche, die effizient die Geschäfte des Reiches führen. Zu ihnen gehören in erster Linie das Unterhaus (House of Commons) als die entscheidende zweite Kammer des Parlaments und die ihm verantwortliche Regierung. Bagehot erkennt im Unterhaus einen repräsentativen Körper, der sich in einer Art permanenter Wahl befindet. Selbst von den Wählern gewählt und auch wieder abwählbar bringt es eine Regierung ins Amt oder stürzt sie. Getragen wird dieser Prozess von den politischen Parteien (Bagehot (1867) 1971: 144).

Wahlfunktion

Damit ist bereits eine der wichtigsten Parlamentsfunktionen angedeutet (s. a. Abb. 13). Bagehot nennt diese Funktion die Wahlfunktion. Sie führt in der englischen Verfassung faktisch zu einer Verschmelzung von Exekutive und Legislative. Der regierende Premierminister bestimmt und leitet eine Kabinettregierung, die Bagehot als einen besonderen Ausschuss des Parlaments beschreibt. Auch wenn der britische Premier nicht wirklich in der Kammer gewählt wird (der Monarch ernennt den Führer der stärksten Fraktion), kann das Kabinett doch als Kreatur des Parlaments gelten, weil es ohne Mehrheit im Haus nicht handlungsfähig ist. Dieser Abhängigkeit entspricht gleichzeitig die Macht des Premierministers. Wenn er nämlich der Führer der Mehrheit ist, verfügt er aufgrund seiner parlamentarischen Mehrheit über den Zugriff auf die Gesetzgebung. Der Premier kann mit der

Abb. 13 | *Funktionen des Parlaments nach Walter Bagehot*

Wahl- und Kontrollfunktion	• Bestellung der Regierung (nur in parlamentarischen Regierungssystemen und dort mit dem Recht zur Auflösung des Parlaments durch den Regierungschef verbunden) • Unterstützung (Mehrheitsfraktion) und Kontrolle (Oppositionsfraktion) der Regierungspolitik
Artikulationsfunktion	• Vertretung jedes gesellschaftlichen Interesses im Haus und in der Öffentlichkeit
Informationsfunktion	• Vermittlung politischer Inhalte, Lagen und Möglichkeiten an die Bürger
Erziehungsfunktion	• Vorbildfunktion für eine demokratische Kultur
Gesetzgebungsfunktion	• Abfassung, Bearbeitung und Verabschiedung von Gesetzen
Finanzfunktion	• Kontrolle des Haushaltes und Bewilligung von Steuern

Drohung, das Haus aufzulösen (indem er den Monarchen darum bittet), seine Fraktion disziplinieren und das Unterhaus selbst kann jederzeit eine neue Regierung kreieren.

Weitere wichtige Funktionen des Parlaments, die Bagehot anführt, befassen sich mit der Repräsentation von Interessen. Er ist der Überzeugung, dass jede »Sekte« ihren Vertreter im Haus haben soll und bindet die Repräsentationsfunktion an die Wahlfunktion:

Repräsentationsfunktion

»Ein gutes Parlament, [...] sollte einen Fürsprecher für jede einzelne Sekte aufweisen und einen großen neutralen Block, der keiner Sekte angehört – homogen und kritisch wie die Nation selbst. Eine solche Körperschaft ist, falls sie zustande kommt, die beste Wahlinstanz für eine Exekutive, die man sich vorstellen kann.« (Bagehot (1867) 1971: 63).

Nur wenn alle Interessen im Parlament vertreten sind und artikuliert werden können, ist die Grundlage für die parlamentarische Arbeit geschaffen. Die Artikulationsfunktion (gelegentlich Beschwerdefunktion, Klagerecht usw.) ermöglicht eine vollständige Berücksichtigung aller relevanten Belange. Gleichzeitig sollen aber nicht nur die Belange der Bevölkerung artikuliert werden, sondern diese soll auch die wichtigen Informationen zur politischen Lage erhalten und über die politischen Möglichkeiten belehrt werden (Informationsfunktion).

Artikulations- und Informationsfunktion

Die parlamentarische Debatte und Entscheidungsfindung hat aber auch in Hinsicht auf die politische Kultur eine Vorbildfunktion, was die faire Austragung von Konflikten angeht, und kann so insgesamt das gesellschaftliche Niveau anheben (Lehrfunktion). Das Parlament übernimmt der Nation gegenüber nicht nur passive Funktionen, sondern die dort relevanten Parteien sollen den Bürgern gegenüber aktive Überzeugungsarbeit leisten. Repräsentation ist damit keine einseitige Angelegenheit. Unter den Bedingungen des freien Mandats wird die hohe Anforderung an die Parlamentarier herangetragen, nicht bloß Interessen zu vertreten, sondern diese auch zu formen.

Lehrfunktion

Die Gesetzgebung als wahrscheinlich wichtigste Funktion profitiert von der vollständigen Artikulation und Information und wird durch eine gute Regierung möglichst zielführend vorbereitet und in das Haus eingebracht. In der Finanzfunktion, die sich im alleinigen Budgetrecht niederschlägt, konzentriert sich die haushaltsbezogene Kontrolle.

Gesetzgebung

2.4.7 Parlamentarische Diskurse

Parlamente schaffen, damit sie ihre Funktionen erfüllen können, über ihre Geschäftsordnungen hochgradig differenzierte organisatorische Untereinheiten (Ausschüsse, Präsidium usw.), die bei der Erfüllung der jeweiligen

Plenardebatte

Funktionen bestimmte Aufgaben übernehmen können. Trotz dieser offensichtlichen hochgradigen Differenzierung stand und steht die Debatte im Plenum im Zentrum der theoretischen und praktischen Aufmerksamkeit. Die öffentlich ausgetragenen Diskussionen über die auf der politischen Tagesordnung stehenden kontroversen Fragen und die sich im Kontext des parlamentarischen Entscheidungsprozesses abspielenden Diskussionen scheinen elementare Bestandteile parlamentarischer Regierung zu sein. Die Parlamentarismustheorie beschreibt gar die parlamentarische Regierung als Regierung durch Diskussion (government by discussion). In seinen Betrachtungen über die repräsentative Regierung (1861) bestimmt der liberale Politiker und Philosoph John Stuart Mill (1806–1873) die ideale Kommunikationsstruktur eines Parlaments:

Mill: Regierung durch Diskussion

»Die eigentliche Funktion einer Repräsentativversammlung besteht nicht darin, die Arbeit der Regierung zu verrichten, wozu sie absolut ungeeignet ist, sondern darin, die Regierung zu überwachen und zu kontrollieren, die volle Öffentlichkeit aller Regierungshandlungen herzustellen, deren Offenlegung und Rechtfertigung zu erzwingen [...]. Sie muss die Mitglieder der Regierung, die ihr Amt missbraucht oder in einer Weise ausgeübt haben, die nicht dem Willen der Nation entspricht, aus ihrem Amt entfernen und [...] ihre Nachfolger ernennen. [...] Darüber hinaus hat das Parlament eine zweite [...] Aufgabe: es ist gleichzeitig Beschwerdeausschuss der Nation und Kongress der Volksmeinungen, ein Forum, auf dem nicht nur die vorherrschenden Meinungen des Volkes, sondern auch einzelner Gruppierungen und, soweit als möglich, die Meinung jeder bedeutenden Persönlichkeit aus seiner Mitte auftreten und die Diskussion herausfordern kann; wo jeder darauf rechnen darf, einen Vertreter seiner Ansicht zu finden, der das, was er selbst denkt, ebenso gut und noch besser als er ausspricht – und zwar [...] angesichts von Gegnern, gegen deren Angriffe sich seine Meinung behaupten muss; das Parlament ist der Ort, wo diejenigen, deren Meinung unterliegt, die Genugtuung haben, dass ihre Ansicht Gehör gefunden hat und nicht durch einen bloßen Willkürakt, sondern aus Gründen verworfen wurde, die mehr Gewicht haben und sich dadurch den Vertretern der Mehrheit des Volkes empfehlen; [...].« (Mill (1861) 1971: 101).

Das Parlament regiert nicht, es berät (deliberiert). Mill sieht in der Institutionalisierung der Diskussion, in der die unterschiedlichen Positionen vertreten werden, einen gewaltigen Rationalitätsgewinn und letztlich die einzige Form der Kontrolle und Ausübung politischer Macht, die mit der Freiheit der Bürger vereinbar ist. Die Ordnung der Freiheit kann nur eine repräsentative Demokratie sein. Nur in ihr kann der Tatsache der deutlich unterschiedlichen Befähigungen der Menschen Rechnung getragen werden und zugleich die Mitwirkung auch der weniger Begabten garantiert werden.

Damit wird Herrschaft nicht vollständig in Diskussion aufgelöst, wie zu Unrecht immer wieder behauptet wird. Es wird aber berücksichtigt, dass sie in der Demokratie nur auf Zeit und unter der Voraussetzung ihrer ständigen öffentlichen Rechtfertigung ausgeübt werden darf. Dafür ist als wesentliche strukturelle Voraussetzung die Garantie der Meinungsfreiheit inner und außerhalb des Parlaments wesentlich. Nur so kann in der parlamentarischen Auseinandersetzung die von Mill eigens benannte »Funktion des Widerspruchs« gegen die herrschende Meinung erfüllt werden.

Zusammenfassung

Repräsentative Regierung nach John Stuart Mill

- Repräsentative Regierung ist Herrschaft auf Zeit, die durch gewählte Vertreter ausgeübt und im Medium der Diskussion kontrolliert wird.
- Dabei ist für die gesamtgesellschaftliche Entwicklung die Erhaltung der Oppositionsrechte und die »Funktion des Widerspruchs« gegen die herrschende Meinung unverzichtbar.

2.4.8 Parlamentarismuskritik

Der Parlamentarismus wurde aus verschiedenen Perspektiven massiv kritisiert. Der einen Seite ist er viel zu demokratisch, während er nach Ansicht der anderen seine eigenen demokratischen Versprechen nicht hinreichend einlöst. Parlamentarische Verfahren müssen, so argumentiert etwa Karl Marx (1818–1883), durch andere Institutionen der Willensbildung ersetzt werden, wenn eine wirkliche Demokratisierung der gesamten Gesellschaft ermöglicht werden soll. Vorbild ist für ihn die Rätestruktur der Pariser Commune von 1871:

Karl Marx

»Die Kommune bildete sich aus den durch allgemeines Stimmrecht in den verschiedenen Bezirken von Paris gewählten Stadträten. Sie waren verantwortlich und jederzeit absetzbar. Ihre Mehrzahl bestand selbstredend aus Arbeitern oder anerkannten Vertretern der Arbeiterklasse. Die Kommune sollte nicht eine parlamentarische, sondern eine arbeitende Körperschaft sein, vollziehend und gesetzgebend zu gleicher Zeit. [...] Die richterlichen Beamten verloren jene scheinbare Unabhängigkeit, [...]. wie alle übrigen öffentlichen Diener, sollten sie ferner hingewählt, verantwortlich und absetzbar sein.« (Marx/Engels (1891) 1966: 216).

Die Selbstregierung der Arbeiter entlarvt den Parlamentarismus, in dem laut Marx die Interessen der Arbeiter nicht ver- sondern zertreten wurden, als bürgerliche Ideologie und Ausdruck der Klassenherrschaft des Kapitals, die bloß den Anschein der Gemeinwohlorientierung erzeugt. Die Menschen sollen selbst in Zusammenarbeit mit Räten, die aus den jeweiligen Bevölkerungsgruppen (Arbeiter, Soldaten, Bauern) gewählt werden, ihre Angelegenheiten in die Hand nehmen.

Carl Schmitt

Aus der geradezu entgegengesetzten politischen Richtung kommt eine mindestens genauso radikale und folgenreiche Kritik, die sich gegen die Strukturprinzipien des Parlamentarismus wendet (s. a. Abb. 14). Carl Schmitt (1888–1985) greift im Parlamentarismus die zentrale Institution des liberalen Paradigmas von Politik an. Schmitt definiert in seinem Buch »Der Begriff des Politischen« (1932) Politik als auf Zerstörung des anderen gerichteten Kampf zwischen Feinden. Das sei das entscheidende Kriterium der Unterscheidung des Politischen von anderen gesellschaftlichen Bereichen.

»Die spezifisch politische Unterscheidung, auf welche sich die politischen Motive und Handlungen zurückführen lassen, ist die Unterscheidung von Freund und Feind. Das Politische hat nämlich seine eigenen Kriterien, die gegenüber den verschiedenen, relativ selbstständigen Sachgebieten menschlichen Denkens und Handelns, insbesondere dem Moralischen, Ästhetischen, Ökonomischen in eigenartiger Weise wirksam werden.« (Schmitt (1923/1926) 1969: 27).

Für dieses Unterscheidungskriterium reicht es aus, dass der Feind ein anderer ist, der schon allein aufgrund dieser Tatsache angeblich die eigene Existenz in Frage stellt. Schmitt bestreitet, dass man diesen grundlegenden Dualismus von Freund und Feind nochmals selbst aus einem anderen Argument heraus rechtfertigen könnte. Er behauptet ihn als soziale Tatsache bzw. Struktur.

Abb. 14

Carl Schmitts Thesen vom Wegfall der Ideale und Bedingungen des Parlamentarismus

Strukturmoment des Parlamentarismus	Merkmale und Gründe des Bedeutungsverlustes
Diskussion als Leitidee mit den Zielen: • Verständigung, • Überzeugung, • Konsens;	verfehlt das Politische und ist überholt: • Politik ist Macht-Kampf zwischen Feinden. • Die Akteure können sich nicht mehr problemlos verständigen, weil sie nicht mehr aus derselben sozialen Schicht stammen.
Freies Mandat als Sicherstellung von: • virtueller Repräsentation, • Diskussion;	aufgrund der Entstehung von Massenbewegungen nicht mehr gewährleistet: • Volksvertreter sind inhaltlich festgelegte (politische) Funktionäre.
Öffentlichkeit als Medium des Diskurses: • kritische Kontrolle durch die Wähler, • lehren und lernen im Diskurs;	historisch überholt, weil: • die Kommunikationsmittel politisch missbraucht werden, • Entscheidungsfindung organisierter Interessen hinter verschlossenen Türen.

Leitidee des Parlamentarismus

Gegen den Parlamentarismus beruft sich Carl Schmitt auf die Diskussion als Leitidee des Parlamentarismus und modelliert die parlamentarische Debatte als kooperative Wahrheitssuche, was sie aber nur in den seltensten Fällen war oder ist. Er ignoriert planmäßig, dass sich Regierungsmehrheit und Opposition mit klar definierten Rollen gegenüberstehen und im Normalfall das Abstimmungsergebnis bereits vor dem Beginn der Diskussion feststeht. Er ignoriert, dass dies alles nur geschieht, damit sich eine möglichst aufgeklärte Öffentlichkeit ein Bild von den politischen Optionen des Landes machen kann. Er tut all dies, um dann feststellen zu können, dass die Diskussion als Leitidee der parlamentarischen Demokratie untergegangen ist und der bürgerlich-liberale Parlamentarismus seine eigenen sozialen und intellektuellen Voraussetzungen nicht mehr garantieren kann.

»Diskussion bedeutet einen Meinungsaustausch, der von dem Zweck beherrscht ist, den Gegner mit rationalen Argumenten von einer Wahrheit und Richtigkeit zu überzeugen, oder sich von der Wahrheit und Richtigkeit überzeugen zu lassen. Zur Diskussion gehören gemeinsame Überzeugungen als Prämissen, Bereitwilligkeit sich überzeugen zu lassen, Unabhängigkeit von parteimäßiger Bindung, Unbefangenheit von egoistischem Interesse.« (Schmitt (1923/1926) 1969: 9).

»Im Bereich des Politischen stehen sich die Menschen nicht abstrakt als Menschen, sondern als politisch interessierte und politisch determinierte Menschen gegenüber, [...].« (ebd., 17). »Das Parlament aber ist der Platz, wo man deliberiert, d.h. in einem diskursiven Vorgang, durch die Erörterung von Argument und Gegenargument, die relative Wahrheit gewinnt.« (ebd. : 58).

Freund – Feind Begriff des Politischen

Die parlamentarische Debatte, die Schmitt gegen alle historische Realität zu einem wahrheitssuchenden Dialog uminterpretiert, widerspricht offenbar seinem Strukturprinzip des Politischen, in dem sich keine Diskussionspartner, sondern Feinde gegenüber stehen. Damit aber kann das Dialog-Prinzip keine tragende Konzeption für die politische Entscheidungsfindung hergeben. Schmitt führt aus, dass die Ideen und Voraussetzungen des Parlamentarismus schlicht weggefallen seien. Der liberale Parlamentarismus und mit ihm der liberale Verfassungsstaat sind nur eine sehr kurze Durchgangsphase der politischen Evolution und wie eine Art Dinosaurier der Politik zum Untergang verdammt. Das liegt daran, dass die neuen politischen Akteure nicht mehr der gleichen sozialen Schicht des gebildeten Bürgertums angehören. Sie kommen aus verschiedensten Klassen und diese verschiedene Herkunft zerstört die soziale Basis des Parlamentarismus. Der parlamentarische Dialog braucht eine homogene Gesprächskultur.

Mit dem Aufkommen der modernen politischen Massenbewegungen sind außerdem auch die Akteure der Politik andere geworden. Die Abgeordneten sind Verbands- und Parteifunktionäre, die die politischen Entscheidungen hinter geschlossenen Türen und unter Ausschluss der Öffentlichkeit aushandeln. Damit sind aber das freie Mandat und das Prinzip öffentlicher Debatten hinfällig. Der Parlamentarismus verkommt zur bürgerlichen Ideologie und Schmitt glaubt ihn theoretisch endgültig zu Tode gebracht zu haben.

Kritik an der Parlamentarismuskritik

Carl Schmitts Kritik des Parlamentarismus war äußerst erfolgreich, weil sie im Gewand der gebildeten und historisch informierten Argumentation daher kommt. Sie hat unmittelbare und mittelbare Wirkungen bis in die Gegenwart hinein und der parlamentskritische Diskurs wiederholt seither gebetsmühlenhaft die Argumente vom Wegfall der Diskussion, den angeblichen Schaufensterreden im Bundestag, den unfreien Parlamentariern und dem Verfall der Öffentlichkeit. Damit soll keinesfalls gesagt werden, dass der Parlamentarismus nicht immer wieder Kritik und Reformen braucht. Er ist eine ganz und gar nicht einfache institutionelle Form der politischen Willensbildung und in der Tat höchst voraussetzungsvoll. Ohne eine entwickelte Kommunikationskultur, vergleichsweise gebildete und politisch engagierte Bürger und in ihrer Mehrheit verantwortungsvolle Politiker funktioniert die parlamentarische Maschine schlecht. Sie braucht aber auch Verbände und Parteien, damit Interessen organisiert werden können.

Gefährlich und verzerrend an der Kritik von Carl Schmitt ist nicht, dass er Gefahren und Fehlentwicklungen benennt. Bedenklich ist vielmehr seine Argumentationsstrategie, die in der täuschenden Verkleidung einer historisch informierten Staatslehre eine Leitidee des Parlamentarismus modelliert, die es in dieser Form nie gegeben hat. Ohne Zweifel spielt die Debatte eine entscheidende Rolle und Parlamentarismus ohne die Fähigkeiten der Parteien zum Konsens in wichtigen Fragen ist kaum lebensfähig. Aber der Konsens ist nicht das privilegierte Ziel der Debatte. Ziel der Auseinandersetzung ist nicht die permanente Allparteienkoalition. Es geht unter der Voraussetzung, dass keine Partei ein Monopol auf die alleinige politische Wahrheit erheben darf, um die klare Formulierung von Alternativen, gelegentlich um Kompromisse und manchmal um Konsens. Der Idealfall ist eine politische Entscheidung, die die Bürger nachvollziehen und kritisieren können und für die eine Alternative in der Politik der Opposition verfügbar ist.

Lernkontrollfragen

1. Worin bestehen die Unterschiede zwischen einem identitären und einem pluralistischen Konzept parlamentarischer Repräsentation?
2. Welche Vorstellung der Repräsentation verbindet man mit dem freien Mandat und warum?
3. Erläutern Sie die Funktionen des Parlaments bei Walter Bagehot und John Stuart Mill.

4 Wozu ist Gewaltenteilung nötig und wie wird sie von Montesquieu begründet?
5 Worin besteht der Unterschied zwischen einem parlamentarischen System und einem Rätesystem?
6 Was sind die grundlegenden Voraussetzungen des Parlamentarismus, die laut Carl Schmitt nicht mehr bestehen?

Literatur

Originalwerke

Bagehot, Walter (1971), Die Englische Verfassung (The English Constitution, 1867), hrsg. von Klaus Streifthau, Neuwied.

Burke, Edward (1887), Speech to the Electors of Bristol (Erstausgae 1774), Works II, London.

Diderot, Denis (1963), Œvre Politique (Erstausgabe 1765), hrsg. von Paul Vernière, Paris.

Fraenkel, Ernst (1991), Deutschland und die westlichen Demokratien (Erstausgabe 1964), Frankfurt/Main.

Marx, Karl/Engels, Friedrich (1966), Der Bürgerkrieg in Frankreich (Erstausgabe 1891) in: Geschichte und Politik. Marx-Engels Studienausgabe, hrsg. von Iring Fetscher, Band 4, Frankfurt/Main.

Mill, John Stuart (1971), Betrachtungen über die repräsentative Demokratie (Considerations on Representative Government, 1861), Paderborn.

Montesquieu, Charles Louis de Secondat Baron de La Brède et de (1951), Vom Geist der Gesetze (De l'esprit des lois, 1748), hrsg. Ernst Forsthoff, 2 Bände, Tübingen.

Sieyes, Abbé (1981), Politische Schriften 1788–1790, hrsg. Eberhard. Schmitt, übers. von R. Reichardt, München/Wien.

Schmitt, Carl (1969), Die geistesgeschichtliche Lage des heutigen Parlamentarismus (Erstausgabe 1923/1926), Berlin.

Schmitt, Carl (1987), Der Begriff des Politischen (Erstausgabe 1932), Berlin.

Sekundärliteratur

Hofmann, Hasso (1988), Repräsentation. Studien zur Wort- und Begriffsgeschichte von der Antike bis ins 19. Jahrhundert, 3. Auflage, Berlin.
Historisch umfassende und sehr genaue Darstellung des Repräsentationsbegriffs.

Hofmann, Wilhelm (1995), Repräsentative Diskurse, Baden-Baden.
Darstellung der Genese des Parlamentarismus unter dem Aspekt der Kommunikationsstrukturen und ihrer Theorie.

Hofmann, Wilhelm/Riescher, Gisela (1999), Einführung in die Parlamentarismustheorie, Darmstadt.
Systematische und historische Rekonstruktion der Theoriestränge zu den einzelnen Dimensionen des Parlaments (Mandat, Geschäftsordnung, Kontrolle usw.).

Kantorowitcz, Ernst H. (1990), Die zwei Körper des Königs (Erstausgabe 1957), München.
Klassische Studie zur politischen Theologie des Mittelalters und der Struktur mittelalterlicher Repräsentationsmodelle.

Kluxen, Kurt (1983), Geschichte und Problematik des Parlamentarismus, Frankfurt/Main.
Gut verständliche und einzige preisgünstige Darstellung der historischen Entwicklung des Parlamentarismus in vergleichender Perspektive.

Marschall, Stefan (2004), Parlamentarismus, Baden-Baden.
Knappe Einführung, die die Verbindung von Parlamentarismustheorie und zeitgenössischer Parlamentspraxis thematisiert.

2.5 | Das System der Demokratie

Politik kann in komplexen modernen Gesellschaften nicht allein aus der Perspektive der handelnden Personen beschrieben werden. Sie ist das Resultat von Handlungs- und Kommunikationsbeziehungen, die eine Eigendynamik gegenüber den Handelnden entfalten.

2.5.1 | Talcott Parsons: Allgemeine Systemtheorie

Handeln – Verhalten

Bei dem Versuch eine allgemeine Theorie des menschlichen Handelns zu konstruieren unterschied der amerikanische Soziologe Talcott Parsons zwischen menschlichem Verhalten und Handeln. Verhalten ist eine Reaktionsweise des Menschen, in der er sich nicht grundsätzlich von den Tieren unterscheidet. Dagegen muss Handeln als gesellschaftliches Handeln begriffen werden, das sich in seinen Intentionen an sozialer Bedeutung orientiert. Handeln ist sinnhaft und kann überhaupt nicht verstanden werden, wenn man es isoliert als rein biologisches Phänomen betrachtet. Als soziales Handeln ist es ein Beitrag zu einem Handlungssystem. Handlungssysteme bilden sich aus, weil Strukturen das Problem der Anschlussfähigkeit von weiterem Handeln lösen können. Die Strukturen eines sozialen Systems machen Handeln erwartbar, verringern Unsicherheit und verhindern, dass unsere soziale Welt immer wieder ganz neu aufgebaut werden muss. Systeme schaffen Strukturen, in denen der überwältigenden Komplexität (und damit Unübersichtlichkeit) der Umwelt eine systeminterne Struktur entgegengestellt wird. Diese Struktur ist jedoch selber wieder komplex, weil nur so die Systemumwelt einigermaßen beherrschbar wird. Komplexität bedeutet, dass nicht jedes Element einer zusammenhängenden Einheit mit jedem anderen verknüpft sein kann. Soziale Systeme müssen nach Parsons mindestens vier Funktionen erfüllen.

Systemfunktionen

Jedes System muss sich an die Umwelt anpassen (*adaption*), seine Struktur erhalten (*pattern maintenance*), sich auf Ziele ausrichten (*goal attainment*) und seine Systemelemente integrieren (*integration*). Weil diese Funktionen erfüllt werden müssen, differenzieren sich Teilsysteme (Subsysteme) innerhalb des umfassenden Gesellschaftssystems aus, die jeweils eine dieser Leistungen für die Gesamtgesellschaft erbringen. Politik orientiert die Gesellschaft auf gemeinsame Ziele, das Teilsystem Wirtschaft beschafft über die Anpassung an die Umwelt Ressourcen und Kultur bzw. Gemeinschaft garantieren die soziale Integration und Wertereproduktion.

Zusammenfassung

Gesellschaftssystem und Politiksystem
Das Politische Subsystem dient dazu, die Ziele des gesamten Gesellschaftssystems zu erreichen. Es muss dafür aber die Leistungen anderer Systeme in Anspruch nehmen, deren Zielsetzungen es wiederum beeinflusst. Wirtschaft und Politik benötigen die kulturellen Orientierungen und die soziale Kontrolle des kulturellen Systems und des Gemeinwesens, da sie diese beiden nicht aus sich selbst heraus generieren können.

David Easton: Politikwissenschaftliche Systemtheorie | 2.5.2

Die im engeren Sinn politische Systemtheorie konzentriert sich auf das politische Handeln als Teil eines komplexen Handlungssystems. In ihm vollzieht sich, was David Easton das politische Leben genannt hat: es werden Eingaben in dieses System (Inputs) in politischen Prozessen zu Ergebnissen (Outputs) umformuliert, die wiederum auf die Gesellschaft einwirken. David Easton beschreibt die zentralen Funktionen des politischen Systems:

»Alle politischen Systeme als solche lassen sich von anderen Systemen unterscheiden, weil wir sie nur dann als dauernde Einrichtungen beschreiben können, wenn sie exakt zwei Funktionen erfüllen. Sie müssen die Allokation [Zuweisung] von Werten für die Gesellschaft vornehmen können; sie müssen weiterhin die meisten Gesellschaftsmitglieder dazu bringen können, diese Allokation als bindend anzuerkennen – wenigstens für einige Zeit. [...] die Zuweisung von Werten für eine Gesellschaft und die durchschnittliche Akzeptanz dieser Zuweisungen – sind die essentiellen Variablen des politischen Lebens.« (Easton (1965) 1979: 23 f).

Politik als System

Das politische System setzt die gesellschaftlichen Inputs in allgemein verbindliche Entscheidungen um, die mit einem hohen Maß an Akzeptanz versehen sind. Es stehen ihm dabei in der Regel die vom modernen Staat monopolisierten Zwangsmittel zur Verfügung. Gleichzeitig steht das System als ganzes, das durch seine Leistungen wesentlich dazu beiträgt den ständigen gesellschaftlichen Wandel zu verarbeiten, unter hohem Anpassungsdruck. Das politische System entscheidet für die Gesellschaft, es muss aber auch immer wieder über seine eigenen Strukturen und Institutionen entscheiden und gegebenenfalls Revisionen seiner Ziele durchführen.

Der entscheidende Gewinn einer systemtheoretischen Perspektive ist, dass die Gesamtheit aller politischen Prozesse in den Blick genommen werden kann. Es geht nicht mehr nur um eine rein auf die Institutionen (Parlament, Regierung usw.) beschränkte Analyse des politischen Geschehens, sondern um die systematische Bearbeitung der gesellschaftlichen Anforderungen, die an eine politische Ordnung gestellt werden. Außerdem werden die gesellschaftlichen Faktoren, die das politische System beeinflussen, beschreibbar und in ihrem Zusammenhang mit dem politischen Wandel thematisierbar. Easton und mit ihm die gesamte Systemtheorie argumentiert, dass die systemtheoretisch modellierten Strukturen für jede Gesellschaftsformation gelten sollen, die politische Funktionen entwickelt hat.

Inputs

Die verschiedensten gesellschaftlichen und natürlichen Umgebungen des politischen Systems bilden alle zusammen seine Umwelt. Aus den verschiedenen Sektoren dieser Umwelt erfolgen unterschiedliche Eingaben in das System. Nach Easton kann es sich dabei prinzipiell um zwei Gruppen von sogenannten Inputs handeln:

1. Unterstützung (*support*): Diese kann materieller (Steuerzahlungen, Militärdienst usw.) wie immaterieller Art (politische Partizipation, Akzeptanz) sein.
2. Anforderungen (*demands*): Auch diese lassen sich in materiell (Erbringung staatlicher Leistungen, Gesetzgebung usw.) und immateriell (Integration, Orientierung usw.) unterscheiden.

Abb. 15 | *Systemmodell nach David Easton*

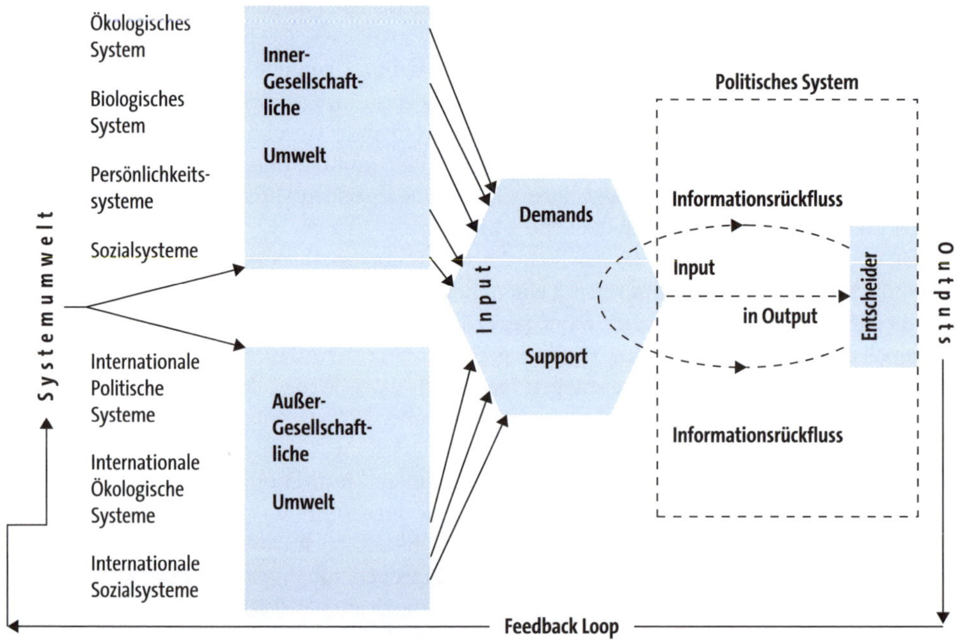

Aus: Easton (1965) 1979: 30.

Daraus ergibt sich, dass für den Erhalt, die Anpassung und die Leistungsfähigkeit eines politischen Systems eine Vielzahl von Bedingungen erfüllt sein müssen. Nicht nur die innerhalb des Systems ablaufenden Prozesse müssen effizient und effektiv sein. Sie müssen die vorhandenen Ressourcen sinnvoll nutzen und es soll eine möglichst wirkungsvolle Intervention in die Gesellschaft möglich werden. Zugleich aber müssen die soziokulturellen Voraussetzungen des Systems adäquat sein. Nur wenn die Bürgerinnen und Bürger ihre politische Ordnung materiell tragen und zu einem gewissen Maß an Engagement bereit sind, ist das System leistungsfähig und kann überdauern.

Systemerhalt und Anpassung

Wenn es der Verdienst dieses Modells von Easton ist, dass es letztlich die politischen Strukturen aller denkbaren Gesellschaften beschreiben kann, dann liegt hier zugleich seine größte Schwäche. Der Preis für diese fast unbegrenzte »Anwendbarkeit« besteht darin, dass in dem Systemmodell eine Reihe von Aspekten des Politischen vernachlässigt wird. Zu nennen ist zunächst die Qualität von Herrschaft und von politischen Institutionen. Easton blendet den Prozess der Umsetzung von Inputs in politische Entscheidungen vollkommen aus (blackboxism) und konzentriert sich ausschließlich auf den Erhalt und die Erfüllung der Systemfunktionen. War eine ausschließlich auf Institutionen konzentrierte Politikwissenschaft (Institutionalismus) oft blind gegenüber der gesellschaftlichen Realität der Politik, so verliert Eastons Systemtheorie die Realität der Institutionen aus den Augen. Dabei spielen institutionelle Fragen (Wahlsystem, Form des Regierungssystems, Garantie von Rechten usw.) eine entscheidende Rolle bei der Akzeptanz und Legitimität des politischen Systems. Das Modell konzentriert sich auf die Ergebnisse der Umwandlung von Input und legt damit den Verdacht nahe, dass die nötige Unterstützung allein durch die Qualität des Outputs mobilisiert werden kann.

Schwäche des Modells

Zusammenfassung

Das handlungstheoretische Systemmodell

Eastons Modell konzentriert sich auf die Erhaltungsfunktion und die Anpassungsleistungen von Politik. Außerdem macht es unterschiedlichste politische Prozesse verständlich, vernachlässigt aber die institutionelle Dimension. Dabei übersieht es den Herrschaftscharakter der Politik, deren Akteure so tendenziell der Kritik entzogen werden.

2.5.3 Niklas Luhmann: Politik – autopoietisch

Autopoiesis und Selbstreferenz

Niklas Luhmanns (1927–1998) Werk steht für eine Theorie selbstreferenzieller (selbstbezogener), autopoietisch geschlossener Systeme. Autopoietische Systeme reproduzieren sich entlang ihrer eigenen Elementarstruktur aus sich selbst. Sie sind geschlossene Systeme, weil sie nur an den ihnen eigenen Systemzuständen anschließen können, und zugleich offen, weil dieses Anschließen eine bestimmte Ausrichtung von Systemen in Umwelten erst ermöglicht. Weil das System mit einem Systemzustand zugleich seine Umwelt konstituiert, bedeutet das, dass die Differenz von System und Umwelt als Leitdifferenz der Systemtheorie verstanden werden muss. Kein System »verfügt« über seine Umwelt oder hat ein objektives Bild dessen, was außerhalb seiner selbst vorgeht. Es genügt dem System, wenn es anschlussfähige Strukturen aufbauen kann und in einer Umwelt überdauert. Verdeutlichen kann man sich diese Zusammenhänge an lebenden Systemen. Jedes Lebewesen kann sich nur als Leben reproduzieren, es ist eine geschlossene Einheit und tritt selektiv mit seiner Umwelt in Verbindung. Es fertigt ein »Bild« seiner Umwelt und versucht in ihr zu überleben.

Für die Sozialwissenschaften sind nur zwei Systemtypen überhaupt relevant: psychische Systeme und Sozialsysteme. Psychische Systeme reproduzieren sich entlang eines Bewusstseinszusammenhangs, soziale Systeme entlang eines Kommunikationszusammenhangs. Beide nehmen dabei das »Supermedium« Sinn in Anspruch.

Paradigmenwechsel: Kommunikation

Zentrales Element, auf dem die gesellschaftliche Reproduktion aufbaut, ist die Kommunikation, die die gesamte Gesellschaft durchdringt. Nur die dauernde Evolution von Kommunikation und Kommunikationsmedien ermöglicht überhaupt die Existenz hoch komplexer Gesellschaftsgebilde. Gesellschaft und Politik verändern damit aber ihre Gestalt grundlegend. Politik kann nicht mehr primär als ein Handlungssystem verstanden werden. Vielmehr ist das politische System selbst eines der gesellschaftlichen Subsysteme, das sich zusammen mit dem Mediensystem ausdifferenziert hat. Der Parteitag einer politischen Partei oder die Sitzung eines Parlaments sind zunächst politische Ereignisse, die mit den Begriffen eines Handlungssystems beschrieben werden können. Sie sind aber gesamtgesellschaftlich vollkommen irrelevant, wenn sie nicht kommuniziert werden. Niemand außer den direkten Teilnehmern eines solchen Ereignisses weiß etwas davon. Ohne massenmediale Vermittlung in Zeitungen und Rundfunk könnten die jeweils gefassten Beschlüsse nicht diejenigen erreichen, die davon betroffen sind. Ohne mediale Kommunikation gibt es daher keine gesellschaftlich relevante Politik. Das bedeutet aber, dass das Handlungssystem Politik in Bezug auf die Eröffnung von politischen Partizipationsperspektiven und die Durchsetzung von Entscheidungen in hohem Maß von den Strukturen des Mediensystems abhängig ist. Daher muss die gesellschaftliche Entwicklung als Ko-Evolution (gemeinsame Entwicklung) der Teilsysteme Politik und Medien verstanden werden (s. Abb. 16).

Verbreitungsmedien

Gesellschaftsformen und Herrschaftsstrukturen sind nicht ohne jeweils angemessene Verbreitungsmedien denkbar. Nur weil es Schrift gibt, ist Verwaltung und Buchhaltung möglich. Der Buchdruck und die Alphabetisierung der Bevölkerung sind die Voraussetzung für die Durchsetzung der Reformation und der Aufklärung. Demokratie in modernen Flächenstaaten kann nur auf der Basis eines hoch entwickelten Mediensystems dauerhaft funktionieren. Jedes der verschiedenen Verbreitungsmedien hat direkten Einfluss auf die Art und Weise wie in einer Gesellschaft Politik konstruiert werden kann.

Steuerungsmedien/ Erfolgsmedien

Allerdings sind es nicht die Verbreitungsmedien, die die Ausdifferenzierung der Gesellschaft in Teilsysteme ermöglichen. Sie erlauben zwar eine Vergemeinschaftung (Integration) über große Distanz hinweg und können sich an ein anonymes und heterogenes Publikum wenden, ohne dass sie auf Zustimmung oder auf eine Rückantwort angewiesen wären. Je unübersichtlicher eine Gesellschaft allerdings wird, desto wahrscheinlicher wird es, dass die Koordination von Handlungen über Kommunikation nicht mehr funktioniert. Je mehr Bereiche des Zusammenlebens über Kommunikation koordiniert werden müssen, desto größer wird das Dissensrisiko in Gesellschaften, in denen die eingespielten Handlungsroutinen immer weniger Verbindlichkeit beanspruchen können. Die evolutionäre Lösung des Problems besteht darin, dass die Systeme generalisierte Steuerungsmedien institutionalisieren, mit denen in den gesellschaftlichen Teilsystemen die Handlungskoordination vereinfacht wird. Symbolisch generalisierte Steuerungsmedien machen in sozialen Standardsituationen Handeln erwartbar.

»Symbolisch generalisierte Kommunikationsmedien leisten eine neuartige Verknüpfung von Konditionierung und Motivation. Sie stellen die Kommunikation in jeweils ihrem Medienbereich, zum Beispiel in der Geld-

Verbreitungsmedium	Gesellschaft	Politik
gesprochene Sprache unter Anwesenden	Beginn gesellschaftlicher Ausdifferenzierung	Stammesverbände
Schrift Buchdruck	Auseinandertreten von Handlungs- und Kommunikationssystemen	frühe Staaten moderner Staat
audiovisuelle Medien	funktional hoch differenzierte Gesellschaften	weltweit kommunikativ vernetzte Ordnungen mit vielen ungleichen Herrschaftszentren (Heterarchien)

Abb. 16

Ko-Evolution von Medien – Gesellschaft – Politik

wirtschaft oder dem Machtgebrauch in politischen Ämtern, auf bestimmte Bedingungen ein, die die Chancen der Annahme auch im Falle von ›unbequemen‹ Kommunikationen erhöhen. [...] So folgt man den Weisungen staatlicher Ämter, weil mit physischer Gewalt gedroht wird und man davon ausgehen muss, dass diese Drohung in der Gesellschaft als legitim (zum Beispiel als rechtmäßig) angesehen wird. Mit Hilfe der Institutionalisierung symbolisch generalisierter Kommunikationsmedien kann also die Schwelle der Nichtakzeptanz von Kommunikation, die sehr nahe liegt, wenn die Kommunikation über den Bereich der Interaktion unter Anwesenden hinausgreift, hinausgeschoben werden.« (Luhmann 1997 I: 204).

Jedes symbolisch generalisierte Medium basiert laut Luhmann auf einer binären Codierung von sozialem Sinn. Gesellschaftliche Subsysteme reproduzieren sich über solch ein Medium. Ihr Code bietet begrenzte Möglichkeiten für die jeweilige Anschlusskommunikation und steuert so die Erwartbarkeit von Reaktionen. Geld beispielsweise ist als Zahlungsmittel ein Medium, in dem die beiden Sinndimensionen Zahlung/Nicht-Zahlung codiert sind. Wenn man einen Laden betritt und etwas kauft, vollzieht man entlang der vom Medium vorgegeben Sinnstruktur eine Handlung, die – ohne Geld – zahlreiche Kommunikationsakte nötig machen würde und deren Gelingen hochgradig in Frage stünde. Geld erleichtert nun zwar

Abb. 17

Übersicht über generalisierte Medien und Subsysteme nach N. Luhmann

Subsystem	Code	Symbolisch generalisiertes Medium	Funktion
Wirtschaft	Zahlung/ Nichtzahlung	Geld	materielle Reproduktion (Güter und Dienstleistungen)
Politik	machtvoll/ machtlos	Macht	bindende Entscheidungen
Recht	rechtmäßig/ unrechtmäßig	Recht	Sicherheit/ Konfliktentscheidung
Wissenschaft	wahr/unwahr	Wahrheit	Bereitstellung von Wissen
Religion	transzendent/ immanent	Glaube	unbestimmbare in bestimmbare Komplexität überführen
Erziehung	gute/schlechte Noten	Schulpflicht	Bildung und Selektion
Liebe	unbegründbare Ja-/Nein-Stellungnahme zur Person	Erotik	Partnerwahl
Massenmedien	Information/ Nicht-Information	Verbreitungs-medien (Rundfunk, Zeitung usw.)	Information, Unterhaltung, Werbung

allerdings den Kauf einer Ware, es ist aber zugleich auf seinen Code fest gelegt. Man kann damit nicht Zuneigung kaufen oder religiöse Erfahrungen machen.

Der Machtcode der Demokratie

2.5.3.1

Amtsmacht und politisches System

Macht in all ihren Formen koordiniert über die Gewaltandrohung menschliches Handeln in ansonsten unübersichtlichen Situationen. Wird sie in politischen Ämtern institutionalisiert und über Verfahren legitimiert, so hat sich ein eigenständiges politisches System etabliert.

Regierung/Opposition

Moderne politische Systeme geben dem dualen Code von mächtig/machtlos eine besondere institutionelle Gestalt. Mächtig ist die Regierung – machtlos die Opposition. Demokratie besteht nicht in der Aufhebung von Herrschaft. Auch unter demokratischen Bedingungen wird – eben durch die Mehrheit – politische Macht ausgeübt. Die unterlegene Minderheit kann das akzeptieren, solange ihr grundlegende Rechte garantiert bleiben und weil sie im demokratischen Entscheidungsmodell mit Zukunft abgefunden wird: die oppositionelle Minderheit hat zumindest prinzipiell die Möglichkeit in der Zukunft zur Mehrheit zu werden. Damit aber wird in der Demokratie die fundamentale Kontingenz (Zufälligkeit/Willkürlichkeit) aller politischen Entscheidungen endgültig offenbar. Eben weil politisch entschieden werden kann, könnte immer auch anders entschieden werden.

Das Steuerungsproblem

2.5.3.2

Das politische System nimmt Leistungen anderer Teilsysteme in Anspruch und erfüllt gesamtgesellschaftliche Funktionen. Es kann dies aber immer nur in der Logik seiner eigenen Systemreproduktion tun, d.h. durch und mit dem Machtcode. Denn, was immer in einem gesellschaftlichen Subsystem geschieht, es ist hochgradig selbstbezüglich und folgt der Logik der jeweiligen Systemcodierung. Geld dient der Zahlung und Schulnoten dienen der Erziehung. Schulen brauchen zwar Geld und ohne Schulbildung wird man eher schlechte Einkommenschancen haben. Geld kann aber nicht an die Stelle von Noten treten und niemand wird in einem Geschäft mit einer benoteten Klassenarbeit zahlen wollen. Wenn man diese Einsicht auf das politische System anwendet, so bedeutet das, dass der Machtcode nicht in andere Codes übersetzt werden kann. Mit anderen Worten: Macht ist nicht eine Art Supercode zur Steuerung der anderen gesellschaftlichen Systeme. Politik kann unter den Bedingungen ausdifferenzierter Systeme nicht mehr als das zentrale Steuerungssystem der Gesellschaft begriffen werden. Sie ist nicht die Tätigkeit, durch die die Gesellschaft auf sich selbst steuernd einwirkt, sondern ein gesellschaftlicher Teilbereich, der neben anderen Teilbereichen existiert. Alle Subsysteme können nur als solche existieren, weil sie einer eigenen Systemlogik folgen. Luhmann polemisiert

Allmacht: Rechtfertigung und Heuchelei

gegen die Selbstüberschätzung der Politik unter den Bedingungen komplexer Gesellschaften:

Steuerungsproblem

»Dies Regulierungs-/Deregulierungs-Paradox ist jedoch ganz offensichtlich ein Eigenproblem der Politik, das die Wirtschaft je nachdem, wie es politisch gelöst wird, betrifft, aber nicht bestimmt, also auch nicht reguliert. Auch die Anwendung des Kausalschemas auf das Verhältnis der hochkomplexen und für sich selbst und für andere intransparenten Systeme Wirtschaft und Politik ist eine Eigenleistung des politischen Systems, ist eine in der Politik angefertigte Realitätsbeschreibung, die politisch nicht zuletzt danach beurteilt und korrigiert wird, welche politischen Wirkungen sie hat – zum Beispiel während eines Wahlkampfes in anderer Weise als nach den Wahlen. In der Politik, so kann man schließen, wird über Wirtschaft geredet.« (Luhmann 2000: 187).

Ein soziales System kann nur in sich selbst eine Beschreibung seiner selbst und der es umgebenden Systeme anfertigen. Die anderen Systeme stellen für das politische System Umwelt dar, auf die es keinen unmittelbaren Zugriff hat, sondern die es nur im Medium der eigenen Reproduktion modellieren kann. Politik sieht auf ihrem »Bildschirm« Wirtschaft nicht primär als Marktgeschehen mit eigener Gesetzlichkeit. Sie sieht zufriedene oder unzufriedene Wähler, abwandernde Arbeitsplätze, Kapitalflucht und letztlich überall politischen Regulierungsbedarf. Zwar beeinflussen politische Entscheidungen ökonomische Prozesse ohne Zweifel. Mit Luhmann darf das aber nicht so gedacht werden, dass Wirtschaft politisch gesteuert werden könnte. Bestenfalls lassen sich Modelle indirekter Steuerung darstellen.

So hat Helmut Wilke ein Konzept der »dezentralen Kontextsteuerung« beschrieben, in dem Politik über »reflexives Recht« die Ziele von Steuerung nicht mehr eindeutig festlegt, sondern über die Beeinflussung von Entscheidungskontexten die verschiedenen Entwicklungspfade eines Teilsystems beeinflusst (Wilke 1992: 205). Luhmann selbst sieht eher die Gefahr, dass die herrschenden politischen Eliten den Anschein politischer Allmacht aufrechterhalten wollen und dabei angesichts der ökonomischen Dynamik nur scheitern können. Wenn trotz der gemachten Versprechen die politische Steuerung von Wirtschaft nicht funktioniert, bleibt einer solchen Politik nach ihrem Scheitern nur die Wahl zwischen »Rechtfertigung« und »Heuchelei«. Für die Demokratie hat dies ernste Auswirkungen auf die Akzeptanz durch die Bürger.

Zusammenfassung

Steuerungsproblem
Unter den Bedingungen komplexer und ausdifferenzierter Gesellschaften steht Politik vor dem Problem, dass politische Macht als Steuerungscode gegenüber den anderen Teilsystemen der Gesellschaft an Bedeutung verliert, weil diese sich entlang ihrer eigenen Logik entwickeln.

Politik in der Mediengesellschaft

2.5.3.3

Logik medialer Politik

Politik muss in modernen Gesellschaften auf der Ebene der Gesamtgesellschaft präsent sein. Sie muss sich daher den Gesetzen des Mediensystems weitgehend anpassen. Dazu gehören Gesetzmäßigkeiten wie die Nachrichtenfaktoren. Ein Ereignis hat dann die größte Chance zu einer Nachricht zu werden, wenn es negative Kennzeichen trägt, einen großen Schaden darstellt oder beim Publikum sonst irgendwie Betroffenheit auslöst. Diesem, »Negativismus« genannten, Trend des Mediensystems folgen Politiker, weil sie medial erfolgreich sein wollen. In jedem Fall aber ist das, was medial wahrgenommen wird, eine hochgradig künstliche und konstruierte Wirklichkeit. Politik und Gesellschaft begegnen sich bei der wechselseitigen Wahrnehmung über die Medien im Medium der öffentlichen Meinung an einem »Spiegelort«:

Öffentliche Meinung

»Die öffentliche Meinung ist zugleich ein Medium der Meinungsbildung. Sie ist der heilige Geist des Systems. Sie ist das, was als öffentliche Meinung beobachtet und beschrieben wird. Man kann sie als einen durch die öffentliche Kommunikation selbsterzeugten Schein ansehen, als eine Art Spiegel, in dem die Kommunikation sich selbst spiegelt. Das schließt, wie im alten Gebrauch der Metapher des Spiegels, Idealisierungen und Moralisierungen ein. [...] öffentliche Meinung ist demnach ein gleichsam photographisch festgehaltener Zustand eines Systems-in-Bewegung, [...].« (Luhmann 2000: 286).

Beobachtung der Beobachter

Unter den Bedingungen der Allgegenwart von (audiovisuellen) Massenmedien ist die kommunikative Konstruktion der Politik einer mehrfach aufeinander aufbauenden Beobachtungsrelation geschuldet. Die Fernsehkamera beobachtet die politischen Akteure. Die Bürger in ihrer Rolle als Zuschauer beobachten Politik im medialen Spiegel. Die beobachteten Politiker beobachten, dass sie beobachtet werden und können ebenfalls die Medien zur Selbstbeobachtung nutzen. Sie beobachten dann, wie sie selbst beobachtet werden, und nehmen zu einem sehr großen Teil auch die Reaktionen auf ihr politisches Tun ausschließlich über die Medien vermittelt wahr. Die veröffentlichte Meinung wird so zur öffentlichen Meinung. Weder die Bürger noch die beobachteten Politiker wissen, was die je anderen denken. Der direkte Kontakt zwischen Wählern und Machthabern stellt eher die Ausnahme dar und ist äußerst selektiv.

Spiegelpolitik

Politik benutzt Medien primär zur Selbstbeobachtung im Hinblick auf Fremdbeobachtung. Dabei funktioniert das Handeln der beobachteten Politiker ähnlich wie das von Menschen, die sich vor einem Spiegel in Pose stellen, ihren Gesichtsausdruck bzw. den Sitz ihrer Kleidung überprüfen und so im Spiegel die Beobachtung durch andere bereits vorweg nehmen. Im medialen Spiegel ist diese Fremdbeobachtung sicher, was den Druck auf die Akteure verschärft, sich auf die Beobachtung auch einzustellen. Wer immer weiß, dass er durch eine Fernsehkamera beobachtet wird, passt sein Verhalten dieser Tatsache an. Die Auswirkungen dieser sogenannten »reziproken Effekte« für die politische Kommunikation sind kaum zu überschätzen. Sie reichen von der persönlichen Anpassung an die Fernsehlogik (z.B. in der Kleidung), über die Planung von politischen Terminen nach dem Zeitrhythmus der Fernsehredaktionen und der Mediatisierung von Ereignissen (z.B. Inszenierung von Parteitagen) bis hin zur Schaffung von Pseudoereignissen, damit etwas auf dem Bildschirm visualisiert werden kann (Konferenzen, symbolischer Protest).

Zusammenfassung

Politik in der Mediengesellschaft

Politik passt sich in der Mediengesellschaft den Gesetzmäßigkeiten der (audio-visuellen) Medien an und stellt sich auf Beobachtung durch Medien ein (reziproker Effekt). Dadurch kommt es zu Anpassungsprozessen, zur Mediatisierung von Ereignissen und zur Inszenierung von Lösungskompetenz, die die schwierigen Entscheidungsfindungsprozesse und Sachfragen tendenziell aus dem öffentlichen Bereich verdrängen.

2.5.3.4 | Autopoietische Demokratie

Politik – selbstreferenziell

Aus der Perspektive der Systemtheorie ist Politik in modernen Gesellschaften hochgradig selbstbezogen (selbstreferenziell). Ihre innere Logik folgt der dualen Codierung in mächtig/machtlos und deren Institutionalisierung in politischen Ämtern. Sie kommuniziert und steuert primär in Bezug auf diese duale Codierung und reproduziert sich in dieser Selbstbezogenheit. Was immer in der Gesellschaft geschieht, für die Politik wird es relevant, wenn es Machtfragen aufwirft. Als Ergebnis entstehen dabei machtbewehrte allgemeinverbindliche Entscheidungen, die immer dem Code der Politik gehorchen und nicht die Funktionen anderer Subsysteme erfüllen und deren Codes ersetzen können. Eine politische Anordnung wird durch die Macht, die hinter ihr steht, nicht wahrheitsfähig (Wissenschaftscode) oder führt zur bedingungslosen Annahme einer anderen Person (Liebe). Sie ist auch in der Demokratie autoritative Setzung auf der Basis demokratischer Verfahren.

Für die Demokratie ergibt sich daraus eine recht desillusionierende Perspektive. Sie ist zwar ein an politischer Teilhabe ausgerichtetes Verfahren der gesellschaftlichen Entscheidungsfindung, muss aber gleichzeitig als ein System letztlich unbegründbarer Machtausübung verstanden werden, die ohne jede Absicherung und doppelten Boden eine offene Zukunft durch Entscheidungen formen muss. Insofern ist die Demokratie die angemessene Selbstbeschreibung der Politik unter den Bedingungen komplexer Gesellschaften:

»Der Übergang zur Leitidee der Demokratie schließlich registriert die volle Ausdifferenzierung des politischen Systems. Damit tritt die herrschaftsnotwendige Asymmetrie der Unterwerfung direkt und gleichsam ohne kosmologische oder naturale Begründung ins Blickfeld; und erst jetzt ist das politische System darauf angewiesen, sich selbst mit Bordmitteln zu legitimieren.« (Luhmann 2000: 370).

Definition

autopoietische Demokratie
Für die Theorie der sich aus sich selbst reproduzierenden (autopoietischen) sozialen Systeme ist Demokratie ein an der Teilnahme der Bürger orientiertes Verfahren der autoritativen Entscheidungsfindung, in der (Amts-)Macht über Wahlen vergeben wird und Entscheidungen über Mehrheit fallen.

Darin liegen Risiken und Chancen der Demokratie. Offenheit für neue Entscheidungssituationen, Gestaltungsmöglichkeiten und Partizipation mögen als Chancen angeführt werden. Ohne mahnenden Unterton werden aber die Risiken deutlich benannt. Sie bestehen in einer Selbstüberschätzung der Möglichkeiten von Politik, die auf einer viel zu optimistischen Konzeption von Steuerung beruht. Diese Selbstüberschätzung wird dadurch besonders gefährlich, dass sie in Form politischer Werbung den medial tausendfach verstärkten Eindruck von politischer Allmacht und Kompetenz aufbaut, der dann aus strukturellen Gründen zusammenbrechen muss. Wer sich medial selbst beobachtet und die Fremdbeobachtung zur dauernden Selbstdarstellung benutzt, der läuft angesichts der begrenzten Möglichkeiten der politischen Beeinflussung von anderen gesellschaftlichen Teilsystemen Gefahr, dass er zu viel verspricht und inszeniert. Folge solcher Strategien ist eine dauernde Politikverdrossenheit.

Kritik an Luhmanns Theorie

Renate Mayntz (1987/1997) und Fritz Scharpf (1989) als Vertreter einer empirisch argumentierenden Politikwissenschaft kritisierten, dass Luhmann Probleme der politischen Steuerung in deren Unmöglichkeit uminterpretiert habe. Mayntz/Scharpf argumentieren:

- Der Erfolg von Politik hängt immer auch von den institutionellen Rahmenbedingungen der Entscheidung und ihrer Durchsetzung ab
- Wenn Politik scheitert, dann eben auch wegen politischer Widerstände und nicht, weil sie nicht in andere Bereiche effektiv eingreifen könnte.

Eng mit dieser Kritik zusammen hängt der Vorwurf, die Systemtheorie überlasse es ausschließlich den Individuen, die sie theoretisch zunächst bedeutungslos macht, mit einer scheinbar nicht beeinflussbaren gesellschaftlichen Dynamik zurechtzukommen. Im Kern handle es sich daher um eine radikal individualistische, gar neoliberale Theorie.

Zusammenfassung

Luhmanns Systemtheorie

Niklas Luhmanns Systemtheorie beschreibt auf hohem kommunikationstheoretischem Niveau die Probleme demokratischer Politik in der Mediengesellschaft. Er weißt auf die Risiken demokratischer Politik und ihre Beschränkungen in ausdifferenzierten Gesellschaften hin. Diese Argumente führen allerdings in eine Position, in der gesellschaftliche Probleme per Definition als politisch unlösbar erklärt werden.

2.5.4 | Jürgen Habermas: System und deliberative Demokratie

Kritische Theorie und System

Mit Jürgen Habermas fand die Systemtheorie eine Rezeption in der Kritischen Theorie. Systeme dienen in seiner Theorie als Modell der Gesellschaft, sie müssen aber der sozialwissenschaftlichen Kritik unterworfen werden, wenn sie in der Realität der Entfaltung der Menschen im Wege stehen. Grundlage der Kritik ist eine Diskurstheorie, die auf der Basis vernünftiger Moralität die Widersprüche der gesellschaftlichen Entwicklung kritisierbar machen soll.

2.5.4.1 | Ausgangspunkt: kommunikatives Handeln

Das primäre Ziel der traditionellen Kritischen Theorie (Adorno/Horkheimer) war die Analyse der durch die kapitalistische Modernisierung ausgelösten Deformationen der Menschen und ihrer Kultur. Dagegen will Habermas nicht nur die mit der Modernisierung einhergehenden Kosten benennen, sondern er sieht in den Strukturen sozialer Kommunikation ein

Indiz für die in der Gesellschaft verankerten moralischen Grundlagen menschlichen Daseins. Kommunikationsethische Mechanismen sind als evolutionärer Imperativ in die gesellschaftliche Reproduktion eingebaut. Mit anderen Worten: Die Ethik der Diskurse ist nicht nur moralisch relevant – sie gehört zu unserer überlebensnotwendigen kulturellen Ausstattung. In der Theorie des kommunikativen Handelns von Jürgen Habermas (1981) ist die menschliche Kommunikation Beleg dafür, dass die universale Anerkennung fundamentaler moralischer Regeln zu den Existenzbedingungen der Menschheit gehört.

Theorie des kommunikativen Handelns

»Im verständigungsorientierten Handeln werden ›implizit immer schon‹ Geltungsansprüche erhoben. [...] Diese universalen Ansprüche [...] sind in die allgemeinen Strukturen möglicher Kommunikation eingelassen. In diesen Geltungsansprüchen kann die Kommunikationstheorie einen leisen, aber hartnäckigen, einen nie verstummenden, obgleich selten eingelösten Vernunftanspruch aufsuchen, der freilich de facto anerkannt werden muss, wo immer und wann immer konsensuell gehandelt werden soll. Wenn das Idealismus ist, dann gehört dieser [...] zu den Reproduktionsbedingungen einer Gattung, die ihr Leben durch Arbeit und Interaktion, [...] erhalten muss.« (Habermas 1976: 11).

Wenn Menschen miteinander kommunizieren, stellen sie in ihrer Kommunikation bestimmte Bezüge zu der sie umgebenden Welt her und sie übernehmen, wenn ihrer Kommunikation widersprochen wird bzw. wenn sie nicht verstanden wird, die Gewähr dafür, dass sie in anschließender Kommunikation die von ihnen erhobenen Geltungsansprüche in Diskursen einlösen können. Was immer wir sagen, kann von anderen bestritten werden. Es kann immer, so Habermas, als falsch, moralisch bedenklich oder unverständlich kritisiert werden. In entwickelten Gesellschaften treten die Kommunizierenden, wenn sie denn weiter kommunizieren wollen, in einen Diskurs über das Gesagte ein. Diese Diskurse garantieren gesellschaftliche Rationalität, weil sie ohne Macht auskommen, auf Einverständnis angelegt sind und jeder an ihnen teilnehmen darf und kann, so er zu argumentieren bereit ist.

Kommunikation als Verständigung hat Einverständnis (Konsens) zum Ziel. In entwickelten Kommunikationskulturen stellt jeder Satz (Sprechakt) die in Abbildung 18 zusammengestellten Weltbezüge her und erhebt damit explizit oder implizit die entsprechenden Geltungsansprüche, die er behauptet begründen zu können.

Bestritten werden kann unter diesen Aspekten die Wahrheit des Gesagten, seine moralische Richtigkeit oder schlicht seine Verständlichkeit. In entwickelten Kommunikationskulturen stehen bei solchen Widersprüchen reflexive Verfahren, Habermas nennt sie Diskurse, zur Verfügung, in denen einfache Ansprüche im Licht höherwertiger Normen und Regeln

Diskurse

Abb. 18 | *Realitätsbezüge und Diskurstypen*

Weltbezug	erhobener/bestrittener Geltungsanspruch	Diskurstypus
»objektive« Realität: Welt der Tatsachen	Wahrheit/Wirksamkeit	theoretischer Diskurs (weist Wahrheit nach)
geltende Normen: Welt der Moral	Richtigkeit	praktischer Diskurs (diskutiert Handeln im Licht von Normen)
sprachliche Ordnung: Welt der Zeichen	Verständlichkeit	explikativer Diskurs (erklärt das Gemeinte)
individuelle Intention: innere Welt	Wahrhaftigkeit/ Aufrichtigkeit	therapeutische Kritik (geht auf den inneren Zustand des Gesprächspartners ein)
Geschmack: Welt der Werte	ästhetische Angemessenheit	ästhetische Kritik (erörtert Geschmacksfragen)

überprüft werden können. Außerdem verlangt Kommunikation, dass der Zuhörer dem Sprecher glauben kann und dessen Intention im Normalfall aufrichtig ist. Störungen in dieser Dimension können nicht in Bezug auf allgemeine Regeln überprüft werden. Hier kann, wie im Fall der geschmacklichen Angemessenheit des Kommunizierten, nur Kritik geübt werden, weil keine allgemeine universale Regel existiert.

Zusammenfassung

Gesellschaftliche Kommunikation

Kommunikation ist verständigungsorientiert und zielt auf Konsens. Sie beruht auf der wechselseitigen Anerkennung der Kommunikationspartner, die im Kern praktische Rationalität garantiert. Die Überprüfung der erhobenen Ansprüche erfolgt in reflexiver Kommunikation (Diskurse), an denen jeder mit gleichem Recht teilnehmen kann (symmetrisch) und die ohne Macht entschieden werden (tendenziell herrschaftsfrei).

2.5.4.2 | Parlamentarische Öffentlichkeit und Diskurs

Rekonstruktion politischer Öffentlichkeit

Die Bedeutung des Vernunftpotenzials von Kommunikation für die Herrschaftsverhältnisse hat Jürgen Habermas bereits in seinem Buch »Strukturwandel der Öffentlichkeit« (1962) diskutiert. Dieser Text nimmt eine institutionengeschichtliche Rekonstruktion der parlamentarischen Regierung unter dem Aspekt ihres Kommunikationspotenzials vor, d.h. die Geschichte des Parlaments wird als Geschichte der Entfaltung von Regierung durch Kommunikation wiederhergestellt (= rekonstruiert). Dabei hebt Habermas auf die gemeinsame Entwicklung (Co-Evolution) von Öffentlichkeit und Parlamentarismus ab und er versucht zu zeigen, dass ein sich im öffentlichen Raum versammelndes bürgerliches Publikum die unverzichtbare Öffentlichkeit für einen sich vernünftig beratenden (= deliberierenden) Parlamentarismus war.

Entscheidend ist dabei, dass es im Feudalismus keine wirkliche Öffentlichkeit geben konnte, auch wenn sich die Fürsten natürlich beraten haben. Diese Beratungen fanden aber unter Bedingungen ungleicher Macht statt und meist ohne Mitwirkung der Beherrschten. Erst nach dem Übergang von feudaler Öffentlichkeit, in der die Ergebnisse der Beratung den Bürgern lediglich in hochgradig repräsentativen Akten mitgeteilt wurden, zur bürgerlichen Öffentlichkeit entfaltet sich das Vernunftpotenzial der Kommunikation auch in der Politik. Wenn der argumentative Diskurs, die wechselseitige Akzeptanz der Kommunikationsteilnehmer und damit die Geltung bestimmter moralischer Regeln zum institutionellen Rahmen der politischen Entscheidungsfindung geworden sind, dann tritt das Moment der willkürlichen Ausübung von Macht in den Hintergrund:

Herrschaft der Vernunft

»Öffentliche Meinung will, ihrer eigenen Intention nach, weder Gewaltenschranke noch selber Gewalt, noch gar Quelle aller Gewalten sein. In ihrem Medium soll sich vielmehr der Charakter der vollziehenden Gewalt, Herrschaft selbst verändern. Die ›Herrschaft‹ der Öffentlichkeit ist ihrer eigenen Idee zufolge eine Ordnung, in der sich Herrschaft überhaupt auflöst; [...] Pouvoir als solche wird durch eine politisch funktionierende Öffentlichkeit zur Debatte gestellt. Diese soll voluntas in eine ratio überführen [Willkür vernünftig machen], die sich in der öffentlichen Konkurrenz der privaten Argumente als der Konsensus über das im allgemeinen Interesse praktisch Notwendige herstellt.« (Habermas 1962: 104). Die politische Institutionalisierung des Prinzips der zwanglosen Kraft überzeugender Rede beseitigt Herrschaft zwar nicht vollkommen, sie führt aber zumindest einen erheblichen Rechtfertigungsdruck für jede politische Entscheidung ein und eröffnet – zumindest im Prinzip – die Möglichkeit einer immer weiter gehenden emanzipatorischen Entwicklung und eines Abbaus ungleicher Machtverhältnisse.

2.5.4.3 Kommunikation und System: Kolonialisierung der Lebenswelt

Die gesellschaftliche Entwicklung hat nicht zu einer rein über Konsens laufenden politischen Entscheidungsfindung und einer damit mehr oder weniger vollkommen in Kommunikation überführten Macht geführt. Habermas erklärt dies damit, dass der Sieg der Demokratie durch ständige Ausweitung des Kreises der politisch Mitwirkungsberechtigten auch Schichten in den politischen Willensbildungsprozess integriert hat, deren grundsätzlich oppositionellen Interessen nicht problemlos über das Konsensprin-

Versprechen der Demokratie

zip integriert werden konnten. Außerdem machte die enorme Ausweitung der Bürgerschaft den direkten Kontakt zwischen den Menschen schwierig. Das ermöglichte eine beispiellose Expansion der Massenmedien, die nun selbst zu einem Machtfaktor wurden. Das Ergebnis ist der ständige oder zumindest häufige politische Missbrauch massenmedialer Kommunikation in modernen Gesellschaften, die eher auf Werbung und Konsum zielt als auf einen vernünftigen Diskurs. Allerdings bleibt auch unter den Bedingungen entwickelter kapitalistischer Gesellschaften das Prinzip des kommunikativen Handelns in Kraft. Die entwickelten kapitalistischen Gesellschaften müssen unter zwei Aspekten gleichzeitig betrachtet werden: sie sind zugleich System und Lebenswelt.

Lebenswelt

Der lebensweltliche Charakter von Gesellschaft manifestiert sich im alltäglichen Gebrauch einer vernünftigen Kommunikationskultur, in der – je nach individuellem und gesellschaftlichem Entwicklungsstand – Handlungen auf unterschiedlichem Niveau koordiniert und wechselseitig erhobene Geltungsansprüche überprüft werden. Lebenswelt ist der soziale Ort unserer Erfahrung von Welt und Gesellschaft, von dem wir uns nicht distanzieren können. Sie ist als kultureller, sprachlicher und gesellschaftlicher Kontext nicht hintergehbar und bildet die Folie unseres gesamten Erlebens und Denkens.

Definition

Lebenswelt
Die Lebenswelt ist der Raum unserer alltäglichen gesellschaftlichen Erfahrung und umschließt unser gesamtes Wissen von der Realität. Nur, weil wir sie mit unseren Mitmenschen teilen, können wir uns mit ihnen verständigen. Die Lebenswelt bildet einen Horizont möglicher Erfahrung, den wir nicht überschreiten, sondern bestenfalls hinausschieben können.

Geld, Macht und System

Je komplexer allerdings die gesellschaftlichen Zusammenhänge werden, desto wahrscheinlicher ist es, dass der im Zusammenleben notwendige Konsens sich nicht einstellt. Ganz im Gegenteil: wenn der Konsensbedarf steigt, wächst zunächst auch das Dissensrisiko. Je mehr Handlungen über Kommunikation koordiniert werden müssen, desto wahrscheinlicher ist, dass diese Koordination ins Stocken gerät und die jeweiligen kommunikativen Akte von den Akteuren problematisiert werden. Daher treten symbolisch generalisierte Medien in bestimmten Handlungskontexten an die Stelle der sprachlichen Handlungskoordination in der Lebenswelt. Geld, Macht und Recht ersetzen Sprache.

Das führt zu einer Handlungskoordination, die nicht mehr über Sprache, sondern über die generalisierten Medien funktioniert, wobei diese Medien allerdings einer Verankerung in der Lebenswelt bedürfen. Geld beispielsweise muss von den Tauschpartnern als Zahlungsmittel anerkannt und es muss meist auch rechtlich normiert werden, bevor es seine koordinierenden Funktionen erfüllen kann. Wenn dann aber eine Institutionalisierung in der Lebenswelt stattgefunden hat, dann entfaltet das jeweilige generalisierte Medium eine dynamische Wirkung. Diese besteht nicht nur darin, dass es die ursprünglich ihm angemessenen Handlungsfelder durchdringt und die Handlungssteuerung übernimmt. Vielmehr entfaltet es eine Wirkung weit über den ursprünglichen Zweck der Institutionalisierung hinaus. Es werden Bereiche durchdrungen, die keinesfalls über generalisierte Medien gesteuert werden sollten. Geld, das dynamische Medium der Ökonomie, steuert dann nicht mehr bloß die Logik des ökonomischen Warentausches, sondern macht sämtliche menschlichen Lebensbereiche zu einer rein geldlich messbaren Größe angesichts derer alle anderen menschlichen Qualitäten bedeutungslos werden.

Vergeldlichung und Verrechtlichung

Diese »Vergeldlichung« aller Sozialbeziehungen nimmt unterschiedliche Formen an und reicht von der brutalen Ausbeutung der Arbeitskraft im Hochkapitalismus bis zur völligen Neu-Definition von sozialen Beziehungen in ihrem reinen Geldwert in der Gegenwart. Zahlungen verdrängen die Solidarität oder sind etwa unter den Bedingungen des Sozialstaats letztlich ihr einziger verbliebener Ausdruck. Ähnlich wie das Geld über die »Vergeldlichung« dringt auch das Recht über die Verrechtlichung in nahezu alle Bereiche der Gesellschaft. Das Recht, dass ursprünglich nur eine Ausfallbürgschaft übernehmen sollte, wenn Handlungen nicht im Konsens koordiniert werden können, übernimmt die Koordination vollständig und verdrängt andere Formen der Problemlösung. So normiert etwa das moderne Familienrecht in bester Absicht die gesamten innerfamiliären Beziehungen rechtlich und beschreibt die Verpflichtungen zwischen den Familienmitgliedern zunehmend als Zahlungs- bzw. Unterhaltsverpflichtungen.

Auf diese Weise »fressen« sich die systemischen Imperative des Rechts und der Wirtschaft in der gelebten Praxis der Lebenswelt fest, verdrängen solidarisches Handeln und lösen einen Zerfallsprozess aus, den Habermas die »Kolonialisierung der Lebenswelt« genannt hat.

Definition

Kolonialisierung der Lebenswelt

Mit der Kolonialisierung der Lebenswelt ist der Prozess gemeint, der in Gang kommt, wenn generalisierte Medien (Macht, Geld, Recht usw.) die kommunikative Ordnung durch ihre Art der Handlungskoordinierung verdrängen und dadurch im Alltag der Menschen Deformationen hervorrufen, indem sie menschliche Solidarität zunehmend durch Macht, Geld und Recht ersetzen.

2.5.4.4 Volkssouveränität und deliberative Demokratie

In späteren Werken hebt Habermas zunehmend auf die besondere Bedeutung des Rechts – und hier besonders der Menschenrechte – und die durch das Recht ermöglichte diskursive Form der Volkssouveränität ab. Das Recht erhält nun als Instrument einer emanzipatorischen Politik eine besondere Bedeutung, weil es aufgrund seiner Entstehung in der Demokratie und seiner sprachlichen Struktur als Mittler zwischen System und Lebenswelt dienen kann. Das Recht ist: »Transformator im gesellschaftsweiten Kommunikationskreislauf zwischen System und Lebenswelt« (Habermas 1992: 108). Möglich ist dies, weil alle anderen Teilsysteme auf die rechtliche Institutionalisierung ihrer Codes in der Lebenswelt angewiesen sind. In der Form des modernen Rechts institutionalisierte Normen sind strukturell von Dissens geprägt und stellen deshalb immer nur einen vorläufigen politisch ermittelten Konsens dar.

Recht als Kommunikation

»Die Rechtsgenossen [Bürger eines demokratischen Rechtstaates] müssen unterstellen dürfen, dass sie in freier politischer Meinungs- und Willensbildung die Regeln, denen sie als Adressaten unterworfen sind, auch selbst autorisieren würden. Allerdings wird dieser Legitimationsprozess zum Bestandteil des Rechtssystems, weil er gegenüber den Kontingenzen der formlos flottierenden Alltagskommunikation selber der rechtlichen Institutionalisierung bedarf. Vorbehaltlich dieser Kommunikationseinschränkung wird das Dauerrisiko des Widerspruchs diskursiv auf Dauer gestellt und in die Produktivkraft einer präsumptiv [stillschweigend vorausgesetzten] vernünftigen politischen Meinungs- und Willensbildung umgewandelt.« (Habermas 1992: 57).

Menschenrechte

Politik führt in der Demokratie über diskursive Verfahren Entscheidungen herbei, die überhaupt nur nötig sind, weil kein Konsens, sondern Dissens herrscht. Dieser Prozess kommt nur vorläufig zum Stillstand. Er wird in den Verfahren der demokratischen Entscheidungsfindung institutionalisiert und in Grundrechten vor dem einfachen Zugriff von Macht geschützt. Alle Bürger akzeptieren das geltende Recht, weil es auf demokratischem Wege zustande gekommen ist und grundsätzliche Schutz- und Mitwirkungsrechte garantiert. Diese allgemeinen Menschen- bzw. Grundrechte stellen sicher, dass keine Entscheidungen fallen, die die vitalen Interessen der Individuen missachten und schreiben vor, dass alle einen Anteil an der diskursiven Entscheidungsfindung haben. Dadurch löst sich der scheinbare Widerspruch zwischen den Prinzipien der Volkssouveränität und den Menschenrechten auf. Die demokratische Mehrheit wird durch fundamentale Normen begrenzt und diese Normen garantieren zugleich die Form demokratischer Entscheidungen.

Die Souveränität ist nicht durch die allgemeinen Rechte gefesselt. Sie sind vielmehr die prozedurale Form, die die einzig angemessene Ausübung von Volkssouveränität ermöglicht. Umgekehrt steht auch die Souveränität des Volkes den Menschenrechten nicht entgegen, noch ist sie ihnen vorgelagert. Volkssouveränität aus der Perspektive deliberativer Demokratie ist Garant menschenrechtlicher Normen, die als Bedingung der Möglichkeit der Ausübung von demokratischer Macht verstanden werden.

Zusammenfassung

Merkmale deliberativer Demokratie

- *Grundrechte*: Die unveräußerlichen Rechtsgarantien sind Bedingungen der Möglichkeit kommunikativer Entscheidungsfindung und daher unverzichtbarer Kernbestand jeder Demokratie, die nur existieren kann, wenn alle Bürger und der Staat die Rechte der Diskurspartner anerkennen.
- »*Differenzempfindliche*« Inklusion und Verfassungspatriotismus: Prinzipiell müssen alle Menschen am Diskurs der Staatsbürger teilnehmen können, auch wenn sie aus verschiedensten ethnischen, religiösen oder kulturellen Kontexten kommen. Gleichzeitig müssen aber auch alle die grundlegenden Regeln des Zusammenlebens akzeptieren. Ziel ist eine Vielfalt an Lebensformen bei gleichzeitiger Einhaltung und Achtung der Regeln der Verfassung.
- *Diskursive Volkssouveränität*: Die wesentlichen Entscheidungen des Gemeinwesens werden im Diskurs der politischen Entscheidungsträger und Wahlbürger getroffen und nicht in der Verwaltung, Wirtschaft oder in irgendwelchen anderen Machtzentren der Gesellschaft.

Kritik an der deliberativen Demokratie

Die Konzeption einer deliberativen Demokratie, die auf der Basis lebensweltlich verankerter kommunikativer Vernunft letztlich die politisch-rechtliche Entkolonialisierung der Gesellschaft ermöglichen soll, erfuhr von verschiedenen Seiten Kritik. Sie wurde als idealisierende Überschätzung der alltäglichen Kommunikation bezeichnet, die den argumentativen Sprachgebrauch gegenüber allen anderen Formen der sprachlichen Kommunikation hoffnungslos überprivilegiert. Außerdem, so ein weiterer Einwand, bricht innerhalb der deliberativen Demokratie die säuberliche Tren-

Abb. 19

Diskurstypen der deliberativen Demokratie

Diskurstyp	Leitfrage	Realitätsbezug
Pragmatische Diskurse	Was können wir tun?	Technik (= alle Formen der geplanten Intervention in die Welt.)
Moralische Diskurse	Was sollen wir tun?	Moral
Ethisch-politische Diskurse	Wer wollen wir sein?	Politik

nung zwischen rational zu beurteilenden Diskursen und ästhetischen Momenten einer Lebensform, die sich nicht rationalisieren lassen, zusammen, wenn man reale politische Diskurse in Betracht zieht. Kopftücher sind, wenn sie von Lehrerinnen getragen werden, nicht unbedingt eine politisch neutrale Lebensäußerung. Sie können das sein, können politisch-religiöses Kampfzeichen darstellen oder als harmlose Mode begriffen werden.

Habermas versucht in der Konzeption der deliberativen Demokratie diese Einwände durch eine analytische Auftrennung von Diskursebenen zu entkräften (s. Abb. 19). Die Frage nach der Umsetzbarkeit einer Maßnahme nennt er ein Kennzeichen pragmatischer Diskurse. An diesen und an den moralischen Diskursen beteiligen sich die Staatsbürger in ihrer Qualität als Menschen, die natürlichen und moralischen Gesetzen unterworfen sind. Die moralischen Diskurse prüfen die geplante Handlungsweise anhand allgemeinverbindlicher Regeln der wechselseitigen Anerkennung von miteinander kommunizierenden Menschen. In den im engeren Sinn politischen Diskursen werden Fragen der gemeinsamen Lebensform behandelt.

Es ist leicht einsehbar, dass zahlreiche Fragen des gesellschaftlichen Zusammenlebens nicht isoliert einem Diskurstypen zugesprochen werden können. So sind beispielsweise Fragen der Gentechnik, des Zusammenlebens in multiethnischen und multireligiösen Gemeinschaften so gut wie nie nur technische, moralische oder politischen Fragen, sondern immer alles zugleich. Was technisch machbar und moralisch geboten sein mag, kann durchaus im Widerstreit mit dem Selbstverständnis einer Gemeinschaft stehen und löst dann unter Umständen massive Auseinandersetzungen aus.

Zusammenfassung

Theorie der deliberativen Demokratie

- Deliberative Demokratie ist eine der wichtigsten Selbstbeschreibungen der entwickelten Demokratie, die in Diskurs und Beratung ihre Leitideen hat.
- Das Konzept zeigt die verschiedenen Dimensionen, die politische Diskurse aufweisen und in denen sie an verschiedene andere gesellschaftliche Teilbereiche anschließbar sind (Moral, Ästhetik, Technik).

- Kritisch eingewendet wird, dass Habermas die Bedeutung und Leistungskraft diskursiver Verfahren für die Politik überschätzt. Konsens ist nicht das primäre Ziel von Politik, das auch in der Demokratie in der Durchsetzung politischer Entscheidungen, die von der Mehrheit akzeptiert werden, besteht.
- Das Recht als Garant der deliberativen Demokratie (Grundrechte) erhält eine privilegierte Stellung, die angesichts von Bürokratie und Verrechtlichung problematisch sein muss.

Lernkontrollfragen

1 Was versteht man in der Systemtheorie unter einem System und welcher Aspekt der sozialen Realität wird dadurch beschreibbar?
2 Welche Funktionen erfüllt ein politisches System nach David Easton?
3 Klären Sie den Begriff der Autopoiesis bei Niklas Luhmann und diskutieren Sie deren Zusammenhang mit dem Problem politischer Steuerung!
4 Was bedeutet deliberative Demokratie?

Literatur

Originalwerke

Easton, David (1953), The Political System, New York.
Easton, David (1965), A Framework for Political Analysis, Englewood.
Easton, David (1979), A Systems Analysis of Political Life (Erstausgabe 1965), New York.
Habermas, Jürgen (1962), Strukturwandel der Öffentlichkeit, Neuwied.
Habermas, Jürgen (1976), Die Rekonstruktion des Historischen Materialismus, Frankfurt/Main.
Habermas, Jürgen (1981), Theorie des kommunikativen Handelns, 2 Bände, Frankfurt/Main.
Habermas, Jürgen (1992), Faktitzität und Geltung, Frankfurt/Main.
Habermas, Jürgen (1996), Die Einbeziehung des Anderen, Frankfurt/Main.
Luhmann, Niklas (1978), Legitimation durch Verfahren (Erstausgabe 1969), Frankfurt/Main.
Luhmann, Niklas (1984), Soziale Systeme, Frankfurt/Main.
Luhmann, Niklas (1995), Die Realität der Massenmedien, Opladen.
Luhmann, Niklas (1997), Die Gesellschaft der Gesellschaft, 2 Bände, Frankfurt/Main.
Luhmann, Niklas (2000), Die Politik der Gesellschaft, hrsg. von André Kieserling, Frankfurt/Main.
Luhmann, Niklas (2005), Soziologische Aufklärung 1–6 (Erstausgabe 1970–1995), Wiesbaden.
Parsons, Talcott (1951), The Social System, New York/London.
Parsons, Talcott (1969), Politics and Social Structure, New York.
Parsons, Talcott (1976), Zur Theorie sozialer Systeme, Opladen.
Wilke, Helmut (1992), Ironie des Staates, Frankfurt/Main.

Sekundärliteratur

Brunkhorst, Hauke/Kreide, Regina/Lafont, Cristina (Hrsg.) (2009), Habermas Handbuch, Stuttgart.
Umfassende, Kontext und Werksystematik darstellendes, wenn auch gelegentlich unkritisches Handbuch zu Habermas' gesamtem Werk.

Fuhse, Jan (2005), Theorien des politischen Systems – David Easton und Niklas Luhmann, Wiesbaden.
Gut verständliche Einführung in die klassische und die moderne Systemtheorie.

Hellmann, Kai-Uwe/Schmalz-Bruns, Rainer (Hrsg.) (2002), Niklas Luhmanns politische Soziologie, Frankfurt/Main.

Hellmann, Kai-Uwe/Fischer, Karsten/Bluhm, Harald (Hrsg.) (2003), Das System der Politik, Opladen.
Die beiden Sammelbände behandeln politikwissenschaftlich relevante Aspekte der Theorie Luhmanns (Weltgesellschaft, System, Staat, Öffentlichkeit usw.).

Horster, Detlev (1999), Habermas – zur Einführung, Hamburg.
Einfache, aber umfassende Darstellung des Werkes, die sich hervorragend als Einstieg eignet.

Mayntz, Renate (1987/1997), Politische Steuerung und gesellschaftliche Steuerungsprobleme, in: dies.: Soziale Dynamik und politische Steuerung, Frankfurt/Main, S. 186–208.
Kritik an der Systemtheorie aus der Perspektive der empirischen Politikwissenschaft.

McCarthy, Thomas (1989), Kritik der Verständigungsverhältnisse, Frankfurt/Main.
Darstellung der kommunikationstheoretischen Aspekte der Theorie von Jürgen Habermas, die den Übergang von der Handlungstheorie zur Theorie des kommunikativen Handelns erläutert.

Neves, Marcelo/Voigt, Rüdiger (Hrsg.) (2007), Der Staat der Weltgesellschaft, Baden Baden.
Der Band bietet einen einführenden Überblick über den Zusammenhang von Staatslehre und Systemtheorie.

Reese-Schäfer, Walter (2011), Luhmann – zur Einführung, 6. Auflage, Hamburg.
Gut verständliche und anspruchsvolle Einführung in das Werk Luhmanns.

Scharpf, Fritz (1987), Politische Steuerung und politische Institutionen, in: Politische Vierteljahresschrift 30, S. 10–21.
Diskutiert grundlegend die Bedeutung von Institutionen gegen die Systemtheorie.

Waschkuhn, Arno (1987), Politische Systemtheorie, Opladen.
Genaue Darstellung systemtheoretischer Ansätze und Argumente, die von Parsons über Easton bis zu Luhmann die Theorien gut verständlich und knapp behandelt.

Das Politische System Deutschlands | 3

Inhalt

Organisierte Interessen im politischen Prozess | 3.1

Interessengruppen | 3.1.1

Gesellschaftliche Interessen organisieren sich häufig in Interessengruppen. Diese nehmen die Interessen ihrer Mitglieder, aber auch ihre Eigeninteressen wahr. Viele Vereinigungen sind jedoch nicht auf die reine Interessenvertretung beschränkt. Denn es gibt auch Organisationen, die andere Zwecke als die Wahrnehmung von Mitgliederinteressen im politischen Prozess verfolgen. Gute Beispiele für im Wesentlichen nicht politische Vereinigungen sind Kegelclubs und Wandervereine. Ihnen liegt vor allem das gesellige oder auch gesundheitsfördernde Miteinander der Mitglieder am Herzen. Schließlich gibt es in Mittellage noch Vereinigungen, die weitreichende Serviceleistungen für ihre Mitglieder erbringen und gleichzeitig die vermeintlichen oder echten Interessen ihrer Mitglieder in den politischen Prozess einbringen, so z. B. den ADAC. Insgesamt gibt es in Deutschland über 15.000 Interessengruppen bzw. Verbände (Stand 2012). Hiervon versucht allerdings nur ein kleiner Teil aktiv Einfluss auf politische Entscheidungen zu nehmen. Viele von denen, die dies wollen, haben sich in die Lobbyliste des Deutschen Bundestags eintragen lassen. Es sind ca. 2.250 (Stand 2015).

Definition

Interessengruppen
Interessengruppen sind Organisationen, in denen sich Akteure mit gleichgerichteten oder ähnlichen Interessen zusammenfinden, um diese wirkungsvoller in den politischen Prozess einbringen zu können. Ziel ist durchaus auch die Wahrnehmung der Mitgliederinteressen gegenüber anderen Interessengruppen. Gute Beispiele hierfür sind die Gewerkschaften und Arbeitgeberverbände. Häufig werden Interessengruppen auch als Verbände bezeichnet.

Interessengruppen auf europäischer und internationaler Ebene

Eine zunehmend wichtigere Rolle spielen Interessengruppen auf europäischer und internationaler Ebene, weil viele politische Entscheidungen vermehrt dort und nicht mehr in den Nationalstaaten getroffen werden. Dennoch denkt man im Zusammenhang von Interessengruppen nicht sofort an die zahlreichen Nichtregierungsorganisationen (NGO = Non-Governmental Organization). Dies kann nicht verwundern, weil NGOs auch nicht die Funktionen von klassischen Interessengruppen übernehmen (→ vgl. Kapitel 3.1.2). Vielmehr handelt es sich bei ihnen um zivilgesellschaftliche Organisationen, die einerseits auf ihre Unabhängigkeit gegenüber dem Staat achten, aber andererseits mittlerweile zu einem guten Teil staatlich finanziert werden, wenn sie öffentliche Aufgaben wahrnehmen. Das ist insbesondere in der Entwicklungspolitik der Fall. NGOs versuchen jedoch auch – wie die klassischen Interessengruppen – Einfluss auf die Politik zu nehmen. Dies geschieht aber häufig jenseits der Grenzen des Nationalstaats, also transnational. Bekannter sind beispielsweise die öffentlichkeitswirksamen Aktionen von Greenpeace oder die Beteiligung von fast 10.000 NGOs am Umweltgipfel Rio+20 der Vereinten Nationen im Jahre 2012 in Rio de Janeiro geworden.

Unterscheidung von Interessengruppen und Parteien

Von Parteien unterscheiden sich Interessengruppen vor allem durch zweierlei:

1. Interessengruppen streben keine Regierungsbeteiligung an,
2. die meisten Interessengruppen befassen sich lediglich mit einem eingeschränkten Themenspektrum, während vollwertige Parteien eine politische Programmatik zu allen wichtigen politischen Themenbereichen entwickeln sollten.

Einige Interessengruppen weisen dabei durchaus eine gewisse Nähe zu bestimmten politischen Parteien auf. So sind die Gewerkschaften eher der SPD zugetan, obwohl sich deren Verhältnis seit der Kanzlerschaft Gerhard Schröders merklich abgekühlt hat. Der Bundesverband der Deutschen Industrie (BDI) und die Arbeitgeberverbände neigen traditionell eher der CDU/CSU zu, die jedoch auch gute Kontakte zu Mittelstandsverbänden unterhalten. Noch enger ist der Kontakt der FDP zu Verbänden der Industrie und zu Mittelständlern. Eher gespannt ist das Verhältnis zwischen der FDP und den Gewerkschaften.

Zusammenfassung

Interessengruppen und Parteien

Im Unterschied zu Parteien

- streben Interessengruppen keine Regierungsbeteiligung an und
- äußern sie sich nur zu einem eingeschränkten Themenspektrum.

Funktionen von Interessengruppen

3.1.2

Organisierte Interessen erfüllen im politischen System Deutschlands wichtige Funktionen. Wenn hier von »Funktion« gesprochen wird, sind damit die Leistungen gemeint, die für das politische System als solches erbracht werden. Im Wesentlichen können drei Funktionen unterschieden werden.

- Die *Artikulationsfunktion*: Interessengruppen ermöglichen es gesellschaftlichen Interessen, Gehör zu finden. Umgekehrt heißt dies für das politische System, dass es diese Interessen besser wahrnehmen kann. Dass dies eine wichtige Funktion ist, wird deutlich, wenn man sich klar macht, wie sehr die Stabilität eines demokratischen Systems davon abhängt, dass die gesellschaftlichen Interessen angemessen berücksichtigt werden. Kein demokratisches System kann auf Dauer gegen die Interessen der Bürger funktionieren. Artikulationsfunktion
- Die *Aggregationsfunktion*: Interessengruppen bündeln die zahllosen Einzelinteressen und machen diese überschaubarer. Damit reduzieren sie ganz wesentlich die Komplexität der gesellschaftlichen Interessen. Dies geschieht häufig in einem durchaus konflikthaften innerorganisatorischen Prozess. Da gibt es Machtkämpfe zwischen den Flügeln eines Verbandes, Intrigen werden gesponnen und schließlich müssen Kompromisse gesucht und gefunden werden. Schafft es die jeweilige Interessengruppe jedoch, eine halbwegs konsistente Position zu erarbeiten, erbringt sie nicht nur für das politische System eine zentrale Leistung, sondern erhöht auch substanziell die Chancen, die eigenen, nun einheitlichen Forderungen wirkungsvoll in den politischen Prozess einzubringen. Aggregationsfunktion
- Die *Vermittlungsfunktion*: Werden Interessengruppen an wichtigen politischen Entscheidungen beteiligt, müssen sie – wollen sie auch das nächste Mal wieder einbezogen werden – das Ergebnis der Verhandlungen ihren Mitgliedern vermitteln. Wie weit die Interessengruppen hierbei gehen Vermittlungsfunktion

können, mit anderen Worten, wie weitgehend die Zugeständnisse in den Verhandlungen sein können, ist nicht immer leicht zu beurteilen. Weil die Verhandlungsergebnisse anschließend den Mitgliedern vermittelt werden müssen, ist hier sehr viel Fingerspitzengefühl gefragt. Eine gewisse Rolle spielt dabei auch, wie zuverlässig ein Verband zentralistisch und hierarchisch organisiert ist (→ vgl. Kapitel 3.1.5.2).

Zusammenfassung

Funktionen von Interessengruppen

Mit dem Begriff der Funktion wird die Leistung erfasst, die für das Gesamtsystem oder ein anderes Teilsystem erbracht wird. Interessengruppen weisen im Wesentlichen drei Funktionen auf:

- *Artikulationsfunktion*: Interessengruppen sollen gesellschaftlichen Interessen Gehör verschaffen, indem sie diese artikulieren.
- *Aggregationsfunktion*: Interessengruppen sollen die verschiedenen gesellschaftlichen Interessen bündeln, also aggregieren.
- *Vermittlungsfunktion*: Interessengruppen sollen ihren Mitgliedern die Ergebnisse aus Verhandlungen mit politischen Entscheidungsträgern vermitteln, also die Unterstützung der Mitglieder für ausgehandelte Ergebnisse gewinnen.

3.1.3 | Durchsetzungsfähigkeit der Interessengruppen im politischen Prozess

Das Einbringen von Interessen in den politischen Prozess ist in der weiter oben angeführten Definition grundlegend für Interessengruppen. Dabei muss man sich jedoch klar machen, dass die verschiedenen Interessengruppen ganz unterschiedliche Möglichkeiten haben, ihre Interessen wirkungsvoll zu vertreten. Sucht man nach Kriterien, von denen der potenzielle Einfluss abhängt, fällt einem sehr schnell die jeweilige Bedeutung der Interessengruppen ein. Diese kann man beispielsweise an den Mitgliederzahlen, an der wirtschaftlichen Bedeutung und der Fähigkeit, die öffentliche Meinung zu beeinflussen, festmachen. Da Politikwissenschaft immer darum bemüht ist, zu Verallgemeinerungen zu gelangen, haben sich auch bei der Frage nach dem potenziellen Einfluss von Interessengruppen generalisierende Thesen herausgebildet. Sie sollen im Folgenden kurz diskutiert werden:

- Die *erste These* geht von der Übermacht kapitalistischer Interessen gegenüber Arbeitnehmerinteressen aus. Gegen diese Auffassung sprechen jedoch die zahlreichen Entscheidungen im Sinne der Gewerkschaften, die lange Zeit in Deutschland beobachtet werden konnten (Mitbestimmung, Lohnfortzahlung im Krankheitsfall, Mindestlohn).

Übermacht kapitalistischer Interessen

- Die *zweite These*, die Disparitätenthese, sieht eine strukturelle Besserstellung von Interessen, die ökonomisch bedeutsame Risiken produzieren können. Gemeint sind damit Interessen, die im Wirtschafts- und Arbeitsbereich angesiedelt sind. Gegen die Gültigkeit dieser These sprechen allerdings viele Umweltgesetze und die Umverteilung in die neuen Bundesländer.

Disparitätenthese

- Schließlich wird als *dritte These* die Auffassung vertreten, dass sich nur organisierte Interessen durchsetzen. Auch dieser Auffassung kann nicht durchweg zugestimmt werden, denn in den 1970er-Jahren gelang es, relativ moderne Umweltgesetze durchzusetzen, obwohl es zu dieser Zeit kaum nennenswerte Umweltverbände gab.

Übermacht organisierter Interessen

Was lässt sich aus dieser kurzen Aufzählung ableiten? Eine Theorie, mit der sich der mögliche Erfolg von Interessengruppen erklären ließe, müsste relativ differenziert ausfallen. Auf jeden Fall müsste sie komplexer angelegt sein als die hier referierten Thesen. Allerdings verweisen die Thesen auf diejenigen Variablen, die genauer in den Blick genommen werden sollten, um sich ein erstes Bild von der Durchsetzungsfähigkeit von Interessengruppen zu machen. Darüber darf man nicht den Fehler machen, politische Entscheidungen nur auf die Einflussnahme von Interessengruppen zurückzuführen. Damit würde beispielsweise die Bedeutung von Parteien, der öffentlichen Meinung, internationaler Anforderungen und der vielen institutionellen Vorgaben vernachlässigt. Eine wichtige Rolle können auch besondere Vorkommnisse – wie beispielsweise ein Umweltskandal – spielen. Nach einem solchen Skandal tut sich häufig vorübergehend ein zeitlich begrenztes Fenster (*Policy-Window*) für weitreichende politische Maßnahmen auf. Eine ähnliche Wirkung können Katastrophen entfalten. So folgte auf den verheerenden Atomunfall von Fukushima in Deutschland die Energiewende und damit die Abkehr von der Nutzung der Atomenergie.

Zusammenfassung

Durchsetzungsfähigkeit von Interessen

Drei Thesen zur unterschiedlich ausgeprägten Durchsetzungsfähigkeit von Interessen (keine ist durchgängig erklärungskräftig):

1. Übermacht kapitalistischer Interessen gegenüber Arbeitnehmerinteressen,
2. strukturelle Besserstellung von Interessen, die bedeutsame ökonomische Risiken verursachen können (Disparitätenthese),
3. Übermacht organisierter Interessen.

3.1.4 | Die Organisationsfähigkeit von Interessen

Nicht alle gesellschaftlichen Interessen können direkt auf politische Entscheidungen Einfluss nehmen. Sie müssen sich deshalb organisieren, wenn sie einigermaßen durchschlagskräftig sein wollen. Aber auch die Organisationsfähigkeit von Interessen ist unterschiedlich ausgeprägt. Mit dem Ziel diese Organisationsfähigkeit zu erklären, hat die politisch-ökonomische Theorie der Interessenvermittlung von Mancur Olson (1965) eine gewisse Bedeutung erlangt. Sie soll anschließend kurz betrachtet werden.

Die Logik kollektiven Handelns

Mancur Olson hat in seinem grundlegenden Werk »The Logic of Collective Action« (auf Deutsch: Die Logik kollektiven Handelns) die These aufgestellt, dass sich spezielle Interessen besser organisieren lassen als allgemeine. Denn bei speziellen Interessen sei die Gefahr des Trittbrettfahrens geringer. Diese Gefahr tritt immer dann auf, wenn man gesellschaftliche Akteure nicht vom Nutzen der Arbeit von Interessengruppen ausschließen kann. So haben beispielsweise Gewerkschaften das Problem, dass auch Nicht-Gewerkschaftsmitglieder von Lohnerhöhungen oder verbesserten Arbeitsbedingungen profitieren. Es besteht also kein Anreiz, Mitglied einer Gewerkschaft zu werden und den monatlichen Mitgliedsbeitrag zu entrichten. Im Gegenteil, es ist sehr einfach sich – bildlich gesprochen – draußen auf das Trittbrett zu stellen und kostenlos mitzufahren. Da spezielle Interessen meist von kleinen Interessengruppen und allgemeine Interessen von großen Verbänden vertreten werden, hat Olson seine Thesen ursprünglich auch im Hinblick auf die Größe von Interessengruppen formuliert.

Erklärungskraft des Ansatzes

Betrachtet man die Realität des deutschen Verbandssystems, lässt sich mit der These Olsons eine interessante Entwicklung erklären. Viele Interessengruppen bieten nämlich zunehmend neben der eigentlichen Vertretung der Mitgliederinteressen eine Vielzahl von Dienstleistungen an, die in ihrem Charakter nicht zum engeren Betätigungsfeld des jeweiligen Verbands gehören. So kann man als Gewerkschaftsmitglied preisgünstige Reisen buchen, vorteilhafte Versicherungen abschließen oder günstig Reifen kaufen. Beim ADAC ist gar die Interessenvertretung in den Hintergrund gerückt; im Vordergrund stehen die zahlreichen Leistungen des Clubs. Diese Dienstleistungen stehen nur Mitgliedern des jeweiligen Verbands zur Verfügung und hebeln damit in diesem Teilbereich das Trittbrettfahrer-Problem aus. Ob ein austrittswilliges Gewerkschaftsmitglied allerdings tatsächlich wegen dieser Zusatzleistungen Mitglied in der Gewerkschaft bleibt, dürfte in sehr vielen Fällen mehr als fraglich sein.

Serviceleistungen von Verbänden

Zusammenfassung

Organisationsfähigkeit von Interessen
Mancur Olson: Häufig können Nicht-Mitglieder von den Leistungen eines Verbandes profitieren, ohne dafür den Mitgliedsbeitrag zu entrichten. Sie fahren quasi außen auf dem Trittbrett mit. Bei der Vertretung spezieller Interessen ist die Gefahr dieses Trittbrettfahrens relativ gering. Deshalb besteht ein verhältnismäßig hoher Anreiz, Organisationen beizutreten, die diese speziellen Interessen vertreten. Meist setzen sich kleine Organisationen für spezielle Interessen und große Organisationen für allgemeinere Interessen ein.

Interessenvermittlungstheorien | 3.1.5

Es stellt sich nun die Frage, wie die verschiedenen Interessen in den politischen Prozess »vermittelt« werden. Hierfür existiert eine ganze Reihe von Theorien. An dieser Stelle soll es um die beiden für die deutschen Verhältnisse wichtigsten Theorien gehen: den Pluralismus und den Neokorporatismus.

Pluralismus und Neo-Pluralismus | 3.1.5.1

Der Pluralismus hebt die Legitimität unterschiedlicher organisierter Interessen hervor und unterstreicht deren Bedeutung für die politische Willensbildung. Damit nimmt der Pluralismus eine Gegenposition zu älteren, stärker staatszentrierten Ansätzen ein. Ihnen zufolge waren Staat und Gesellschaft strikt voneinander zu trennen. Der Einfluss von einzelnen gesellschaftlichen Interessen (Partikularinteressen) auf den Staat sei zu verhindern. Sie würden dem Gemeinwohl schaden. Aus dieser Tradition speist sich auch heute noch so manche Verbandskritik. Mit dem Erstarken des Pluralismus in der zweiten Hälfte des 20. Jahrhunderts wurde nun anerkannt, dass es verschiedene gesellschaftliche Interessen gibt und dass ihr Einfluss auf den politischen Prozess legitim ist. In der pluralistischen Sichtweise wächst der Staat aus der Gesellschaft; Letztere sei Grundlage des Staates. Das Gemeinwohl entsteht damit als Resultat der Auseinandersetzung zwischen den verschiedenen Interessengruppen. Dabei geht einer der wichtigsten Vertreter des Pluralismus, der Amerikaner David B. Truman (1913–2003) davon aus, dass jede Interessengruppe die Möglichkeit hat, sich gleichgewichtig einzubringen, und zwar unabhängig von ihrer Größe, vom Organisationsgrad (welcher Anteil der jeweils betroffenen Bürger ist im jeweiligen Verband organisiert) und ihrer Bedeutung. Wird eine Interessengruppe zu mächtig, würden sich quasi von selbst Gegenkräfte bilden, sodass die bis dahin ver-

Gesellschaftliche Interessen

nachlässigten Interessen besser zur Geltung kämen. Dieses Bild ist stark von der entsprechend wahrgenommenen Realität der amerikanischen Gesellschaft geprägt. Es trägt aber auch normative Züge.

Die Interessen stünden in einem Wettstreit miteinander und das Gemeinwohl würde sich, wie Ernst Fraenkel (1898–1975) – ein wichtiger Vertreter des deutschen, deutlich normativ ausgerichteten Neo-Pluralismus – formulierte, wie in einem »Kräfteparallelogramm« aus diesen zahlreichen Einzelinteressen bilden. Es geht also kein Interesse völlig verloren. Auch richten sie sich nicht – wie in den alten staatszentrierten Ansätzen wahrgenommen – gegen den Staat. Vielmehr würden sich die Einzelinteressen durchaus auch gegenseitig abschwächen.

Neo-Pluralismus

Damit sich aus den Einzelinteressen das Gemeinwohl ausbilden kann, müssten freilich eine allgemeingültige Wertordnung und Verfahrensregeln beachtet werden. So muss in pluralistischen Gesellschaften jede Gruppe den gleichen Zugang zum politischen Prozess haben. Auch muss die Gruppenbildung frei und geschützt sein. Ausdruck hiervon ist beispielsweise die sogenannte Vereinigungsfreiheit des Art. 9 GG (GG ist die Abkürzung für Grundgesetz, also für die deutsche Verfassung). In der neo-pluralistischen Variante des Pluralismus spielt der Staat eine stärkere Rolle als im angelsächsischen Pluralismus. Hieraus ergibt sich dann auch die Aufgabe des Staates, dafür Sorge zu tragen, dass die Verfahrensregeln eingehalten werden und dass übermächtige Interessen nicht den Wettbewerb der Interessen dominieren.

Zusammenfassung

Pluralismus und Neo-Pluralismus

Pluralismus betont die Legitimität und Bedeutung unterschiedlicher organisierter Interessen. Ursprünglich wurde angenommen, dass jede Interessengruppe die Möglichkeit hat, sich gleichgewichtig einzubringen. Wird eine Interessegruppe zu einflussreich und beschneidet andere Interessen, bildet sich quasi von selbst eine Gegengruppe. Die Interessen stehen also im Wettstreit miteinander.

Aus den im Wettstreit liegenden Einzelinteressen bildet sich – in der Sichtweise des *Neo-Pluralismus* – wie in einem Kräfteparallelogramm das Gemeinwohl. Hierfür müssen allerdings grundlegende Regeln eingehalten werden. Insbesondere sind übermächtige Interessen in ihrer Einflussnahme zu begrenzen.

Dem zu Beginn der zweiten Hälfte des 20. Jahrhunderts erstarkenden Pluralismus ging es also vor allem um die Anerkennung des legitimen Einflusses gesellschaftlicher Interessen auf den Staat. Konservative Kritiker des Pluralismuskonzeptes und dessen Verfechter stritten sich darüber, ob Staat und Gesellschaft pluralistisch organisiert sein *sollen*. Eher linke Kritiker fragten hingegen, ob das politische System tatsächlich als pluralistisch beschrieben werden kann und konfrontierten das aus einer eigentümlichen Mischung aus Beschreibung und normativer Orientierung bestehende Konzept mit der Realität. Empirische Studien, also Studien, welche die Realität untersuchten, legten sehr schnell eine deutlich ungleichgewichtige Vertretung der verschiedenen Interessen offen. Schwache, langfristige, neue und allgemeine Interessen schienen weniger durchsetzungsfähig als starke, kurzfristige, alte und spezielle Interessen. In der Politikwissenschaft wird in diesem Zusammenhang von einer asymmetrischen Interessendurchsetzungsfähigkeit gesprochen. Sehr anschaulich hat dies der amerikanische Politikwissenschaftler E.E. Schattschneider (1960) ausgedrückt, der – in freier Übersetzung – schrieb, dass im pluralistischen Himmel der himmlische Chor mit einem starken Oberschicht-Akzent singe.

Pluralismuskritik

Asymmetrische Interessendurchsetzungsfähigkeit

Zusammenfassung

Pluralismuskritik

Das Pluralismuskonzept stößt auf Kritik, weil es folgende Erkenntnis nicht ausreichend berücksichtige: In der politischen Realität können sich einige Interessen besser durchsetzen als andere (→ vgl. Kapitel 3.1.3 und 3.1.4): schwache, langfristige, neue und allgemeine Interessen sind im Großen und Ganzen weniger durchsetzungsfähig als starke, kurzfristige, alte und spezielle Interessen.

3.1.5.2 Neokorporatismus

Die ungleich verteilte Fähigkeit der Interessengruppen, sich in den politischen Prozess einzubringen, wird stärker in der anderen hier betrachteten Interessenvermittlungstheorie berücksichtigt. Im Neokorporatismus wird ganz explizit zur Kenntnis genommen, dass bestimmte Interessengruppen einen privilegierten Zugang zur Macht haben. In Deutschland sind dies auf Bundesebene (Makro-Korporatismus) die sogenannten Spitzenverbände, konkreter die Unternehmerverbände und wichtige Gewerkschaften sowie mit dem Deutschen Gewerkschaftsbund (DGB) der Gewerkschaftsdachverband. Sie werden im Neokorporatismus in einer institutionalisierten Form an wichtigen politischen Entscheidungen beteiligt, also in die Politik »inkorporiert«. Dies war in Deutschland prominent in der »Konzertierten Aktion« (1967–1977) der Fall. Damals ging es vor allem um eine Absicherung einer keynesianischen Nachfragepolitik. Deren großes Problem ist die Inflation, die entsteht, wenn künstlich geschaffene staatliche Nachfrage mit Preisstei-

Konzertierte Aktion

gerungen und höheren Lohnabschlüssen beantwortet wird. Die zusätzliche staatliche Nachfrage führt dann zu einem höheren Preisniveau und nicht zu einer niedrigen Arbeitslosigkeit. Um dieses Problem zu umgehen, sollten sich Unternehmerverbände und Gewerkschaften darauf verständigen, die zusätzliche staatliche Nachfrage nicht zum Durchsetzen von Preis- und Lohnsteigerungen zu missbrauchen. Diese Absprache hielt jedoch nicht sehr lange.

Bündnis für Arbeit

Unter der Kanzlerschaft von Gerhard Schröder (1998–2005) wurde der neokorporatistische Ansatz wieder populär. Dies schlug sich im »Bündnis für Arbeit« und in einer deutlich abgeschwächten Form auch in diversen Kommissionen nieder, in denen unter Beteiligung von Interessengruppen und garniert mit einigen Wissenschaftlern wichtige politische Weichenstellungen erfolgten. Die Beteiligung von Wissenschaftlern deutet darauf hin, wie wenig einem rein tripartistischen (= aus drei Parteien im Sinne von Gruppen bestehend: Staat, Arbeitnehmer- und Arbeitgebervertreter) Interessenvermittlungsansatz zugetraut wurde. Tatsächlich ging es im Kommissionswesen Schröders weniger um Interessenausgleich zwischen den gesellschaftlichen Gruppen als vielmehr um die Kanalisierung der politischen Debatte. Es sollte Druck auf die Länderregierungen und die Opposition ausgeübt sowie die öffentliche Meinung getestet werden, ohne dass unbequeme Vorschläge direkt auf die Regierung zurückfielen. Das Regieren mit Kommissionen trägt damit zwar Züge korporatistischer Interessenvermittlung, wird jedoch von Roland Czada (2004) auch als Ausdruck einer Regierungstechnik betrachtet, die sich der Mediendemokratie zur Mobilisierung von Konsens bedient. Zu Beginn der Regierungszeit Schröders erfuhr der Neokorporatismus also zunächst einen gewissen Aufschwung, um dann im weiteren Verlauf eher geschwächt zu werden.

Geringer Verhandlungsspielraum

Dass spätestens die Hartz IV-Gesetzgebung auf massiven gewerkschaftlichen Protest stieß, macht die Grenzen sowohl des tripartistischen Interessenvermittlungsansatzes als auch dieses neuen Ansatzes des Regierens mit Kommissionen deutlich. Denn im Gegenzug zur exklusiven Beteiligung mussten die Interessengruppen die getroffenen Vereinbarungen auch gegenüber ihren Mitgliedern vertreten. Verbandsvertreter dürfen folglich keine zu großen Zugeständnisse machen, weil sie sonst massenweise Austritte oder gar von ihnen nicht mehr steuerbare Proteste bis hin zu wilden Streiks auslösen würden. Der Verhandlungsspielraum ist folglich meist relativ gering. Deshalb kann es auch nicht überraschen, dass die neokorporatistischen Interessenvermittlungsversuche in Deutschland nicht unbedingt ein großer Erfolg waren. Hierzu trug auch die Haltung der Spitzenverbände und insbesondere des BDI bei, möglichst unabhängig von Staat und Parteien zu bleiben.

Allerdings darf man nicht nur die spektakulären Fälle zur Absicherung der Wirtschaftspolitik des Bundes betrachten, sondern muss auch die tripartistischen Arrangements in einzelnen Politikfeldern wie im Gesundheitssektor und auf regionaler Ebene (häufig etwas irreführend als Meso-Korporatismus bezeichnet) heranziehen. Während die »Konzertierte Aktion« im Gesundheitswesen (1977–1992; Ziel war, die Kosten im Gesundheitssektor zu dämpfen) als weniger erfolgreich eingestuft wird, finden sich durchaus auch ermutigende Modelle, die jedoch auch nicht immer frei von Kritik sind. Zu nennen wären hier beispielsweise die Regionalkonferenzen in Nordrhein-Westfalen, in denen die sozialen und wirtschaftlichen Belange und Aktivitäten zur Absicherung des Strukturwandels koordiniert werden sollten.

Kritik am Neokorporatismus

Kritisiert wird der Neokorporatismus, weil er die Interessen derjenigen, die nicht mit am Verhandlungstisch sitzen, weitgehend unberücksichtig lässt. Die schwer organisierbaren und weniger konfliktfähigen Interessen fallen dann schnell unter den Tisch. Als Folge werden tendenziell solche Kompromisse gefunden, die zulasten der nicht beteiligten Interessen gehen. Selbst die an den Verhandlungen beteiligten Interessen sind mitunter unterschiedlich durchsetzungsstark. Wenn aber Kompromisse auf Dauer zulasten der immer gleichen Interessen gehen, sehen deren Vertreter keinen Grund für eine weitere Teilnahme. Damit die Stabilität eines Verhandlungsverbundes erhalten bleibt, muss also ein fairer Ausgleich gesucht und auch gefunden werden. Hier ist es äußerst hilfreich, wenn das Konsensprinzip gilt. Andererseits zieht dieses meist langwierige Verhandlungen nach sich, weil solange beraten werden muss, bis sich alle wirklich einig sind.

Ein weiterer Kritikpunkt lässt sich sehr gut am Beispiel der Kommissionen während der Kanzlerschaft Schröders verdeutlichen. Sie stießen bei vielen Abgeordneten auf Kritik, weil die dort fein ausgehandelten Kompromisse ihnen so gut wie keinen politischen Gestaltungsspielraum mehr ließen. Den Abgeordneten der Regierungskoalition blieb in der Regel nichts weiter übrig, als den Gesetzentwürfen zuzustimmen, die aus den Kommissionsberatungen entstanden waren. Änderungen hätten neue umfangreiche Abstimmungsprozesse erforderlich gemacht. Unter Legitimationsgesichtspunkten ist ein solcher Zustand natürlich wenig erträglich. Schließlich sind in einer repräsentativen Demokratie die Abgeordneten für die Gesetzgebung zuständig. Dies kann sich nicht nur auf den formalen Akt der Abstimmung beziehen, sondern muss sich auch inhaltlich niederschlagen. Zumindest müssen Abgeordnete die realistische Chance haben, Einfluss auf die Gesetzgebung zu nehmen.

Brüchige Legitimation

Zusammenfassung

Neokorporatismus

Neokorporatismus bedeutet, dass wichtige verbandliche Interessen in den Staat »inkorporiert« werden. Damit werden diese Interessengruppen und ihre Ressourcen zur Erbringung öffentlicher Aufgaben herangezogen. Nach

Ansicht der Kritiker des neokoporatistischen Ansatzes kann dies jedoch zum teilweisen Ausschluss weniger wichtiger Interessen und zu langwierigen Entscheidungsprozessen führen. Auch die Bedeutung des Parlaments werde geschwächt.

3.1.6 | Neuere Entwicklungen: Vom Korporatismus zum Lobbyismus?

Mit dem Begriff »Lobbyismus« wird die kontinuierliche und systematische Einflussnahme von Interessen auf den politischen Entscheidungsprozess erfasst. Dies geschah früher häufig in der Wandelhalle, der Lobby des Parlaments, womit dann auch die Herkunft des Begriffs deutlich wird. Lobbyismus unterscheidet sich vom Verbandseinfluss durch die Akteure. Denn nicht nur Interessengruppen betreiben Lobbyismus, sondern auch einzelne Unternehmen und zunehmend auch spezialisierte »Public-Affairs-Firmen«. Lobbyismus durch »Nicht-Verbände« hat es schon immer gegeben. Durch die fortschreitende Globalisierung und Europäisierung hat sich dieses Phänomen jedoch deutlich verstärkt. So betreiben auf europäischer Ebene ca. 250 Einzelunternehmen und etwa gleich viele Beratungsfirmen Interessenpolitik. Weitergehend noch arbeiten Lobbyisten mitunter sogar als zeitweilige Mitarbeiter der EU-Kommission an Rechtsetzungsakten mit. Abgesehen von der intransparenten Vermischung von Interessenwahrnehmung und Rechtsetzung sind mit dieser Entwicklung spezifische Probleme verbunden. Auf europäischer Ebene können sie – übrigens genauso wenig wie rein nationalstaatliche Interessengruppen – weder die Aggregationsfunktion noch die Vermittlungsfunktion erbringen, weil sie nicht den gesamten geographischen Raum Europas repräsentieren. Was damit bleibt, ist die Artikulationsfunktion.

Public-Affairs-Firmen

Funktionsverlust der Verbände auf europäischer Ebene

Hier hat sich auf europäischer Ebene jedoch gezeigt, dass eine reine Pressure-Politik, welche die jeweiligen Interessen offensiv und hart vertritt, wenig erfolgreich ist. Dies liegt an dem besonderen Umstand, dass die europäischen Institutionen kaum unter direkter Beobachtung der Wählerinnen und Wähler stehen. Sie können sich folglich dem Druck der Lobbyisten eher entziehen als dies den Institutionen auf nationalstaatlicher Ebene möglich ist. Dies führt zu einem verhältnismäßig konstruktiven Umgang miteinander, der sehr stark auf den Austausch von Informationen und die Bereitstellung von Expertise durch die Lobbyisten setzt. Hierzu trägt auch die geringe Transparenz des europäischen Politikprozesses bei, die es den Lobbyisten erlaubt, sich gut auf das Interesse der europäischen Institutionen an gesamteuropäischen Lösungsvorschlägen einzustellen. Wäre die Transparenz im europäischen Interessenvermittlungssystem größer, stünden die

Weniger Pressure-Politik ...

... als vielmehr Informationsaustausch

Lobbyisten unter stärkerer Kontrolle ihrer Verbandsmitglieder, welche dann sehr schnell die zu große Kompromissbereitschaft ihrer Vertreter kritisieren und eine massivere Pressure-Politik anmahnen würden.

Zusammenfassung

Lobbyismus

Die sich auf europäischer Ebene ausbreitenden Lobby-Firmen sind mit der Artikulationsfunktion auf eine der drei klassischen Verbandsfunktionen beschränkt. Dennoch können sie keine klassische Pressure-Politik betreiben, wie dies mitunter die Interessengruppen auf der nationalstaatlichen Ebene tun. Grund hierfür ist, dass die europäischen Institutionen – anders als die nationalstaatlichen – nicht unter ständiger und direkter Beobachtung durch die Wähler stehen. Sie können sich folglich dem Druck der Lobbyisten eher entziehen. Da die größere Intransparenz des europäischen Politikprozesses den Lobby-Firmen gleichzeitig einen eher konstruktiv-kooperativen Umgang mit der Politik erlaubt, weichen sie auf dieses Einflussmuster aus.

Lernkontrollfragen

1. Nennen und erläutern Sie bitte die wichtigsten Funktionen von Interessengruppen.
2. Von welchen Faktoren hängt die Durchsetzungsfähigkeit von Interessengruppen im politischen Prozess ab?
3. Welchen Ansatz zur Erklärung der Fähigkeit von Interessen, sich zu organisieren, kennen Sie? Legen Sie diesen bitte kurz dar.
4. Welche wichtigen Interessenvermittlungstheorien kennen Sie? Diskutieren Sie bitte das Verhältnis dieser Theorien zueinander.
5. Welche Auswirkungen hat die Europäisierung auf die Interessenvermittlung?

Literatur

Böhret, Carl/Jann, Werner/Kronenwett, Eva (1988), Innenpolitik und politische Theorie, 3. Auflage, Opladen, insbesondere S. 41–44, S. 169–189.
Immer noch äußerst lohnendes Lehrbuch, das im zentralen Teil wichtige Bestandteile westlicher Demokratien aus dem Blickwinkel unterschiedlicher Theoriekonzeptionen analysiert.

Koporatismus – Verbände, Themenheft, Aus Politik und Zeitgeschichte, Heft B 26–27/2000.
mit Beiträgen von Ulrich von Alemann, Werner Reutter, Bernhard Weßels und Holger Backhaus-Maul. Online bei der Bundeszentrale für politische Bildung: http://www.bpb.de.

Lütz, Susanne/Czada, Roland (Hrsg.) (2004), Wohlfahrtsstaat – Transformation und Perspektiven, Wiesbaden.
Sammelband, in dem neben den inhaltlichen Veränderungen des Wohlfahrtsstaats auch auf die sich wandelnden Interessenvermittlungsprozesse eingegangen wird.

Olson, Mancur (1968), Die Logik des kollektiven Handelns. Kollektivgüter und die Theorie der Gruppen, Tübingen.
Deutsche Übersetzung der 1965 erschienenen Originalausgabe »The Logic of Collective Action«.

Sebaldt, Martin/Straßner, Alexander (2004), Verbände in der Bundesrepublik Deutschland. Eine Einführung, Wiesbaden.
Lehrbuch, das insbesondere auf die deutsche Situation eingeht und auch einzelne Verbände konkret analysiert.

Schubert, Klaus/Nordhause-Janz, Jürgen (1988), Olsons politisch-ökonomische Theorie der Interessenvermittlung. Voraussetzungen, Implikationen, Kritik, in: Wolfgang Luthardt/Arno Waschkuhn (Hrsg.), Politik und Repräsentation. Beiträge zur Theorie und zum Wandel politischer und sozialer Institutionen, Marburg, S. 65–78.
Der Aufsatz gibt einen Überblick über die Argumentation in Olsons »Logik des kollektiven Handelns«.

Verbände und Lobbyismus, Themenheft, Aus Politik und Zeitgeschichte, Heft 15–16/2006.
mit Beiträgen von Ulrich von Alemann/Florian Eckert, Alexander Straßner, Werner Bührer, Lothar Funkt und Cornelia Woll. Letztere mit interessanten Einblicken in den Lobbyismus auf europäischer Ebene. Download bei der Bundeszentrale für politische Bildung: http://www.bpb.de.

Internetlinks

https://www.bundestag.de/dokumente/lobbyliste
Seite des Deutschen Bundestags mit der Lobbyliste („Öffentliche Liste über die Registrierung von Verbänden und deren Vertretern"), die dort heruntergeladen werden kann (Stand: 24.03.2015).

3.2 | Parteien und Parteiensystem

Von Parteien wird gesprochen, wenn sich gleich oder ähnlich gesinnte Bürger in einer Vereinigung organisieren, um ihre gemeinsamen politischen Vorstellungen durchzusetzen. Diese Begriffsbestimmung schafft aber noch keinen merklichen Unterschied zu der Definition von Interessengruppen, wie sie im vorangegangenen Kapitel vorgenommen wurde. Parteien unterscheiden sich jedoch von Interessengruppen in einigen ganz wesentlichen Punkten:

Unterschied zu Interessengruppen

1. Ein wichtiges Unterscheidungsmerkmal wurde bereits angesprochen (→ vgl. Kapitel 3.1.1): das Streben nach Regierungsbeteiligung bzw. Alleinre-

gierung. Dieses äußert sich in der Regel in der Teilnahme an Wahlen mit eigenen Kandidaten.

2. Parteien haben eine übergreifende Programmatik. Sie nehmen in ihren Partei- und Wahlprogrammen also nicht nur zu politischen Streitfragen eines eingeschränkten Bereichs Stellung, sondern zum gesamten Spektrum dieser Streitfragen. An dieser Festlegung ändern auch Parteien grundsätzlich nichts, die sich schwerpunktmäßig zu bestimmten Fragen wie beispielsweise den Umweltschutz äußern. Wie sich am Beispiel der GRÜNEN ablesen lässt, entwickeln diese Parteien – wollen sie auf Dauer bestehen – auch für die anderen politischen Streitfragen eine Programmatik.
3. Schließlich wird von Parteien erwartet, dass sie über eine gewisse Dauer hinweg existieren. Tatsächlich gibt es in der Realität jedoch immer wieder Parteien, die zu kurzer Blüte gelangen und dann wieder in die Bedeutungslosigkeit versinken. Dennoch gibt es in Deutschland sehr viel mehr Parteien als gemeinhin wahrgenommen wird. Hierfür reicht ein Blick auf den Wahlzettel bei Landtags-, Bundestags- und Europawahlen. Viele von diesen Parteien sind jedoch nicht in den Parlamenten vertreten.

Definition

Parteien

Parteien organisieren ähnliche Interessen, streben nach Regierungsbeteiligung, weisen eine übergreifende Programmatik auf und sind durch eine Dauerhaftigkeit der Organisation charakterisiert.

3.2.1 Funktionen und Aufgaben von Parteien

Funktionen von Parteien

Parteien wird eine ganze Reihe von Funktionen zugeschrieben. Ähnlich wie bei den Interessengruppen bewegen sich diese auf einem relativ hohen Abstraktionsniveau. Genannt werden

1. die Partizipation, d.h. die politische Beteiligung der Bürger,
2. die Transmission, d.h. die Umformung von gesellschaftlichen Interessen in politisches Handeln,
3. die Selektion, d.h. die Auswahl von politischem Personal (Politikern) und programmatischen Alternativen,
4. die Integration, d.h. die verbindliche Zusammenführung von verschiedenen Interessen,

5. die politische Sozialisation und das politische Lernen, d.h. die Verinnerlichung der »Spielregeln« der Politik und der Parteiarbeit,
6. die Legitimationssicherung, d.h. sie sollen mit dafür Sorge tragen, dass das Handeln des politischen Systems als rechtmäßig und richtig anerkannt wird.

Aufgaben von Parteien

Etwas konkreter sind die Aufgaben von Parteien im Grundgesetz (GG) und im Parteiengesetz festgelegt:

1. *Politische Willensbildung*: In Art. 21 GG heißt es, dass Parteien »bei der politischen Willensbildung« mitzuwirken haben. Das heißt nicht, dass nur sie für die politische Willensbildung zuständig sind, aber immerhin sollen sie eine wichtige Rolle spielen.
2. *Rekrutierung von politischem Personal und Teilnahme an Wahlen*: Das Parteiengesetz weist den Parteien die Aufgabe zu, Kandidaten für die Wahlen aufzustellen. Die Aufgabe der Parteien, sich an Wahlen zu beteiligen, wird vom Parteiengesetz sehr ernst genommen. Denn nimmt eine Partei sechs Jahre lang nicht an einer Bundestags- oder Landtagswahl teil, verliert sie ihre Rechtsstellung als Partei.
3. *Entwicklung einer Programmatik*: Parteien haben die Aufgabe, eigene Ziele zu formulieren und diese in den breiteren Kontext eines Parteiprogramms zu stellen. Die Programmatik ist Grundlage der politischen Willensbildung durch die jeweilige Partei und stellt ihr inhaltliches Bindeglied dar. Gerade dieser letzte Aspekt darf nicht unterschätzt werden. Denn in den wiederkehrenden innerparteilichen Programmerneuerungsdebatten passen die Parteien ihre Programmatik nicht nur an veränderte gesellschaftliche und politische Bedingungen an, sondern sie haben damit auch die Chance, die Parteimitglieder an sich zu binden und zu aktivieren. Dies setzt allerdings eine lebendige Programmdebatte voraus.
4. *Einflussnahme*: Selbstverständlich zielen die drei vorstehend genannten Aufgaben auf die übergeordnete Aufgabe der Einflussnahme auf die tatsächliche Politik. Dies kann sowohl durch Oppositionsarbeit, aber natürlich bevorzugt durch eine Regierungsbeteilung geschehen.

Insgesamt werden den Parteien in Deutschland also wichtige Aufgaben zugeschrieben, die für das Funktionieren einer lebendigen Demokratie unabdingbar sind. Der damit zentralen Stellung von Parteien entspricht eine Finanzierung der Parteien, die zu einem bedeutenden Teil durch öffentliche Mittel erfolgt.

Parteienfinanzierung

3.2.2

Mitgliedsbeiträge, Spenden, staatliche Mittel

Die Parteien in Deutschland finanzieren sich im Wesentlichen aus drei Quellen: Mitgliedsbeiträgen, Spenden und staatlichen Mitteln. Daneben erwirtschaften manche Parteien erhebliche Mittel aus Unternehmertätigkeit, Beteiligungen, Vermögen und mit der Durchführung von Veranstaltungen sowie dem Vertrieb von Druckschriften und Veröffentlichungen.

Einen großen Anteil, häufig sogar den größten Anteil der Einnahmen, machen die Mitgliedsbeiträge aus. Diese schwanken – je nach Partei – zwischen knapp 20 % aller Einnahmen bei der FDP und knapp 32,5 % bei der SPD (alle Zahlen aus dem Jahre 2012). Die FDP ist die Partei mit dem höchsten Anteil an Spenden an den Gesamteinnahmen. Er war im Jahre 2012 mit gut 17 % fast so hoch wie der Anteil der Mitgliedsbeiträge. DIE LINKE steht bei den Spenden mit einem Anteil von knapp 6,5 % noch schlechter da als die SPD mit einem Anteil von 6,9 %.

Chancengleichheit im Parteienwettbewerb

Bereits diese Zahlen machen deutlich, dass eine Wettbewerbsverzerrung zu befürchten wäre, wenn es keine ergänzende staatliche Finanzierung geben würde. Insbesondere würden Spenden und Großspenden ein deutlich höheres Gewicht erhalten. Damit entstünde die Gefahr, dass sich die Parteien stärker den Einflüssen von finanzkräftigen Interessengruppen und Einzelinteressen öffnen würden. Auch aus diesem Grunde und wegen der besonderen Aufgaben, die Parteien für das Gesamtsystem wahrnehmen, sieht das Parteiengesetz eine ergänzende Finanzierung der Parteien durch staatliche Mittel vor. Diese staatliche Parteienfinanzierung ist jedoch an strikte Regeln gebunden (s. Abb. 20).

Kleinstparteien ausgeschlossen

Jede Partei, die in den Genuss staatlicher Mittel kommen will, muss also eine bestimmte Mindestbedeutung nachweisen, die anhand des jeweiligen Anteils an den Gesamtstimmen ermittelt wird. Dieser Anteil liegt bei Europa- oder Bundestagswahlen bei 0,5 % und bei Landtagswahlen bei 1 %. Was bewirkt diese Regelung? Ganz offensichtlich sollen Kleinstparteien nicht staatlich gefördert werden. Dies beugt erstens der Zersplitterung der Parteienlandschaft vor – ebenso wie die Fünf-Prozent-Klausel, die vorschreibt, dass Parteien mindestens auf fünf Prozent der abgegebenen Stimmen kommen müssen, damit sie in die Parlamente einziehen dürfen. Zweitens könnte die Beteiligung an Wahlen zu einer unternehmerischen Tätigkeit verkommen, wenn unabhängig von der Bedeutung einer Partei öffentliche Mittel für jede Stimme verteilt würden. Dies zu verhindern, ist auch Aufgabe der relativen Obergrenze. Denn sie stellt sicher, dass eine Partei einen substanziellen Teil ihrer Einnahmen aus anderen als öffentlichen Mitteln erzielt.

Begrenzung der öffentlichen Mittel

Die staatliche Parteienfinanzierung will gut in der Bevölkerung verankerte Parteien besonders fördern. Deshalb gibt es die staatlichen Mittel im

Abb. 20

Die den Parteien direkt zugute kommende staatliche Finanzierung

Kriterium	Konkrete Zahlen
Mindestanteil an allen abgegebenen gültigen Stimmen, damit überhaupt Mittel aus der staatlichen Parteienfinanzierung in Anspruch genommen werden können	Letzte Europa- oder Bundestagswahl: mindestens 0,5 % der Listenstimmen oder Landtagswahl: 1 % der Listenstimmen Ausnahme: Parteien nationaler Minderheiten
Jährlicher Zuschuss für jede abgegebene Wählerstimme, wobei die vorgeschriebenen Mindestanteile bei der jeweiligen Wahl erreicht sein müssen	0,85 Euro pro Stimme für die ersten vier Millionen Stimmen, danach 0,70 Euro pro Stimme
Jährlicher Zuschuss zu den Beiträgen der Mitglieder und der Mandatsträger sowie zu Spenden natürlicher Personen; nur bis zu einer Höhe der Zuwendungen von 3.300 Euro pro Person und Jahr	0,38 Euro für jeden Euro an Zuwendungen
Relative Obergrenze	Die staatliche Parteienfinanzierung darf bei einer Partei nicht die Summe der eigenen Einnahmen überschreiten.
Absolute Obergrenze	Für die staatliche Finanzierung aller berechtigten Parteien stehen jährlich maximal 159 Millionen Euro zur Verfügung.

Leitlinie der Parteienfinanzierung

Verhältnis zu den erreichten Stimmen und im Verhältnis zu den erzielten Beiträgen der Mitglieder und der Mandatsträger (wie beispielsweise der Abgeordneten). Auch wenn Spenden an Parteien gehen, kann dies als Hinweis auf deren Verankerung in der Bevölkerung gewertet werden.

Degressive Wahlkampfkostenerstattung

Weshalb erhalten die Parteien jedoch für die ersten vier Millionen Stimmen 0,85 Euro pro Stimme und für jede darüber hinaus gehende Stimme nur 0,70 Euro? Werden hier die Stimmen für kleinere und größere Parteien nicht ungleich behandelt? Bei näherer Betrachtung stimmt dieser Vorwurf nicht ganz. Denn auch die großen Parteien erhalten ja für ihre ersten vier Millionen Stimmen den erhöhten Satz. Aber dennoch scheinen Stimmen bis vier Millionen mehr »wert« zu sein als die Stimmen über vier Millionen. Die Begründung für die Ungleichbehandlung kann in den grundlegenden Aufwendungen für eine Parteiinfrastruktur gesehen werden. Die Basisinfrastruktur muss von jeder Partei unabhängig von ihrer Größe vorgehalten werden. Der Zusammenhang lässt sich sehr gut anhand der Herstellung von Wahlplakaten verdeutlichen. Relativ aufwendig ist die Herstellung einer qualitativ hochwertigen Vorlage. Die dafür anfallenden Kosten sind bei einer hohen Auflage ebenso hoch wie bei einer geringen Auflage. Sie verteilen sich bei einer hohen Auflage jedoch auf mehr Plakate, sodass die Durchschnittskosten abnehmen. Ganz ähnliche Überlegungen gelten beim Unterhalt von Geschäftsstellen und anderen Infrastruktureinrichtungen einer

Partei. Mit der um 0,15 Euro je Wählerstimme erhöhten Wahlkampfkostenerstattung für die ersten vier Millionen Wählerstimmen werden also die Nachteile kleiner Parteien ein Stück weit ausgeglichen. Es geht folglich um Chancengleichheit.

Mit dem Zuschlag in Höhe von 0,38 Euro pro Spenden-, Mitglieds- und Mandatsträgerbeitrags-Euro wird einerseits die sich darin deutlich werdende Verankerung in der Bevölkerung honoriert. Andererseits stellen die Höchstgrenze und die Beschränkung auf natürliche Personen sicher, dass Großspenden und Spenden zahlungskräftiger Verbände oder Einzelunternehmer in ihrer Wirkung nicht dadurch verstärkt werden, dass der Staat auch noch Geld obendrauf legt. Denn bei Großspenden und bei Spenden juristischer Personen (Unternehmen und Verbände) besteht immer der Verdacht, dass mit ihnen politische Entscheidungen auf nicht immer statthafte Weise beeinflusst werden sollen. Dies muss nicht einmal absichtsvoll geschehen. Vielmehr kann sich eine schleichende Beeinflussung ergeben, weil niemand seine wichtigsten Spender verärgern will und daher sein Handeln so gestaltet, dass dies nicht geschieht.

Spenden von Unternehmen und Verbänden

Die absolute Obergrenze in Höhe von 159 Millionen Euro für die staatliche Parteienfinanzierung ist Ausdruck der Absicht, die Parteienfinanzierung nicht kontinuierlich anwachsen zu lassen. Wird diese Obergrenze von allen Parteien mit Finanzierungsanspruch überschritten, werden deren Ansprüche proportional gekürzt, bis die Obergrenze eingehalten wird.

Absolute Obergrenze

Parteien werden jedoch nicht nur durch direkte Zuwendungen nach Parteiengesetz gefördert, sondern auch durch die steuerliche Absetzbarkeit von Mitgliedsbeiträgen und Spenden an Parteien (geregelt im Einkommensteuergesetz). Die einzelne Bürgerin und der einzelne Bürger erhalten einen beträchtlichen Anreiz, für Parteien zu spenden, weil sie 50 % dieser Spende direkt von der Steuerschuld abziehen können. Mit anderen Worten, der Staat übernimmt die Hälfte der Zuwendungen an Parteien. Allerdings gibt es auch hier eine Begrenzung auf 1.650 Euro jährlich für jede natürliche Person. Darüber hinausgehende Zuwendungen können bis zu weiteren 1.650 Euro als Sonderausgaben steuerlich abgesetzt werden. In Abhängigkeit vom jeweiligen Grenzsteuersatz beträgt der Vorteil weniger als die 50 % der direkten Abzugsmöglichkeit. Durch die Beschränkung auf natürliche Personen sind Interessengruppen und Unternehmen wiederum von den beiden vorteilhaften Regelungen ausgeschlossen. Auch hier geht es natürlich darum, die möglicherweise auf Entgegenkommen gerichteten Zahlungen nicht auch noch mit öffentlichen Mitteln zu fördern. Damit sind Zuwendungen von Interessengruppen und Unternehmen nicht verboten, aber sie werden auch nicht privilegiert behandelt.

Private Zuwendungen an Parteien

Neben einer gewissen Bedeutung müssen Parteien weitere Voraussetzungen erfüllen, damit sie finanziell gefördert werden können. Es muss ein ent-

Staatliche Mittel nur auf Antrag

sprechender Antrag fristgerecht beim Bundestagspräsidenten gestellt werden. Dass dies kein ganz unerheblicher Vorgang ist, musste einmal eine Partei erfahren, die vergessen hatte, diesen Antrag zu stellen. Voraussetzung für die Auszahlung ist darüber hinaus, dass die Partei einen detaillierten Rechenschaftsbericht vorgelegt hat, aus dem eindeutig die Einnahmen und Ausgaben hervorgehen. Die dort enthaltenen Angaben dienen u.a. zur Ermittlung der relativen Obergrenze. Der Aufbau des Rechenschaftsberichts ist sehr detailliert im Parteiengesetz festgelegt. So müssen Spenden von mehr als 10.000 Euro mit Angabe des Namens und der Anschrift des Spenders im Rechenschaftsbericht aufgelistet werden. Stückelungen, um unter die 10.000 Euro-Grenze zu kommen, sind nicht erlaubt. Spenden von mehr als 50.000 Euro müssen dem Bundestagspräsidenten gar unverzüglich gemeldet werden. Zusammen mit den anderen genannten Regelungen über Spenden macht diese strikte Veröffentlichungspflicht deutlich, wie sehr der Gesetzgeber darauf bedacht ist, dass mit Spenden kein Einfluss auf die Inhalte der Politik genommen wird. Auch eine weitere Vorschrift zielt in diese Richtung: Spenden, die erkennbar in Erwartung oder als Gegenleistung eines Vorteils gewährt werden, dürfen nicht angenommen werden.

Rechenschaftsbericht

Sanktionen bei Verstößen

Dass die Regelungen durchaus ernst gemeint sind, wird durch die negativen Sanktionen untermauert, die bei falschen Angaben im Rechenschaftsbericht und bei unrechtmäßig erworbenen Spenden verhängt werden können. Eine erschlichene staatliche Finanzierung muss zurückgezahlt werden. Außerdem kann das Zweifache des auf der Basis der unrichtigen Angaben gewährten Betrags als Strafzahlung festgesetzt werden, bei unzulässig erlangten Spenden sogar das Dreifache des ausgezahlten Betrags. Verstöße gegen das Parteiengesetz treffen jedoch nicht nur die Parteien durch massive Strafzahlungen und bringen diese möglicherweise – wie im Fall der CDU geschehen – an den Rand der Zahlungsunfähigkeit, sondern sie treffen nun auch die jeweils Verantwortlichen wie beispielsweise die Schatzmeister oder Vorsitzenden der Parteien. Diese können mit einer Gefängnisstrafe bis zu drei Jahren bestraft werden. Mit dieser Strafvorschrift wurde auf zahlreiche Parteispendenskandale reagiert.

3.2.3 Parteienstaatsthese

Die überragende Bedeutung von Parteien für das politische System Deutschlands hat zu der These geführt, dass es sich bei Deutschland um einen Parteienstaat handele. Damit ist ein Staat umschrieben, in dem alle wesentlichen politischen Entscheidungen von Parteien dominiert werden. Wie lässt sich überprüfen, ob die These zutrifft oder nicht? Am besten geht man dafür systematisch in insgesamt vier Schritten vor:

1. Detaillierte Ermittlung des Inhalts der These und einer möglichen Gegenthese,
2. Indikatorenbildung,
3. Empirische Auffüllung für einen bestimmten Zeitraum und ein bestimmtes politisches System,
4. Bewertung.

Die These: Inhalt und Kritik

3.2.3.1

Im ersten Schritt ist zu ermitteln, was die Parteienstaatsthese besagt und ob es mögliche Gegenthesen gibt. Zieht man also wichtige Vertreter der These wie Carl Schmitt (1923) und Gerhard Leibholz (1952) heran, werden bereits durchaus unterschiedliche Verständnisse offenbar. Dabei steht Schmitt für ein Niedergangs- und Krisenszenario und Leibholz für die Anerkennung der besonderen Bedeutung von politischen Parteien im Staat. Carl Schmitt sieht den Staat durch die Aktivitäten der Parteien gefährdet. Sie würden sich der staatlichen Willensbildung bemächtigen, aber dabei weiterhin soziale, d.h. nicht staatliche Gebilde bleiben. Damit gefährden Parteien die für traditionell ausgerichtete konservative Staatsrechtler wichtige Trennung von Gesellschaft und Staat.

Carl Schmitt

Tatsächlich ist die Parteienkritik Schmitts eher eine Parlamentarismuskritik (→ vgl. Kapitel 2.4.8). Aus der Kritik an der repräsentativen Demokratie speist sich bei ihm die Kritik an den Parteien. Er machte sie dafür mitverantwortlich, dass die repräsentative Demokratie die eigenen Ansprüche nicht erfüllen konnte. Insbesondere wurde von ihm die Bedeutung unvoreingenommener Diskussion im Parlament hervorgehoben. Er schreibt: »Zur Diskussion gehören gemeinsame Überzeugungen als Prämissen, Bereitwilligkeit, sich überzeugen zu lassen, Unabhängigkeit von parteimäßiger Bindung, Unbefangenheit von egoistischen Interessen« (Schmitt 1969, S. 9). Hier ist insbesondere die Kritik an der »parteimäßigen Bindung« wichtig. Denn diese gefährde die prinzipielle Möglichkeit, durch Diskussion »wahre und richtige Gesetzgebung« (S. 63) entstehen zu lassen. Wenn Parlamentarier nicht mehr offen seien für die Argumente der anderen, sondern ihren jeweiligen Parteien verpflichtet seien, wäre keine unbefangene Beratung möglich. Folglich würden die Parlamente auch nicht mehr zu dem jeweils besten Ergebnis gelangen.

Parteien und Parlament

Neben dieser relativ weitgehenden Kritik an der Rolle von politischen Parteien im modernen Staat steht die etwas nüchternere Analyse von Gerhard Leibholz. Zunächst konstatierte auch er für das 20. Jahrhundert eine unaufhaltsame Tendenz zum demokratischen Parteienstaat. Dabei war bei ihm der Begriff jedoch – anders als bei Schmitt – durchaus positiv besetzt. Das Parlament als Kristallisationspunkt der Massendemokratie sei zum Zwischenbau von Staat und Gesellschaft geworden. Auch hier ist der gedankli-

Gerhard Leibholz

che Ausgangspunkt die Trennung von Staat und Gesellschaft – nur wird diese bei Leibholz durch das Parlament der Massendemokratie überbrückt. Ein Parteienstaat komme einer rationalisierten Erscheinungsform der plebiszitären Demokratie gleich. Leibholz begründet seine Auffassung unter Rückgriff auf die theoretischen Überlegungen von J.J. Rousseau (→ vgl. Kapitel 2.3.4). Der Gemeinwille (*volonté générale*) werde im Parteienstaat durch die Parteien gebildet. Bei Rousseau war es noch die Volkssouveränität, aus welcher mit Hilfe von Vollversammlungen und Plebisziten der Gemeinwille entsprang. In der Leibholzschen Wahrnehmung wird das Volk nun durch die Parteienmehrheit ersetzt. Man könnte auch sagen, dass die Unterscheidung zwischen Volk und Parteien aufgegeben wurde (von Beyme).

Gelegentlich deutet Leibholz an, dass er diese aus seiner Sicht beschriebene Entwicklung gutheißt. So verweist er beispielsweise darauf, dass Art. 21 GG ein Bekenntnis zum Parteienstaat enthalte. Auch wenn sich im Wortlaut des Art. 21 GG, in dem es heißt, dass die Parteien an der politischen Willensbildung mitwirken, nicht der Begriff Parteienstaat findet, muss dieser Hinweis ernst genommen werden. Schließlich war Leibholz Staatsrechtler und Verfassungsrichter. Gerade in seiner Eigenschaft als Verfassungsrichter hat er die Rechtsprechung des Bundesverfassungsgerichts zu Parteien in der Nachkriegszeit wesentlich beeinflusst.

Art. 21 GG

Gegen diese teils kritischen teils analytisch-bejahenden Vertreter der Parteienstaatsthese stehen Politikwissenschaftler, welche in einer Wahl einen »Akt der Anvertrauung« auf Zeit sehen (Sternberger 1962, S. 185). Dabei hebt Sternberger die besondere Rolle der Wähler hervor, welche die Inhalte der Parteipolitik bestimmen würden. Konkret wendet er gegen Carl Schmitt drei Argumente ein.

Gegenstimme: Dolf Sternberger

- Erstens sei es zwar richtig, dass die starke Parteiorientierung eine ergebnisoffene Diskussion im Parlament behindere. Man dürfe jedoch die Wähler nicht vergessen. Sie könnten nämlich kaum in die Parteidisziplin eingebunden werden, weshalb nicht die Parteien, sondern die Wähler den politischen Prozess dominieren würden. Um ihre Stimmen müssten die Parlamentsparteien kämpfen. Folglich müssten sie im öffentlichen Disput Argumente austauschen. Diese Auseinandersetzung sei bei einer klaren Frontstellung zwischen Regierungspartei und Opposition sehr deutlich und bei einer umfassenderen Koalitionsregierung weniger klar. Freilich sei dies eine andere Diskussion als diejenige, die Schmitt vorschwebte. Allerdings dürfe man unter den Bedingungen einer öffentlichkeitsorientierten Demokratie nichts anderes erwarten. Denn Öffentlichkeit sei nicht Voraussetzung für Beratung, sondern gefährde sie.
- Zweitens argumentiert Sternberger, dass der auf Beratung gerichtete deliberative Diskurs vom Plenarsaal in die Ausschüsse und Fraktionssitzungen gewandert sei. Die unbefangene Beratung, die auf den Austausch

von Argumenten setze, gebe es also noch, nur sei sie nicht auf den ersten Blick im Plenum des Parlaments sichtbar.

- Schließlich müsse drittens gesehen werden, dass der Parteiwille nicht einfach gegeben sei, sondern sich in den Parteien erst durch Diskussion herausbilde. Damit sind dann nicht die Parteien selbst die entscheidenden Akteure, sondern die Parteimitglieder, welche die Positionen in einer ergebnisoffenen Diskussion erarbeiten würden.

Gegenstimme: Wilhelm Henke

Ein anderer Kritiker der Parteienstaatsthese, Wilhelm Henke, macht auf die besondere Rolle des Amtes aufmerksam, in das Repräsentanten gewählt werden. Nur durch das Amt würden Entscheidungen zu legitimen Hoheitsakten. Parteien komme lediglich die Rolle von »Beratern« (S. 130) zu. Dabei sieht er jedoch durchaus die hervorgehobene, verfassungsrechtliche Position der Parteien, die sie zu mehr mache als nur private Berater. Teils hat man es bei Anhängern und Kritikern der Parteienstaatsthese also mit unterschiedlichen Interpretationen und normativen Betrachtungen, teils mit einer unterschiedlichen Wahrnehmung der Realität zu tun.

Zusammenfassung

Die Parteienstaatsthese
Mit der Parteienstaatsthese wird ein Staat beschrieben, in dem alle wesentlichen politischen Entscheidungen und der politische Prozess von Parteien dominiert werden. Konkreter verbinden die einen mit der These parteiliche Bindungen, welche die Möglichkeiten zur ergebnisoffenen Diskussion und zur Kompromissbildung einschränken (Carl Schmitt). Andere stellen eine Tendenz zum demokratischen Parteienstaat fest und werten diese durchaus positiv (Leibholz). Wieder andere widersprechen der Parteienstaatsthese und verweisen auf die große Bedeutung des Wählers (Sternberger). Auch entstehe der Wille der Parteien nicht voraussetzungslos, sondern bilde sich erst durch Diskussionen innerhalb der Parteien heraus. Damit sind dann nicht die Parteien, sondern die Wähler und die Parteimitglieder die entscheidenden Akteure.

Indikatoren zur Überprüfung der Parteienstaatsthese | 3.2.3.2

Wie bildet man Indikatoren?

Im zweiten Schritt gilt es nun, für die beabsichtigte empirische Überprüfung Indikatoren festzulegen. Mit Indikatoren können abstrakte Sachverhalte »gemessen« werden, sie sind also beobachtbare und messbare Ereignisse. Welche Indikatoren sind aber nun für die Überprüfung der Parteienstaatsthese angemessen? Um exakt die Indikatoren benennen zu können, die für wichtige Teilaspekte der These stehen, müssen die Begründung und die Kritik der These sehr genau betrachtet werden. Zugleich muss dargelegt werden, inwieweit und durch welchen Umstand die jeweiligen Indikatoren erklärungskräftig sind, damit die darauf beruhende empirische Überprüfung der These nachvollziehbar und für andere kritisierbar ist. Die Auswahl der Indikatoren fällt im vorliegenden Fall etwas leichter, weil Leibholz seine These mit einer ganzen Reihe von empirischen Argumenten zu belegen versucht. Selbstverständlich müssen aber auch die Faktoren überprüft werden, welche die Kritiker der These anführen. Dabei wird hier außer Acht gelassen, dass Leibholz durchaus für den Parteienstaat plädiert und dass Schmitt ihn eher kritisch gesehen hat. Damit ist die Analyse auf die Frage reduziert, ob man es in einem bestimmten historischen Zeitraum in einem bestimmten politischen System eher mit einem Parteienstaat oder eher mit einem liberal-repräsentativen Parlamentarismus zu tun hat.

In Abbildung 20 sind einige mögliche Indikatoren benannt. Andere wie beispielsweise die Frage, ob sich das politische Personal überwiegend aus den Parteien rekrutiert und die Frage, ob der öffentliche Dienst von parteilich gebundenen Mitgliedern durchdrungen ist, werden aus Platzgründen hier nicht diskutiert. Aber auch mit einer begrenzten Zahl von Indikatoren lässt sich ein facettenreiches, nachvollzieh- und überprüfbares Bild ermitteln.

3.2.3.3 Empirische Überprüfung der Parteienstaatsthese am Beispiel der zweiten Regierung Schröder

In einem dritten Schritt werden nun die in Abbildung 20 genannten Indikatoren für die zweite Regierung Schröder (2002–2005) empirisch aufgefüllt.

Empirische Auffüllung

Der Untersuchungszeitraum ließe sich leicht erweitern, weil der Einfluss der Parteien auf die parlamentarische Demokratie im Nachkriegsdeutschland keinen überaus großen Schwankungen unterworfen ist. Dennoch ist es sinnvoll, den Untersuchungszeitraum zu begrenzen, weil nicht von vornherein bekannt ist, ob es zu merklichen Veränderungen im Zeitablauf gekommen ist.

(1) Der erste Indikator ist stark verfassungsrechtlich geprägt. Wie sich durch einen Blick in die deutsche Verfassung, das Grundgesetz, leicht feststellen lässt, ist den Parteien mit Art. 21 GG ein eigener Verfassungsartikel gewidmet, der ihnen mit der politischen Willenbildung eine besondere Aufgabe zuweist.

Bedeutung in der Verfassung

Darin unterscheidet sich das Grundgesetz beispielsweise von der Weimarer Verfassung. Es ist also anzunehmen, dass der Verfassungsgeber den Parteien eine wichtige Stellung im deutschen politischen System zugedacht hat. Das Bundesverfassungsgericht sieht in ihnen eine verfassungsrechtliche Institution. Allerdings haben die Parteien damit nicht die Qualität von Verfassungsorganen wie beispielsweise der Bundespräsident oder der Bundestag. Müsste man sich auf einer Skala von 1 bis 5 (1 sehr geringe Bedeutung; 5 sehr hohe Bedeutung) entscheiden, erhielte dieser Indikator eine 4.

Indikator	Bedeutung
1. Bedeutung von Parteien in der Verfassung?	Je größer die Bedeutung von Parteien in der Verfassung ist, desto eher kann auf einen Parteienstaat geschlossen werden.
2. Werden Mandatsträger eher wegen ihrer Persönlichkeit und Qualifikation oder wegen ihrer Parteizugehörigkeit gewählt?	Stehen bei Wahlen Parteien im Vordergrund, ist dies ein Hinweis auf einen Parteienstaat.
3. Kontrollieren die Parteien die politische Willensbildung?	Wenn die Parteien die politische Willensbildung kontrollieren, spricht dies für die Parteienstaatsthese.
4. Werden Parteien staatlich finanziert und gegebenenfalls in welchem Ausmaß?	Werden Parteien staatlich finanziert, gar überwiegend oder ausschließlich, zeigt dies wie sehr sie den Staat vereinnahmt haben. Auch wären die Parteien angesichts einer substanziellen Parteienfinanzierung weitgehend unabhängig von Mitglieds- und Spendenbeiträgen und müssten sich wenig um das Wahlvolk bemühen.
5. Sind die Abgeordneten an Parteitagsbeschlüsse gebunden?	Wenn die Abgeordneten strikt an Parteitagsbeschlüsse gebunden sind, wären sie nicht mehr frei in ihren Entscheidungen. Dies würde für die Parteienstaatsthese sprechen.
6. Kommt es im Parlament zu einem Austausch von Argumenten mit dem Ziel, eine gute und gerechte Lösung zu finden, oder prallen nur die unterschiedlichen Auffassungen unversöhnlich aufeinander?	Ein auf die Herstellung einer gemeinsamen Überzeugung gerichteter Austausch von Argumenten wäre ein Hinweis auf einen funktionierenden repräsentativen Parlamentarismus. Eine kompromisslose Auseinandersetzung könnte als Hinweis auf die Gültigkeit der Parteienstaatsthese gewertet werden, wenn die Abgeordneten gleichzeitig dem Parteiwillen folgen. Dabei sollte die empirische Analyse genau betrachten, was im Plenum, aber auch was in den Parlamentsausschüssen vor sich geht.

Abb. 21

Parteienstaatsthese: Indikatoren und deren Bedeutung in Anlehnung an Rudzio

Persönlichkeit oder Partei?

(2) Die Frage, ob Mandatsträger wie beispielsweise die Abgeordneten des Deutschen Bundestages vorwiegend aufgrund ihrer Parteizugehörigkeit (Bewertung: 5) oder wegen ihrer Persönlichkeit und ihrer Qualifikationen (Bewertung 1) gewählt werden, lässt sich ohne Weiteres nicht beantworten. Vieles weist jedoch darauf hin, dass vor allem Parteien gewählt werden. Allenfalls die Spitzenkandidaten der Parteien, die aber wiederum vor allem für die Partei stehen, und einzelne besonders populäre Abgeordnete werden aufgrund ihrer Persönlichkeit individuell gewählt. Auf der Fünfer-Skala müsste man also zu einer 4 zugunsten der Wahl von Parteien neigen.

Politische Willensbildung nur durch Parteien?

(3) Dass die Parteien die politische Willensbildung kontrollieren, kann kaum ernsthaft behauptet werden. Schon die Verfassung normiert lediglich eine Mitwirkung, keine Dominanz. Auch faktisch ginge es an den Tatsachen vorbei, von einem entsprechenden Befund auszugehen. Dafür gibt es zu viele andere Institutionen, die bei der politischen Willensbildung gleichfalls mitwirken. Hier sind zuallererst die großen Interessenorganisationen, wie z.B. der DGB oder der BDI, zu nennen. Aber auch die Medien spielen eine wichtige Rolle. Auf der Fünfer-Skala muss die Bewertung folglich bei 1 liegen.

Ausmaß der staatlichen Parteienfinanzierung

(4) Tatsächlich werden die politischen Parteien in Deutschland zu einem recht beträchtlichen Maße staatlich finanziert. Die staatliche Parteienfinanzierung ist jedoch nicht übermächtig. Neben öffentlichen Mitteln spielen Mitgliedsbeiträge und Spenden eine wichtige Rolle. Darüber hinaus ist die staatliche Parteienfinanzierung gerade so angelegt, dass die politischen Parteien sich nicht so einfach von ihrem Wahlvolk weg entwickeln können. Denn es gibt Zuschüsse zu eingeworbenen Spenden und Mitgliedsbeiträgen sowie eine Wahlkampfkostenerstattung, die sich an der Zahl der Stimmen orientiert. Zudem sorgt die relative Obergrenze für einen zumindest hälftigen Anteil der eigenen Einnahmen. Es besteht also kaum die Gefahr, dass sich die Parteien aufgrund der Parteienfinanzierung, die sie ja selbst im Bundestag beschließen, von den Bedürfnissen der Wähler abkoppeln. Auf der Fünfer-Skala führt dies zu einer Bewertung zwischen 1 und 2.

Bindungskraft von Parteitagsbeschlüssen

(5) Bei der Beantwortung der Frage, ob die Abgeordneten an Parteitagsbeschlüsse gebunden sind, müssen als Erstes zwei verschiedene Verfassungsartikel betrachtet werden. Von offensichtlicher Bedeutung ist zunächst Art. 38 Abs. 1 GG: »Die Abgeordneten des Deutschen Bundestages [...] sind Vertreter des ganzen Volkes, an Aufträge nicht gebunden und nur ihrem Gewissen unterworfen.« Wenn dabei die Wendung »sind« gebraucht wird, heißt dies, dass sie es sein sollen. Folglich können sich die Abgeordneten auf diesen Verfassungsartikel berufen, wenn Parteifunktionäre sie auffordern, sich an Parteitagsbeschlüsse zu halten. Diese Verfassungsnormierung ist nach allgemeiner Auffassung ein wichtiges Strukturelement des repräsentativen Parlamentarismus. Dagegen steht jedoch die Normierung des Art. 21 GG, von dem schon die Rede war. Er wird vom ehemaligen Richter am Bundesverfassungsgericht Leibholz als rechtliche Verankerung des Parteienstaats interpretiert. Er kritisiert, dass das Grundgesetz mit diesen beiden Vorschriften zwei verschiedene, letztlich nicht kombinierbare Strukturtypen enthalte.

Mit einer rein verfassungsrechtlichen Betrachtung kommt man also nicht weiter. Vielmehr geht es ja um die Frage, ob auch empirisch, also in der gelebten Realität, von einem Parteienstaat gesprochen werden kann. Deshalb ist es sinnvoll, zu überprüfen, inwieweit Abgeordnete dem sogenannten imperativen Mandat unterliegen, ob sie ihre Stimme im Bundestag also entsprechend der Mehrheit in ihrer eigenen Partei abzugeben haben. Selbstverständlich kann sich jeder Abgeordnete rein formal auf sein freies Mandat berufen. Faktisch steht der Fraktionszwang dagegen. Dies ist kein Zwang im rechtlichen Sinne, aber es besteht ein ganz erheblicher sozialer Druck entsprechend der Mehrheit in der Fraktion und der Partei abzustimmen. Abgeordnete, die sich diesem Fraktionszwang entziehen wollten, haben immer wieder die Erfahrung gemacht, dass sie bei Aufstellung der Kandidaten für nachfolgende Wahlen auf aussichtslosen Listenplätzen landeten. Sie müssen also damit rechnen, ihr Abgeordnetenmandat zu verlieren, wenn sie sich fortgesetzt nicht nach der Mehrheitsmeinung der Partei richten. Auf der Fünfer-Skala muss demnach wohl eine 4 vergeben werden.

Imperatives Mandat

(6) Um die Frage zu beantworten, ob im Deutschen Bundestag auf Austausch gerichtete Diskussionen stattfinden, was insbesondere zwischen Carl Schmitt und Dolf Sternberger strittig war, sollte man auch die Ausschüsse des Bundestags in den Blick nehmen. Denn in ihnen wird ein sehr wichtiger Teil der parlamentarischen Arbeit geleistet (→ vgl. Kapitel 3.3.4). Deshalb ist auch mit Blick auf den Deutschen Bundestag von einer Mischung aus Rede- und Arbeitsparlament die Rede. Nach dieser einfachen Formel wird im Plenum geredet und in den Ausschüssen gearbeitet. Auch wenn dieses Bild nicht ganz zutreffend ist, so verweist es doch darauf, dass man nicht nur auf das Plenum schauen darf, wenn die Arbeit des Parlaments und der Einfluss der Parteien beurteilt werden sollen. Richtig ist jedoch auch, dass auch die Parlamentarier in den Ausschüssen sich nicht immer von parteipolitischen Vorgaben frei machen und deshalb auch nicht auf jedes gute Argument der Gegenseite eingehen können. Auf der Fünfer-Skala ist folglich eine 3 zu vergeben.

Ergebnisoffene Diskussion im Deutschen Bundestag?

Schlussfolgerungen

3.2.3.4

Versucht man nun, über die verschiedenen Indikatoren hinweg zu einer Bewertung zu gelangen, zeigt sich die Differenziertheit der Parteienstaatsthese. Einige der Indikatoren unterstützen sie eher, andere nicht. Deshalb muss zusammenfassend festgehalten werden, dass Deutschland in einigen Punkten durchaus Züge eines Parteienstaates trägt, aber in wichtigen anderen Punkten eben auch nicht.

Bewertung

Schließlich muss auf drei Vorteile der bei der Analyse eingehaltenen Forschungssystematik hingewiesen werden. Erstens lassen sich die Punkte, die für und gegen die These sprechen, jeweils exakt benennen. Es wird also einer Vermengung der verschiedenen Argumente vorgebeugt. Zweitens kann die Schlussfolgerung wegen der Nachvollziehbarkeit des Argumentationsganges gut kritisiert und überprüft werden. Dies ist eine wesentliche Voraussetzung für eine wissenschaftliche Diskussion. Der Leser bzw. der

Forschungssystematik

Diskussionspartner muss eine Auffassung nicht einfach »glauben«, sondern kann sich ein eigenes Bild machen und zu einer u. U. ganz anderen Bewertung gelangen. So lassen sich einige der hier vorgenommen Einstufungen sicherlich kritisieren und anders gestalten. Auch die Auswahl der Indikatoren könnte eine andere sein. Alles dies wäre dann jedoch zu begründen und wiederum offen für Kritik. Neben der Nachvollziehbarkeit und Kritisierbarkeit gibt es jedoch noch einen dritten Vorteil dieses systematischen Vorgehens. Wird es auf zwei oder mehrere vergleichbare politische Systeme angewandt, ist auch ein systematischer Ländervergleich möglich. Dabei ist dann sichergestellt, dass immer die gleichen Indikatoren miteinander verglichen werden.

Zusammenfassung

Forschungssystematiken
Wichtige Voraussetzung für einen wissenschaftlichen Diskurs ist eine gewisse Systematik, die auch selbst wieder kritisiert werden kann. Eine solche Forschungssystematik trägt zur Nachvollziehbarkeit, Kritisierbarkeit und Vergleichbarkeit der Ergebnisse bei. Folgende vier Schritte sind sinnvoll:

1. Ermittlung des Inhalts der These und einer möglichen Gegenthese,
2. Indikatorenbildung,
3. Empirische Auffüllung für einen bestimmten Zeitraum und ein bestimmtes politisches System,
4. Bewertung.

3.2.4 Das Parteiensystem in Deutschland

Die Gesamtheit der politischen Parteien in einem politischen System bildet das Parteiensystem. Dabei signalisiert der Begriff des Systems, dass es um die Wechselwirkungen zwischen den einzelnen Parteien und um die Wirkungen der Parteien auf andere Teile des politischen Systems geht. Das Verhältnis zwischen den Parteien ist im Wesentlichen durch Wettbewerb um Mandate und Einfluss geprägt. Dabei kann dieser Wettbewerb zwischen einzelnen Parteien zeitweise geringer ausfallen, wenn diese Parteien Koalitionen eingegangen sind, um mehrheitsfähig zu werden. Das Verhältnis zwischen Parteien und den anderen Teilsystemen des politischen Systems ist durch den Versuch der gegenseitigen Beeinflussung geprägt. So versuchen Interessengruppen auf Parteien Einfluss zu nehmen. Parteien wiederum sind darum bemüht, den politischen Prozess und die aktuelle inhaltliche Politik zu gestalten.

Interessant sind vor allem die Kräfteverhältnisse innerhalb eines Parteiensystems zu einem bestimmten Zeitpunkt und vor allem im Zeitverlauf. Misst man die Kräfteverhältnisse sehr grob mit dem relativen Stimmenanteil der verschiedenen Parteien bei Wahlen, lassen sich für das deutsche Parteiensystem wichtige Entwicklungen aufdecken. Wenn man sich auf die Entwicklung des Parteiensystems in Deutschland seit den 1960er-Jahren konzentriert, können insgesamt drei Phasen unterschieden werden.

- Seit dem Beginn der 1960er-Jahre bis in die 1980er-Jahre war Deutschland durch ein sogenanntes Zweieinhalb-Parteiensystem gekennzeichnet. Mit dieser Bezeichnung kommt zum Ausdruck, dass das politische Geschehen jener Zeit vor allem von den beiden Volksparteien CDU/CSU und SPD sowie von der kleineren, also »halben« Partei, der FDP bestimmt wurde. Auch wenn die FDP stets nur der kleinere Partner war, so beeinflusste sie ganz wesentlich, welche Koalitionen jeweils zustande kamen. So ermöglichte sie 1969 die sozialliberale Koalition unter Bundeskanzler Willy Brandt und deren spätere Fortsetzung unter Helmut Schmidt. 1982/83 wechselte sie in eine Koalition mit der CDU/CSU unter Bundeskanzler Helmut Kohl.

Zweieinhalb-Parteiensystem

- Zu Beginn der 1980er-Jahre fand die Umwelt- und Friedensbewegung in den GRÜNEN ihren Kristallisationspunkt. Sie gestalteten von nun an die politische Landschaft Deutschlands entscheidend mit. Mit der SPD bildeten sie in vielen Ländern eine gemeinsame Regierung. Wegen der Gegenüberstellung von CDU/CSU und FDP einerseits sowie SPD und GRÜNEN andererseits spricht man in dieser Anfang der 1990er-Jahre zu Ende gehenden Phase auch von einem Zweigruppen-Parteiensystem.
  Unter koalitionstaktischen Gesichtspunkten verbesserte sich die Situation der SPD mit dem Aufkommen der GRÜNEN entscheidend. Es stand ihr nun nicht mehr nur die FDP als Koalitionspartner zur Verfügung. Auf der linksökologischen Seite boten sich nun auch die GRÜNEN an und anders als die FDP konnten die GRÜNEN die SPD in Verhandlungen nicht mit dem Hinweis unter Druck setzen, dass auch eine Koalition mit der CDU/CSU möglich und u. U. sogar bevorzugt sei. Denn die GRÜNEN waren zu dieser Zeit programmatisch von der CDU/CSU zu weit entfernt, als dass sie gemeinsam regierungsfähig gewesen wären.

Zweigruppen-Parteiensystem

- Nach der Wiedervereinigung Deutschlands (3. Okt. 1990) begann das deutsche Parteiensystem allmählich, sich zu verflüssigen; es wurde fluide. Zwar gingen viele Ostparteien in den entsprechenden Westparteien auf. Nicht so die Nachfolgepartei der SED (Sozialistische Einheitspartei Deutschlands) aus DDR-Zeiten: Es bildete sich die Partei des demokratischen Sozialismus (PDS). Damit gewann die SPD einen weiteren koalitionstaktischen Vorteil. Denn aufgrund der jeweiligen Parteiprogrammatik konnte von den beiden großen Parteien nur die SPD mit der PDS

Fluides Fünf-Parteiensystem

koalieren. Für die CDU/CSU war dies undenkbar. Die SPD verfügte damit über insgesamt drei kleinere potenzielle Koalitionspartner. Die CDU/CSU war also koalitionstaktisch im Nachteil.

Eine neue Entwicklung ergab sich für die PDS, als von der Politik der Regierung Schröder enttäuschte ehemalige SPD-Mitglieder und Gewerkschaftler die Wahlalternative Arbeit & soziale Gerechtigkeit (WASG) gründeten, die für die Bundestagswahl 2005 ein Wahlbündnis mit der nun in Die Linke.PDS umbenannten PDS einging. Mit dem endgültigen Zusammenschluss der beiden Parteien zu DIE LINKE stellten sich auch Wahlerfolge in westlichen Bundesländern ein, was sogar beinahe zu einer Regierungsbeteiligung im Saarland führte. Mit der spürbaren Ausdehnung von DIE LINKE in die westlichen Bundesländer ergaben sich auch dort neue Koalitionsmöglichkeiten und -notwendigkeiten, die einen recht breiten Variationsraum aufweisen. Allerdings konnten sie sich bislang nicht voll entfalten, weil das Verhältnis zwischen ihr und er SPD nach wie vor schwierig ist. Eine Annäherung scheiterte recht spektakulär in Hessen, wo sich einige SPD-Abgeordnete einer Regierungsbildung bei Tolerierung durch DIE LINKE verweigerten. Auch auf Bundesebene wurde keine Verbindung eingegangen, obwohl zumindest nach den Bundestagswahlen in den Jahren 2005 und 2013 eine Koalition aus SPD, Bündnis 90/Die Grünen und DIE LINKE möglich gewesen wäre. Gegen eine gemeinsame Regierung gab es noch zu starke Vorbehalte vor allem innerhalb der SPD. Dies dürfte vor allem an unterschiedlichen außen- und sicherheitspolitischen Vorstellungen liegen. Auf Landesebene wird eine Zusammenarbeit zwischen SPD und DIE LINKE jedoch zunehmend zur Normalität. So regiert die SPD in Thüringen seit 2014 sogar unter einem Ministerpräsident von DIE LINKE. Für die CDU/CSU ist neben der großen Koalition mit der SPD eine Regierungsbildung gemeinsam mit der FDP möglich und auch naheliegend. Da die FDP bei der Bundestagswahl 2013 jedoch an der Fünf-Prozent-Hürde scheiterte und somit nicht mehr im Bundestag vertreten ist, sprach viel für eine Neuauflage der Großen Koalition. Die unter der Parteivorsitzenden und Kanzlerin Merkel stärker in die politische Mitte gerückte CDU hat sich darüber hinaus auf der Basis von zum Teil gemeinsamen Werten zumindest auf Länderebene auch Bündnis 90/Die Grünen als neuen Koalitionspartner erschlossen (2008–2010 in Hamburg, 2009–Anfang 2012 im Saarland und seit Anfang 2014 in Hessen).

Das sich ab der Vereinigung merklich verändernde Parteiensystem konnte spätestens ab der Bundestagswahl von 2005 als fluides Fünfparteiensystem (Niedermayer 2007) bezeichnet werden. Denn die Jahrzehnte währende strukturelle Dominanz der CDU/CSU hatte vorübergehend abgenommen. Hieraus folgte, dass ganz unterschiedlich zusammengesetzte Koalitionsregierungen auf Bundes- wie Landesebene wahrscheinlicher wurden. Es gab also keine eindeutig festgelegte Zusammensetzung der Koalitionen mehr, wie dies noch für das Zweigruppen-Parteiensystem typisch gewesen war. Denn um eine Regierungsbeteiligung zu erlangen, mussten sich nun alle Parteien für neue Koalitionskonstellationen öffnen (rot-rot in Berlin, schwarz-grün in Hamburg, schwarz-grün-gelb im Saarland und rot-rot-grün in Thüringen). Das Parteiensystem wurde also im Hinblick auf mögliche Koalitionsbildungen fluide.

Die Sozialdemokratisierung der CDU unter Merkel und die Enttäuschung über die FDP ließ am rechten Rand die europakritische und tendenziell rechtspopulistische Alternative für Deutschland (AfD) neu entstehen. Vorher hatten sich bereits die Piraten als neue Partei gebildet. Offensichtlich gab es im Umfeld einer als strukturell konservativ empfundenen SPD, welche den eigenen Mitgliedern keine weitreichenden Mitgestaltungsmöglichkeiten biete, und von Bündnis 90/Die Grünen, die zunehmend zu einer bürgerlichen Partei geworden waren, einen Bedarf für eine neue politische Kraft. In ihr fanden sich politisch Interessierte zusammen, für die eine weitreichende innerparteiliche Demokratie und ein von begrenzenden Regulierungen freies Internet von großer Bedeutung waren. Die Piraten, die nicht in das klassische Links-Rechts-Schema passen, schienen für Wähler, die jenseits der gängigen Zuordnungen politisch denken, attraktiv zu sein. Nach anfänglichen Erfolgen bei den Landtagswahlen und beim Mitgliederaufbau geriet die neue Partei gerade wegen ihres umfassenden innerparteilichen Diskussionsbedürfnisses und der damit einhergehenden Überforderung des Führungspersonals recht schnell an ihre Grenzen. Ob die AfD nach einigen erfolgreich bestrittenen Landtagswahlen bei der nächsten Bundestagswahl den Sprung in den Bundestag schafft, ist offen.

Fluides Parteiensystem mit zentrifugalen Kräften

Mit dem Aufkommen der Piraten und der AfD differenziert sich das deutsche Parteiensystem weiter aus. Geht man davon aus, dass die FDP weiterhin eine Rolle spielen wird und die Piraten nicht in der Bedeutungslosigkeit versinken werden, haben sich zu den beiden Großen – Union und SPD – fünf kleinere Parteien gesellt. Dass Parteiensystem ist also weiterhin fluide, man erkennt aber auch zentrifugale Kräfte. Da sowohl die SPD als auch insbesondere die CDU in die Mitte gerückt sind, kann diese Entwicklung nicht weiter verwundern.

Zusammenfassung

Das Parteiensystem in Deutschland

Die Gesamtheit der politischen Parteien in einem politischen System bildet das Parteiensystem. Dabei sind die Wirkungen zu betrachten, welche die Parteien im Verhältnis zueinander und auf andere Teile des politischen Systems haben.

Das Kräfteverhältnis der Parteien innerhalb des Parteiensystems wird anhand des jeweiligen Stimmenanteils »gemessen«. In den letzten Jahrzehnten hat es in Deutschland keine der Parteien vermocht, alleine die Regierung zu stellen. Zur Regierungsbildung waren folglich immer Koalitionen verschiedener Parteien notwendig. Bei der Koalitionsbildung hatte die SPD gegenüber der CDU/CSU jahrelang einen taktischen Vorteil. Denn die SPD konnte – zumindest theoretisch – mit der FDP, Bündnis 90/Die Grünen und der LINKEN koalieren. Der CDU/CSU stand lange Vorzeichen nur die FDP als Koalitionspartner zur Verfügung, und der ist ihr nach der Bundestagswahl 2013 abhanden gekommen. In einem zunehmend fluide gewordenen Parteiensystem hat sie sich nun jedoch – zumindest auf Landesebene – auch mit Bündnis 90/Die Grünen in Koalitionen zusammengefunden.

Dass die weitere Ausdifferenzierung des deutschen Parteiensystems mit der Herausbildung der Piraten und der Alternative für Deutschland (AfD) zu neuen Koalitionsformaten führt, ist in nächster Zeit nicht zu erwarten. Folglich muss damit gerechnet werden, dass die derzeitige (Stand: 2015) Große Koalition auch in Zukunft nicht unwahrscheinlich ist. Sollte sich diese Koalition der beiden größeren Parteien CDU/CSU und SPD verfestigen, würde dies das Ende der fluiden Phase des Parteiensystems bedeuten.

Lernkontrollfragen

1. Wodurch unterscheiden sich Parteien und Interessengruppen?
2. Welche Aufgaben überträgt das Parteiengesetz den Parteien?
3. Verdeutlichen Sie bitte die Wirkungen der Vorschriften zur Parteienfinanzierung in Deutschland.
4. Ist es gerechtfertigt, bei der Wahlkampfkostenerstattung die Stimmen für kleinere und größere Parteien ungleich zu behandeln? (Diskussionsfrage; gut geeignet für Arbeitsgruppen).
5. Was besagt die Parteienstaatsthese? Welche Gegenthese kennen Sie und was sagt sie aus?
6. Wie kann man die Parteienstaatsthese empirisch überprüfen?
7. Was versteht man unter einem Parteiensystem und welche Entwicklungen hat das deutsche Parteiensystem seit den 1960er-Jahren durchlaufen?

Literatur

Leibholz, Gerhard (1974), Strukturprobleme der modernen Demokratie, 3. Auflage, Frankfurt/Main (1. Auflage 1958).
Bei seiner Darlegung der Strukturprobleme der modernen Demokratie geht Leibholz auf zahlreiche Strukturprinzipien von westlichen politischen Systemen ein und konfrontiert diese mit der Realität oder kommentiert Entwicklungen moderner Demokratien aus einer meist verfassungsrechtlichen Sicht.

Marschall, Stefan (2014), Das politische System Deutschlands, 3. Auflage, Konstanz.
Gut verständliches Lehrbuch mit einem sehr guten Kapitel über die Parteiendemokratie (S. 105–127), das sich hervorragend mit diesem Text ergänzt.

Niedermayer, Oskar (Hrsg.) (2014), Die Parteien nach der Bundestagswahl 2013, Wiesbaden.
Sammelband, in dem die führenden deutschen Parteienforscher die Bundestagswahl 2013 analysieren.

Rudzio, Wolfgang (2015), Das politische System der Bundesrepublik Deutschland, 9. Auflage, Wiesbaden, S. 101–140.
Eines der zentralen Lehrbücher zum politischen System der Bundesrepublik Deutschland. Lässt sich auch über ein Sachregister als Nachschlagewerk verwenden. In der 9. Auflage mit 583 Seiten sehr umfangreich, aber dennoch gut lesbar und verständlich. Es erscheint regelmäßig in aktualisierter Auflage. Deshalb immer nach der neuesten Ausgabe fragen.

Schmidt, Manfred G. (2011), Das politische System Deutschlands, Bonn, S. 83–109.
Neues Lehrbuch von einem der profiliertesten Politikwissenschaftler Deutschlands mit differenziertem Register, in dem das politische System Deutschlands kommentierend dargestellt und in einem eigenen Kapitel im internationalen Vergleich beleuchtet wird. Auf den angegebenen Seiten werden u. a. die wichtigsten Parteien Deutschlands vorgestellt.

Schmitt, Carl (1969), Die geistesgeschichtliche Lage des heutigen Parlamentarismus, 4. Auflage, Berlin (1. Auflage 1923).
Grundlegende Kritik des Parlamentarismus, die für sich in Anspruch nimmt, »den letzten Kern der Institution des modernen Parlaments zu treffen« (S. 30). Das Parlament habe »moralisch und geistig ihren Boden verloren« und sei nur noch ein »leerer Apparat«.

Sternberger, Dolf (1962), Grund und Abgrund der Macht, Frankfurt/Main.
In dem Band geht Sternberger der Frage nach, wodurch Macht legitimiert sei, also von den der Macht Unterworfenen anerkannt werde.

Stöss, Richard (2002), Parteienstaat oder Parteiendemokratie?, in: Oscar W. Gabriel/Oskar Niedermayer/Richard Stöss (Hrsg.), Parteiendemokratie in Deutschland, 2. Auflage, Wiesbaden, S. 13–35.
Sehr informativer Artikel, der nicht nur Leibholz' ursprüngliche Parteienstaatsthese behandelt, sondern auch auf die neuere Debatte zum Thema eingeht.

Quellen

Bundestagsdrucksache (BT-Drs.) 18/400 vom 05.02.2014 (18 bezeichnet die Legislaturperiode und 400 die laufende Nummer der Drucksache): Bekanntmachung von Rechenschaftsberichten politischer Parteien für das Kalenderjahr 2012, Download unter: http://dipbt.bundestag.de/dip21/btd/18/004/1800400.pdf (Stand: 24.03.2015)

Gesetz über die politischen Parteien (Parteiengesetz) von 1967, zuletzt geändert durch Gesetz vom 23.08.2012 (Stand: 11. Nov. 2006), Download unter: http://www.gesetze-im-internet.de/bundesrecht/partg/gesamt.pdf (Stand: 24.03.2015).

Internetlinks

https://www.bundestag.de/parteienfinanzierung enthält interessante Detailinformationen zur Parteienfinanzierung (Stand: 24.03.2015).
http://www.cdu.de, Homepage der Christlich Demokratischen Union Deutschlands (Stand: 24.03.2015).
http://www.csu.de, Homepage der Christlich Sozialen Union in Bayern (Stand: 24.03.2015).
http://www.gruene.de, Homepage von Bündnis 90/Die Grünen (Stand: 24.03.2015)
http://die-linke.de, Homepage von Die LINKE (Stand: 24.03.2015).
http://www.spd.de, Homepage der Sozialdemokratischen Partei Deutschlands (Stand: 24.03.2015).

3.3 | Parlament

Gewaltenteilungslehre

Parlamente sind Ausdruck der funktionalen Gewaltenteilung, sie sind Sitz der Legislative (Gesetzgebung). Von ihr zu unterscheiden ist die Judikative (Rechtsprechung) und die Exekutive (Regierung und Verwaltung). Diese Einteilung ist eher Ausdruck einer normativen Gewaltenteilungslehre, die vor allem mit Charles de Montesquieu (1689–1755) verbunden wird (→ vgl. Kapitel 2.4.5). Tatsächlich lassen sich in der Verfassungswirklichkeit sowohl vielfältige Verschränkungen der Gewalten als auch Differenzierungen innerhalb einer Gewalt beobachten. Am Beispiel der Kontrollfunktion des Parlaments wird auf diesen Aspekt später konkreter eingegangen.

Definition

Parlament
Betracht man den Ursprung des Wortes »Parlament«, weiß man sogleich, worum es geht. Es hat nämlich mit dem französischen »parler«, zu Deutsch »sprechen« zu tun. Das Parlament ist also der Ort, an dem die Repräsentanten des Volkes miteinander sprechen. Der Bundestag ist das deutsche Parlament auf Bundesebene. Daneben gibt es auf Landesebene Landtage und auf der europäischen Ebene das europäische Parlament. Selbst die Stadt- und Gemeinderäte auf kommunaler Ebene werden mitunter als Kommunalparlamente bezeichnet.

Zunächst gilt es, die herausragende Rolle des deutschen Parlaments, also des Deutschen Bundestags auf gesamtstaatlicher Ebene zu verdeutlichen. Denn anders als beispielsweise die Parteien ist der Deutsche Bundestag ein Verfassungsorgan. Aber im Unterschied zu anderen Verfassungsorganen (beispielsweise Bundesrat, Bundesversammlung, Bundespräsident und die

Bundesregierung) ist der Bundestag als einziges Verfassungsorgan direkt demokratisch legitimiert. Damit ist gemeint, dass er – anders als beispielsweise der Bundespräsident – direkt vom Volk gewählt wird. Nach herrschender Lehre wird damit angenommen, dass das Handeln der Abgeordneten von den Bürgern als rechtmäßig anerkannt wird, zumindest aber auf eine ausgeprägtere Anerkennung trifft als weniger demokratisch legitimierte Institutionen.

Legitimation des Bundestags

Deutlich schwächer als der Deutsche Bundestag ist der Bundesrat legitimiert. In ihm sitzen Vertreter der Landesregierungen, die ihre Legitimation wiederum von den Landesparlamenten ableiten. Die Legitimationskette des Bundesrats ist also deutlich länger als die des Bundestags. Dennoch spielt der Bundesrat eine wichtige Rolle für die Gesetzgebung in Deutschland.

3.3.1 Der Bundesrat in der Gesetzgebung

»Durch den Bundesrat wirken die Länder an der Gesetzgebung und Verwaltung des Bundes und in Angelegenheiten der Europäischen Union mit« (Art. 50 GG). Dies zeigt sich in den folgenden konkreten Punkten:

Beteiligung an der Gesetzgebung

1. an dem Initiativrecht des Bundesrats, also dem Recht, Gesetzentwürfe in den Bundestag einzubringen;
2. der Bundesrat kann Einspruch gegen vom Bundestag verabschiedete Gesetze einlegen, die nach dem Grundgesetz als Einspruchsgesetze qualifiziert werden;
3. der Bundesrat kann bei Zustimmungsgesetzen die Zustimmung verweigern;
4. verfassungsändernde Gesetze benötigen eine Zustimmung von zwei Dritteln der Stimmen des Bundesrats;
5. der Bundesrat wirkt bei Rechtsetzungsvorhaben der EU mit.

Im Bundesrat sind die Länderregierungen vertreten, womit die jeweilige Opposition in den Landtagen von einer Repräsentation im Bundesrat ausgeschlossen ist. Die Stimmenzahl, mit der ein Bundesland im Bundesrat abstimmen darf, richtet sich nach seiner Bevölkerungszahl. Allerdings sind die Stimmen nicht streng proportional nach der Bevölkerungszahl ausgerichtet. Vielmehr sind große Länder mit einer relativ großen Bevölkerung tendenziell gegenüber kleineren Bundesländern benachteiligt. So verfügt Nordrhein-Westfalen mit ca. 18 Millionen Einwohnern über sechs Stimmen im Bundesrat, während die neuen Länder einschließlich Berlin plus das Saarland bei gleichfalls ca. 18 Millionen Einwohnern über insgesamt 26 Stimmen verfügen. Es steht also bei gleicher Bevölkerungszahl 6 gegen 26 Stimmen. Dies mag man als ungerecht empfinden. Eine strenge Proportio-

Stimmenverteilung

nalität wäre aber vermutlich noch unbefriedigender. Denn bei einer solchen Regelung könnten sich die bevölkerungsreichen Bundesländer Nordrhein-Westfalen, Bayern und Baden-Württemberg plus ein kleineres Bundesland verbünden und die restlichen 12 Bundesländer überstimmen.

Folglich gibt es eine Regelung, nach der jedem Bundesland mindestens drei Stimmen zustehen, bei mehr als zwei Millionen Einwohnern sind es vier Stimmen, bei mehr als sechs Millionen sind es fünf Stimmen und bei über sieben Millionen Einwohnern verfügt ein Bundesland über sechs Stimmen im Bundesrat. Pro Bundesland müssen die Stimmen einheitlich abgegeben werden. Weil ein Stimmensplitting also nicht möglich ist, haben sich Koalitionsregierungen meist im Koalitionsvertrag darauf verständigt, sich bei unterschiedlichen Auffassungen innerhalb der Regierung der Stimme zu enthalten.

Einheitliche Stimmenabgabe

Neben der wichtigen Beteiligung an der Gesetzgebung des Bundes wählt der Bundesrat die Hälfte der Verfassungsrichter und hat das Recht, das Bundesverfassungsgericht anzurufen.

3.3.2 | Der Deutsche Bundestag

Grundgesetzbestimmungen

Dem Bundestag ist ein eigener Abschnitt im Grundgesetz gewidmet (Art. 38–48 GG). Darin finden sich grundlegende Regelungen beispielsweise über die Wahl zum Deutschen Bundestag, die Stellung der Abgeordneten, die Wahlberechtigung, die Länge der Wahlperiode (vier Jahre), Verhandlungen und Abstimmungen sowie das Ausschusswesen. Sie bilden die Grundlage für Stellung und Arbeit des Deutschen Bundestags. Fast noch wichtiger für die tägliche Arbeit ist die Geschäftsordnung des Deutschen Bundestages (GOBT). Zu Anfang einer Wahlperiode beschließt der Bundestag die Geschäftsordnung, wobei häufig die der vorherigen Wahlperiode übernommen wird. In der Geschäftsordnung ist z. B. festgelegt, wie der Bundeskanzler und das Präsidium des Bundestags gewählt werden. Es finden sich gleichfalls Ausführungen zu den Aufgaben und Rechten des Präsidiums, der Fraktionen und der einzelnen Abgeordneten. Selbst an eine Urlaubsregelung für die Abgeordneten wurde gedacht. Von Bedeutung sind insbesondere die Regelungen über die Aufstellung der Tagesordnung, die Einberufung von Sitzungen, die Verteilung der Redezeiten, die Bildung von Ausschüssen und die Behandlung von Vorlagen.

Geschäftsordnung des Deutschen Bundestages

Während mit den Bestimmungen des Grundgesetzes und den Vorschriften der Geschäftsordnung die formale Bedeutung des Deutschen Bundestags bezeichnet ist und die Regeln für seine Arbeit formuliert sind, werden seine Leistungen für das politische System Deutschlands eher durch die ihm zugeschriebenen Funktionen deutlich. Diese werden weiter unten genauer analysiert. Vorher muss jedoch dargelegt werden, wie der Bundestag überhaupt gebildet wird. Auch soll zuvor noch ein Blick in das Innere des Bundestags geworfen werden.

Definition

Geschäftsordnung
Genau wie viele andere Gremien auch arbeitet der Deutsche Bundestag auf der Grundlage einer Geschäftsordnung. In ihr sind die Verfahrensregeln niedergeschrieben, nach denen sich die Abläufe im Bundestag richten müssen. Es finden sich beispielsweise Vorschriften über die Wahl des Bundestagspräsidenten und seiner Stellvertreter sowie des Bundeskanzlers. Darüber hinaus gibt es Vorschriften über die Fraktionen, die Abgeordneten, die Tagesordnung, die Ausschüsse, die Behandlung von Vorlagen und Petitionen usw.

3.3.3 Die Wahl zum Deutschen Bundestag

Die 598 Abgeordneten des Deutschen Bundestags werden in allgemeiner, unmittelbarer, freier, gleicher und geheimer Wahl vom Volk direkt gewählt. Dies ergibt sich aus dem Grundgesetz. Die genaueren Regeln finden sich im Bundeswahlgesetz. Das Wahlgebiet ist in 299 Wahlkreise eingeteilt, in denen der Bürger an seinem Wohnsitz seine zwei Stimmen abgeben kann. Mit der Erststimme wählt er den Wahlkreisabgeordneten. Gewählt ist, wer die meisten Stimmen auf sich vereinigt. Wichtiger für das Stimmenverhältnis im Bundestag ist jedoch die Zweitstimme. Denn sie entscheidet im Wesentlichen, wie viele Abgeordnete eine Partei in den Bundestag entsenden kann. Das Verhältnis der Zweitstimmen einer Partei zu allen abgegebenen Stimmen bestimmt das Verhältnis der Zahl der Abgeordneten einer Partei zur Zahl aller Abgeordneten. Dabei werden zuerst die direkt gewählten Kandidaten berücksichtigt und anschließend die Kandidaten der Landesliste in der Reihenfolge, wie sie auf der Liste stehen. Erringt eine Partei mehr Direktmandate als ihr nach dem Zweitstimmenanteil zustehen, erhält die jeweilige Partei sogenannte Überhangmandate. In diesem Fall kommt dann niemand über die Liste in den Bundestag. Allerdings werden viele der aussichtsreichen Kandidaten sowieso ein Direktmandat gewonnen haben. Tritt jedoch der Fall ein, dass die gewählten Abgeordneten nach Landesliste »aufgefüllt« werden, zeigt sich, wie wichtig es ist, über einen vorderen Listenplatz zu verfügen. Über die Reihenfolge auf den Listen entscheiden die Parteien auf ihren Parteitagen. Somit wird deutlich, welch starken Einfluss sie auf die Zusammensetzung des Bundestags haben.

Erststimme und Zweitstimme

Überhangmandate

Überhangmandate wurden in letzter Zeit zunehmend kritisiert. Sie würden die Wahlrechtsgleichheit und die Chancengleichheit von Parteien bei Wahlen verletzen. Tatsächlich war es in der Praxis möglich, dass eine Partei bei der Zunahme ihrer Zweitstimmen ein Überhangmandat verlor, ohne dass sie dafür ein zusätzliches Listenmandat erhielt.

Negatives Stimmengewicht

Da Zweitstimmen also eine negative Wirkung auf die Zahl der Abgeordnetensitze entfalten konnten, sprach man von einem negativen Stimmengewicht. So hätte die Partei DIE LINKE bei der Bundestagswahl 2009 nach altem Wahlrecht einen weiteren Abgeordnetensitz in NRW erhalten, wenn 40.000 ihrer Wähler in Berlin nicht zur Wahl gegangen wären. Die verfassungsrechtlich vorgegebene Wahlrechtsgleichheit war damit verletzt, weil nicht jede abgegebene Stimme den gleichen Effekt hatte. Dies wiederum hatte Auswirkungen auf die Chancengleichheit der Parteien. Bei einem knappen Wahlausgang war es grundsätzlich möglich, dass Parteien die Mehrheit der Sitze im Bundestag erlangten, die nicht über die Mehrheit der Zweitstimmen verfügten.

Das in dieser Frage von Bundestagsabgeordneten der SPD und von Bündnis 90/Die Grünen angerufene Bundesverfassungsgericht urteilte am 25. Juli 2012, dass das Wahlgesetz verfassungswidrig sei. In seinem Urteil erklärte das Gericht, dass das Wahlgesetz nicht nur gegen die Grundsätze der Wahlrechtsgleichheit und der Chancengleichheit verstoße, sondern auch gegen den der Unmittelbarkeit der Wahl. Da die Bürger wegen des möglichen negativen Stimmengewichts nicht mehr erkennen könnten, wie sich ihre Stimmen auf den Erfolg oder Misserfolg der gewählten Partei auswirkt, verstoße das bisherige Wahlrecht gegen den Wahlrechtsgrundsatz der Unmittelbarkeit (Art. 38 I GG). Ihm zufolge müssen abgegebene Stimmen unmittelbar auf die Verteilung der Abgeordnetensitze wirken.

Der Gesetzgeber reagierte auf das Urteil des Bundesverfassungsgerichts mit der Neufassung des Wahlrechts.

Ausgleichsmandate

Seit der Bundestagswahl im September 2013 gilt folgende Regelung: Hat eine Partei Überhangmandate bekommen, erhalten die anderen Parteien sogenannte Ausgleichmandate, sodass alle Parteien unter Berücksichtigung der Stimmenverhältnisse der Landeslisten wieder entsprechend ihres Zweitstimmenanteils im Bundestag vertreten sind. Richtschnur des neuen Bundeswahlgesetzes ist also die Einhaltung des Zweitstimmenproporzes, womit die hohe Bedeutung der Verhältniswahl in unserem Wahlrecht unterstrichen wird. Das deutsche *personalisierte Verhältniswahlrecht* wurde mit der Änderung des Wahlrechts im Jahre 2013 also noch sehr viel deutlicher zum Verhältniswahlrecht, bei dem Anteile eines Direktwahlrechts einfließen, ohne dass diese die Stärke einer Partei im Bundestag beeinflussen können. Aber auch die Einführung von Ausgleichmandaten wurde kritisiert. Denn mit ihnen kann sich die Zahl der Abgeordneten massiv erhöhen. So wurden

29 Ausgleichmandate geschaffen, um die vier Überhangsmandate, welche die CDU bei der Bundestagswahl 2013 errang, auszugleichen. Wegen des erforderlichen Ausgleichs der Landeslisten untereinander erhielt auch die CDU 13 Ausgleichsmandate. Auch das nicht ganz leicht zu verstehende Verfahren zur Ermittlung der Zahl der Ausgleichsmandate wird kritisiert.

Zusammenfassung

Die Wahl des Deutschen Bundestags

Die 598 Abgeordneten des Deutschen Bundestags werden in 299 Wahlkreisen in allgemeiner, unmittelbarer, freier, gleicher und geheimer Wahl vom Volk gewählt. Jeder Bürger hat zwei Stimmen. Wer die meisten Erststimmen in einem Wahlkreis erhält, ist als Direktkandidat gewählt. Mit der Zweitstimme wird eine Parteiliste gewählt. Die für sie abgegebenen Stimmen entscheiden letztlich, wie viele Sitze eine Partei erringt. Denn die Zahl der Abgeordneten einer Partei ergibt sich aus dem Verhältnis der Parteistimmen zu allen abgegebenen Stimmen. Bei der Verteilung der Sitze werden zunächst die Direktkandidaten und dann die Kandidaten in der Reihenfolge der Liste berücksichtigt. Erringt eine Partei mehr Direktmandate als ihr nach Listenergebnis zustehen würden, erhält sie die restlichen Mandate zusätzlich als sogenannte Überhangmandate. Die anderen Parteien erhalten dann Ausgleichsmandate bis der Anteil ihrer Abgeordneten an der Gesamtzahl der Abgeordneten dem Anteil ihrer Zweitstimmen an allen abgegebenen Stimmen einspricht. Dabei wird zusätzlich darauf geachtet, dass das Verhältnis der Landeslisten zueinander gewahrt bleibt.

Nicht jede Partei, für die Stimmen bei einer Bundestagswahl abgegeben werden, kann Abgeordnete in den Deutschen Bundestag entsenden. Hierfür muss sie die Fünf-Prozent-Hürde überspringen, d.h., dass sie mehr als 5% der abgegebenen Zweitstimmen erzielt haben muss. Davon nicht betroffen sind die Mitglieder einer Partei, die einen Wahlkreis direkt gewonnen haben. Sie ziehen als Abgeordnete in den Bundestag selbst dann ein, wenn ihre Partei bei den Zweitstimmen unter der Fünf-Prozent-Hürde geblieben ist. Kann eine Partei drei oder mehr Direktmandate gewinnen, schlagen zudem ihre Zweitstimmen auch dann zu Buche, wenn sie weniger als 5% erreicht hat. Dies war bei der Bundestagswahl 1994 bei der PDS der Fall. Obwohl sie nur 4,4% der abgegebenen Zweitstimmen bekommen hatte, durfte sie mit 30 Abgeordneten in den Bundestag einziehen, weil sie vier Direktmandate errungen hatte. Erzielt eine Partei ein oder zwei Direktmandate, überwindet aber die Fünf-Prozent-Hürde nicht, zieht sie nur mit diesen Direktmandaten in den Bundestag ein. Dies war bei der PDS bei der Bundestagswahl von 2002 der Fall, als sie zwei Direktmandate gewann und somit zwei Abgeordnete im Bundestag stellte. Da sich in aller Regel nur die Abgeordneten einer Partei bzw. von Schwesterparteien in einer gemeinsamen Fraktion organisieren, verfügen Parteien, die aufgrund ihrer Direktmandate in den Bundestag gelangen, ohne die Fünf-Prozent-Hürde zu überspringen, allerdings nicht über den Fraktionsstatus. Sie werden allenfalls als Gruppe anerkannt (s. u.).

Fünf-Prozent-Klausel: pro und contra

Die Fünf-Prozent-Hürde lässt sich durchaus kritisieren. Sie behindere – so wird gegen sie eingewendet – das Entstehen kleinerer Parteien und sei damit wettbewerbsverzerrend. Gegen die Gleichbehandlung aller Wählerstimmen spricht jedoch, dass eine große Zahl von kleineren Parteien die Regierungsbildung substanziell erschwert. Denn müssen sich viele zum Teil kleine und sehr kleine Parteien auf eine gemeinsame Koalition einigen, die dann auch noch Bestand haben soll, sind die Verhandlungen in der Regel langwierig. Wenn die Gemeinsamkeiten zu gering ausfallen, kann dies im Einzelfall sogar zur Handlungsunfähigkeit führen. Die Fünf-Prozent-Klausel soll also einer Parteienzersplitterung vorbeugen, damit Parlament und Regierung arbeitsfähig sind.

Nachdem die Fünf-Prozent-Hürde mittlerweile für die kommunale und europäische Ebene abgeschafft ist, wird diskutiert, ob die Hürde nicht auch bei Bundestagswahlen auf drei Prozent abgesenkt werden solle oder ob sie gar ganz zu streichen sei. Dabei wird argumentiert, dass der Anteil der Wähler der sonstigen, nicht im Bundestag vertretenen Parteien stetig anwachse. Bei der Bundestagswahl 2013 seien immerhin 15,7 % der Stimmen auf solche Parteien entfallen. Diese Stimmen blieben angesichts der geltenden Sperrklausel bei der Zusammensetzung des Bundestags völlig unberücksichtigt. Dagegen wird eingewendet, dass die Fraktionen im EU-Parlament keine Regierungen zu bilden hätten, eine Zersplitterung der Parteienlandschaft habe also keine negativen Auswirkungen. Ähnliches gelte für die kommunale Ebene, auf der die (Ober-)Bürgermeister und Landräte mittlerweile direkt gewählt werden. Anders sei dies auf Bundesebene. Hier sei für eine erfolgreiche Regierungsbildung eine überschaubare Anzahl von Parteien notwendig.

3.3.4 | Der innere Aufbau des Deutschen Bundestags

Fraktionen

Der Deutsche Bundestag ist insbesondere in Fraktionen und Ausschüsse untergliedert. Fraktionen spielen dabei insbesondere bei der Organisation einer Partei oder einer Verbindung von Parteien (wie bei CDU und CSU) eine Rolle. Um eine Fraktion bilden zu können, muss eine Gruppe von Abgeordneten mindestens über fünf Prozent der Abgeordnetenmandate verfügen. Der Fraktionsstatus ist wiederum wichtig, weil von ihm eine ganze Reihe von Rechten und auch Ressourcen abhängen. So sind Fraktionen berechtigt, die Mitglieder von Ausschüssen und des Ältestenrates zu benennen (Ältestenrat: Gremium zur Steuerung des Bundestags, das aus dem Präsidenten, den Vizepräsidenten und 23 weiteren Abgeordneten besteht. Es beschließt über innere Angelegenheiten des Bundestags, so beispielsweise über die Tagesordnung). Erst ab Fraktionsstärke dürfen Vorlagen (dazu gehören Gesetzentwürfe, Beschlussempfehlungen, Große und Kleine Anfragen) eingebracht werden. Allerdings ist es auch möglich, dass ein Gesetzentwurf von Abgeordneten ganz unterschiedlicher Parteien unterstützt wird. Wichtig ist nur, dass dies 5% der Abgeordneten tun.

Gruppen

Zählt ein Zusammenschluss von Abgeordneten weniger als 5% aller Abgeordneten, kann er als Gruppe anerkannt werden. Nach anfänglichen Auseinandersetzungen sind die Rechte von Gruppen im Deutschen Bundestag mittlerweile ansatzweise geklärt worden. So stehen einer Gruppe entsprechend ihrer Stärke Sitze in Ausschüssen zu. Kein Anspruch besteht – so das Bundesverfassungsgericht – auf den Vorsitz in einem Ausschuss, auf einen Sitz in Untersuchungsausschüssen, in Enquete-Kommissionen, im Vermittlungsausschuss und im Gemeinsamen Ausschuss. Auch haben Gruppen kein Anrecht auf den vollen Fraktionszuschuss (öffentliche Gelder, mit denen die Fraktionen ihr Personal und ihre Sachaufwendungen finanzieren).

Definition

Fraktionen und Gruppen
Abgeordnete einer Partei oder miteinander verbundener Parteien können sich zu Fraktionen oder Gruppen zusammenschließen. Eine Fraktion darf ab einem Abgeordnetenanteil von 5% gegründet werden. Liegt der Anteil darunter, kann eine Gruppe gebildet werden. Im Vergleich zu Fraktionen sind die Rechte von Gruppen eingeschränkt. Beide sind Ausdruck der Binnendifferenzierung des Bundestags.

Ausschüsse

In den Ausschüssen des Bundestags wird die eigentliche gesetzgeberische Arbeit geleistet. Der Begriff des Arbeitsparlaments spiegelt diesen Aspekt der parlamentarischen Arbeit wider und macht deutlich, dass das Parlament noch in einem anderen Gewand als dem des Redeparlaments auftritt. Denn der Begriff des Redeparlaments entspringt der Beobachtung der Reden, die im Plenum des Parlaments, d.h. der Versammlung aller Bundestagsabgeordneten, gehalten werden. Auf der Arbeitsebene des Parlaments gibt es einige Ausschüsse, die bereits im Grundgesetz vorgeschrieben sind: so der Ausschuss für Angelegenheiten der Europäischen Union, der Ausschuss für auswärtige Angelegenheiten, der Verteidigungsausschuss und der Petitionsausschuss. Der Wahlprüfungsausschuss und der Haushaltsausschuss sind durch einfaches Gesetz vorgeschrieben. Daneben gibt es zahlreiche Fachausschüsse, deren Zuständigkeitsbereiche in der Regel denen der jeweiligen Bundesministerien entsprechen. Beispielhaft seien hier der Innenausschuss, der Ausschuss für Bildung, Forschung und Technikfolgenabschätzung und der Ausschuss für Tourismus genannt. Letzterer ist allerdings ein Beispiel für einen Ausschuss, der sich nicht am Aufgabengebiet eines Ministeriums orientiert, sondern ressortübergreifend agiert.

Mitglieder und Arbeitsweise

Die Zahl der Ausschussmitglieder liegt zwischen 15 und 48 Mitgliedern. Abgeordnete sind meist in ein oder zwei Ausschüssen ordentliches Mitglied und in etwa gleich vielen stellvertretendes Mitglied. Die Arbeit in Ausschüssen gibt den Bundestagsabgeordneten die Möglichkeit, sich auf bestimmte Gesetzgebungsmaterien zu konzentrieren und sich eine gewisse Fachkenntnis zu erwerben. Dies ist eine wichtige Möglichkeit, um – selbst angesichts der Unterstützung durch Mitarbeiter und den wissenschaftlichen Dienst des Deutschen Bundestags – nicht in der Vielzahl von Vorlagen zu »ertrinken«. Die Beschlüsse der Ausschüsse sind für den Bundestag nicht verbindlich; sie sprechen lediglich Beschlussempfehlungen aus. Allerdings werden die Empfehlungen vom Plenum häufig angenommen, weil in den Ausschüssen bereits eine Abstimmung zwischen den Fraktionen erfolgt ist. Dabei wird auch wiederum die herrschende Arbeitsteilung deutlich: Die Abgeordneten verlassen sich gegenseitig darauf, dass die Parteifreunde in den anderen Ausschüssen vernünftige Arbeit leisten. Vertrauen und vielleicht auch Überforderung, alle Gesetzentwürfe eigenhändig zu prüfen, sind also eine wichtige Grundlage für die praktizierte Arbeitsteilung.

Die Ausschüsse tagen überwiegend nicht öffentlich. Das heißt jedoch nicht, dass die Parlamentarier unter sich sind. Vielmehr nehmen zahlreiche

Rolle der Beamten

Ministerialbeamte an den Sitzungen teil. Während die Ministerialbeamten aus den Ländern zahlenmäßig dominieren, spielen die Bundesbeamten die aktivere Rolle. Sie bringen die Perspektive der Exekutive ein und leisten durchaus schon mal Formulierungshilfen. Neben der Einflussnahme im Referentenstadium eines Gesetzentwurfs (→ vgl. Kapitel 3.4.2.2) sind die Aus-

Anlaufstelle für Interessengruppen

schüsse und die Ausschussmitglieder wichtigste Anlaufstelle für Interessengruppen (→ vgl. Kapitel 3.1), die Einfluss auf die Gesetzgebung nehmen wollen. Dies ergibt sich aus den zwei Charakteristika des Ausschusswesens des Deutschen Bundestags.

- Erstens wird in den Ausschüssen inhaltlich an den Gesetzentwürfen gearbeitet und diese werden hier auch verändert. Damit ist dann auch Raum für Veränderungen, die von Interessengruppen initiiert wurden.

- Zweitens erleichtert die weitgehende Nichtöffentlichkeit der Beratungen eine Einflussnahme, weil Veränderungen nicht unmittelbar sichtbar werden und nicht so leicht auf die Einflussnahme von Interessengruppen zurückgeführt werden können.

Enquete-Kommissionen

Eine wichtige Unterform stellen Enquete-Kommissionen dar. Sie dienen der auch wissenschaftlich fundierten Vorbereitung von Entscheidungen zu schwierigen Sachkomplexen. Ein Blick auf die Themen, mit denen sich Enquete-Kommissionen befassen (beispielsweise »Globalisierung der Weltwirtschaft – Herausforderungen und Antworten« oder »Recht und Ethik der modernen Medizin«) lässt deutlich werden, dass diese von grundsätzlicher und langfristiger Bedeutung sind. Um der besonderen Aufgabe von Enquete-Kommissionen gerecht zu werden, sind ihre Mitglieder nicht nur Abgeordnete, sondern auch meist wissenschaftlich ausgewiesene Sachverständige. Empirische Beispiele zeigen jedoch, dass der Einfluss der Wissenschaftler in der Regel beschränkt bleibt.

Zusammenfassung

Ausschüsse

Während im Plenum des Deutschen Bundestags die Reden für das Publikum gehalten werden, findet die eigentliche gesetzgeberische Arbeit in den zahlreichen Ausschüssen statt (Bundestag als Rede- und Arbeitsparlament). Einige dieser Ausschüsse sind von so zentraler Bedeutung, dass sie sogar grundgesetzlich vorgeschrieben sind (der Ausschuss für Angelegenheiten der Europäischen Union, der Ausschuss für auswärtige Angelegenheiten, der Verteidigungsausschuss und der Petitionsausschuss). Andere wie der Wahlprüfungs- und der Haushaltsausschuss sind durch einfache Gesetze vorgeschrieben. Über den Zuschnitt der zahlreichen Fachausschüsse entscheidet der Bundestag in Anlehnung an den Geschäftsbereich der Bundesministerien, wobei es auch spezialisierte Ausschüsse gibt, deren Aufgabengebiet deutlich kleiner als das eines Ministeriums ist.

Die Abgeordneten sind – je nach Größe ihrer Fraktion – Mitglied in ein oder zwei Ausschüssen. Darüber hinaus sind sie stellvertretendes Mitglied in weiteren Ausschüssen für den Fall, dass das ordentliche Mitglied verhindert ist. Das Ausschusswesen mit seinen zahlreichen Fachausschüssen ermöglicht eine dringend notwendige inhaltliche Spezialisierung der Abgeordneten durch Arbeitsteilung.

Daneben können nach Bedarf Untersuchungsausschüsse (→ vgl. Kapitel 3.3.5.3) und Enquete-Kommissionen eingerichtet werden. Erstere dienen der Untersuchung von problematischen Vorgängen in der Regierung und Letztere der Aufarbeitung eines gesellschaftlichen Problems von grundsätzlicher Bedeutung, wobei externe Sachverständige als Mitglieder hinzugezogen werden.

3.3.5 | Die Funktionen des Deutschen Bundestags

Mit der Wahlfunktion, der Gesetzgebungsfunktion und der Kontrollfunktion sind die wichtigsten Funktionen des Deutschen Bundestags benannt (zu den Parlamentsfunktionen (→ vgl. Kapitel 2.4.6).

3.3.5.1 | Wahlfunktion

Der Deutsche Bundestag erfüllt im politischen System Deutschlands die wichtige Funktion, bedeutsame Ämter durch Wahl zu besetzen.

Übersicht

Der Deutsche Bundestag wählt

Der Deutsche Bundestag nimmt seine Wahlfunktion wahr durch:

- Wahl des Bundeskanzlers (Art. 63 GG).
- Wahl des Bundespräsidenten; diese erfolgt durch die Bundesversammlung, die sich aus den Mitgliedern des Bundestags und einer gleichen Zahl von Vertretern der Landtage zusammensetzt (Art. 54 Abs. 3 GG). Als Besonderheit ergibt sich hier, dass die Landesverbände der Parteien dazu übergegangen sind, nicht nur Parlamentarier, sondern auch der eigenen Partei nahe stehende Prominente zu entsenden.
- Wahl der Hälfte der Bundesverfassungsrichter (die andere Hälfte wählt der Bundesrat, (→ vgl. Kapitel 3.3.1)), nicht jedoch durch den gesamten Bundestag, sondern durch einen zwölfköpfigen Wahlausschuss. Dieser wird – vereinfachend ausgedrückt – entsprechend der Stärke der Bundestagsfraktionen vom Bundestag gewählt (§ 6 Abs. 2 Bundesverfassungsgerichtsgesetz).
- Entsendung der 16 Vertreter des Bundestags in den Vermittlungsausschuss (→ vgl. Kapitel 3.3.5.2) entsprechend der Fraktionsstärken.

Wahl des Bundeskanzlers

In parlamentarischen Systemen offenbart sich die Macht des Parlaments insbesondere in der Wahl des Regierungschefs. Denn ohne eine Mehrheit im Parlament kann er nicht ins Amt gelangen. Bei der Wahl des deutschen Bundeskanzlers müssen drei Phasen unterschieden werden. Jede dieser Phasen kann mit der Ernennung einer Bundeskanzlerin oder eines Bundeskanzlers durch den Bundespräsidenten abgeschlossen werden. In einem solchen Fall ist die Wahl beendet, die anderen Phasen kommen also nicht mehr zum Tragen. Dabei gestaltet sich die Wahl wie in Abbildung 22 dargestellt. Erlangt der Kandidat in der dritten Phase lediglich die einfache Mehrheit (= Mehrheit der abgegebenen Stimmen, ohne dass die Mehrheit der Stimmen aller Abgeordneten [= absolute Mehrheit] erreicht wird) kann der

Die Wahl des Bundeskanzlers | **Abb. 22**

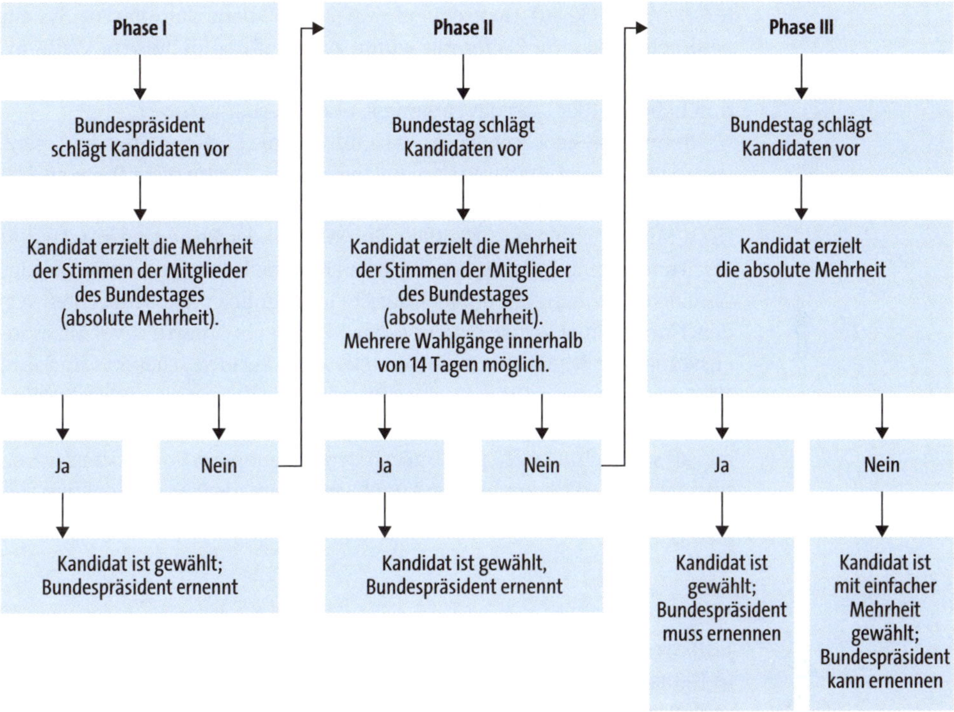

Bundespräsident ihn zum Bundeskanzler ernennen, muss es aber nicht. Entschließt sich der Bundespräsident, den Kandidaten nicht zum Bundeskanzler zu ernennen, muss er den Bundestag auflösen. Es kommt dann zu Neuwahlen. Der Bundespräsident wird bei seiner Entscheidung berücksichtigen, wie groß die Wahrscheinlichkeit ist, dass es bei Neuwahlen zu anderen politischen Kräfteverhältnissen kommt, die gegebenenfalls eine Wahl des Bundeskanzlers mit absoluter Mehrheit ermöglichen.

Konstruktives Misstrauensvotum

Ein wichtiges Kennzeichen von parlamentarischen Systemen ist neben der Wahl auch die Möglichkeit der Abwahl des Regierungschefs. Hierfür sind in Deutschland mit dem sogenannten konstruktiven Misstrauensvotum die Anforderungen relativ hoch (siehe Art. 67 GG). Der Bundestag kann einen Bundeskanzler nämlich nur abwählen, wenn er sich gleichzeitig auf einen Nachfolger einigt. Dies ist sehr viel schwieriger als eine reine Abwahl. Denn die Mehrheit muss sich nicht nur darauf einigen, jemanden aus dem Amt zu »jagen«, sondern sie muss sich auch auf einen Nachfolger verständigen. Die Messlatte liegt mit dem Aspekt des Konstruktiven – also der gleichzeitigen Einigung auf einen Nachfolger – so hoch, dass Karl Loewenstein (1959) mit Blick auf Deutschland von einem »demoautoritären« System gesprochen hat. Die Regierung würde zwar auf demokratische Weise ins Amt gelangen. Danach könne sie ihr Amt jedoch ohne jede Begrenzung durch die Wähler oder das Parlament, also autoritär ausüben.

Wenn diese Sichtweise auch verkennt, dass die Regierung für die Gesetzgebung zwingend auf das Parlament angewiesen ist, also nicht frei vom Parlament regieren kann, wird doch die stabilisierende Wirkung des konstruktiven Misstrauensvotums deutlich. Ein Wechsel der Regierungen während der laufenden Legislaturperiode in u.U. schneller Folge konnte in der Geschichte der Bundesrepublik Deutschland nämlich nicht beobachtet werden. Nur zweimal wurde bislang versucht, über ein konstruktives Misstrauensvotum die Regierung abzulösen. Der erste Versuch scheiterte im Jahre 1972, als Oppositionsführer Rainer Barzel (CDU) den amtierenden Bundeskanzler Willy Brandt (SPD) nicht verdrängen konnte. Anders sah dies 1982 aus, als sich Helmut Kohl (CDU) gegen den amtierenden Bundeskanzler Helmut Schmidt (SPD) durchsetzen konnte, nachdem die FDP die Koalition mit der SPD verlassen und eine Koalition mit der CDU/CSU eingegangen war.

Zusammenfassung

Konstruktives Misstrauensvotum

In Deutschland kann der Bundeskanzler nur durch das konstruktive Misstrauensvotum abgewählt werden. Dabei ist es nicht hinreichend, dass der Bundestag ihm mit der Mehrheit seiner Mitglieder das Misstrauen ausspricht. Vielmehr muss sich der Bundestag gleichzeitig auf einen Nachfolger einigen. Dieser letzte Aspekt macht das Konstruktive am Misstrauensvotum aus.

3.3.5.2 Gesetzgebungsfunktion

Der deutsche Bundestag beschließt die Gesetze, die auf dem Gebiet der Bundesrepublik Deutschland gelten. Dabei sind die Länder über den Bundesrat an der Gesetzgebung des Bundes zu beteiligen. Das Recht, Gesetzentwürfe in den Bundestag einzubringen (Initiativrecht), haben jedoch drei Verfassungsorgane: der Bundestag selbst, der Bundesrat und die Bundesregierung (Art. 76 Abs. 1 GG). Da der Bundestag über jeden Gesetzentwurf beraten und abstimmen muss, genügen 5% der Bundestagsabgeordneten, um einen Gesetzentwurf aus der Mitte des Bundestags einzubringen. Bevor die Gesetzentwürfe von Bundesrat und Bundesregierung im Bundestag behandelt

Wer darf Gesetze einbringen?

werden, hat das jeweils andere Verfassungsorgan die Möglichkeit, Stellung zu dem jeweiligen Gesetzentwurf zu beziehen. Hierbei ist in der Regel eine Frist von sechs Wochen einzuhalten.

Erste Lesung

Die eigentliche Beratung im Bundestag beginnt mit der sogenannten ersten Lesung. In dieser ersten Beratung findet eine nur allgemeine Aussprache über den Gesetzentwurf statt. Diese kann jedoch auch entfallen, wenn hieran kein Interesse besteht (für Details siehe § 79 der Geschäftsordnung des Deutschen Bundestages). Sie endet in aller Regel mit der Überweisung des Gesetzentwurfs an einen oder mehrere Fachausschüsse. Wird der Gesetzentwurf vom Parlament an mehr als einen Ausschuss überwiesen, wird ein federführender Ausschuss bestimmt. In den Fachausschüssen wird die eigentliche Arbeit an dem Gesetzentwurf im Detail geleistet (→ vgl. Kapitel 3.3.4). Hier ist auch der Ort, an dem Interessenvertreter versuchen, nochmals Einfluss auf den Gesetzentwurf zu nehmen, wenn ihnen dies nicht zu ihrer vollen Zufriedenheit während dessen Formulierung in dem zuständigen Ministerium gelungen ist (→ vgl. Kapitel 3.4.2.2). Häufig lädt ein Ausschuss auch Wissenschaftler und Interessenvertreter zu einer sogenannten Anhörung ein. Dabei geht es jedoch nicht unbedingt um eine reine Wissensgenerierung. Denn sowohl die Regierungsseite als auch die Opposition laden gerne Experten ein, von denen sie sich eine Stärkung der eigenen Position versprechen. Die Fachleute der Gegenseite werden außerdem nicht selten hart befragt, um deren Position zu erschüttern.

Ausschussphase

Zweite Lesung

Mit Zweidrittelmehrheit kann der Bundestag beschließen, dass sogleich – ohne Überweisung an die Ausschüsse – mit der zweiten Beratungsphase begonnen wird. In dieser zweiten Lesung werden die einzelnen Bestimmungen des Gesetzentwurfs beraten und beschlossen. Auch einzelne Abgeordnete können hierbei Änderungsanträge stellen. Solange noch nicht über die letzte Einzelbestimmung abgestimmt worden ist, kann der Gesetzentwurf auch an einen Ausschuss (zurück)verwiesen werden. Bei völkerrechtlichen Verträgen sind Änderungsanträge jedoch nicht zulässig. In der dritten Lesung wird der Gesetzentwurf noch einmal als Ganzes diskutiert. Dabei sind Änderungsanträge von mindestens 5 % der Mitglieder des Bundestags zu den in der zweiten Lesung geänderten Bestimmungen möglich. Die dritte Lesung endet mit einer Schlussabstimmung; sie stellt den Gesetzesbeschluss nach Art. 77 Abs. 1 GG dar. Solange sie noch nicht erfolgt ist, kann der Entwurf wiederum an einen Ausschuss des Bundestags zurücküberwiesen werden.

Dritte Lesung und Schlussabstimmung

Mitwirkungsrechte des Bundesrats

Nach der Schlussabstimmung wird der Gesetzentwurf dem Bundesrat zur Beschlussfassung zugeleitet. Obwohl der Bundesrat kein dem Bundestag gleichberechtigtes Gesetzgebungsorgan ist, verfügt er durchaus über weitreichende Mitwirkungsrechte. Diese hängen im Detail davon ab, ob ein Einspruchs- oder um ein Zustimmungsgesetz beraten wird. Um welche Art von

Gesetz es sich handelt, ist im Grundgesetz in zahlreichen Einzelbestimmungen, die an ganz verschiedenen Stellen im Grundgesetz zu finden sind, festgelegt worden. Geht man das Risiko einer groben und tendenziell falschen Vereinfachung ein, kann man wagen zu formulieren, dass der Bundesrat immer dann die weitreichenden Mitwirkungsmöglichkeiten der Zustimmungsgesetze hat, wenn mit der entsprechenden Gesetzgebung in die Belange der Länder eingegriffen wird. Das ist beispielsweise der Fall, wenn ihre Finanzsituation durch Bundesgesetze verändert wird (Art. 105 Abs. 3 GG). Ist ein Gesetz nicht zustimmungsbedürftig, handelt es sich automatisch um ein Einspruchsgesetz. Als Ausnahme hiervon gilt allerdings die Regel, dass verfassungsändernde Gesetze jeweils einer Zweidrittelmehrheit in Bundestag und Bundesrat bedürfen. Sie sollten als eigene Kategorie neben den Einspruchs- und Zustimmungsgesetzen behandelt werden.

Einspruchsgesetze

Vermittlungsausschuss

Gegen Einspruchsgesetze kann der Bundesrat mit der Mehrheit seiner Stimmen Einspruch erheben. Bevor er dies darf, muss er jedoch den Vermittlungsausschuss anrufen. Bei diesem wichtigen Gremium handelt es sich um einen gemeinsamen Ausschuss von Bundestag und Bundesrat. Er ist mit jeweils 16 Vertretern des Bundestags und des Bundesrats besetzt. Die 16 Vertreter des Bundestags werden entsprechend der Stärke der in ihm vertretenen Fraktionen entsandt. Der Vermittlungsausschuss ist als die institutionelle Antwort auf die im Grundgesetz verankerte Herausforderung zu verstehen, die Gesetzgebung in einem Kooperationsverhältnis von Bund und Ländern zu gestalten. Hierzu kann der Vermittlungsausschuss Änderungen vorschlagen, die zwischen den verschiedenen Positionen vermitteln. Damit diese Gültigkeit erlangen, müssen anschließend sowohl der Bundestag als auch der Bundesrat zustimmen. Dabei können die geänderten Gesetzentwürfe nur als Ganzes angenommen oder zurückgewiesen werden. Eine Teilzustimmung ist nicht vorgesehen.

Zurückweisung eines Einspruchs des Bundesrats

Erhebt der Bundesrat endgültig Einspruch gegen einen Gesetzentwurf, kann der Bundestag diesen mit absoluter Mehrheit (Mehrheit der Mitglieder des Bundestags) zurückweisen. Erhebt der Bundesrat mit zwei Dritteln seiner Stimmen Einspruch, wird es etwas schwieriger für den Bundestag. Denn nun kann der Einspruch des Bundesrats nur mit einer Mehrheit von zwei Dritteln der abstimmenden Mitglieder des Bundestags zurückgewiesen werden. Da es sein kann, dass nicht alle Abgeordneten anwesend sind, müssen diese zwei Drittel der *abstimmenden* Mitglieder mindestens der Hälfte *aller* Mitglieder entsprechen (Art. 77 Abs. 4 GG). Einspruchsgesetze führen kaum zu Blockaden des Gesetzgebungssystems. Verfügt die Opposition des Bundestags jedoch über eine Zweidrittelmehrheit im Bundesrat, wird es schwer für die jeweilige Regierung. Denn in diesem Fall kann sie weder Zustimmungsgesetze noch Einspruchsgesetze durch den Bundesrat bringen. Sie ist damit zur weitgehenden Regierungsunfähigkeit verdammt. Allerdings ist es relativ unwahrscheinlich, dass die Opposition im Bundestag eine Zweidrittelmehrheit im Bundesrat erlangt. Hierfür müsste wirklich eine Mehrheit von zwei Dritteln ablehnender Stimmen zusammenkommen. Da eine substanzielle Zahl von Landesregierungen von Koalitionen geführt wird, und diese wegen der einheitlich abzugebenden Stimmen bei unterschiedlichen Auffassungen meist Stimmenenthaltung vereinbart haben, ist es sehr unwahrscheinlich, dass eine Gegenmehrheit von zwei Dritteln im Bundesrat organisiert werden kann (→ vgl. Kapitel 3.3.1).

Zustimmungsgesetze

Bei Zustimmungsgesetzen gehen die Möglichkeiten des Bundesrats sehr viel weiter. Verweigert er die Zustimmung, kann ein Gesetz nicht in Kraft treten. In der ersten Regierung Schröder (14. Legislaturperiode) waren immerhin 55,3 % aller Gesetzesbeschlüsse zustimmungspflichtig und in der zweiten Regierung Schröder (15. Legislaturperiode) 51 %. Infolge der Änderungen an der Verfassung, die im Zuge der Föderalismusreform I (2006) vorgenommen wurden, reduzierte sich der Anteil der Zustimmungsgesetze auf ca. 40 % (→ vgl. Kapitel 3.5.3) Aber auch dieser reduzierte Anteil ermöglicht dem Bundesrat eine weitreichende Mitsprache bei der Gesetzgebung des Bundes. Verweigert der Bundesrat die Zustimmung zu einem Gesetz, können Bundestag und Bundesregierung den Vermittlungsausschuss anrufen. Auch der Bundesrat kann dies von sich aus tun. Der Vermittlungsausschuss und die Behandlung seiner Vorschläge unterliegen den gleichen Regelungen, wie sie oben im Zusammenhang mit Einspruchsgesetzen dargestellt wurden. Wichtigster Unterschied ist jedoch, dass der Bundestag keine Möglichkeit hat, die vom Bundesrat verweigerte Zustimmung zurückzuweisen. Ein Zustimmungsgesetz, das ohne Zustimmung durch den Bundesrat bleibt, kann nicht in Kraft treten. Das entsprechende Gesetzgebungsverfahren ist gescheitert.

Blockade der Gesetzgebung

Wegen der Zustimmungsgesetze ist der Einfluss der Länder auf die Gesetzgebung des Bundes ganz erheblich. In der öffentlichen Debatte war deshalb immer wieder von der Blockadeanfälligkeit des deutschen Systems der Gesetzgebung die Rede. Sie führe zu einer Reformunfähigkeit des gesamten Gemeinwesens. Diese Kritik hat letztendlich zu einer Föderalismusreform geführt, die im September 2006 in Kraft trat. Ein wichtiges Element war die Reduzierung des Anteils der zustimmungsbedürftigen Gesetze. Ungeklärt bleibt jedoch, ob die schlichte Reduzierung des Anteils an zustimmungsbedürftigen Gesetzen bereits die Reformfähigkeit eines politischen Systems steigert. So wäre zu fragen, ob denn wichtige Reformvorhaben weiterhin der Zustimmungsbedürftigkeit unterliegen oder nicht. Es wäre also eine inhaltliche Gewichtung der einer Zustimmung unterliegenden Bereiche vorzunehmen (→ ausführlicher vgl. Kapitel 3.5.3).

Stimmen Bundesrat und Bundestag einem Gesetz jedoch zu, wird es vom Bundeskanzler/der Bundeskanzlerin und dem zuständigen Minister/der

Abb. 23 | *Der Gesetzgebungsprozess*

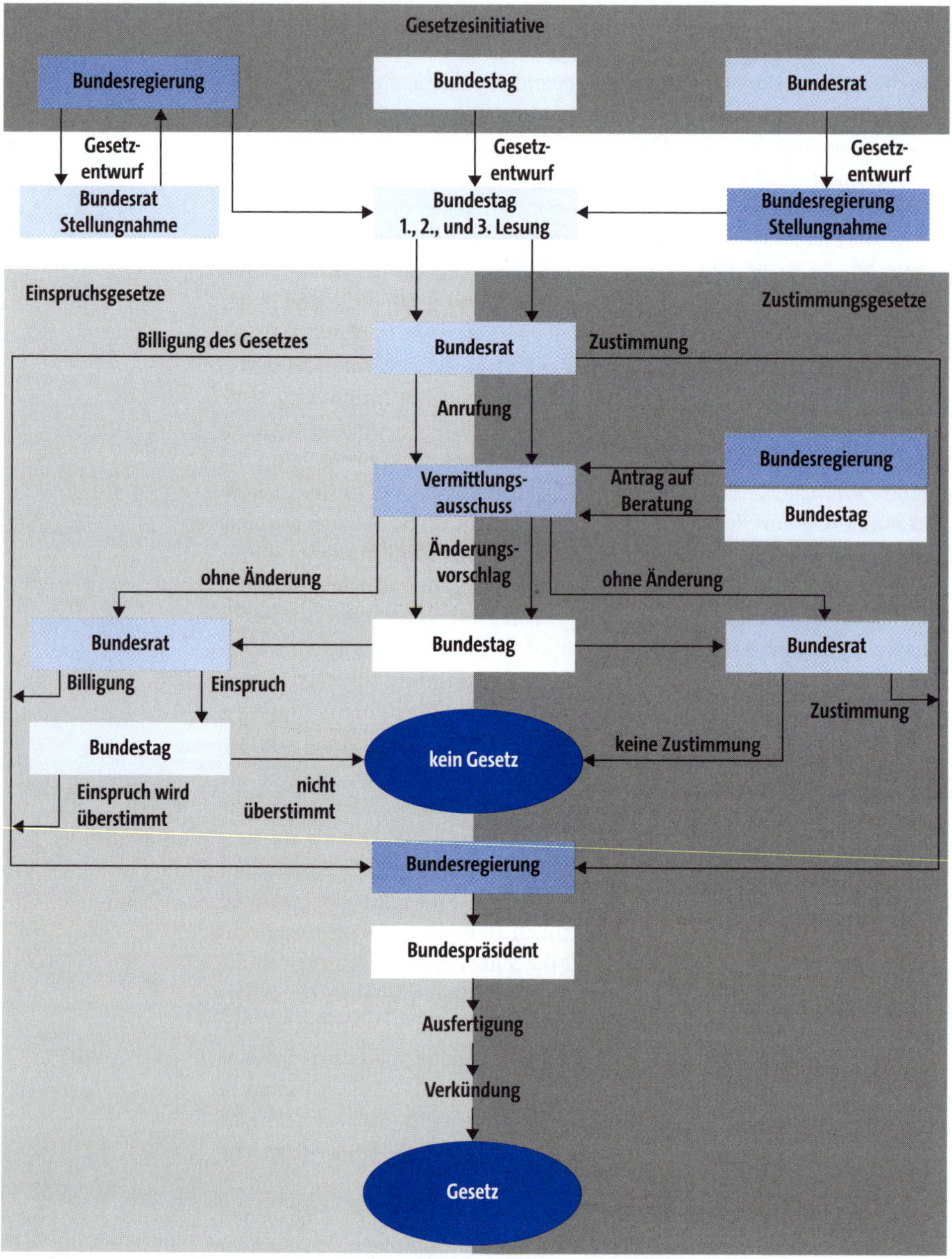

zuständigen Ministerin gegengezeichnet und dem Bundespräsidenten zur Ausfertigung zugeleitet. Der Bundespräsident lässt das Gesetz auf seine Verfassungsmäßigkeit überprüfen. Kommt er zu einem positiven Ergebnis, was in aller Regel der Fall sein sollte, weil bereits das Bundesjustizministerium jeden Gesetzentwurf auf seine Verfassungsmäßigkeit überprüft, unterschreibt er es. Anschließend wird es im Bundesgesetzblatt verkündet und tritt in Kraft. Dieser letzte Teil des Verfahrens ist für Einspruchs- und Zustimmungsgesetze gleich.

Kontrollfunktion

3.3.5.3

Die Kontrolle der Regierung durch das Parlament ist eine der traditionellen Funktionen, die sich bereits aus der Gewaltenteilungslehre ergibt (einer ihrer wichtigen Vertreter ist Montesquieu). Denn um Machtmissbrauch zu verhindern, sollen sich die drei Gewalten (Legislative, Exekutive und Judikative) gegenseitig kontrollieren (→ ausführlicher Kapitel 2.4.5). Dies zielt auch auf eine Stabilisierung des jeweiligen politischen Systems. Dabei muss man sich verdeutlichen, dass die in parlamentarischen Demokratien prinzipiell gegebene Möglichkeit der Abwahl sogar noch weiter gehend ist als die Kontrolle.

In der Realität kontrolliert – zumindest auf den ersten Blick – in parlamentarischen Demokratien nicht das gesamte Parlament, sondern nur die Opposition die Regierung. Hierfür spricht, dass die Kontrollinstrumente, die weiter unten vorgestellt werden, weit überwiegend von der Opposition genutzt werden. Dies ist auch nahe liegend, denn die Regierung wird ja von der oder den Regierungsfraktionen getragen. Folglich werden die Regierungsfraktionen es vermeiden, ihre eigene Regierung durch öffentlichkeitswirksame Maßnahmen zu schädigen. Tatsächlich gibt es einen engen Austausch zwischen den Regierungsfraktionen und den Abgeordneten der regierenden Parteien auf der einen Seite und den Ministern und den Ministerialbeamten auf der anderen Seite. Das kann so weit gehen, dass sich einzelne Abgeordnete der Regierungsparteien aus den Ministerien zuarbeiten lassen, sei es, dass sie mit Informationen versorgt werden, sei es, dass Redemanuskripte für die Abgeordneten geschrieben werden.

Die Opposition als Kontrollinstanz

Selbstverständlich relativiert diese Verfassungsrealität die normativ gemeinte Gewaltenteilungslehre. Sie wird von der jeweiligen parteipolitischen Konstellation überlagert. Allerdings darf dieser erste Eindruck nicht darüber hinweg täuschen, dass auch die Regierungsfraktionen – und ganz besonders diese – Einfluss auf die Regierung nehmen und sie kontrollieren. Nur müssen die Regierungsfraktionen und deren Mitglieder nicht auf die offiziellen Kontrollinstrumente zurückgreifen, sondern können sich sehr viel stärker informeller Einflussmöglichkeiten bedienen. Dabei wird eher nach Gemeinsamkeiten gesucht und weniger strikt kontrolliert. Meist ist diese Form der weichen Kontrolle sehr viel wirksamer als die harte öffentliche Form.

Informeller Einfluss der Regierungsfraktionen

Aber auch ein Parlament, dessen »harte« öffentliche Kontrollfunktion auf die Opposition beschränkt ist, hat Möglichkeiten der Kontrolle. Insgesamt dürfte die Sicherung der Freiheit, auf die es Montesquieu mit seiner Gewalteneilungslehre besonders ankam, nicht gefährdet sein. Folglich ist die angesprochene Relativierung der faktischen Gewaltenteilung hinnehmbar. Dies gilt umso mehr, als die parlamentarischen Kontrollrechte als Minderheitsrechte ausgestaltet sind. So sind Untersuchungsausschüsse bereits auf Antrag eines Viertels der Abgeordneten einzusetzen. Auch Große und Kleine Anfragen können schon von 5 % der Mitglieder des Bundestags eingebracht werden (siehe ausführlicher weiter unten). Insgesamt verfügt der Bundestag über ganz unterschiedliche Kontrollmöglichkeiten. Hierbei ist es sinnvoll, zwischen den folgenden Rechten zu unterscheiden:

Relativierung der Gewaltenteilung hinnehmbar

- Zitierungsrecht,
- Interpellationsrecht
- Untersuchungsrecht.

Zitierungsrecht

Als Zitierungsrecht wird das Recht des Bundestags und seiner Ausschüsse bezeichnet, die Anwesenheit der Mitglieder der Bundesregierung zu verlangen (Art. 43 Abs. 1 GG). Sie können also »herzitiert« werden. Das bedeutet auch, dass die Ministerinnen und Minister verpflichtet sind, die gewünschten Auskünfte präzise, umfassend und wahrheitsgemäß zu erteilen. Nur teilnahmslos bei einer Sitzung anwesend zu sein, widerspräche dem Sinn des Zitierungsrechts. In der politischen Realität kommt das Zitierungsrecht nur bei wichtigen Debatten zur Anwendung. Dann kann man aber davon ausgehen, dass die Regierungsmitglieder selbst Interesse daran haben, zumindest an den Sitzungen des Bundestags teilzunehmen, weil sie dort ihren Standpunkt auch für die Wähler darlegen können.

Definition

Zitierungsrecht
Das Zitierungsrecht ist eines der Instrumente, mit denen der Bundestag seine Kontrollfunktion ausüben kann. Es steht ihm nach Art. 43 Abs. 1 GG zu und besagt, dass Minister/Ministerinnen vor den Bundestag und seine Ausschüsse zitiert werden können. Dort haben sie umfassend, präzise und wahrheitsgemäß zu allen Fragen Auskünfte zu erteilen.

Interpellationsrecht

Das Interpellationsrecht des Bundestags (= wörtlich das Recht zu unterbrechen, eine Einrede zu führen) äußert sich konkret in einer ganzen Reihe von Möglichkeiten, mehr oder weniger umfassende Auskunft von der Bundesregierung zu erlangen. Genau genommen müsste sich die Regierung hieran nicht halten, denn es ist nicht – wie das Zitierungsrecht – im Grundgesetz, sondern nur in der Geschäftsordnung des Deutschen Bundestages geregelt. Allerdings ist es im Interesse der Bundesregierung nicht gegen dieses Recht zu verstoßen, weil der Bundestag ansonsten stärker von seinem Zitierungsrecht Gebrauch machen könnte. Konkret können die folgenden Möglichkeiten, Auskunft zu erlangen, unterschieden werden.

- Große Anfragen werden schriftlich von mindestens 5 % der Mitglieder des Bundestags an die Regierung gestellt. Sie können alle Bereiche des Regierungshandelns zum Gegenstand haben, müssen aber »kurz und bestimmt gefasst sein« (§ 100 der Geschäftsordnung des Deutschen Bundestages, kurz GOBT). Lehnt die Bundesregierung die Beantwortung grundsätzlich oder innerhalb der nächsten drei Wochen ab, kann eine Gruppe von mindestens 5 % der Abgeordneten durchsetzen, dass sie zur Beratung auf die Tagesordnung des Bundestags gesetzt wird. Die schriftlich gegebene Antwort auf eine Große Anfrage muss im Bundestag beraten werden, wenn wiederum 5 % der Abgeordneten dies verlangen. Große Anfragen werden in aller Regel zu wichtigen Fragen eingereicht. Meist versucht die Opposition mit Anfragen an Schwachstellen der Regierung anzusetzen. Folglich wird der weit überwiegende Anteil der Anfragen von der Opposition eingebracht. Gelegentlich werden Große Anfragen dazu genutzt, die Leistungen der Regierung herauszustellen. Dann bringt eine Regierungsfraktion die entsprechende Anfrage in den Bundestag ein.

Große Anfragen

- Kleine Anfragen sind genau wie Große Anfragen schriftlich beim Bundestagspräsidenten von mindestens 5 % der Bundestagsabgeordneten einzubringen. In der Regel stehen der Bundesregierung vierzehn Tage zur schriftlichen Beantwortung zur Verfügung. Die Antworten werden nicht im Bundestag debattiert, weshalb Kleine Anfragen auch eher für weniger wichtige Sachverhalte verwendet werden.

Kleine Anfragen

- Kurze Fragen einzelner Mitglieder des Bundestags sind ebenfalls in der Geschäftsordnung vorgesehen (§ 105 GOBT). Sie sind vorher schriftlich einzureichen und werden entweder in der Fragestunde einer Sitzungswoche mündlich oder aber schriftlich beantwortet. Schriftlich werden in der Regel Fragen beantwortet, die von regionaler Bedeutung sind. Werden die Fragen mündlich beantwortet, sind Zusatzfragen zugelassen. Diese Fragemöglichkeit wird von den Abgeordneten gern genutzt, um die Interessen ihrer jeweiligen Wahlkreise zur Geltung zu bringen.

Fragen einzelner Abgeordneter

- Aktuelle Stunden können zur Aussprache über ein aktuelles Thema genutzt werden. Hierbei sind Kurzbeiträge von fünf Minuten Länge vorgesehen. Die Aktuelle Stunde kann sich auf Antrag von 5 % der Abgeordneten direkt an die Antwort der Bundesregierung auf eine mündlich behandelte Anfrage anschließen.

Aktuelle Stunden

Befragung der Bundesregierung

- Eine Befragung der Bundesregierung findet einmal pro Woche während der Sitzungswochen statt. Während der in der Regel 30 Min. dauernden Befragung können Fragen von aktuellem Interesse gestellt werden.

Zusammenfassung

Interpellationsrecht

Das Interpellationsrecht als zweites der drei Kontrollinstrumente des Bundestags ist in der Geschäftsordnung geregelt. Es bietet folgende Möglichkeiten:

- Große Anfragen: Sie können von mindestens 5% der Abgeordneten gestellt werden; Antwort schriftlich, wird meist im Bundestag beraten.
- Kleine Anfragen: Sie können von mindestens 5% der Abgeordneten gestellt werden; Antwort schriftlich, wird nicht im Bundestag beraten.
- Fragen einzelner Abgeordneter: Sie werden schriftlich eingereicht und entweder schriftlich oder mündlich beantwortet.
- Aktuelle Stunden: Sie dienen der Aussprache über ein aktuelles Thema.
- Befragung der Bundesregierung. Sie erfolgt einmal die Woche für ca. 30 Minuten zu Fragen aus aktuellem Anlass.

Untersuchungsrecht

Das Untersuchungsrecht des Bundestags wird teilweise durch eigens zu diesem Zweck eingesetzte Untersuchungsausschüsse und teilweise kontinuierlich durch besondere Parlaments- und Fachausschüsse sowie durch besondere Parlamentsbeauftragte wahrgenommen.

Untersuchungsausschüsse

Untersuchungsausschüsse sind ein starkes Instrument der Opposition. Ihre Einrichtung und Arbeit ist verfassungsrechtlich in Art. 44 GG und im Detail im Untersuchungsausschussgesetz geregelt. Damit weisen Untersuchungsausschüsse eine deutlich stärkere Stellung auf als die verschiedenen Möglichkeiten, im Rahmen des Interpellationsrechts Fragen an die Bundesregierung zu stellen. Denn die entsprechenden Regelungen zum Interpellationsrecht finden sich nur in der Geschäftsordnung des Deutschen Bundestages. Untersuchungsausschüsse können eingesetzt werden, um vermuteten Fehlentwicklungen in Regierung und Verwaltung sowie vermutetem Fehlverhalten von Politikern nachzugehen. So wurde im Jahre 2006 die Arbeit des Bundesnachrichtendienstes (BND) zum Gegenstand eines Untersuchungsausschusses gemacht, nachdem der Verdacht entstanden war, dass ein deutscher Staatsangehöriger mit Wissen oder gar Unterstützung des BND ins Ausland verschleppt und dort mehrere Monate festgehalten wurde.

Arbeitsweise

Untersuchungsausschüsse können Sachverständige und Zeugen hören. Dabei gelten die Vorschriften des Strafprozessrechts sinngemäß, d.h. beispielsweise, dass in letzter Konsequenz sogar Beugehaft beim zuständigen

Gericht beantragt werden kann, um einen vorgeladenen Zeugen zur Aussage zu zwingen. Gerichte und Verwaltung sind verpflichtet, Untersuchungsausschüsse zu unterstützen. Ein Untersuchungsausschuss muss eingerichtet werden, wenn mindestens ein Viertel der Abgeordneten dies beantragt. Mit dieser Regel wird erreicht, dass auch die Opposition, die naturgemäß im Bundestag in der Minderheit ist, die Chance hat, die Einrichtung eines Untersuchungsausschusses herbeizuführen. Die Ergebnisse eines Untersuchungsausschusses werden in einem Bericht niedergelegt. Der Bericht ist an das Plenum des Bundestags gerichtet und wird dort diskutiert und gewürdigt.

Rechte der Minderheit

Auch im Untersuchungsausschuss ist die Minderheit davor geschützt, von der Mehrheit überstimmt zu werden. Denn die Minderheit hat das Recht, ihre abweichende Sicht in Sondervoten niederzulegen, die selbstverständlich in den Bericht aufzunehmen sind. Dieser Minderheitenschutz ist vernünftig. Wäre er nicht gegeben, würden Untersuchungsausschüsse ihren Sinn verlieren, weil die Regierungsmehrheit ansonsten immer die unbequeme Minderheit überstimmen könnte. Wirkung entfaltet die Arbeit von Untersuchungsausschüssen meistens über die Öffentlichkeit und mit Blick auf die nächsten Wahlen.

Verteidigungsausschuss mit Untersuchungsrechten

Der Verteidigungsausschuss kann sich jederzeit zu einem Untersuchungsausschuss erklären, ohne dass hierfür ein gesonderter Auftrag des Bundestags erforderlich wäre. Er hat diese Sonderrolle inne, um die Streitkräfte jederzeit, wenn der Ausschuss es für nötig hält, intensiv zu kontrollieren.

Wehrbeauftragter mit besonderen Informationsrechten

Der Wehrbeauftragte (Art. 45b GG) dient gleichfalls u.a. dem Untersuchungsrecht des Bundestags. Er soll die Untersuchungs- und Kontrollrechte des Bundestags wahrnehmen und die Grundrechte der Soldaten auf besondere Weise schützen. Hierzu dient er auch als Petitionsinstanz für die Soldatinnen und Soldaten. Sie können sich mit Eingaben direkt an ihn wenden.

Zusammenfassung

Untersuchungsrecht

Das Untersuchungsrecht als letzte der drei Kontrollmöglichkeiten des Bundestags kann folgendermaßen ausgeübt werden:

- Untersuchungsausschüsse müssen auf Antrag mindestens eines Viertels der Abgeordneten eingerichtet werden. Sie bilden ein starkes, von der Opposition gern genutztes Instrument. Untersuchungsausschüsse haben das Recht, Sachverständige und Zeugen zu hören.
- Der Verteidigungsausschuss kann sich zu einem Untersuchungsausschuss erklären.

- Der Wehrbeauftragte kann die Kontrollrechte des Bundestags wahrnehmen, wenn es darum geht, die Grundrechte der Soldaten und Soldatinnen zu schützen. Er dient für diese zudem als Petitionsinstanz.

Lernkontrollfragen

1 Erschließen Sie sich die Struktur der Geschäftsordnung des Deutschen Bundestages. Wie wird beispielsweise die Rededauer verteilt?
2 Informieren Sie sich, mit welchen Themen sich augenblicklich arbeitende Enquetekommissionen befassen.
3 Wie verläuft ein parlamentarisches Gesetzgebungsverfahren in Deutschland? Welche Rolle spielt der Bundestag und welche der Bundesrat?
4 Diskutieren Sie über eine mögliche Begründung für die Regelung, dass bei völkerrechtlichen Verträgen keine Änderungsanträge von Abgeordneten des Deutschen Bundestags zulässig sind.
5 Wer übt in der Realität einer parlamentarischen Demokratie die Kontrollfunktion gegenüber der Regierung aus? Argumentieren Sie differenziert.
6 Welche Möglichkeiten zur Kontrolle der Regierung hat das Parlament?
7 Kann die Mehrheitsfraktion bzw. können die Mehrheitsfraktionen mit ihrer Mehrheit im Bundestag unterbinden, dass sich die Oppositionsfraktionen der Instrumente zur Kontrolle der Regierung bedienen? Begründen Sie Ihre Antwort.

Literatur

Beyme, Klaus von (1997), Der Gesetzgeber. Der Bundestag als Entscheidungszentrum, Opladen.
Kein Lehrbuch im eigentlichen Sinne, aber eine Studie von einem der renommiertesten deutschen Politikwissenschaftler, die mittlerweile als Standardwerk bezeichnet werden muss. Es analysiert entlang eines umfassenden Politikzyklus die zentralen Akteure und Institutionen, die für den Prozess von der Thematisierung eines politischen Problems über die formelle Gesetzesinitiative und den parlamentarischen Entscheidungsprozess bis hin zur Gesetzes-Novellierung bestimmend sind.

Ismayr, Wolfgang (2012), Der Deutsche Bundestag, 3. Auflage, Wiesbaden.
Standardlehrbuch zum Deutschen Bundestag, in dem alle Aspekte des institutionellen Aufbaus und der tatsächlichen Arbeit des Bundestags sehr differenziert und umfassend dargestellt werden.

Marschall, Stefan (2005), Parlamentarismus. Eine Einführung, Baden-Baden.
Umfassendes Lehrbuch zum Parlamentarismus. Es befasst sich nicht nur mit der Struktur und Organisation von Parlamenten, sondern geht auch auf historische und theoretische Grundlagen und Weiterentwicklungen ein.

Maurer, Hartmut (2015), Staatsrecht I. Grundlagen, Verfassungsorgane, Staatsfunktionen, 7. Auflage, München.
Sehr klares und gut verständliches rechtswissenschaftliches Lehrbuch, das die institutionellen Grundlagen des politischen Systems Deutschlands präzise darstellt.

Rudzio, Wolfgang (2015), Das politische System der Bundesrepublik Deutschland, 9. Auflage, Wiesbaden, S. 213–252.
Eines der zentralen Lehrbücher zum politischen System der Bundesrepublik Deutschland. Lässt sich auch über ein Sachregister als Nachschlagewerk verwenden. Auf den angegebenen Seiten werden u. a. die Parlamentsfunktionen ausführlich dargestellt.

Schmidt, Manfred G. (2011), Das politische System Deutschlands, Bonn.
Lehrbuch von einem der profiliertesten Politikwissenschaftler Deutschlands mit differenziertem Register, in dem das politische System Deutschlands kommentierend dargestellt und in einem eigenen Kapitel im internationalen Vergleich beleuchtet wird. Der umfangreiche Band enthält auch Ausführungen zu den Entwicklungen in ausgewählten Politikfeldern.

Quellen

Bundeswahlgesetz vom 7. Mai 1956, zuletzt geändert mit Bekanntmachung vom 03.05.2013 (BGBl. I S. 1084), Download unter: http://www.gesetze-im-internet.de/bwahlg/BJNR003830956.html Stand (24.3.2015)

Gemeinsame Geschäftsordnung für den Ausschuss nach Artikel 77 des Grundgesetzes (Vermittlungsausschuss): Download unter: https://www.bundestag.de/bundestag/aufgaben/rechtsgrundlagen/go_btg/vermittlungsausschuss/249302 (Stand: 24.03.2015).

Geschäftsordnung des Deutschen Bundestages in der Fassung der Bekanntmachung vom 2. Juli 1980 (BGBl. I S. 1237), zuletzt geändert laut Bekanntmachung vom 23.04.2014 (BGBl. I S. 534, Download unter https://www.bundestag.de/bundestag/aufgaben/rechtsgrundlagen/go_btg (Stand: 24.03.2015).

Gesetz über das Bundesverfassungsgericht (Bundesverfassungsgerichtsgesetz – BVerfG) in der Fassung der Bekanntmachung vom 11. August 1993 (BGBl. I S. 1473), zuletzt geändert durch Gesetz vom 29.08.2013 (BGBl. I S. 3463), Download unter: http://www.gesetze-im-internet.de/bundesrecht/bverfgg/gesamt.pdf (Stand: 24.03.2015).

Grundgesetz für die Bundesrepublik Deutschland vom 23. Mai 1949, zuletzt geändert durch Gesetz vom 29. Juli 2009 (BGBl. I S. 2248), zuletzt geändert durch Artikel 1 des Gesetzes vom 23.12.2014 (BGBl. I S. 2438), Download unter: http://www.gesetze-im-internet.de/bundesrecht/gg/gesamt.pdf (Stand: 24.03.2015).

Internetlinks

http://www.bundesrat.de, Homepage des Deutschen Bundesrats (Stand: 24.03.2015).

http://www.bundestag.de, Homepage des Deutschen Bundestags (Stand: 24.03.2015).

http://www.bundestag.de/bundestag/wehrbeauftragter/, Homepage des Wehrbeauftragten des Deutschen Bundestags (Stand: 24.03.2015).

3.4 | Regierung

In Wissenschaft und Praxis gibt es unterschiedliche Verständnisse von Regierung. Je nach dem, welche Sichtweise man einnimmt, werden im Einzelnen ganz verschiedene Bereiche zur Regierung gezählt:

- Engste Sichtweise: In einem verfassungsrechtlichen Sinne umfasst die Regierung lediglich das Kabinett, also die Minister/innen und den Bundeskanzler/die Bundeskanzlerin (Art. 62 GG).
- Enge Sichtweise: Bezieht man sich auf die empirischen deutschen Verhältnisse, gehören die folgenden Organisationen zur Regierung: das Kabinett, die Ministerien und das Kanzleramt. Damit ist die Regierung ein wichtiger Teil der Exekutive, wenn auch nicht die ganze Exekutive. Denn unverzichtbarer Teil der Exekutive ist auch die den Ministerien nachgeordnete Verwaltung; d. h. die Vollzugsverwaltung. Sie ist nicht – wie die Ministerialverwaltung – mit der Formulierung von Gesetzentwürfen befasst. Vielmehr sorgt sie dafür, dass die Gesetze umgesetzt werden. Zur Regierung gehört also nur die gesetzesvorbereitende Ministerialverwaltung.
- Weite Sichtweisen: Legt man ein angloamerikanisches Verständnis von Regierung zugrunde, sind diejenigen Verfassungsorgane des Staates gemeint, die zur Regierung beitragen, also Regierung (im Verständnis der engen Sichtweise) und Parlament. Im angloamerikanischen Kontext wird dann meist von »Government« gesprochen.

Politisch-Administratives System

In Deutschland war insbesondere in den 1970er- und 1980er-Jahren auch häufig vom »Politisch-Administrativen-System« (PAS) die Rede. Ähnlich wie mit dem Government-Begriff wurde mit dieser Bezeichnung darauf aufmerksam gemacht, dass Regierung und Parlament in der Realität häufig eine enge Verbindung eingegangen sind. Damit wird deutlich, dass die an der funktionalen Gewaltenteilung in Legislative, Exekutive und Judikative orientierte Sichtweise nur bedingt der Verfassungswirklichkeit entspricht. Der Begriff des »Politisch-Administrativen-Systems« ist jedoch noch weitgehender, denn er ist nicht auf Institutionen bezogen, sondern auf Funktionen. Da aber auch Gerichte, Parteien und Interessengruppen politische Funktionen ausfüllen können, sind sie im Zweifelsfall gleichfalls Bestandteil des »Politisch-Administrativen-Systems«.

Die Organisations- und Kompetenzprinzipien

3.4.1

Die Regierung ist von drei Prinzipien geprägt, die durchaus in einem Spannungsverhältnis zueinander stehen. So unterstreicht das Kanzlerprinzip eher die große Bedeutung des Kanzlers, das Kabinetts- und das Ressortprinzip schränken diese jedoch wieder ein.

Das Kanzlerprinzip

3.4.1.1

Das Kanzlerprinzip verschafft dem Bundeskanzler eine deutliche Führungsposition. Denn es ist der Kanzler, der die Bundesregierung bildet; er verfügt über die Richtlinienkompetenz und vom ihm geht die Organisationsgewalt aus. Was bedeutet dies im Einzelnen?

Bildung der Bundesregierung

- *Bildung der Bundesregierung*: Einzig der Bundeskanzler wird vom Parlament gewählt. Bundesminister werden hingegen auf seinen Vorschlag vom Bundespräsidenten ernannt, aber auch entlassen. Der Bundeskanzler verfügt zwar »nur« über eine vom Bundestag abgeleitete demokratische Legitimation. Sie ist jedoch höher als die der Bundesminister. Rein legitimatorisch ist die Stellung des Bundeskanzlers also stärker als die der Minister. Aber auch formal entscheidet er, wer Mitglied des Kabinetts wird oder bleibt (Art. 64 GG). Ein Blick auf die Realität macht jedoch sogleich deutlich, dass der Kanzler bei der Auswahl der Minister auf die vielfältigen Strömungen in seiner Partei und möglicherweise in der Koalition Rücksicht nehmen muss. Die Koalitionspartner bestimmen zudem in der Regel weitgehend selbstständig, wer die ihnen zustehenden Ministerposten besetzt.

Richtlinienkompetenz

- *Richtlinienkompetenz des Bundeskanzlers*: Der Bundeskanzlers bestimmt die Richtlinien der Politik, er trägt hierfür aber auch die Verantwortung (Art. 65 GG). Konkret bedeutet dies, dass das Bundeskabinett auch nicht durch Mehrheitsbeschluss eine Politik durchsetzen kann, die den Vorstellungen des Bundeskanzlers zuwider laufen. So weit die rein rechtliche Situation – tatsächlich hängt es jedoch stark von der Persönlichkeit des Bundeskanzlers ab, ob er sich mit seinen politischen Vorstellungen auch durchsetzen kann. Vielfache Rücksichten sind auf die eigene Partei und die Parteitagsbeschlüsse sowie auf den möglichen Koalitionspartner und den Koalitionsvertrag zu nehmen.

Organisationsgewalt

- *Organisationsgewalt des Bundeskanzlers*: Der Bundeskanzler entscheidet über die Zahl und den Geschäftsbereich der Bundesministerien (§ 9 der Geschäftsordnung der Bundesregierung). Auch bei dieser Festlegung handelt es sich um den rein formalen Aspekt. Auch hier hängt es von der Durchsetzungsfähigkeit des Bundeskanzlers gegenüber mitunter politisch starken Ministern ab, wie die Geschäftsbereiche konkret zugeschnitten sind.

3.4.1.2 Das Kabinettsprinzip

Das Kabinettsprinzip unterstreicht den kollektiven Charakter des Kabinetts. Wichtige Entscheidungen sind gemeinsam zu fällen. So entscheidet das Kabinett bei Meinungsverschiedenheiten zwischen den Ministern. Dies gilt allerdings nur für ressortübergreifende Fragen, für die der Bundeskanzler keine Richtlinien erlassen hat. Deutlicher tritt der kollektive Charakter des Kabinettsprinzips zutage, wenn man sich verdeutlicht, dass nur das Kabinett als Ganzes Gesetzentwürfe verabschieden darf (Art. 76 Abs. 1 GG). Ähnliches gilt für Rechtsverordnungen, zu deren Verabschiedung das Kabinett durch Gesetz ermächtigt wurde (siehe Art. 80 Abs. 1 GG). Auch Stellungnahmen zu Gesetzentwürfen des Bundesrats (→ vgl. Kapitel 3.3.5.2) sind vom Kabinett zu verabschieden. Das Kabinettsprinzip schmälert also durchaus die Möglichkeiten des Kanzlers »durchzuregieren«. Er wird in seinen Möglichkeiten beschränkt, allein und ohne Rücksichtnahme auf die Mitglieder seines Kabinetts Politik zu betreiben. Allerdings ist auch das Widerstandspotential der Minister beschränkt. Denn wenn die Konflikte zwischen Kanzler und Ministern zu groß werden, kann der Bundeskanzler dem Bundespräsidenten vorschlagen, den Minister zu entlassen.

3.4.1.3 Das Ressortprinzip

Das Ressortprinzip verschafft den einzelnen Ministern ein Stück weit Selbstständigkeit. Zwar sind sie an die vom Bundeskanzler ausgegebenen Richtlinien gebunden. Innerhalb dieser Richtlinien kann jedoch jeder Minister seinen Geschäftsbereich selbstständig leiten, er trägt allerdings auch die Verantwortung (Art. 65 GG). Mit dieser Vorschrift soll verhindert werden, dass der Bundeskanzler zu stark und unter Ausschaltung der Minister in die einzelnen Ministerien hineinregiert.

Zusammenfassung

Organisations- und Kompetenzprinzipien

Die Regierung im engen verfassungsrechtlichen Sinne (Bundeskanzler und Bundesminister) ist von drei Prinzipien geprägt. Diese Prinzipien stehen durchaus in einem wechselseitigen Spannungsverhältnis:

- Das *Kanzlerprinzip*: der Kanzler bildet die Bundesregierung (nur er selbst wird gewählt, die Minister werden auf seinen Vorschlag vom Bundespräsidenten ernannt); der Bundeskanzler verfügt über die Richtlinienkompetenz und er hat die Organisationsgewalt inne, d.h., er bestimmt die Zahl und den Geschäftsbereich der Bundesministerien.
- Das *Kabinettsprinzip*: Wichtige Entscheidungen (Gesetzentwürfe, allgemeine Verwaltungsvorschriften, Stellungnahmen zu Gesetzesinitiativen des Bundesrats) werden kollektiv vom Kabinett beschlossen.

- Das *Ressortprinzip*: Innerhalb der vom Bundeskanzler vorgegebenen Richtlinien leitet jeder Minister sein Ministerium (Ressort) selbstständig und in eigener Verantwortung (Art. 65 GG).

Die Ministerien | 3.4.2

Innere Organisation und Führung | 3.4.2.1

Ministerien müssen hierarchische Organisationen sein. Dies ergibt sich bereits aus der Verantwortung des zuständigen Ministers gegenüber dem Parlament. Könnte er die Ministerialbeamten nicht hierarchisch anweisen, könnte er auch nicht für deren Handeln verantwortlich gemacht werden. Dieser grundsätzlichen Überlegung entspricht der tatsächliche Aufbau eines Ministeriums. Er soll am Beispiel eines Bundesministeriums verdeutlicht werden. An der Spitze eines Ministeriums steht der jeweilige Minister/die jeweilige Ministerin. Unterhalb des Ministers finden sich die beamteten und die Parlamentarischen Staatssekretäre. Die beamteten Staatssekretäre sind die Vertreter des Ministers nach innen und leiten das Haus. Kleinere Ministerien kommen mit einem Staatssekretär aus, größere benötigen in der Regel zwei oder gar mehrere.

Hierarchische Organisation

Beamtete Staatssekretäre

Parlamentarische Staatssekretäre sind die Vertreter des Ministers in politischen Fragen. Sie unterstützen ihn insbesondere in seinen Kontakten zum Bundestag und Bundesrat und sind selbst Abgeordnete, also Mitglieder des Bundestags bzw. des Parlaments (daher auch der Name). Da die Parlamentarischen Staatssekretäre dem Prinzip nach keine Aufgaben nach Innen wahrnehmen, sind sie auch nicht in die Hierarchie eingebunden. Dies wird in Abbildung 24 zum Aufbau eines Ministeriums an der fehlenden graphischen Verbindung zu den Abteilungen, Unterabteilungen und Referaten deutlich. Allerdings ziehen manche der Parlamentarischen Staatssekretäre immer wieder Aufgaben im Innenverhältnis an sich, womit sie dann auch intern stärker eingebunden sind. Dies geht mitunter so weit, dass ihnen Fachabteilungen unterstellt sind. Sie teilen sich dann innerhalb des Ministeriums quasi die Aufgaben mit dem beamteten Staatssekretär. Vorgesehen war dies jedoch ursprünglich nicht. Da der jeweilige Minister bestimmt, welche Aufgaben der Parlamentarische Staatssekretär im Einzelnen zu erfüllen hat, kann deren Umfang recht unterschiedlich ausfallen.

Parlamentarische Staatssekretäre

Unterhalb des oder der (beamteten) Staatssekretäre sind die Abteilungsleiter angesiedelt, unter diesen die Unterabteilungsleiter und darunter die Basiseinheiten eines Ministeriums, die Referate. Jedes Referat besteht aus einem Referatsleiter sowie Referenten und Sachbearbeitern. Diese hierar-

Abb. 24 | *Der Aufbau eines Ministeriums*

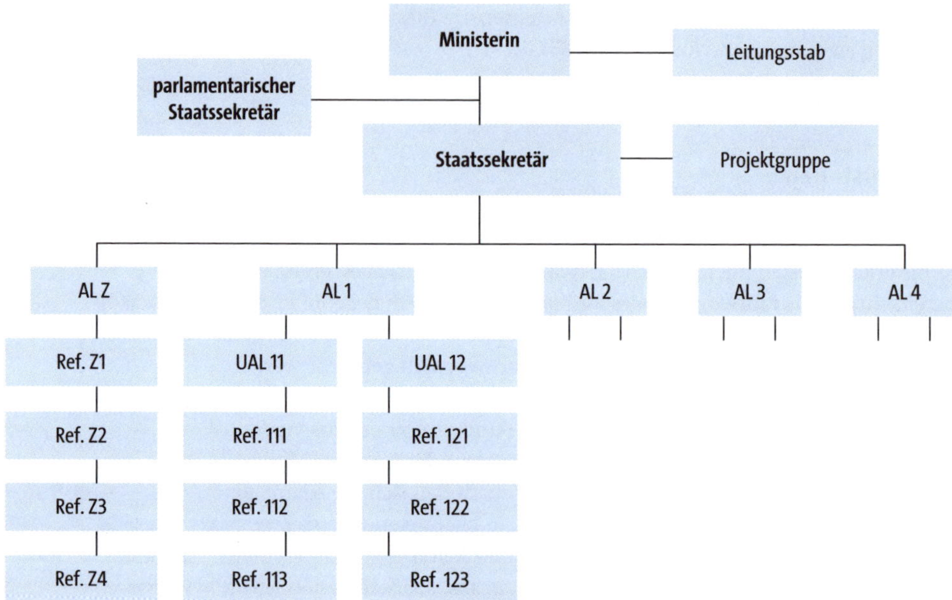

AL = Abteilungsleiter; UAL = Unterabteilungsleiter; Ref. = Referat

Linien-Organisation

Abteilungen

chische Organisation wird als Linien-Organisation bezeichnet. Eine Besonderheit ergibt sich bei der Unterscheidung der Abteilungen. Die erste Abteilung, die sehr häufig als Abteilung Z bezeichnet wird, ist die Zentralabteilung. Dabei handelt es sich quasi um die Verwaltung der Verwaltung. Hier sind die Referate für Personal, Organisation, Haushalt, Informationstechnik, Inneren Dienst/Sicherheit usw. angesiedelt. Es folgen die Fachabteilungen, in denen inhaltlich zusammengehörende Referate zusammengefasst werden. Häufig sind die Fachabteilungen nochmals in Unterabteilungen unterteilt.

Stäbe

Außerhalb dieser Linie stehen die Stäbe und Projektgruppen. Sie sind der politischen Spitze eines Ministeriums in der Regel direkt zugeordnet. Hierzu zählen im weitesten Sinne die Ministerbüros mit Mitarbeitern für die direkte Zuarbeit sowie die Pressestellen. Hier sind auch weitere Ausdifferenzierungen denkbar wie beispielsweise im Bundesministerium für Bildung und Forschung (Stand: Sept. 2006). Dort gibt es einen dauerhaft eingerichteten Leitungsstab, der in die Referate Ministerbüro, Politische Analysen, Kabinett/Parlament, Presse sowie Öffentlichkeitsarbeit unterteilt ist. Befristet war hingegen der im Innenministerium angesiedelte »Stab Fußball-WM 2006«. In seine Zuständigkeit fielen weitreichende Koordinierungsaufgaben und die Sicherheitsbelange rund um die Fußballweltmeisterschaft. Projektgruppen werden gebildet, um zeitlich befristete, komplexe Aufgaben mit Planungs- oder Entwicklungscharakter zu erfüllen. So besteht beim Bundesbeauftragten für den Datenschutz eine »Projektgruppe Elektronische Gesundheitskarte«. Außerdem verfügt jeder Minister und Staatssekretär über einen persönlichen Referenten. Da die Ministerialorganisation aus einer Linienorganisation besteht, die mit Stäben angereichert wurde, bezeichnet man sie als Stab-Linien-Organisation.

Projektgruppen

Stab-Linien-Organisation

Innerhalb der so beschriebenen Ministerialorganisation laufen die Informationen von unten nach oben und werden auf dem Weg durch die Hierarchie immer stärker verdichtet. Dies hat den Sinn, dass die politische Spitze des Hauses nicht in einer Weise mit Informationen überschüttet wird, dass sie diese nicht mehr verarbeiten kann. Die Weisungen an das »Haus« nehmen genau den entgegengesetzten Weg. Sie werden vom Minister über den Staatssekretär oder aber in der Abteilungsleiterbesprechung an den zuständigen Abteilungsleiter gegeben, der die Weisung dem zuständigen Unterabteilungsleiter weitergibt oder sie gegebenenfalls so zerlegt, dass mehr als eine Unterabteilung betroffen ist. Der Unterabteilungsleiter zerlegt den Arbeitsauftrag weiter und erteilt Arbeitsaufträge an die betroffenen Referate.

Informationsfluss und Weisungen

Je nach Komplexität der Aufgabe bekommt ein Referat die Federführung. Dieses Referat hat die anderen sachlich betroffenen Referate zu beteiligen. Dies geschieht beispielsweise durch das Einholen von Stellungnahmen und die Mitzeichnung von Vorlagen (alle Schriftstücke, die einer anderen Stelle vorgelegt werden). Wer konkret mitgezeichnet hat, ist auf der ersten Seite der Vorlage ersichtlich. Hier zeichnen die beteiligten Stellen mit einem Namenskürzel ab. Damit ist dokumentiert, dass das jeweilige Referat die jeweilige Vorlage tatsächlich gesehen hat. So kann später nicht behauptet werden, sie hätten von der Vorlage nichts gewusst und seien deshalb für Fehlschläge nicht mitverantwortlich zu machen. Nach Fertigstellung der Vorlage wird diese dann durch die »Linie« nach oben gegeben. Dabei muss nicht jede Vorlage für den Minister bestimmt sein, sondern kann auch für Stellen erarbeitet werden, die unterhalb der politischen Leitung des Hauses angesiedelt sind. Auf dem Weg nach oben erfahren die Vorlagen vielfältige Umarbeitungen, denn häufig verlangen die Vorgesetzten inhaltliche Änderungen oder aber auch nur Akzentverschiebungen. Diese innerorganisatorische Kommunikation wird durch ein ausgeklügeltes System unterstützt: Der Minister schreibt grün, der Parlamentarische Staatssekretär violett, der Staatssekretär rot, der Abteilungsleiter blau, der Unterabteilungsleiter braun. So ist auf einen Blick erkennbar, von welcher Hierarchiestufe die jeweiligen Anmerkungen und Weisungen kommen.

Vorlagen

Gemeinsame Geschäftsordnung der Bundesministerien

Die Arbeitsabläufe innerhalb der Ministerien und der Umgang mit Bundestag, Bundesrat, Vermittlungsausschuss sowie Bundeskanzleramt und anderen Ministerien sind in der Gemeinsamen Geschäftsordnung der Bundesministerien (GGO) geregelt. Dort finden sich auch Vorschriften für den Aufbau und die Behandlung von Gesetzentwürfen der Bundesregierung.

Regelbindung

Ein Ministerium ist also ein regelgebundener Betrieb. Die Verfahrensregeln werden von der GGO vorgegeben. Orientierung beziehen die Beamten aus der noch immer vorherrschenden juristischen Denkweise. Immerhin sind ca. 65% der Mitarbeiter in den Ministerien Juristen. Diese juristische Orientierung unterstützt auch die Wirkmächtigkeit der Gemeinsamen Geschäftsordnung. Allerdings sollte diese nicht überschätzt werden. Denn gerade Juristen spüren sehr schnell die verbleibenden Freiräume auf. So kommt es auch innerhalb von Ministerien und im Verhältnis zu ihrer Umwelt – wie in jeder Großorganisation – zu informellen Prozessen und Netzwerken. Zusätzliche Orientierung erhalten die Mitarbeiterinnen und Mitarbeiter der Ministerien jedoch aus einer spezifisch bürokratischen Ethik, aber auch aus parteipolitischen Bindungen. So werden wichtige Positionen innerhalb eines Ministeriums in der Regel mit Mitarbeitern besetzt, die der gleichen Partei wie der Minister angehören. Dies gilt für die sogenannten politischen Beamten (Staatssekretäre und Abteilungsleiter), die jederzeit – beispielsweise nach einem Regierungswechsel – in den einstweiligen Ruhestand versetzt werden können. Aber auch die Leitung von Grundsatzreferaten wird in aller Regel mit Mitarbeitern besetzt, die in der gleichen Partei wie der Minister sind. Nach einem Regierungswechsel werden diese meist in weniger bedeutsame Referate versetzt. Nicht selten wechseln sie nach einiger Zeit von dort in ein parteipolitisch geeigneteres Umfeld – entweder in eine Landesverwaltung oder in internationale Organisationen. Verbleiben sie im Ministerium, haben sie nach einem erneuten Regierungswechsel die besten Aufstiegschancen. Hierauf zu setzen ist jedoch durchaus risikoreich, weil man nie weiß, wie lange es bis zum nächsten Regierungswechsel dauert. Dies wird sofort deutlich, wenn man an die sechzehnjährige Regierungszeit von Bundeskanzler Helmut Kohl (1982–1998) denkt.

Informelle Prozesse

Politische Beamte

Parteizugehörigkeit

Wie in jeder anderen Organisation werden auch die Mitarbeiter in Ministerien durch die Aussicht auf Beförderungen in ihrem Handeln beeinflusst. Da die Möglichkeiten hierfür in einer seit Jahren schrumpfenden Ministerialverwaltung (minus 2,3% von 2004 auf 2005) eher gering sind, sollte dieser Aspekt nicht überbewertet werden. Darüber hinaus gibt es in der öffentlichen Verwaltung ein System der leistungsorientierten Bezahlung, d.h. als besonders leistungsfähig eingeschätzte Mitarbeiter können eine Leistungszulage erhalten. Ein systematischer Umbau der Bezahlstrukturen ist jedoch mit dem Ende der zweiten Kanzlerschaft Schröders ins Stocken geraten. Der neue Tarifvertrag für den öffentlichen Dienst sieht für die

Leistungsorientierte Bezahlung

Angestellten eine moderate Leistungskomponente vor. Die sehr viel weitgehenderen Konzeptionen für die Beamten fanden in einen Gesetzentwurf für ein Beamten-Strukturreformgesetz ihren Niederschlag.

Aufgaben

3.4.2.2

Die Aufgaben, die von einem Ministerium wahrgenommen werden, sind vielfältig. Sie gehen weit über die reine Gesetzesvorbereitung hinaus. So erstellen die Mitarbeiter Entwürfe von Antworten auf Große und Kleine Anfragen des Parlaments sowie auf Fragen einzelner Abgeordneter (→ vgl. Kapitel 3.3.5.3). In den Ministerien werden zudem die Stellungnahmen zu den Gesetzentwürfen des Bundesrats und aus der Mitte des Bundestags erarbeitet. Es müssen Kontakte zum Bundesrat und zum Vermittlungsausschuss aufrechterhalten werden. Dazu kommt die Zusammenarbeit mit den Ländern in zahlreichen Koordinationsgremien wie beispielsweise der Innenministerkonferenz, bei der der Bundesinnenminister allerdings nur Gast ohne Stimmrecht ist.

Zusammenarbeit mit Bundestag und Bundesrat

Zusammenarbeit mit der Landesverwaltung

Auch die Zusammenarbeit mit Stellen auf europäischer und internationaler Ebene muss vorbereitet und gestaltet werden. Dabei gilt es insbesondere, die Interessen Deutschlands in die Rechtsetzungsvorhaben der EU einzubringen. So müssen Treffen des Europäischen Rats und des Ministerrats vorbereitet werden. Besonders umfangreich sind diese Tätigkeiten, wenn Deutschland die EU-Ratspräsidentschaft innehat. Die im Bundesinnenministerium geschaffene Stabsstelle EU-Ratspräsidentschaft 2007 macht deutlich, dass hier, zeitlich befristet, besondere Aufgaben anfallen. Außerdem nehmen die Mitarbeiter zahlreiche Termine bei Verbänden sowie staatlichen (z.B. nachgeordneten Behörden wie das Bundesumweltamt) und halbstaatlichen Stellen (wie die Industrie- und Handelskammern) und deren Treffen wahr.

Zusammenarbeit mit EU

Die zentrale Aufgaben der Bundesministerien sind aber die Vorbereitung und die Ausarbeitung von Gesetzentwürfen. Immerhin werden etwa drei Viertel aller Gesetze von der Bundesregierung eingebracht. Deshalb wird dieser Aspekt hier etwas intensiver behandelt. Dabei ist es sinnvoll, zwei Phasen zu unterscheiden:

Gesetzentwürfe

- die Phase der Problem-Definition und des Agenda-Settings und
- die Phase der offizielle Gesetzesvorbereitung und des formellen Abstimmungsprozesses.

Zunächst muss man sich darüber klar werden, dass ein Gesetzentwurf bis zur Behandlung im Kabinett bereits Etliches erlebt hat. Die Frage ist dabei, wie ein politisches Thema überhaupt als solches wahrgenommen wird und wie es auf die politische Tagesordnung kommt. Wieso wird gerade ein bestimmtes gesellschaftliches Problem und nicht ein anderes mit einer Gesetzesinitiative aufgegriffen? Dieser Aspekt wird in Policy-Prozess-Model-

Politische Tagesordnung

len mit der Phase des »agenda-setting« angesprochen (= etwas auf die politische Tagesordnung setzen). Tatsächlich kommt es darauf an, ein politisches Thema bzw. ein gesellschaftliches Problem so wahrnehmbar zu machen, dass die politisch Verantwortlichen und die Ministerialbürokratie ernsthaft versuchen, es zu lösen.

Öffentliche Aufmerksamkeit

Eine wichtige Rolle spielt hierbei die öffentliche Aufmerksamkeit. Sie kann durch Skandale wie beispielsweise das massenweise Auftreten von Gammelfleisch, durch eingetretene Katastrophen bzw. alarmierende Zustände (z.B. Feinstaubbelastung in Innenstädten) oder eine zentrale Berichterstattung in wichtigen Zeitungen und Zeitschriften hergestellt werden. Die Berichterstattung an zentraler Stelle in den Massenmedien kann wiederum von politischen Akteuren wie Interessengruppen, parteipolitischen Gruppierungen oder Einzelpersönlichkeiten befördert werden. Man denke beispielsweise an den Philologenverband, der es mit dem Hinweis, dass Millionen von Unterrichtsstunden ausfallen, auf die Titelseiten der Zeitungen schafft oder an den ehemaligen Verfassungsrichter Kirchhof, der fortgesetzt ein vereinfachtes Steuersystem anmahnt. Hat es ein Problem vermocht, die öffentliche Aufmerksamkeit zu erringen, wird schnell der Ruf nach dem Gesetzgeber laut. Dieser reagiert in der Regel auch zügig mit der Vorlage eines Gesetzentwurfs oder zumindest mit Arbeiten an einem solchen. Dabei kommt es durchaus vor, dass die vorgelegten Gesetze nicht wirklich die Chance haben, verabschiedet zu werden oder das zugrunde liegende Problem zu lösen. In solchen Fällen soll vor allem die Handlungsfähigkeit der Regierung demonstriert werden. Wissenschaftler sprechen dann von symbolischer Gesetzgebung.

Symbolische Gesetzgebung

Probleme können aber durchaus auch auf die politische Tagesordnung und damit entsprechende Gesetzentwürfe ins Kabinett kommen, wenn keine öffentliche Aufmerksamkeit erzeugt wurde. Dabei gibt es zwei Möglichkeiten. Erstens kann die Regierung aufgrund eigener Prioritätensetzung bestimmte gesellschaftliche Probleme aufgreifen und Gesetzentwürfe vorlegen, mit denen versucht wird, diese zu lösen. Zweitens kann eine Interessengruppe »gute« Arbeit geleistet haben und den für sie »zuständigen« Referenten von der Notwendigkeit einer entsprechenden gesetzgeberischen Aktivität überzeugt haben. Dabei spielt durchaus das Eigeninteresse des Referenten eine gewisse Rolle, denn mit einem guten und sinnvollen Gesetzentwurf kann sich ein Ministerialbeamter profilieren. Manchmal kommt ihm bei seiner Arbeit der Verband sogar soweit zu Hilfe, dass ihm ein fast fertiger Gesetzentwurf überlassen wird. Dieser hat dann aus seiner Sicht den »Vorteil«, inhaltlich bereits mit einem wichtigen Verband abgestimmt zu sein. Wie die Regierungspraxis zeigt, arbeitet auch eine substanzielle Zahl von Interessenvertretern (von 2004 bis 2006 ca. 300) in Bundesbehörden. Sie werden zum Großteil weiterhin von der Privatwirtschaft

Einfluss der Interessengruppen

bezahlt. Eine direktere und wirksamere Einflussnahme kann es kaum geben. Als Grund für diese enge Zusammenarbeit mit organisierten Interessen wird auf deren Sachverstand verwiesen, den man benötige. Es sei nur angemerkt, dass man dieses »In-House-Lobbying« auch auf der europäischer Ebene beobachten kann.

Allerdings macht die Abstimmung mit den organisierten Interessen nur einen Bruchteil der Arbeit aus. Denn das Gesetzgebungsvorhaben muss auch mit anderen Referaten im Ministerium, wichtigen Referaten in benachbarten Ministerien und im Kanzleramt sowie mit Interessengruppen und wichtigen Abgeordneten der Regierungsfraktion(en) – zunächst informell – abgestimmt werden. In der Regel geschieht dies schon weit vor der Formulierung eines Gesetzentwurfs. Anschließend muss die politische Führung des Ministeriums von der Notwendigkeit eines Gesetzentwurfs überzeugt werden, es sei denn der Minister hat diesen selbst angeregt. Die Phase der informellen Sondierung endet mit der Entscheidung der Spitze des Ministeriums, die Angelegenheit weiter zu verfolgen oder aber die Arbeiten einzustellen. Wird entschieden, keinen Gesetzentwurf ausarbeiten zu lassen, muss dies nicht das Ende der Bemühungen bedeuten. Ist der zuständige Referatsleiter von der Wichtigkeit seines Vorhabens überzeugt, wird er auf eine neue günstige Gelegenheit warten oder eine solche organisieren, um einen erneuten Vorstoß zu wagen. Erteilt die Spitze des Hauses jedoch die Weisung, einen Gesetzentwurf auszuarbeiten, beginnt die 2. Phase.

Informelle Abstimmung

Entscheidung über weiteres Vorgehen

Ist die Weisung erteilt, einen Gesetzentwurf vorzulegen, beginnt für das federführende Referat der formelle Abstimmungsprozess, der aber auch von weiteren informellen Kontakten beispielsweise mit wichtigen Abgeordneten der Regierungsfraktion(en) begleitet wird. Für den formellen Abstimmungsprozess enthält die Gemeinsame Geschäftsordnung der Bundesministerien in den §§ 40 bis 50 recht genaue Vorschriften. So ist das Bundeskanzleramt über das Vorhaben zu informieren und andere betroffene Ministerien sind bei der Ausarbeitung einzubeziehen. Wenn das Vorhaben die Interessen der Bundesländer und Kommunen berührt, sind deren Auffassungen frühzeitig einzuholen.

Formeller Abstimmungsprozess

Für den Aufbau von Gesetzentwürfen gibt es ebenfalls genaue Vorgaben. So ist der Gesetzentwurf zu begründen. Was hierunter konkret zu verstehen ist, wird detailliert aufgelistet: Die Zielsetzung und die Notwendigkeit einer gesetzlichen Regelung sind beispielsweise zu erläutern. Auf andere Lösungsmöglichkeiten ist einzugehen und es ist darzulegen, ob nicht Private die Aufgabe erfüllen können und ob mit dem Gesetzentwurf Überwachungs- und Genehmigungspflichten eingeführt wurden. Wenn Letzteres der Fall ist, soll verdeutlicht werden, weshalb sie nicht durch eine Selbstverpflichtung der vom Gesetz Betroffenen ersetzt wurde.

Aufbau des Gesetzentwurfs

Gesetzesfolgenabschätzung

Schließlich ist auf die Gesetzesfolgen einzugehen, womit insbesondere die beabsichtigten Wirkungen und die unbeabsichtigten Nebenwirkungen eines Gesetzes gemeint sind. Es interessieren aber auch die Auswirkungen auf die Einnahme- und Ausgabesituation der öffentlichen Haushalte sowie die Kosten für die Wirtschaft, auf die Einzelpreise und das Preisniveau sowie auf die Verbraucher. Um diese Auswirkungen besser abschätzen zu können, hat das Bundesministerium für Wirtschaft bei den beteiligten »Fachkreisen«, d.h. Experten und Interessengruppen, entsprechende Informationen einzuholen. Die ermittelten Informationen sind an das federführende Ministerium weiterzuleiten.

Bei der Abfassung von Gesetzentwürfen sind Handbücher des Bundesinnenministeriums zur Vorbereitung von Rechts- und Verwaltungsvorschriften sowie des Bundesjustizministeriums zur Rechtsförmigkeit zu beachten. Auch zur Unterstützung der Gesetzesfolgenabschätzung gibt es ein umfangreiches Handbuch sowie einen Leitfaden. Außerdem sollen Gesetzentwürfe sprachlich richtig und möglichst für jedermann verständlich gefasst sein. Auch hierfür ist eine Prüfinstanz vorgesehen. Allerdings werden viele dieser Anforderungen in der Praxis nicht oder nur unzureichend erfüllt. Da liest man beispielsweise unter Alternativen: »Keine« und unter Vollzugsaufwand: »Es ist kein Vollzugsaufwand zu erwarten.« Auch der Haushaltsaufwand wird meist heruntergespielt.

Verständlichkeit

Liegt der Gesetzentwurf endlich vor, darf er dem Kabinett nicht sofort zur Beschlussfassung vorgelegt werden. Vielmehr muss das federführende Ministerium den Gesetzentwurf anderen betroffenen Ministerien und Bundesbeauftragten zuleiten und deren Stellungnahmen einholen. Das Bundesinnen- und das Bundesjustizministerium sind insbesondere zu beteiligen, wenn Zweifel über die Verfassungsmäßigkeit des Gesetzentwurfs bestehen. Auf jeden Fall muss das Bundesjustizministerium die Gelegenheit bekommen, eine Rechtsprüfung vorzunehmen. Auch von den Ländern, den kommunalen Spitzenverbänden, d.h. den Interessenverbänden der Kommunen, und den »Fachkreisen« sind Stellungnahmen einzuholen. Dabei geht es vor allem darum zu ermitteln, inwieweit deren Belange berührt sind. Seit Mitte 2006 müssen Gesetzentwürfe schließlich auch noch dem Nationalen Normenkontrollrat vorgelegt werden. Er ist beim Bundeskanzleramt angesiedelt und überprüft die Gesetzentwürfe auf von ihnen ausgehende Bürokratiekosten, die durch die Anwendung der verabschiedeten Gesetze entstehen würden. Dabei sind die Bürokratiekosten definitorisch auf Kosten begrenzt, die durch Informationspflichten Privater entstehen.

Verfassungsmäßigkeit

Normenkontrollrat

Es wird deutlich, dass ein äußerst aufwendiger Prozess zu durchlaufen ist, bis ein Gesetzentwurf zur Beschlussfassung ins Kabinett kommt. An diesem Punkt zeigt sich nun, wie gut der Gesetzentwurf formell und informell vorbereitet wurde. In aller Regel ist dieser jedoch so gut abgestimmt, dass er nur

Phase 1: Problem-Definition und Agenda-Setting	1. Politisches Problem wird wahrnehmbar (gemacht) durch Skandale, eingetretene Katastrophen oder alarmierende Zustände. 2. Politisches Problem kommt auf die politische Tagesordnung durch verstärkte öffentliche Wahrnehmung, durch Lobbyismus oder die Ministerialbürokratie. 3. Zuständiges Referat stimmt sich informell im Haus, mit benachbarten Ministerien und dem Kanzleramt ab. 4. Informelle Kontakte zu Interessengruppen werden geknüpft oder bestehen von Beginn an.
Entscheidung: Soll ein Gesetzentwurf vorgelegt werden?	1. Falls die Vorarbeiten nicht bereits auf eine Weisung der Spitze des Ministeriums zurückgehen, wird die politische Leitung des Hauses nun über die Vorarbeiten bzw. die Notwendigkeit einer gesetzlichen Regelung informiert. 2. Es folgt die Entscheidung der Leitung, ob ein Gesetzentwurf ausgearbeitet oder aber die Arbeiten eingestellt werden sollen. Falls eine Entscheidung für eine Einstellung der Arbeiten erfolgen sollte, endet der Prozess (zunächst) an dieser Stelle.
Phase 2: offizielle Gesetzesvorbereitung und formeller Abstimmungsprozess	1. Federführendes Referat beginnt mit dem offiziellen Abstimmungsprozess im Haus, betroffenen Ministerien und dem Kanzleramt sowie mit Interessengruppen. 2. Bei der Formulierung sind eine Reihe von Aspekten zu beachten: Begründung der Notwendigkeit einer gesetzlichen Regelung, weshalb keine Selbstverpflichtung, Auswirkungen auf die Wirtschaft, Gesetzesfolgenabschätzung, Sprache verständlich usw. 3. Fertiger Gesetzentwurf muss betroffenen Ministerien und Bundesbeauftragten, den Ländern und den kommunalen Spitzenverbänden, den Fachkreisen und dem Normenkontrollrat zur Stellungnahme zugeleitet werden. 4. Schließlich wird der Referentenentwurf dem Kabinett zur Beschlussfassung vorgelegt und geht anschließend nach Billigung als Regierungsentwurf in den Gesetzgebungsprozess

Abb. 25

Vorbereitung und Ausarbeitung von Gesetzentwürfen in Ministerien

noch beschlossen werden muss. Hierfür sorgt in letzter Konsequenz die Runde der Staatssekretäre (Staatssekretärslage), die mit etwas zeitlichem Vorlauf vor dem Kabinett tagt. Für eine längere Aussprache über einen Gesetzentwurf bleibt im Kabinett wegen der Vielzahl der zu behandelnden Themen kaum Zeit. Der Umfang der Abstimmungsprozesse unterstreicht die große Bedeutung der Ministerialverwaltung für die Formulierung von Gesetzentwürfen. Vieles wird in diesem Stadium der Gesetzesvorbereitung und -formulierung festgezurrt und kann im anschließenden Gesetzgebungsverfahren in Bundestag und Bundesrat kaum oder nur unter großen Anstrengungen wieder aufgeschnürt werden. Folglich ist es für Interessengruppen geboten, im Referentenstadium eines Gesetzentwurfs und dann noch möglichst frühzeitig Einfluss zu nehmen. Denn später erfordern Veränderungen am ursprünglichen Entwurf einen deutlich erhöhten Aufwand.

Staatssekretärslage

Lernkontrollfragen

1 Wiederholen Sie die Organisations- und Kompetenzprinzipien der Regierung und verdeutlichen Sie, inwiefern sie in einem Spannungsverhältnis zueinander stehen.
2 Skizzieren Sie bitte den organisatorischen Aufbau eines Ministeriums. Weshalb spricht man von einer Stab-Linien-Organisation?
3 Schauen Sie sich die Gemeinsame Geschäftsordnung der Bundesministerien (GGO) an (Link siehe unten, bei Quellen). Was wird in der GGO geregelt?
4 Welche Phasen lassen sich bei der Rechtsetzung, d.h. bei der Erstellung von Gesetzentwürfen zur Verabschiedung durch das Bundeskabinett unterscheiden? Was markiert den Übergang von der einen Phase zur nächsten? Stellen Sie dar, was in den einzelnen Phasen passiert.
5 Müssen im federführenden Ministerium Überlegungen darüber angestellt werden, welche Wirkungen und Nebenwirkungen ein Gesetz haben wird?
6 Stellen Sie sich vor, dass Sie ein Interessenvertreter sind. Wo würden Sie versuchen, Einfluss zu nehmen? Bitte begründen Sie Ihre Antwort.

Literatur

Bogumil, Jörg/Jann, Werner (2008), Verwaltung und Verwaltungswissenschaft in Deutschland. Einführung in die Verwaltungswissenschaft, 2. Auflage, Wiesbaden.
Der Band führt in einer gesunden Mischung aus Theorie und Praxis in die Verwaltungswissenschaft und die öffentliche Verwaltung ein. Durch viele anschauliche Beispiele werden die Zusammenhänge sehr klar vermittelt.

Ismayr, Wolfgang (2012), Der Deutsche Bundestag, 3. Auflage, Wiesbaden.
Standardlehrbuch zum Deutschen Bundestag, in dem alle Aspekte des institutionellen Aufbaus und der tatsächlichen Arbeit des Bundestags sehr differenziert und umfassend dargestellt werden. Der Band ist aber auch im Hinblick auf die Arbeit eines Ministeriums interessant, weil in Kapitel 6 auch das Referentenstadium eines Gesetzentwurfs und die Prozesse im Kabinett untersucht werden.

König, Klaus (1991), Formalisierung und Informalisierung im Regierungszentrum, in: Hans-Hermann Hartwich/Göttrick Wewer (Hrsg.), Regieren in der Bundesrepublik. Formale und informale Komponenten des Regierens in den Bereichen Führung, Entscheidung, Personal und Organisation, Opladen, S. 203–220.
Wissenschaftlich reflektierender Aufsatz eines intimen Kenners des Regierens mit jahrelanger praktischer Erfahrung in verantwortlicher Position in einer Staatskanzlei und im Bundeskanzleramt. Gibt einen sehr guten Eindruck von der gegenseitigen Überlagerung formaler und informaler Prozesse in Regierungszentralen.

Korte, Karl-Rudolf/Fröhlich, Manuel (2009), Politik und Regieren in Deutschland, 3. Auflage, Paderborn/München/Wien/Zürich.
Leicht verständliches Lehrbuch, das sich im Vergleich zu anderen Lehrbüchern knapper dem institutionellen Aufbau des deutschen politischen Systems widmet. Ein Schwerpunkt wird hingegen auf die Darlegung der Grenzen und Möglichkeiten des Regierens und auf das Politikmanagement gelegt. Hier erfährt man eine Menge sowohl über das Tagesgeschäft als auch über die Kunst des Regierens.

Rudzio, Wolfgang (2015), Das politische System der Bundesrepublik Deutschland, 9. Auflage, Wiesbaden, S. 253–277.
Eines der zentralen Lehrbücher zum politischen System der Bundesrepublik Deutschland. Lässt sich auch über ein Sachregister als Nachschlagewerk verwenden. In der 9. Auflage mit 583 Seiten sehr umfangreich, aber dennoch gut lesbar und verständlich.

Quellen

Gemeinsame Geschäftsordnung der Bundesministerien (Stand: 1. November 2011), Download unter: http://www.bmi.bund.de/SharedDocs/Downloads/DE/Veroeffentlichungen/ggo.pdf;jsessionid=120EC31DF37F72EA09F54CFDF0ABCA66.2_cid364?__blob=publicationFile (Stand: 24.03.2015)

Geschäftsordnung der Bundesregierung (GOBReg vom 11. Mai 1951), (GMBl. S. 137), in der Fassung der letzten Bekanntmachung vom 21.11.2002 (GMBl. S. 848) Download unter: http://www.bundesregierung.de, von dort weiterklicken: Bundesregierung -> Regierung und Verfassung -> Geschäftsordnung der Bundesregierung (Stand: 24.03.2015)

Föderalismus | 3.5

Föderalismus kann mit Rainer-Olaf Schultze (2007: 147) als eine Staatsstruktur definiert werden, bei der »die entscheidenden Strukturelemente des Staates (Exekutive, Legislative, Gerichtsbarkeit [...]) auf beiden Regierungsebenen vorhanden sind, ihre Existenz verfassungsrechtlich geschützt ist und durch Eingriffe der jeweils anderen Ebene nicht beseitigt werden kann«. Je nach Stärke der Verbindung zwischen den beiden Ebenen, in Deutschland also zwischen Bund und Ländern, spricht man von Staatenbund oder Bundesstaat:

Staatenbund und Bundesstaat

- *Staatenbund*: Die Gliedstaaten behalten ihre Souveränität, d.h. eine unabhängige staatliche Herrschaftsmacht, aber auch der Bund weist eine eigene Souveränität auf und verfügt über von den Mitgliedstaaten getrennte Organe, um die gemeinsamen Aufgaben erfüllen zu können,
- *Bundesstaat*: Hier übertragen die Gliedstaaten ihre Souveränität auf den Bund; sie behalten jedoch Staatsqualität, d.h. sie verfügen über eine eigene Verfassung, eigene Verfassungsinstitutionen, eigenes besonders befugtes Personal (Amtsträger) und eigene Zuständigkeiten.

Bei einem eher locker verbunden Staatenbund steht die Eigenständigkeit der einzelnen Länder und die Bewahrung der Vielfalt im Vordergrund. Bei einem Bundesstaat werden hingegen die Ziele Integration und Gleichheit der Lebensbedingungen stärker verfolgt. Der deutsche Föderalismus gehört zu dieser zweiten Kategorie.

Bundesstaaten lassen sich nochmals nach dem Grad der Einheitlichkeit der Lebensverhältnisse unterscheiden. Bei relativ einheitlichen Bundesstaa-

Unitarischer Bundesstaat?

ten wird von Unitarisierung gesprochen. Konkret nennt Konrad Hesse (1962) drei Punkte, an denen sich diese festmachen lässt:

1. das Ausmaß der Konzentration staatlicher Aufgaben beim Bund,
2. der Umfang der Selbstkoordination der Länder und
3. die gestiegene Bedeutung des Bundesrats.

Bei Bundesstaaten mit unterschiedlichen Entwicklungen in den verschiedenen Ländern, Staaten, Kantonen usw. wird hingegen von einem Trennföderalismus gesprochen. Im Folgenden soll zunächst der unitarische Bundesstaat und anschließend der Trennföderalismus behandelt werden. Woran lässt sich erkennen, dass die Staatsstruktur Deutschlands die eines unitarischen Bundesstaates ist? Zur Beantwortung dieser Frage muss in zwei Schritten vorgegangen werden.

1. Erstens muss man sich vergewissern, dass es sich bei Deutschland tatsächlich um einen Bundesstaat handelt,
2. zweitens ist zu fragen, ob er die spezifische Form des unitarischen Bundesstaates aufweist.

Zum ersten Aspekt: Tatsächlich finden sich die genannten Strukturelemente auf beiden Ebenen des deutschen Staates. Bund und Länder verfügen über eine Regierung/Verwaltung, ein Parlament und über eine eigene Rechtsprechung. Letztere äußert sich insbesondere im Bundesverfassungsgericht und den verschiedenen Landesverfassungsgerichten (Verfassungsgerichte wachen auf der Basis einer entsprechenden Klage über die Verfassungsmäßigkeit staatlichen Handelns). Über kein Verfassungsgericht verfügt allerdings das Land Schleswig-Holstein (siehe Art. 99 GG). Hier übernimmt das Bundesverfassungsgericht die entsprechenden Aufgaben.

Grundgesetz

Die Doppelung der Strukturelemente entspricht der Festlegung im Grundgesetz. So bestimmt Art. 20 Abs. 1 GG: »Die Bundesrepublik Deutschland ist ein demokratischer und sozialer Bundesstaat.« Hinweise auf die Bundesstaatlichkeit sind auch in zahlreichen weiteren Verfassungsartikeln enthalten. Des Weiteren kann in Deutschland die eine Ebene nicht die andere Ebene auflösen. Selbst durch eine Änderung des Grundgesetzes kann der Föderalstaat nicht abgeschafft werden. Dies ist eindeutig festgelegt: »Eine Änderung des Grundgesetzes, durch welche die Gliederung des Bundes in Länder, die grundsätzliche Mitwirkung der Länder bei der Gesetzgebung oder die in den Artikeln 1 und 20 niedergelegten Grundsätze berührt werden, ist unzulässig« (Art. 79 Abs. 3 GG).

Ewigkeitsgarantie

Diese sogenannte Ewigkeitsgarantie ist Ausdruck der Vorgaben der Westalliierten nach dem Zweiten Weltkrieg. Insbesondere die Vertreter der amerikanischen Regierung legten Wert auf eine bundesstaatliche Struktur der BRD. Sie versprachen sich hiervon eine gegenseitige Kontrolle von Bund und Ländern.

Fragt man zweitens nach den Unitarisierungstendenzen in der spezifischen Ausprägung des deutschen Föderalismus, ist zunächst wiederum auf das Grundgesetz zu verweisen. An zwei Stellen finden sich Hinweise auf die große Bedeutung der Einheitlichkeit bzw. der Gleichwertigkeit der Lebensverhältnisse (Art. 72 Abs. 2, Nr. 3; Art. 106 Abs. 3 Nr. 2 GG). Nun muss das Verfassungsrecht nicht immer unbedingt der Verfassungsrealität entsprechen. Es ist also grundsätzlich denkbar, dass der Bundesstaat in Deutschland von äußerst heterogenen Strukturen geprägt ist, obwohl im Grundgesetz etwas anderes zu lesen ist. Ein kurzer Blick auf die tatsächlichen Verhältnisse zeigt jedoch, dass in Deutschland nach der Wiedervereinigung zwar durchaus unterschiedliche Lebensbedingungen vorzufinden sind. Aber dennoch weisen die große Bedeutung des Bundes insbesondere im Bereich der Gesetzgebung und die sich daraus ergebenden Vereinheitlichungstendenzen darauf hin, dass Deutschland ein unitarischer Bundesstaat ist.

Gleichwertigkeit der Lebensverhältnisse

Selbst beim Blick in Bereiche, in denen ausschließlich die Länder zuständig sind, so z.B. die Kultur- und schulische Bildungspolitik, werden Vereinheitlichungstendenzen sichtbar. Die Länder stimmen sich nämlich in Konferenzen der Ministerpräsidenten und der einzelnen Fachminister mehr oder weniger freiwillig untereinander ab. Dies setzt sich fort bis zu Koordinierungen auf der Ebene der Ministerialbeamten. Als bekanntes Beispiel kann hier auf die Kultusministerkonferenz verwiesen werden. Sie sorgt beispielsweise für die so wichtige gegenseitige Anerkennung von Abiturzeugnissen.

Selbstkoordination der Länder

Schließlich werden auch in dem Verfassungsorgan, das insbesondere die Länderinteressen vertreten soll, also dem Bundesrat, in vielen Fällen nicht reine Länderinteressen, sondern die Interessen der jeweiligen Bundespartei forciert. Wenn nämlich der Bundesrat als Blockadeinstrument genutzt wird, dominieren die Interessen der Oppositionsparteien des Bundestages und nicht unbedingt die der Länderregierungen (→ vgl. Kapitel 3.3.5.2).

Eine weniger einheitliche Politik findet man in anderen Bundesstaaten. So haben die Kantone (entsprechen in etwa den deutschen Bundesländern) in der Schweiz eine sehr viel weiter gehende Gesetzgebungskompetenz und Selbstständigkeit als die Bundesländer in Deutschland. Für die Schweiz würde man noch nicht von einem Staatenbund, jedoch von Trennföderalismus sprechen. Bund und Kantone sind stärker voneinander getrennt als dies in Deutschland der Fall ist. Mitunter wird in diesem Zusammenhang auch von einem dualen Föderalismus gesprochen, weil es hier zwei duale, voneinander getrennte Ebenen gibt. Wichtiges Kennzeichen dieses dualen oder Trennföderalismus sind je eigene Kompetenzen im Bereich der Gesetzgebung, des Vollzugs der Gesetze der jeweiligen Ebene und eigenständige Steuern einschließlich der Gesetzgebungskompetenz für diese Steuern. Ein gutes Beispiel hierfür sind die USA. In anderen trennföderalistischen Staaten ist die Trennung nicht ganz so weit getrieben. In der Schweiz z.B. sind die

Trennföderalismus

Beispiel Schweiz

Beispiel USA

Kantone nicht nur für den Vollzug der eigenen Gesetze, sondern auch den der meisten Bundesgesetze zuständig.

Vorteile des Trennföderalismus

In der Föderalismusforschung wird davon ausgegangen, dass der Trennföderalismus gut für heterogene Gesellschaften geeignet ist. Heterogene Gesellschaften sind deutlich unterschiedlich strukturiert, sei es durch unterschiedliche Religionen, unterschiedliche Sprachen, einen unterschiedlichen Entwicklungsstand usw. Der Trennföderalismus bietet nun die Möglichkeit, auf die verschiedenen regionalen Gegebenheiten einzugehen. Es wird nicht versucht, sie in ein einheitliches Schema zu pressen. Allgemein wird trennföderalen Systemen auch eine größere Innovationskraft zugesprochen. Das dürfte damit zusammenhängen, dass die relativ unabhängigen Gliedstaaten (Kantone, Bundesstaaten) neue Lösungen im Kleinen ausprobieren können. Diese innovativen Lösungen können dann von den anderen Gliedstaaten übernommen werden, wenn sie sich als erfolgreich erwiesen haben. Umgekehrt besteht im Trennföderalismus jedoch die Gefahr, dass die einzelnen Gliedstaaten sehr stark auseinanderdriften.

Definition

Trennföderalismus/Verbundföderalismus

Im *Trennföderalismus* nehmen die verschieden staatlichen Ebenen die öffentlichen Aufgaben relativ getrennt voneinander wahr. Hierfür benötigen die Gliedstaaten eigene Kompetenzen, die sie unterschiedlich ausfüllen können. Folge einer trennföderalistischen Staatsstruktur können unterschiedliche Entwicklungen in den verschiedenen Gliedstaaten sein. Gleichzeitig können dezentral innovative Lösungen ausprobiert werden. Im Falle eines Scheiterns ist dann nicht der gesamte Staat, sondern nur ein Gliedstaat negativ betroffen.

Im *Verbundföderalismus* sind die verschiedenen staatlichen Ebenen sehr viel stärker miteinander verflochten. Diese Verflechtungen können alle wichtigen Strukturelemente des modernen Staates betreffen: Gesetzgebung, Verwaltung, Rechtsprechung und Finanzbeziehungen. Kritisiert wird der Verbundföderalismus wegen der nicht selten anzutreffenden Entscheidungs- und Innovationsschwäche seiner Gremien. Positiv wird von Vielen hingegen die gegenseitige Solidarität gesehen.

Verbundföderalismus

Zurück zur deutschen Staatsstruktur und ihrer spezifischen Ausprägung: Die Unitarisierungstendenzen hängen damit zusammen, dass es sich beim deutschen Föderalismus um einen sogenannten kooperativen Föderalismus oder auch Verbundföderalismus handelt. Hier sind Bund und Länder nicht voneinander getrennt, sondern sie sind in vielen Bereichen aufeinander angewiesen. Da es aber auch im Verbundföderalismus Bereiche gibt, für die eine der beiden Ebenen exklusiv die Zuständigkeit hat, ist das Verhältnis zwischen Bund und Ländern von zwei sich eigentlich ausschließenden Strukturprinzipien geprägt: der Trennung in manchen Bereichen steht die Verflechtung in anderen Bereichen gegenüber.

Diesem wechselseitigen Spannungsverhältnis soll nachfolgend für die weiter oben genannten drei Strukturmerkmale Gesetzgebung, Verwaltung und Rechtsprechung nachgespürt werden. Aber auch die Finanzbeziehungen zwischen Bund und Ländern werden in die Analyse einbezogen, denn die Verflechtungen im Bereich der staatlichen Finanzen sind besonderer Ausdruck des deutschen Föderalismus.

Analyse des deutschen Föderalismus | 3.5.1

Wie stark sind Gesetzgebung, Verwaltung, Rechtsprechung und Finanzbeziehungen im politischen System Deutschlands miteinander verflochten? Wenn diese Frage im Folgenden in mehreren Schritten beantwortet wird, soll nicht nur der Grad der jeweiligen Verflechtung oder Trennung abgeschätzt werden. Vielmehr soll auch gefragt werden, ob ein gegebenenfalls hohes Maß an Verflechtung zu gegenseitigen Blockaden führt. Dabei geht es also beispielsweise darum zu überprüfen, ob die weitreichende Beteiligung der Länder an der Gesetzgebung des Bundes (= Verflechtung) zur Lähmung der Gesetzgebung des Bundes führen kann (→ vgl. Kapitel 3.3.5.2).

Gesetzgebung und Entscheidung | 3.5.1.1

Wie sind die Gesetzgebungskompetenzen zwischen Bund und Ländern verteilt? Das Grundgesetz unterscheidet:

1. ausschließliche Gesetzgebungskompetenz des Bundes (Art. 71, 73 GG),
2. konkurrierende Gesetzgebungskompetenz des Bundes (Art. 72, 74 GG),
3. Gesetzgebungskompetenz der Länder (Art. 70 GG).

Ausschließliche Gesetzgebungskompetenz

Wie die Bezeichnung bereits sagt, hat in den Bereichen, die für die ausschließliche Gesetzgebungskompetenz des Bundes reserviert sind, ausschließlich der Bund das Recht zur Gesetzgebung. Allerdings gibt es hiervon eine Ausnahme. Wenn nämlich der Bund in einem Gesetz die Länder zur Gesetzgebung ermächtigt, können auch die Länder in diesem Bereich gesetzgeberisch aktiv werden. Betrachtet man die in Art. 73 GG aufgelisteten Zuständigkeiten, wird schnell deutlich, weshalb hier der Bund im Vordergrund steht. Es ist einfach sinnvoll, dass die auswärtigen Angelegenheiten, die Verteidigung, das Währungs-, Geld- und Münzwesen usw. einheitlich für das gesamte Bundesgebiet geregelt werden. Dabei ist das Währungs-,

Geld- und Münzwesen aus den gleichen Überlegungen heraus sogar bereits durch Staatsvertrag auf die Europäische Ebene übertragen worden.

Konkurrierende Gesetzgebungskompetenz

In den Bereichen, in denen die konkurrierende Gesetzgebung des Bundes gilt, dürfen die Länder nur dann Gesetze verabschieden, wenn der Bund nicht von seinem Recht zur Gesetzgebung Gebrauch gemacht hat. Als Beispiele können hier das bürgerliche Recht, das Strafrecht, das Ausländerrecht und das Wirtschaftsrecht genannt werden. Allerdings ist der Bund in der Wahrnehmung dieser Gesetzgebungskompetenz nicht völlig frei. Eine bundeseinheitliche Regelung muss »erforderlich« sein, damit er tätig werden kann. Gemessen wird die Erforderlichkeit daran, ob eine Regelung der Herstellung gleichwertiger Lebensverhältnisse im Bundesgebiet oder der Wahrung der Rechts- und Wirtschaftseinheit dient.

Erforderlichkeitsklausel

Mit der Föderalismusreform I, die Bundestag und Bundesrat im Sommer 2006 beschlossen haben, unterliegt jetzt nur noch ein Teil der in Art. 74 GG abschließend aufgelisteten Gebiete dieser Erforderlichkeitsklausel. Damit ist in diesem Bereich einerseits die Gesetzgebungskompetenz des Bundes gestärkt worden, weil er nicht mehr nachweisen muss, dass eine bundeseinheitliche Regelung erforderlich ist. Andererseits wurde mit der Föderalismusreform auch ein neuer Absatz 3 in den Art. 72 GG eingefügt. Denn in einer Reihe von Rechtsgebieten können die Länder, selbst wenn der Bund in diesen Gebieten bereits Gesetze erlassen hat, eigene Gesetze verabschieden, die von den Bundesgesetzen abweichen. Mit sechs Rechtsgebieten (vom Jagdwesen, über den Naturschutz bis hin zur Hochschulzulassung und den Hochschulabschlüssen) ist dieser Bereich zwar relativ klein, aber dennoch ist dieser Einstieg in ein Trennsystem bemerkenswert.

Abweichungsrecht der Länder

Zusätzlich werden die Länderinteressen durch die Regelung geschützt, wonach Bundesgesetze in den genannten Gebieten erst sechs Monate nach Verkündigung in Kraft treten. Damit bleibt den Ländern ausreichend Zeit, um abweichende Regelungen zu verabschieden. Aber keine Regel ohne Ausnahme: Der Bund kann – aber nur mit Zustimmung des Bundesrats – bestimmen, dass seine Gesetze sofort gelten. Hier geht es ganz offensichtlich darum, die gesamtstaatlichen Interessen zu schützen. So kann es etwa dringlich sein, europäisches Recht innerhalb der vorgegebenen Fristen umzusetzen.

Sechs-Monats-Frist

Gesetzgebungskompetenz der Länder

Anders als für die ausschließliche und die konkurrierende Gesetzgebung des Bundes werden im Grundgesetz keine Rechtsgebiete benannt, für welche die Gesetzgebungskompetenz der Länder gilt. Vielmehr arbeitet das Grundgesetz mit einer generellen Zuständigkeitsvermutung (Art. 70 GG). Damit ist gemeint, dass die Länder das Recht zur Gesetzgebung haben, sofern nicht der Bund im Grundgesetz ausdrücklich benannte Gesetzgebungsbefugnisse hat. Hieraus darf allerdings nicht geschlossen werden, dass die Befugnis zur Gesetzgebung hauptsächlich bei den Ländern liegt. Denn

Generelle Zuständigkeitsvermutung

die ausschließliche und konkurrierende Gesetzgebungskompetenz des Bundes erfasst die allermeisten Rechtsgebiete. Wenn es nicht zu abwertend klingen würde, könnte man die Gesetzgebungskompetenz der Länder als »Restekategorie« bezeichnen. Konkret kann man hier die Kulturhoheit der Länder mit dem Schul- und Hochschulwesen (ausgenommen Hochschulzulassung und Hochschulabschlüsse), die Förderung von Kunst und Wissenschaft sowie Regelungen für Presse, Funk und Fernsehen benennen. Auch das Polizei-, Bau- und Wasserrecht sowie die Gemeinde- und Kreisordnungen unterliegen der Landeskompetenz.

Mit der Föderalismusreform sind den Ländern weitere Gesetzgebungskompetenzen wie beispielsweise der Strafvollzug, das Heim- und das Ladenschlussrecht zugefallen. Der wichtigste Rechtsbereich dürfte das Dienstrecht sowie die Besoldung und Versorgung von Landesbeamten und Landesrichtern sein. Wenn sich die Länder in diesem Bereich nicht untereinander abstimmen, kann es zu zunehmend unterschiedlichen Entwicklungen in Deutschland kommen. Konkret bedeutet dies, dass zum Beispiel ein Lehrer in Heppenheim (Hessen) weniger oder mehr verdienen kann als in Kempten (Bayern). Tatsächlich haben sich die Besoldungshöhen in den Bundesländern mittlerweile deutlich auseinander entwickelt (→ vgl. Kapitel 3.5.4). Auch das Laufbahnrecht ist nun unterschiedlich gestaltet. Mit der Übertragung zusätzlicher Gesetzgebungskompetenzen auf die Länder wurde also der Wettbewerb zwischen ihnen gestärkt. Dies kann – wie bereits weiter oben im Zusammenhang mit dem Trennföderalismus diskutiert wurde – zu einer erhöhten Innovationskraft, aber auch zu auseinanderlaufenden Entwicklungen führen.

Wettbewerb im Föderalismus

Gemeinschaftsaufgaben

Die Gemeinschaftsaufgaben fallen streng genommen nicht in den Bereich der Gesetzgebung. Bei ihnen geht es nämlich um die Mitwirkung des Bundes bei der Erfüllung einer Reihe von Aufgaben durch die Länder. Meist werden diese Aufgaben im Rahmen gemeinsamer Planungen erledigt. Sie müssen für die Gesamtheit bedeutsam und die Mitwirkung des Bundes muss erforderlich sein. Die Aufgabengebiete sind in Art. 91a und 91b GG umrissen. Mit der Föderalismusreform I wurde ihre Zahl reduziert. Übrig geblieben sind die Verbesserung der regionalen Wirtschaftsstruktur, der Agrarstruktur und des Küstenschutzes (Art. 91a GG). Der Bund trägt dabei mindestens die Hälfte der Ausgaben.

Gemeinsame Planungen

Im Zuge der Föderalismusreform I wurde zudem Art. 91b GG vollständig geändert. War vor der Reform die gemeinsame Bildungsplanung – d.h. die Erstellung von Entwicklungsplänen für das gesamte Bundesgebiet und für den gesamten Bildungsbereich – noch eine Gemeinschaftaufgabe, ist das Zusammenwirken von Bund und Ländern nun auf die inner- und außeruniversitäre wissenschaftliche Forschung sowie die Erstellung und Erhaltung von Forschungsbauten beschränkt. Mit der Streichung der Bildungsplanung wurde allerdings nur die Realität im Verfassungstext abgebildet. Denn nachdem bereits Ende der 1970er-Jahre die Bildungsgesamtplanung gescheitert war, wurden auf diesem Gebiet kaum noch nennenswerte Aktivitäten entfaltet.

Mit der Föderalismusreform II, die am 1. August 2009 in Kraft trat, wurde der Bereich der Gemeinschaftsaufgaben wieder erweitert. Bund und Länder können nun nach dem neu eingeführten Art. 91c GG auch bei der Planung, der Errichtung und dem Betrieb von informationstechnischen Systemen zusammenwirken. Hierbei geht es vor allem um gemeinsame Standards und Sicherheitsanforderungen, aber auch um den gemeinschaftlichen Betrieb solcher Systeme. Der gleichfalls neu eingeführte Art. 91d GG erlaubt Bund und Ländern, die Leistungsfähigkeit ihrer Verwaltungen vergleichend zu untersuchen und die Ergebnisse zu veröffentlichen. Der Vollständigkeit halber ist noch anzumerken, dass die Rahmengesetzgebung des Bundes (ehemals Art. 75 GG) mit der Föderalismusreform I 2006 vollständig aufgehoben wurde. Der alte Verfassungsartikel ermächtigte den Bund, Rahmenvorschriften zu erlassen, welche die Länder dann ausfüllen konnten. Auch hier galt die Erforderlichkeitsklausel. Die Praxis zeigte jedoch, dass die Frage, wie weitreichend der Rahmen des Bundes sein kann und ob dieser – um der Veranschaulichung eines bayerischen Spitzenpolitikers zu folgen – nicht bereits das gesamte Bild ausmache, schwer zu beantworten war. So sah beispielsweise das Hochschulrahmengesetz des Bundes das Verbot von Studiengebühren vor. Hiergegen klagten einige Länder erfolgreich vor dem Bundesverfassungsgericht. Der Bund hatte den Rahmen zu weit ausgedehnt. Folgerichtig wurde die Rahmenkompetenz mit der Föderalismusreform abgeschafft und die Gesetzgebungsmaterien zu einem größeren Teil der konkurrierenden Gesetzgebungskompetenz und zu einem kleineren Teil den Ländern zugeschlagen.

Rahmengesetzgebung abgeschafft

Soll in einem Zwischenfazit das Spannungsverhältnis von Verflechtung und Trennung im Bereich der Gesetzgebung und Entscheidung beurteilt werden, muss zweierlei festgehalten werden.

1. Die Gesetzgebungskompetenzen sind relativ klar voneinander abgegrenzt. Allerdings müssen die Entscheidungen im Bereich der Gemeinschaftsaufgaben in einem stark verflochtenen System gefällt werden. Bund und Länder sind hier deutlich aufeinander angewiesen. In der Regel benötigen Beschlüsse eine Dreiviertelmehrheit. Die entsprechenden Abstimmungsprozesse können sich folglich sehr lange hinziehen und sind mitunter äußerst aufwendig. Es kann deshalb nicht weiter überraschen, dass Fritz W. Scharpf und seine Mitarbeiter 1976 den Begriff der Politikverflechtung u.a. mit Blick auf das Verhältnis von Bund und Ländern im Bereich der Gemeinschaftsaufgaben verwendet haben.

2. Weiter oben (→ vgl. Kapitel 3.3.5.2) ist bereits deutlich geworden, in welchem Maße Bundestag und Bundesrat bei der Gesetzgebung miteinander verflochten sind. Es wurde auch gezeigt, welche Möglichkeiten der Bundesrat hat, die Gesetzgebung des Bundes wenn nicht zu blockieren, so doch stark zu beeinflussen. Denn verfügen die Oppositionsparteien des Bundestags über die Mehrheit im Bundesrat, können sie sämtliche zustimmungspflichtige Gesetze verhindern. Hier zeigt sich, was Gerhard Lehmbruch (2000: 19) »die potentielle Inkongruenz zweier zentraler Arenen« nennt. Das föderale System ist auf ein Kooperationsverhältnis von Bund und Ländern ausgelegt. Es ist notwendig, dass die beiden Ebenen miteinander verhandeln, um befriedigende Lösungen zu erreichen. Dieses föderale System wird jedoch vom Parteiensystem und seiner Logik überlagert. Das Parteiensystem funktioniert in Deutschland jedoch nicht nach dem Kooperationsprinzip, sondern ist geprägt von Wettbewerb der Parteien untereinander. Mit anderen Worten, das auf Kooperation ausgerichtete Verhältnis von Bund und Ländern ist in den Parteienwettbewerb geraten und hat es deshalb schwer sich durchzusetzen.

Verwaltung

3.5.1.2

Entscheidendes Merkmal der öffentlichen Verwaltung im deutschen Föderalismus ist das fast vollständige Fehlen eines Verwaltungsunterbaus der Bundesverwaltung (Bundesministerien und Bundesoberbehörden wie beispielsweise das Umweltbundesamt). Der Bund bedient sich also – mit wenigen Ausnahmen – der Verwaltung der Länder, um Bundesgesetze zu vollziehen. Ausnahmen sind der Auswärtige Dienst, die Verwaltung der Bundeswasserstraßen, die Bundeswehrverwaltung und die Bundesfinanzverwaltung. Neben der reinen (unmittelbaren) Bundesverwaltung (= Ministerien und nachgeordnete Behörden) hat der Bund die Sozialversicherungsträger wie die Bundesagentur für Arbeit als sogenannte mittelbare Verwaltung organisiert. Sie ist den entsprechenden Ministerien nur mittelbar »zugeordnet«, weil sie über eine eigene Rechtsfähigkeit verfügt. Folge hiervon ist, dass sich die mittelbare Verwaltung dem Zugriff der entsprechenden Ministerien besser entziehen kann. Denn diese führen nur die Rechtsaufsicht, sie dürfen also nicht überprüfen, ob Handlungen der mittelbaren Verwaltung zweckmäßig sind.

Wenig Verwaltungsunterbau beim Bund

Mittelbare Verwaltung

Für den Vollzug der allermeisten Bundesgesetze ist der Bund jedoch auf die Landes- und Kommunalverwaltungen angewiesen. Dabei gibt es zwei Möglichkeiten: Die Landesbehörden können die Bundesgesetze entweder als Bundesauftragsverwaltung (Art. 85 GG) oder als eigene Angelegenheit (Art. 83, 84 GG) ausführen. Der wesentliche Unterschied zwischen diesen beiden Formen liegt in dem Ausmaß, in dem der Bund auf die Behörden zugreifen kann:

Landes- und Kommunalverwaltung

- Agieren die Landesbehörden als Bundesauftragsverwaltung kann der Bund ihnen Weisungen erteilen und ihre Handlungen nicht nur unter dem Gesichtspunkt der Rechtmäßigkeit (Wird gegen ein Gesetz verstoßen?), sondern auch der Zweckmäßigkeit (War eine Maßnahme zweckmäßig?) überprüfen. Dafür hat der Bund die Kosten der Bundesauftragsverwaltung zu tragen (Art. 104a Abs. 2 GG).
- Vollziehen die Länder Bundesgesetze als eigene Angelegenheit, tragen sie zwar die Verwaltungskosten, ihre Behörden unterliegen aber in der Regel keinen Weisungen (es sei denn, dies ist nach zustimmungspflichtigem Gesetz vorgesehen) und auch nicht der Prüfung der Zweckmäßigkeit (Fachaufsicht). Der Bund kann also nur untersuchen, ob gegen Rechtsvorschriften verstoßen wurde (Rechtsaufsicht).

Die Verflechtung zwischen Bund und Ländern ist im Bereich der Verwaltung durch den Umstand gegeben, dass der Bund für den Vollzug seiner Gesetze auf die Länder angewiesen ist. Dies hat durchaus gewaltenteilende Wirkung – diesmal in der Vertikalen. Aber es entsteht auch die Gefahr von Blockaden, wenn sich die Länder weigern, Bundesgesetze auszuführen. Als weniger gravierender Fall ist auch die Verzögerung des Vollzugs denkbar. In der Realität war dies jedoch kaum der Fall. Bekannt geworden sind eigentlich nur Fälle im Zusammenhang mit der Genehmigung von Atomanlagen. Dabei war es einzelnen Ländern gelungen, Verfahren zu verschleppen. Letztlich konnte sich der Bund jedoch durchsetzen und im Falle des atomaren Endlagers in Gorleben wurde das Land Niedersachsen sogar zu Schadensersatzzahlungen an den Bund verurteilt. Das deutsche Institutionensystem verfügt im Bereich der Verwaltung also über ausreichende Möglichkeiten, punktuell und ansatzweise entstehende Blockaden zu überwinden.

Nur theoretische Blockadegefahr

Es wurde deutlich – so das Zwischenfazit, das hier gezogen werden kann –, dass der Bund für den Vollzug seiner allermeisten Gesetze auf die Länder angewiesen ist. Dessen ungeachtet führt diese Form der Verflechtung nur sehr selten zu Blockadeversuchen. Denn das deutsche Institutionensystem verfügt über ausreichende Möglichkeiten, um potenziellen Blockaden entgegenzuwirken.

3.5.1.3 | Rechtsprechung

Die Rechtsprechung ist auf Bundesgerichte – neben dem Bundesverfassungsgericht sind dies der Bundesgerichtshof, das Bundesverwaltungsgericht, das Bundesarbeitsgericht, das Bundessozialgericht und der Bundesfinanzhof – und Landesgerichte verteilt (Art. 92ff. GG). Bundes- und Landesgerichte arbeiten jedoch gut zusammen. Da Bundesgerichte keinen eigenen Unterbau haben, lässt sich sogar ein gewisses Ausmaß an Verflechtung ausmachen. Die Bundesgerichte kommen nämlich in der Regel erst ins Spiel, wenn

Bundes- und Landesgerichte

der Instanzenzug der Landesgerichte durchlaufen ist. Bei unterschiedlicher Spruchpraxis gilt jedoch immer das Urteil des höherrangigen Gerichts. Instanzenzug

Will man sich die Zusammenhänge am Beispiel der Zivilgerichtsbarkeit verdeutlichen, heißt dies, dass zunächst je nach Streitwert das Amts- oder Landgericht zuständig ist. Wird Berufung zugelassen, kann das Landgericht oder Oberlandesgericht angerufen werden. Sie überprüfen das ursprüngliche Urteil unter zwei Aspekten: Wurden die bekannten Tatsachen richtig bewertet und wurde das einschlägige Recht richtig angewendet? Der Bundesgerichtshof ist schließlich die Revisionsinstanz. Er überprüft allerdings nur, ob mit einem Urteil gegen Rechtsvorschriften verstoßen wurde. Eine nochmalige Überprüfung der Tatsachen findet nicht statt. Können Verstöße gegen Grundrechte geltend gemacht werden, kann der jeweilige Fall sogar noch vor das Bundesverfassungsgericht gebracht werden. Berufung und Revision

Es gibt jedoch auch Gerichtsbarkeiten mit nur einer Instanz. So ist das Bundespatentgericht ein auf den gewerblichen Rechtsschutz spezialisiertes Bundesgericht im Range eines Oberlandesgerichts mit bundesweiter örtlicher Zuständigkeit. Es entscheidet über Beschwerden gegen das Deutsche Patent- und Markenamt.

Als weiteres Zwischenfazit ist hier also festzuhalten: Trotz der für den Laien relativ unübersichtlichen Zuständigkeiten ist die deutsche Gerichtsbarkeit für den Fachmann relativ klar gegliedert. Und obwohl es eine Verflechtung von Bundes- und Landesgerichten gibt, besteht doch eine klar gezeichnete Hierarchie der Entscheidungen. Höherrangige Rechtsprechung geht der niederrangigen vor. Die Rechtsprechung der Bundesgerichte zeichnet die Entscheidungen der im Instanzenzug weiter unten angesiedelten Gerichte vor. Gegenseitige Blockaden treten nicht auf.

Finanzbeziehungen | 3.5.1.4

Bei der Analyse der Finanzbeziehungen im politischen System Deutschlands müssen zunächst drei Aspekte unterschieden werden. Es gilt die Verteilung der Gesetzgebungskompetenzen im Finanzwesen, die Ausgabenseite und die Einnahmenseite zu betrachten.

Da der Bund die Gesetzgebungskompetenzen im Bereich der konkurrierenden Gesetzgebung weitgehend ausgeschöpft hat, sind faktisch die allermeisten Steuergesetze Bundesgesetze. Ein hohes Maß an Verflechtung und auch potenzieller Blockadegefahr ergibt sich aus dem Umstand, dass der Bundesrat allen Gesetzen über Steuern, deren Aufkommen ganz oder zum Teil den Ländern zusteht, zustimmen muss (Art. 105 GG, → vgl. Kapitel 3.3.5.2). Damit gelten ähnliche Überlegungen, wie sie bereits im Zusammenhang mit den übrigen Gesetzgebungskompetenzen angestellt wurden (→ vgl. Kapitel 3.5.1.1). Gesetzgebungskompetenz: Finanzwesen Steuergesetze oft zustimmungsbedürftig

Eine Analyse der *Ausgabenseite* ist relativ einfach, denn die Haushaltspläne von Bund und Ländern sind voneinander getrennt (Art. 109 GG). Eine

Ausgabenseite

gewisse Ausnahme ergibt sich jedoch durch die gegenseitigen Verpflichtungen im Rahmen der Gemeinschaftsausgaben (Art. 91a und 91b) und bei Finanzhilfen des Bundes (Art. 104a GG). Auch bei der Bundesauftragsverwaltung muss der der Bund die Kosten übernehmen, die den Landesbehörden beim Vollzug von Bundesgesetzen entstehen (→ vgl. Kapitel 3.5.1.2).

Art der Steuervereinnahmung

Im Bereich der *Einnahmen* sind die Verflechtungen wesentlich stärker ausgeprägt als bei den Ausgaben. Hier sind erstens die verschiedenen Arten der Vereinnahmung von Steuern und zweitens die unterschiedlichen Möglichkeiten eines Finanzausgleichs zur Unterstützung finanzschwacher Länder zu analysieren. Bei der Steuervereinnahmung sind Steuern, die exklusiv einer Ebene zustehen (Trennsystem), von Steuern zu unterscheiden, die im Verbund eingenommen werden und anschließend auf die verschiedenen Ebenen verteilt werden (Verbundsystem). Ein Überblick über die wichtigsten Steuerarten und die Verteilung der im Verbund eingenommenen Steuern auf Bund, Länder und Gemeinden ergibt sich aus Abbildung 26.

Steuerverbund

Die im Verbundsystem eingenommenen Steuern stehen den Gebietskörperschaften (Bund, Länder und Gemeinden) entsprechend der angegebenen Schlüssel zu. Dabei verändert sich der faktische Schlüssel für die Verteilung der Umsatzsteuer, weil diese im Rahmen des Finanzausgleichs zwischen

Abb. 26

Verteilung der Steuerertragshoheit: Trenn- und Verbundssystem

Quelle: Bundesministerium der Finanzen, Bund/Länder-Finanzbeziehungen auf der Grundlage der Finanzverfassung, Berlin 2014, S. 16–17.

Trennsystem		
Bundessteuern	**Landessteuern**	**Gemeindesteuern**
Verbrauchsteuern wie Energie-, Tabak-, Kaffee-, Branntwein- und Stromsteuer	Erbschaft-/Schenkungssteuer	Örtliche Aufwand- und Verbrauchsteuern wie z. B. Hunde-, Getränke-, Jagd- und Fischereisteuer
Kfz-Steuer***		
Versicherungsteuer		Grundsteuer
Solidaritätszuschlag	Biersteuer	Gewerbesteuer*
Finanzmonopole und Zölle	Rennwett-, Lotterie- und Sportwettsteuer	Zweitwohnungsteuer
Abgaben im Rahmen der EU		

Verbundsystem			
Steuerarten	**Bundesanteil**	**Länderanteil**	**Gemeindeanteil**
Einkommensteuer	42,5 %	42,5 %	15 %
Körperschaftsteuer	50 %	50 %	–
Abgeltungssteuer	44 %	44 %	12 %
Umsatzsteuer**	53,5 %	44,5 %	2 %

* *Bund und Länder werden durch eine Umlage an der Gewerbesteuer beteiligt.*
** *tatsächliche Anteile 2014.*
*** *seit 1. Juli 2009; vorher Landessteuer*

finanzstarken und finanzschwachen Ländern eine gewisse Rolle spielt (siehe weiter unten). Zwischen und innerhalb der Länder wird das Aufkommen aus der Einkommen- und Körperschaftsteuer entsprechend des jeweiligen örtlichen Aufkommens verteilt. Da die örtlichen Steuereinnahmen aber sehr unterschiedlich anfallen, verfügen manche Länder nicht über ausreichende Mittel, um ihre Aufgaben zufriedenstellend zu erledigen.

Finanzausgleich

Mit dem bereits angesprochenen *Finanzausgleich* wird nun das Ziel verfolgt, diese »unterschiedliche Finanzkraft der Länder angemessen aus(zu)gleichen«, wie dies das Grundgesetz in Art. 107 Abs. 2 Satz 1 vorschreibt. Hierzu gibt es vier Ausgleichsmechanismen, die in der angegebenen Reihenfolge zur Anwendung gelangen müssen, weil die relativ komplizierten Berechnungen zum Teil von vorhergehenden Ausgleichsmaßnahmen abhängen.

Umsatzsteuervorwegausgleich

Umsatzsteuervorwegausgleich: Vom Anteil an der Umsatzsteuer, der den Ländern zusteht, werden vorweg bis zu 25 % an finanzschwache Länder verteilt. Als Grundlage dient die durchschnittliche Finanzkraft der Länder. Je schlechter ein Land finanziell dasteht, umso höher fällt der Ausgleich aus. Die Ausgleichszahlungen machen zwischen 60 und 95 % des jeweiligen Unterschiedsbetrags zur durchschnittlichen Finanzkraft aus. Diese besondere Form der horizontalen Umsatzsteuerverteilung kam nach vorläufigen Berechnungen des Bundesfinanzministeriums im Jahre 2005 insgesamt zehn Bundesländern zugute, wobei die neuen Bundesländer die größte Unterstützung erhielten. Das verbleibende Aufkommen aus der Umsatzsteuer wird entsprechend der Einwohnerzahl der jeweiligen Länder verteilt.

Horizontaler Länderfinanzausgleich

Horizontaler Länderfinanzausgleich: Die finanzstarken Länder zahlen an die finanzschwachen Länder. Bei der Ermittlung, ob ein Land finanzschwach oder finanzstark ist, wird ein kompliziertes Verfahren angewendet, das im Finanzausgleichsgesetz beschrieben ist. Stets werden jedoch die Zahlungen aus dem Umsatzsteuervorwegausgleich mitgerechnet. Geberländer sind traditionell Baden-Württemberg, Bayern, Hessen, Nordrhein-Westfalen und Hamburg, während mittlerweile alle übrigen Länder Empfängerländer sind.

Bundesergänzungszuweisungen

Bundesergänzungszuweisungen: Kleine und finanzschwache Bundesländer erhalten zusätzlich zu den beiden ersten Ausgleichsmaßnahmen Zuweisungen aus dem Bundeshaushalt. Wenn die Finanzkraft eines Landes auch nach den vorhergegangenen Ausgleichsmaßnahmen noch unter 99,5 % des Länderdurchschnitts bleibt, wird der Fehlbetrag zu 77,5 % ausgeglichen. Auch hier sind die neuen Länder und Berlin die bedeutendsten Empfängerländer.

Sonderbedarfs-Bundesergänzungszuweisungen

Sonderbedarfs-Bundesergänzungszuweisungen: Einzelne Bundesländer können besondere Zahlungen vom Bund erhalten, wenn ein besonderer Bedarf vorliegt (teilungsbedingte und durch strukturelle Arbeitslosigkeit verursachte Sonderlasten oder – bei Ländern mit einer geringen Einwohnerzahl – Kosten für Regierung und Verwaltung). Den weitaus größten Anteil machen die Zuweisungen wegen teilungsbedingter Sonderlasten aus. Sie umfassten bis 2007 jährlich insgesamt 10,5 Mrd. Euro und sinken seitdem bis 2019 degressiv ab.

Zusammenfassung

Finanzausgleich

Der Finanzausgleich soll die unterschiedliche Finanzkraft der Bundesländer angemessen ausgleichen, damit alle Länder ihre Aufgaben erfüllen können. Hierfür gibt es vier verschiedene Ausgleichmechanismen:

- den Umsatzsteuervorwegausgleich,
- den horizontalen Länderfinanzausgleich zwischen den einzelnen Bundesländern,
- die Bundesergänzungszuweisungen und
- die Sonderbedarfs-Bundesergänzungszuweisungen.

Kritik am alten Ausgleichssystem

Das skizzierte Ausgleichssystem gilt erst seit Anfang 2005. Vorher wurde mit einem System gearbeitet, das von einigen Bundesländern als ungerecht kritisiert wurde. Auch würde es die falschen Anreize aussenden. Es kam nämlich vor, dass Bundesländer, die vor dem Finanzausgleich als finanzstark dastanden, nach dem Finanzausgleich schlechter gestellt waren als Länder, die Gelder aus dem Finanzausgleich empfangen hatten. Finanzstarke Länder wären deshalb nicht darum bemüht, ihre heimische Wirtschaft zu fördern, weil die zusätzlichen Steuereinnahmen sowieso weitgehend in den Länderfinanzausgleich gingen. Auch wurde der Verdacht geäußert, dass die finanzstarken Länder aus dem gleichen Grund die Steuerprüfung vernachlässigen würden. Dies würde die entsprechenden Bundesländer für Investoren attraktiver machen, sodass sich ein noch größeres Gefälle zwischen finanzstarken und finanzschwachen Bundesländern einstellen würde.

Klage vorm Bundesverfassungsgericht

Weil sie sich benachteiligt sahen, haben einige Geberländer vor dem Bundesverfassungsgericht gegen die damalige Praxis des Finanzausgleichs geklagt. Sie haben sich – für viele überraschend – tatsächlich weitgehend durchgesetzt. Das Bundesverfassungsgericht machte dem Bundesgesetzgeber 1999 einige Auflagen zur Gestaltung des Finanzausgleichs, die mit dem neuen System durchaus berücksichtigt wurden. Kritikern wie Sturm und Zimmermann-Steinhart (2010) sowie dem »Sachverständigenrat zur Begutachtung der gesamtwirtschaftlichen Entwicklung« ging die Reform jedoch nicht weit genug. Sie sei »Stückwerk« geblieben. Der Finanzausgleich sei nach wie vor undurchschaubar, hoch kompliziert und folglich dem Bürgern kaum vermittelbar. Tatsächlich steht eine umfassende Neugestaltung der Finanzbeziehungen zwischen Bund und Ländern an. Denn am 31.12.2019 treten sowohl das Finanzausgleichsgesetz als auch das sogenannte Maßstäbegesetz außer Kraft. In Letzterem sind die Maßstäbe für die Gestaltung der Finanzbeziehungen zwischen Bund und Ländern festgelegt. Zum gleichen Zeitpunkt endet auch der Solidarpakt II, der die finanzielle Förderung der neuen Länder zum Gegenstand hat. Zusätzlicher Handlungsdruck entsteht durch eine erneut anhängige Verfassungsklage der beiden Geberländer Bayern und Hessen gegen den derzeitigen horizontalen Länderfinanzausgleich. Die erste Stufe des Finanzausgleichs, der Umsatzsteuervorwegausgleich, wird ebenfalls kritisch gesehen, beispielswiese vom Land NRW, das hier Geberland ist. Allerdings erhält es in der zweiten Stufe einen Teil des überwiesenen Geldes zurück. Unbefriedigend ist in den Augen einer Gruppe von Praktikern um den ehemaligen Finanzminister Hans Eichel auch, dass die hohe strukturelle Verschuldung zahlreicher Kommunen sowie besondere Belastungen, zum Beispiel aufgrund unterschiedlicher demographischer Gegebenheiten, keine Berücksichtigung finden. Der Dauerkonflikt zwischen Geber- und Nehmerländern wird sich wohl letztlich nur lösen lassen, wenn der Bund sich stärker engagiert und damit der horizontale Finanzausgleich an Umfang verliert.

Als Antwort auf die Frage nach dem Verhältnis von Trennung und Verflechtung kann in einem letzten Zwischenfazit festgehalten werden, dass im Bereich der Finanzbeziehungen auf der Ausgabenseite eine Trennung besteht. Auf der Einnahmeseite lassen sich zwar Bereiche der Trennung (spezifische Steuern, die ausschließlich bestimmten Gebietskörperschaften zustehen) ausmachen, aber in wichtigen Bereichen besteht eine hochgradige Verflechtung. Möglichkeiten zur Blockade ergeben sich jedoch nicht originär aus diesen Verflechtungen, sondern vielmehr weil für viele Steuergesetze die Zustimmung des Bundesrats erforderlich ist (siehe auch Gesetzgebung).

Der deutsche Föderalismus – verflochten oder getrennt? 3.5.2

Der deutsche Föderalismus wird kritisiert, weil in ihm Bund und Länder zu stark verflochten seien, woraus eine Neigung zu Blockaden entstünde. Verflechtung muss jedoch nicht zwangsläufig zu Blockaden führen. Deshalb wurde in der vorstehenden Analyse nicht nur zwischen Trennung und Verflechtung unterschieden, sondern immer auch gefragt, ob eine mögliche Verflechtung zu Blockaden führen kann. Die Ergebnisse der Analyse sind in Abbildung 27 zusammenfasst.

Man kann festhalten, dass nicht für alle Strukturelemente des Staates die verkürzte Formel gilt: Verflechtung führt zu Blockade. Hier schützt also ein genauer Blick vor einer falschen Einschätzung. Aber auch eine Verflech-

Abb. 27 | *Verflechtung oder Trennung sowie Blockadepotential*

Gesetzgebung	
Verflechtung oder Trennung	Infolge der weitgehenden Beteiligung des Bundesrats und der Gemeinschaftsaufgaben stark verflochten. Bis auf den Bereich der Gemeinschaftsaufgaben sind die Kompetenzen den einzelnen Ebenen jedoch relativ klar zugeordnet.
Blockadepotential	Insbesondere wegen der Zustimmungspflicht bei wichtigen Gesetzgebungsmaterien hohes Blockadepotential.
Verwaltung	
Verflechtung oder Trennung	Trennung von Bundes- und Landesverwaltung. Da der Bund für die Ausführung der Bundesgesetze weitgehend auf die Länder angewiesen ist, Verflechtung zwischen der Gesetzgebungskompetenz des Bundes und der Verwaltungskompetenz der Länder.
Blockadepotential	Rein theoretisch haben die Länder die Möglichkeit, die Ausführung der Ländergesetze zu verschleppen. Ist faktisch jedoch kein großes Problem. Institutionelle Vorkehrungen gegen Verschleppungen (z. B. Klage beim Bundesverfassungsgericht) sind ausreichend.
Rechtsprechung	
Verflechtung oder Trennung	Verflechtung: Rechtsprechung der Bundesgerichte ist der der Landesgerichte übergeordnet.
Blockadepotential	Bei Einhaltung rechtsstaatlicher Prinzipien keine Blockade. Faktisch keine gravierenden Probleme.
Finanzbeziehungen	
Verflechtung oder Trennung	Auf der Ausgabenseite: Trennung. Auf der Einnahmenseite: hochgradige Verflechtung durch die im Verbund eingenommenen Steuern und den Finanzausgleich.
Blockadepotential	Kein Blockadepotential auf der Einnahmen- und Ausgabenseite. Dieses ergibt sich infolge der Zustimmungsbedürftigkeit durch den Bundesrat für die wichtigsten Steuergesetze.

tung ist nicht immer unbedenklich. Dabei sind insbesondere zwei Argumente von Bedeutung:

Verlust an Transparenz

- Auch wenn der Anteil der zustimmungspflichtigen Gesetze im Rahmen der Föderalismusreform I (siehe oben) der Zahl nach reduziert wurde, verbleibt ein wichtiger Rest (→ vgl. Kapitel 3.3.5.2). Hier weiß der Wähler, der nicht mit den Zusammenhängen vertraut ist, nicht, wer letztlich für beschlossene Gesetze oder aber für einen möglichen Reformstau verantwortlich ist: die Bundestagsmehrheit und die Regierung oder der Bundesrat? Die starke Verflechtung der Gesetzgebungszuständigkeiten führt also auch zu einer Intransparenz des Systems.
- Im Bereich der Gemeinschaftsaufgaben, aber auch im Bereich der zustimmungspflichtigen Gesetze werden wichtige Koordinierungen durch die Ministerialverwaltung von Bund und Ländern vorgenommen. Häufig geschieht dies schon im Vorfeld des eigentlichen Gesetzgebungsverfahrens. In der Literatur wurde hierfür der Begriff des Exekutivföderalismus

geprägt. Dem Parlament als dem einzigen direkt demokratisch legitimiertem Verfassungsorgan fällt dann häufig nur noch die Aufgabe zu, die erzielten Kompromisse »abzunicken«. Dies führt dann ganz zwangsläufig zu einer faktischen Entmachtung des Parlaments.

Exekutivföderalismus entmachtet das Parlament

Föderalismusreform I – Was hat sie gebracht?

3.5.3

Zentraler Ansatzpunkt der Föderalismusreform I im Sommer 2006 war die diagnostizierte Anfälligkeit der Gesetzgebung des Bundes für Blockaden durch den Bundesrat. Dies gilt nicht nur für die inhaltliche Gesetzgebung nach Abschnitt VII GG, sondern auch für die Steuergesetzgebung. Denn über die Steuern – auch die Landessteuern wie die Erbschaftssteuer – entscheidet der Bund mit Zustimmung des Bundesrats (Art. 105). So lässt sich nicht einmal eine Subvention wie die Eigenheimzulage ohne Zustimmung des Bundesrats abschaffen. Die im Sommer 2006 von Bundestag und Bundesrat beschlossene Föderalismusreform hat in Fragen der Zustimmungsbedürftigkeit jedoch eine entscheidende Veränderung gebracht. Bundesgesetze sind nun nicht schon deshalb zustimmungsbedürftig, weil der Bund darin – wenn eine Ausführung der Gesetze als eigene Angelegenheit der Länder vorgesehen ist – u. a. die Einrichtung von Behörden und das Verwaltungsverfahren regelt. Bis zur Föderalismusreform war diese Regelung ein wichtiges Einfallstor für die Zustimmungspflicht des Bundesrats.

Blockadeanfälligkeit

Zustimmungsbedürftigkeit

Von der Föderalismusreform I erhofften sich die Verantwortlichen eine deutliche Reduzierung des Anteils der Zustimmungsgesetze an allen Gesetzen. Eine Studie des Wissenschaftlichen Dienstes des Deutschen Bundestags kam – am Beispiel der 15. Wahlperiode – sogar auf eine Verringerung von 51 % auf 24 %, wenn die Reform bereits gegolten hätte. Wie sich später zeigte, waren die Erwartungen deutlich überhöht. Eine Auswertung der Gesetzgebungstätigkeit im Zeitraum vom 1. September 2006 bis zum 23. Januar 2013 ergab, dass der Anteil der Zustimmungsgesetze nach der Reform bei knapp 40 % lag. Damit wurde tatsächlich eine merkliche Reduktion erreicht; sie fiel jedoch deutlich geringer als erwartet aus. Letztlich sagt eine rein zahlenmäßige Verringerung auch wenig aus. Es kommt nämlich auf eine Reduzierung des Anteils der bedeutenden Zustimmungsgesetze an. Wenn auch im Einzelfall umstritten ist, was konkret ein bedeutendes Gesetz ist, weisen doch erste Auswertungen darauf hin, dass die Verringerung der bedeutenden Zustimmungsgesetze unterproportional ausfällt. Mit anderen Worten, vor allem unwichtige Gesetze sind nun nicht mehr zustimmungsbedürftig, während die wichtigen, wie die Unternehmensteuerreform oder die Gesundheitsreform, dies weiterhin sind. Bei wichtigen Fragen wurde die Blockadeanfälligkeit der deutschen Gesetzgebung also nicht verringert.

Wirkungen

3.5.4 | Föderalismusreform II – Inhalte und Bewertung

Begrenzung der Kreditaufnahme

Wichtigstes Ziel der Föderalismusreform II vom Sommer 2009 war die wirksame Begrenzung der Kreditaufnahme von Bund und Ländern. Nach der neuen Schuldenregel müssen sie im Prinzip ohne Kredite auskommen (Art. 109 Abs. 3 GG). Für die Länder gilt unter Normalbedingungen ein striktes Neuverschuldungsverbot. Der Bund darf weiterhin Kredite in Höhe von maximal 0,35% des Bruttoinlandsprodukts (BIP) aufnehmen. Sowohl Bund als auch die Länder können von den ihnen gesetzten Grenzen unter zwei Bedingungen abweichen.

Ausnahmen

1. In einer konjunkturellen Abschwungphase sind höhere Defizite erlaubt. Im konjunkturellen Aufschwung muss dafür zusätzlich gespart werden. Die Höhe der Verschuldung bzw. Einsparungen richtet sich nach der Wirkung der jeweiligen konjunkturellen Lage auf den Haushalt (etwa durch verminderte Steuereinnahmen und erhöhte Ausgaben für sozial- und arbeitsmarktpolitische Aufgaben im Abschwung oder höhere Steuereinnahmen und geringere Sozialausgaben im Aufschwung).
2. Zweitens steht bei Naturkatastrophen und bei außergewöhnlichen Notsituationen (beispielsweise bei Flutkatastrophen oder Flüchtlingswellen) ein weiteres Notventil zur Verfügung. Denn unter diesen Bedingungen kann die Mehrheit der Mitglieder des Bundestags die Kreditobergrenze für den Bund anheben. Ein entsprechender Beschluss ist mit einem Plan zu verbinden, aus dem hervorgeht, wie die Kredite getilgt werden sollen. Nach welchem Verfahren und mit welchen inhaltlichen Auflagen die Länder Defizite bei Naturkatastrophen und außergewöhnlichen Notsituationen zulassen, müssen bzw. können sie im Rahmen ihrer verfassungsrechtlichen Kompetenzen selbst festlegen.

Eine Ausweitung der finanziellen Spielräume von Bund und Ländern durch den Verkauf von öffentlichem Eigentum ist in Zukunft nicht mehr möglich. Denn die Einnahmen aus solchen Verkäufen müssen aus den Gesamteinnahmen herausgerechnet werden. Mit den Verkaufserlösen können also die Gesamteinnahmen nicht mehr künstlich in die Höhe getrieben werden, um so das Defizit zu reduzieren.

Kontrollkonto

Das Haushaltsdefizit des Bundes, das nach Berücksichtigung der erlaubten strukturellen Verschuldung von 0,35% des BIP, nach Berücksichtigung der konjunkturellen Komponente und nach Berücksichtigung von Naturkatastrophen und Notsituationen (= überschießendes Defizit) verbleibt, muss in einem sogenannten Kontrollkonto verbucht werden (Art. 115 GG). In diesem ist das aktuelle überschießende Defizit plus das in den Vorjahren angefallene überschießende Defizit verzeichnet. Das Kontrollkonto soll helfen, die Schuldenbremse beim Bund erfolgreich umzusetzen. Hierfür sind gesetzliche Regeln festgelegt worden, die bestimmen, wie mit einem möglicherweise entstehenden überschießenden Defizit umgegangen werden soll. Überschreitet das Defizit auf dem Kontrollkonto den Schwellenwert von 1,5% des BIP, ist es so zurückzuführen, dass keine negativen Wirkungen auf die konjunkturelle Entwicklung entstehen. Bereits ab einer Überschreitung von 1% des BIP verringert sich die Kreditermächtigung (0,35-Prozent-Regelung) um den über die 1-Prozent-Marke hinausgehenden Prozentsatz, maximal um den Wert der erlaubten strukturellen Verschuldung von 0,35% des BIP. Wenn also die Verschuldung 1,2% des BIP beträgt, stehen dem Bund nur noch 0,15% des BIP für eine weitere Verschuldung zur Verfügung. Dabei ist zu berücksichtigen, dass auch Gutschriften auf das Kontrollkonto möglich sind, wenn ein Haushaltsüberschuss anfällt.

Mit der Schuldenbremse bleiben den Ländern keine und dem Bund unter normalen Bedingungen nur geringe Möglichkeiten, sich weiter zu verschulden. Allerdings können Bund und Länder weiterhin halbwegs flexibel auf konjunkturelle Schwankungen, Naturkatastrophen und Notsituationen reagieren. Dass in konjunkturellen Aufschwungphasen antizyklisch gespart werden soll, entspricht einer alten Forderung, die bislang jedoch nur sehr selten umgesetzt wurde. Bislang hat die antizyklisch angelegte Wirtschaftspolitik nämlich meist nur in Abschwungphasen funktioniert, wenn der Staat durch ein antizyklisches Ausgabeverhalten, also durch zusätzliche Ausgaben, dem konjunkturellen Abschwung bewusst entgegengewirkt hat.

Übergangsregelung

Damit sich Bund und Länder auf die neuen und sehr ehrgeizigen Anforderungen besser einstellen können, ist eine Übergangsregelung geschaffen worden: Ab dem Haushaltsjahr 2011 muss der Bund seine Kreditaufnahme so gestalten, dass das strukturelle Defizit bis zum Jahre 2016 schrittweise auf den Zielwert von 0,35% des BIP verringert wird. Für die Länder gilt bis einschließlich Haushaltjahr 2019 eine Übergangsfrist. Danach müssen sie ohne strukturelle Haushaltsdefizite auskommen. Insbesondere bei den finanzschwachen Ländern war das zukünftig unter Normalbedingungen geltende

erlaubtes strukturelles Defizit	max. 0,35 % des Bruttoinlandsprodukts
zusätzliche konjunkturelle Komponente	Im Aufschwung muss Geld angespart werden, im Abschwung dürfen zusätzliche Kredite aufgenommen werden.
bei Naturkatastrophen und außergewöhnlichen Notsituationen	Erhöhung der Kreditobergrenzen durch Beschluss des Bundestages möglich
Privatisierungserlöse und Darlehensrückflüsse	Erhöhen für die Schuldenregel rechnerisch nicht mehr die Einnahmen. Es kann also die Kreditaufnahme nicht mehr künstlich durch Einnahmen aus Privatisierungen und Darlehensrückflüssen verringert werden.

Abb. 28

Die neue Schuldenregel für den Bund (Schuldenbremse)

Verbot von Schulden stark umstritten, weil sie damit ihren Handlungsspielraum stark eingeschränkt sahen. Um ihnen den Weg in einen ausgeglichenen Haushalt zu erleichtern, erhalten fünf besonders finanzschwache Länder (Berlin, Bremen, Saarland, Sachsen-Anhalt und Schleswig-Holstein) im Zeitraum von 2011 bis 2019 jährlich insgesamt 800 Mio. Euro zusätzliche finanzielle Förderung (Art. 143 d Abs. 2 GG). Überwacht werden soll die Einhaltung der neuen Schuldenregelung durch Bund und Länder von einem ebenfalls neu geschaffenen Stabilitätsrat.

Definition

Strukturelles Defizit
Von einem strukturellen Haushaltsdefizit spricht man, wenn auch unter normalen konjunkturellen Bedingungen und frei von Sonderbelastungen ein Defizit bleibt. Weil strukturelle Haushaltsdefizite unter normalen Bedingungen den kumulierten Schuldenstand kontinuierlich erhöhen, werden sie sehr kritisch gesehen. Nur wenn das Wirtschaftswachstum deutlich höher ausfällt als die strukturelle Verschuldung, sinkt der Anteil der Schulden am BIP. Es besteht die Chance, diesen Anteil mit der im Zuge der Föderalismusreform II vorgesehenen Begrenzung des strukturellen Defizits auf 0,35 % langfristig abzubauen.

Bewertung

Unternimmt man eine erste Bewertung der Föderalismusreform II, scheinen zwei Aspekte von besonderer Bedeutung. Erstens verweisen manche Wissenschaftler und Politiker kritisch auf die Einengung des politischen Handlungsspielraumes von Bund und Ländern. Wenn Ausgaben wegen der Schuldenbremse reduziert werden müssen, verringert dies die gestalterischen Möglichkeiten von Bund und Ländern. Allerdings kann auch unter der neuen Schuldenregelung in Grenzen auf konjunkturelle Einbrüche und Notsituationen reagiert werden. Außerdem waren im Jahre 2008 bereits knapp 15 % des Bundeshaushalts für Zinszahlungen reserviert, und auch Zinszahlungen engen den Handlungsspielraum ein. Zweitens muss man sich fragen, ob die dramatische Reduzierung der Nettokreditaufnahme wirklich gelingen kann. So hat der Bund im Jahre 2004 Schulden in Höhe von fast 40 Mrd. Euro gemacht. Nach der neuen Schuldenregelung wären nur Schulden in Höhe von 5 Mrd. Euro erlaubt gewesen. Dies verdeutlicht einerseits, welches Potential die neue Schuldenregel zur Reduzierung der Gesamtschulden hat, aber auch, welche enormen Anstrengungen nötig sind, um sie einzuhalten.

Dem Bund ist die Einhaltung der bundesspezifischen Schuldenbremse, die eine strukturelle Verschuldung von bis zu 0,35 % des BIP erlaubt, das erste Mal bereits im Jahre 2012 gelungen. Aber einige Bundesländer mit einer hohen Kreditfinanzierungsquote (= Anteil der Nettokreditaufnahme an den Ausgaben) wie Bremen und das Saarland werden sich schwer tun, ihren Haushalt selbst bei Berücksichtigung konjunktureller Effekte bis 2020 auszugleichen.

Der von der Schuldenbremse ausgehende Spardruck lässt sich beispielsweise an der unterschiedlichen Besoldungshöhe in den Ländern ablesen. Denn mit der Föderalismusreform I wurde den Ländern u.a. die Gesetzgebungskompetenz für die Besoldung übertragen. Dass sie von dieser auch Gebrauch machen, zeigt sich zum Beispiel an der deutlich besseren Besoldung der bayerischen Beamten. So verdient ein nach A 13 besoldeter Beamter (bspw. Studienrat oder Regierungsrat) in der Endstufe mit allen Zulagen pro Jahr brutto im wenig verschuldeten Bayern 7.150 Euro mehr als in Berlin. Das entspricht einem Unterschied von 13,5 %. Es kann vermutet werden, dass sich Lehrer für Mangelfächer vor allem in Bayern finden werden. Vor dem Hintergrund der demographischen Entwicklung und der zu erwartenden Arbeitskräfteknappheit dürften gut besoldende Länder wie Bayern und Hamburg sich die besten Bewerber aussuchen können, während die schlechter besoldenden Länder sich auf einen Arbeitskräftemangel einstellen müssen. Es ist also damit zu rechnen, dass die beiden Föderalismusreformen im Verbund die regionalen Unterschiede in Deutschland verstärken werden.

Lernkontrollfragen

1 Bitte lesen Sie die genannten Grundgesetzartikel nach: Art. 20, Art. 70 bis 74, Art. 79, Art. 91a, Art. 91b, Art. 106, Art. 109, Art. 115 und machen Sie sich deren Inhalt gegebenenfalls unter Rückgriff auf den Lehrbuchtext nochmals deutlich.

2 Was ist ein Staatenbund, was ein Bundesstaat?

3 Kennen Sie neben der Schweiz einen anderen Staat, der eine Staatsstruktur ausweist, die als trennföderalistisch bezeichnet werden könnte?

4 Wie lautet der Gegenbegriff zum Trennföderalismus und was besagt er?

5 Wie lässt sich der derzeitige Zustand des deutschen Föderalismus charakterisieren, wenn man sich um eine abstrakte Formulierung bemüht?

6 Skizzieren Sie das System des deutschen Finanzausgleichs. Welche Gründe lassen sich für ihn trotz aller Kritik anführen?

7 Wie beurteilen Sie die Schuldenregel, die im Zuge der Föderalismusreform II neu ins Grundgesetz aufgenommen wurde?

Literatur

»Föderalismusreform«, Themenheft, Aus Politik und Zeitgeschichte, Heft 50/2006.
Die Föderalismusreform wird in dem Heft kritisch analysiert. Von besonderer Bedeutung ist der Artikel von Fritz W. Scharpf, der wissenschaftliches Mitglied der Föderalismuskommission war und der Frage nachgeht, weshalb so wenig erreicht wurde (Download über www.bpb.de).

Hesse, Konrad (1962), Der unitarische Bundesstaat, Karlsruhe.
Zentraler, aber knapper Band (34 Seiten) zu den unitarisierenden Tendenzen im deutschen Bundesstaat. Diese werden an drei Entwicklungen fest gemacht: (1) der Konzentration staatlicher Aufgaben beim Bund, (2) der Selbstkoordination der Länder und (3) der gestiegenen Bedeutung des Bundesrats.

Kropp, Sabine (2010): Kooperativer Föderalismus und Politikverflechtung, Wiesbaden.

Lehmbruch, Gerhard (2000), Parteienwettbewerb im Bundesstaat. Regelsysteme und Spannungslagen im politischen System der Bundesrepublik Deutschland, 3. aktualisierte und erweiterte Auflage, Wiesbaden (1. Auflage 1976).
Klassiker, der in der dritten Auflage auch viele Bezüge zur aktuelleren Debatte aufweist und neuere Forschungsergebnisse verarbeitet. Leitend ist die These, dass der deutsche Föderalstaat unter der »potentiellen Inkongruenz zweier zentraler Arenen« leide (S. 19).

Scharpf, Fritz W./Reissert, Bernd/Schnabel, Fritz (1976), Politikverflechtung: Theorie und Empirie des kooperativen Föderalismus in der Bundesrepublik, Kronberg/Ts.
Klassiker, der die Situation des deutschen Föderalismus nach den grundlegenden Veränderungen durch die sogenannte Große Finanzreform analysiert. Mit dieser Grundgesetzänderung des Jahres 1969 wurden u. a. die Art. 91a, 91b und 104a GG neu ins Grundgesetz eingefügt. Sie sind wichtiger Auslöser der von Scharpf und seinen Mitarbeitern analysierten Politikverflechtung. Wichtigstes Ergebnis dieser immer noch hochaktuellen und bahnbrechenden Studie ist die Erkenntnis, dass Politikverflechtung bei kontroversen und schwierigen politischen Problemen kaum zu befriedigenden Lösungen führt.

Schultze, Rainer-Olaf (2007), Föderalismus, in: Dieter Nohlen/Florian Grotz (Hrsg.), Kleines Lexikon der Politik, 4. Auflage, München, S. 146–153.
Guter Lexikonartikel, in dem die verschiedenen Ausprägungen des Föderalismus (vom Staatenbund bis zum dezentralen Einheitsstaat) in einer anschaulichen Graphik dargestellt werden.

Sturm, Roland/Zimmermann-Steinhart, Petra (2010), Föderalismus. Eine Einführung, 2. Auflage, Baden-Baden.
Aktuelles Lehrbuch zum Föderalismus, das die spezifisch deutsche Situation durch Vergleiche mit anderen föderalistischen Systemen verdeutlicht. Es geht bereits in einem eigenen Kapitel auf die Bemühungen um die Reform des deutschen Föderalismus ein. Es werden sowohl die Probleme als auch die verschiedenen Reformpositionen sehr klar herausgearbeitet.

Quellen

Gesetz über den Finanzausgleich zwischen Bund und Ländern (Finanzausgleichsgesetz – FAG) vom 20.12.2001 (BGBl. I S. 3955), zuletzt geändert durch Artikel 1 des Gesetzes vom 22. Dezember 2014 (BGBl. I S. 2411), Download unter http://www.gesetze-im-internet.de/bundesrecht/finausglg_2005/gesamt.pdf (Stand 24.03.2015).

Entscheidung des Bundesverfassungsgerichts vom 11.11.1999 zum Finanzausgleich (BVerfGE 101, 158), Download unter: http://www.bundesverfassungsgericht.de/entscheidungen/fs19991111_2bvf000298.html (Stand: 24.03.2015).

Internetlinks

http://www.bundesfinanzministerium.de: Homepage des Bundesministeriums der Finanzen, Unterverzeichnis »Öffentliche Finanzen«, von dort weiterklicken zu »Föderale Finanzbeziehungen« (Stand: 24.03.2015).

Internationale Beziehungen | 4

Inhalt

Wandel der internationalen Politik

Die internationalen Beziehungen haben in den letzten Jahrzehnten massive Veränderungen erlebt. War vor 100 Jahren Krieg noch durchaus legitimes Mittel der Politik, so standen vor 60 Jahren nach zwei Weltkriegen, dem nationalsozialistischen Holocaust und der Erfindung der Atombombe Kriegsverhinderung und die Sicherung der Menschenrechte auf dem Aufgabenzettel der Politik an oberster Stelle. Seit ungefähr 30 Jahren sorgen Globalisierung, Liberalisierung und Privatisierung für eine explosionsartige Vervielfachung der Akteure in der internationalen Politik. Auch verwischen sich immer mehr die klassischen Grenzen von innen und außen oder staatlich und privat. Neben Regierungen spielen nun auch Internationale Organisationen, grenzüberschreitend aktive Interessengruppen (z. B. Greenpeace oder amnesty international) oder multinationale Konzerne eine immer wichtigere Rolle bei der politischen Entscheidungsfindung im internationalen Bereich. Nationale und internationale Politik verbinden sich immer mehr, sodass in vielen Politikbereichen heute von sektoralen Mehrebenensystemen des Regierens gesprochen werden kann. Sie schließen in vielfältigen Formen und unter ganz verschiedenartigen Zuständigkeitsverteilungen Internationale Organisationen, grenzüberschreitende Nichtregierungsorganisationen, nationale Regierungen und subnationale Regionen, Gemeinden, aber auch gesellschaftliche Gruppen oder Unternehmen ein.

Um z.B. den Kohlendioxidausstoß und damit den Klimawandel erfolgreich zu verringern, bedarf es heute nicht nur internationaler Vereinbarungen, sondern auch der aktiven Mitarbeit von multinationalen Konzernen, staatlichen Regierungen, nationalen Interessengruppen oder Städten und Gemeinden auf lokaler Ebene. Dieses Phänomen hat Michael Zürn (1994) mit dem Begriff des »komplexen Weltregierens« belegt. Aber auch ein altes Thema ist unter neuen Vorzeichen auf die Tagesordnung der Politik zurückgekehrt: die »neuen Kriege« (Kaldor 1999), d.h. Bürgerkrieg, internationaler Terrorismus und grenzüberschreitende organisierte Kriminalität.

Zusammenfassung

Wandel der internationalen Politik

- Vor dem Ersten Weltkrieg galt Krieg noch als zulässiges Mittel von Politik.
- Seit dem Zweiten Weltkrieg sind Kriegsverhinderung und Schutz der Menschenrechte zentrale Ziele internationaler Politik.
- Nach dem Zweiten Weltkrieg kam es zu einer beispiellosen Zunahme internationaler Institutionen.
- Seit den 1990er-Jahren bilden sich in mehreren Politikbereichen sektorale Mehrebenensysteme des Regierens (Multilevel Governance) heraus.

Wandel des Fachs Internationale Beziehungen

Diese Entwicklungen hatten auch Auswirkungen auf die wissenschaftliche Lehre von der internationalen Politik. In den vergangenen 60 Jahren lassen sich drei thematische Schwerpunkte des Fachs unterscheiden: In den 1950er- bis 1970er-Jahren war die Frage nach Krieg und Frieden das beherrschende Thema. Ab den 1970er- bis Anfang der 1990er-Jahre traten vor allem Probleme der Institutionalisierung internationaler Zusammenarbeit an ihre Stelle. Seit den 1990er-Jahren bildet das Thema Governance im Sinne des Regierens jenseits des Nationalstaats den Schwerpunkt.

Dabei sind die Untersuchungen in der Regel einer von zwei zentralen Theorieperspektiven verhaftet:

- der normativen Diskussion über anzustrebende Visionen »guter Politik« oder
- den empirisch-analytischen Debatten um die beste Erklärung der zu beobachtenden politischen Entwicklungen.

Drei thematische Phasen und zwei theoretische Perspektiven stecken damit auch den Rahmen für diese Darstellung ab.

Zusammenfassung

Wandel des Fachs »Internationale Beziehungen«
Entsprechend dem Wandel der internationalen Politik verlagerte sich auch der Schwerpunkt der politikwissenschaftlichen Forschung in diesem Bereich:

- 1950er- bis 1970er-Jahre: Krieg und Frieden,
- 1970er- bis 1980er-Jahre: internationale Zusammenarbeit und Institutionalisierung der internationalen Politik,
- seit den 1990er-Jahren: Governance und Regieren in Mehrebenensystemen.

Krieg und Frieden | 4.1

Verstaatlichung des Krieges

Der Westfälische Friede, der 1648 den Dreißigjährigen Krieg beendete, darf als Beginn des »staatlichen Zeitalters« gelten. Spätestens ab dieser Zeit entstanden souveräne Staaten, die sich dadurch auszeichnen, dass sie im Inneren die legitime Anwendung von Gewalt monopolisieren und sich nach außen gegenseitig als autonom und unabhängig anerkennen. Trotzdem gab es weiterhin Kriege – in den folgenden 350 Jahren waren dies aber in der überwiegenden Mehrzahl Kriege zwischen den Staaten. Bis in das 18. Jahrhundert hinein handelte es sich dabei meist um sogenannte Kabinettskriege, d.h. um Auseinandersetzungen zwischen Königen, die zu eigenem Ruhme zusätzliches Territorium erwerben wollten. Die in ihnen eingesetzten stehenden Heere waren teuer und schwer zu erneuern, weil die Soldaten mit finanziellen Anreizen angeworben werden mussten, die umso mehr stiegen, je höher die Kriegsverluste ausfielen. Sie wurden deshalb geschont.

Kabinettskriege

Das änderte sich erst mit der Französischen Revolution von 1789. Als österreichische und preußische Truppen in Frankreich einmarschierten, um die gestürzte Monarchie wiederzuerrichten, führte die republikanische Regierung in Paris im Zeichen der Verteidigung der Nation die allgemeine Wehrpflicht ein. Massenheere, meist ohne Rücksicht auf Verluste in großen Entscheidungsschlachten eingesetzt, wurden zum Markenzeichen dieser Zeit.

Nationale Massenheere

Die sich seit Mitte des 19. Jahrhunderts beschleunigende Industrialisierung brachte durch die Entwicklung von Artillerie und Maschinengewehr dann eine weitere Verschärfung des Krieges mit sich. Die Verluste auf den Schlachtfeldern stiegen exorbitant an. Zudem geriet der Krieg zum ersten Mal seit 1648 wieder zum totalen Krieg, der nicht nur die Front und die Soldaten, sondern auch die rückwärtige Heimat mit einbezog. Dies deutete sich bereits im amerikanischen Bürgerkrieg (1861–1865) an und erreichte im Ersten Weltkrieg (1914–1918) einen ersten Höhepunkt. Bei dieser Form des

Totaler Krieg

Krieges geht es nicht nur darum, den Nachschub der gegnerischen Truppen zu vernichteten, sondern auch den Widerstandswillen der Bevölkerung zu brechen. Der totale Krieg ließ für den Verlierer nur die bedingungslose Kapitulation übrig.

Zusammenfassung

Wandel des Krieges
Der Westfälische Friede von 1648, der den dreißigjährigen Krieg beendete, schuf Territorialstaaten mit Gewaltmonopol nach innen und äußerer Souveränität. Für die nächsten 350 Jahre führten meist nur souveräne Staaten Krieg gegen einander. Doch nahmen diese Kriege in Umfang und Gewaltaustrag zu: vom schachartigen Positionskampf der Kabinettskriege über die großen Schlachten der nationalen Massenheere der napoleonischen Zeit bis zum industriellen totalen Krieg, der das Heimatgebiet in den Kampf einbezog.

Völkerbund zur Friedenssicherung

Entsprechend unternahm die Staatenwelt 1918 nach dem Ersten Weltkrieg den Versuch, Krieg wieder einzuhegen. Der Versailler Vertrag von 1919 enthielt nicht nur die Friedensbedingungen für Deutschland, sondern gründete gleichzeitig den Völkerbund in Genf (s.u.). 1928 folgte mit dem Briand-Kellog-Pakt die ausdrückliche Ächtung des Angriffskriegs. Der Völkerbund erwies sich jedoch als zu schwach, um die Kriegsgefahr wirklich bannen zu können (→ auch Kapitel 4.2.1).

Vereinte Nationen

Mit den Vereinten Nationen und insbesondere ihrem Sicherheitsrat entstand nach dem verheerenden Zweiten Weltkrieg auf Betreiben der USA eine Nachfolgeorganisation des Völkerbunds, die zwar auf die Einstimmigkeit ihrer fünf Vetomächte (USA, Sowjetunion, Großbritannien, Frankreich, China) im Sicherheitsrat angewiesen ist (→ auch Kapitel 4.2.1). Anders als dem Völkerbund stehen ihr jedoch Sanktionsmöglichkeiten zur Verfügung, um im Zweifel auch Frieden zu erzwingen. Parallel dazu betrieben die USA die Gründung der sogenannten Bretton Woods-Institutionen, also des Internationalen Währungsfonds und der Weltbank, die der wirtschaftlichen Stabilisierung und dem Wiederaufbau dienen sollten. Diese weltweiten Internationalen Organisationen bekamen in Europa noch regionale Ergänzung durch die aus der Marshall-Plan-Hilfe für das kriegszerstörte Europa entstandene Organisation für Europäische wirtschaftliche Zusammenarbeit (OEEC) – die heutige Organisation für wirtschaftliche Zusammenarbeit und Entwicklung (OECD) –, die Europäischen Gemeinschaften – die heutige Europäische Union – sowie den Nordatlantikpakt, die NATO.

Internationale Institutionen zur Friedenssicherung

Definition

Krieg und Frieden

- Als Krieg gilt üblicherweise die Anwendung physischer Gewalt durch Kampfverbände. Dabei lassen sich verschiedene Kriegsparteien unterscheiden. Im klassischen Krieg kämpfen Staaten gegeneinander, im Bürgerkrieg nicht staatliche gesellschaftliche Gruppen und Gewalthaber (Zangl/Zürn 2003).
- Als Frieden in den internationalen Beziehungen gilt gemeinhin die Abwesenheit physischer Gewaltanwendung. Frieden ist demnach der Zustand des Nicht-Krieges. Dabei lassen sich zwei Formen von Frieden unterscheiden: (1) negativer Frieden als bloße Abwesenheit physischer Gewalt; (2) positiver Frieden als Abwesenheit sowohl physischer als auch struktureller Gewalt. Positiver Frieden zeichnet sich durch Gewaltfreiheit, Beachtung der Menschenrechte und Gerechtigkeit aus (Zangl/Zürn 2003).

Mit Ausnahme der Vereinten Nationen blieben alle diese Organisationen aber aufgrund des sich entwickelnden Ost-West-Konflikts nur auf westliche Staaten beschränkt. In Osteuropa entstanden unter sowjetischer Führung regionale Gegenorganisationen: der Rat für gegenseitige Wirtschaftshilfe (COMECON) und der Warschauer Pakt als militärische Allianz.

Kalter Krieg

Trotz einiger Beinahe-Katastrophen (Berlin-Ultimatum 1958, Kuba-Krise 1962) sowie diverser Stellvertreterkriege in Afrika, im Nahen Osten oder Südostasien und obwohl die Arbeit des Weltsicherheitsrats durch häufige Vetos praktisch blockiert war, konnte der Friede in Europa gesichert werden. Ab den 1970er-Jahren führten die Entspannungsbemühungen zu vielfältigen Verträgen zwischen Ost und West (z.B. Viermächteabkommen für Berlin 1971, Konferenz für Sicherheit und Zusammenarbeit in Europa ab 1973 usw.). In den 1980er-Jahren leiteten Demokratiebewegungen das Ende der kommunistischen Regime in Mittel- und Osteuropa ein. Der Fall der Berliner Mauer 1989 beendete den Ost-West-Konflikt endgültig, führte zur Demokratisierung der meisten ehemaligen Ostblockländer sowie zu einer umfassenden Abrüstung in Europa.

Fall der Berliner Mauer

Durch das Ende des Ost-West-Gegensatzes erhielt der Weltsicherheitsrat auch seine Handlungsfähigkeit zurück, 1991 eindrucksvoll vorgeführt in der Befreiung Kuwaits von irakischer Besatzung durch eine von den Vereinten Nationen abgesegnete Kriegsallianz unter der Führung der USA.

Neue Kriege

Doch zeigten sich nach 1990 neue Formen von Kriegen und Bedrohungen. Es entstand ein neues Friedensproblem aus zu schwachen, zerfallenden

Staaten, in denen Bürgerkriege ausbrachen. Somalia, Afghanistan oder Sudan und in Europa Jugoslawien wurden zu neuen Krisenherden. Das seit 1648 eigentlich als überwunden geglaubten Phänomen der privaten, nicht staatlichen Gewalthaber (Warlords, Stammesführer, selbsternannte Führer ethnischer Gruppen) trat wieder auf den Plan. Der Zerfall der Staatsstrukturen begünstigte ferner neue internationale Formen des Terrorismus (z. B. Al Qaida) und der organisierten Kriminalität (Drogen- oder Menschenhändlerringe). Diese neuen Kriege und Gewaltformen (→ vgl. Kapitel 4.1.3) ließen sich mit den klassischen zwischenstaatlichen Mitteln der Kriegsverhinderung nicht eindämmen.

11. September 2001

Nicht erst seit dem Terroranschlag auf das New Yorker World Trade Center vom 11. September 2001 versuchte die Staatenwelt, auf diese neuen Herausforderungen für den Frieden zu reagieren. Eine erste Antwort führte zu neuer Aufrüstung sowohl innerhalb der Länder (Polizei, Geheimdienste, Überwachung) als auch nach außen durch verstärkten Aufbau von »Krisen-Spezialkräften«. Eine zweite Antwort bestand in der gewaltsamen Beseitigung von Diktaturen, so 2002 die der Taliban in Afghanistan oder aber – heftig umstritten – 2003 die von Saddam Hussein im Irak. Diese Unternehmungen waren von der Hoffnung begleitet, dass sich in beiden Ländern demokratische Systeme entwickeln könnten. Eine dritte Antwort schließlich war der Versuch, mit einer Mischung aus militärischer Friedenssicherung und ziviler Wirtschafts- und Verwaltungshilfe stabile Lebensgrundlagen und Arbeitsplätze zu schaffen, um den Kreislauf von Armut und Gewalt zu durchbrechen (*nation building*). So hofft etwa die EU mittels Friedenstruppen und Aufbauhilfe den prekären Frieden im ehemaligen Jugoslawien dauerhaft zu stabilisieren.

Zusammenfassung

Ende des Kalten Krieges und neue Kriege

Mit dem Ende des Ost-West-Konflikts 1989 wurden in zahlreichen Staaten Diktaturen gestürzt und eine Demokratisierung eingeleitet. Es kam zudem zu Abrüstung und zur verbesserten Durchsetzung von Menschenrechten. Gleichzeitig traten jedoch verstärkt neue Formen des Krieges und der Gewalt auf: Bürgerkriege, internationaler Terrorismus, mafiöse, international organisierte Kriminalität. Die Staatengemeinschaft suchte die neuen Formen von Gewalt, durch folgende Maßnahmen einzugrenzen: verstärkte Überwachung und Kontrolle im Inneren, Sturz von Diktaturen sowie Anstrengungen zum Aufbau staatlicher und zivilgesellschaftlicher Strukturen in vom Bürgerkrieg zerrissenen Ländern (*nation building*).

Normative Ansätze: Visionen der Friedensschaffung und Friedenserhaltung

4.1.1

In der politikwissenschaftlichen Diskussion lassen sich insbesondere vier normative Ansätze zur Verhinderung von Kriegen bzw. der Schaffung und Sicherung des Friedens unterscheiden: Idealismus, Realismus, Marxismus und – ganz jungen Datums – Neokonservatismus. Sie unterscheiden sich in zwei Aspekten: dem visionären Ziel, das der jeweilige Ansatz als anstrebenswert ansieht, sowie dem Weg, den er benennt, um dieses Ziel zu erreichen. Die Ansätze sind in Abbildung 28 zusammengefasst. Dort ist ferner ein historisches Beispiel angeführt, bei dem der jeweilige Ansatz politisch wirksam wurde.

Idealismus

4.1.1.1

Positiver Friedensbegriff

Im Jahre 1795 veröffentlichte Immanuel Kant die für den Idealismus wegweisende Schrift »Zum ewigen Frieden«. Schon ihr Titel umschreibt den Kern der idealistischen Vision: ein positiver Friedenbegriff. Kants Frieden umfasst vor allem Freiheit, Rechtsstaatlichkeit, Demokratie und Wohlfahrt, stützt sich auf Abrüstung, gegenseitige Nichteinmischung in die inneren Angelegenheiten der Staaten sowie offene Verhandlungen. Eine weltföderale Ordnung sichert die Beziehungen zwischen den Staaten ab. Dieser Vision liegt zudem ein positives Menschenbild zugrunde. Kant benennt auch gleich die wesentlichen Schritte, die unternommen werden müssten, um seine Vision politisch zu verwirklichen. Dabei setzt er auf innerstaatliche Reformen, die die Völker strukturell friedliebend machen sollen: republikanische Verfassung, Garantie der Freiheitsrechte, Gleichheit der Bürger, Rechtsstaatlichkeit sowie Auflösung der stehenden Heere. Die Staaten sind ferner aufgerufen, durch Handel und Austausch nicht nur ihre Wohlfahrt zu steigern, sondern sich auch gegenseitig kennen und verstehen zu lernen. Als Schlussstein dieser Friedensordnung sollte dann eine weltföderale Ordnung die Grundlage für das Völkerrecht bilden (Menzel 2001).

Demokratischer Frieden

Zusammenfassung

Idealismus: Kants »Ewiger Friede«

Kant skizziert eine friedliche Welt in Sicherheit, Freiheit und Wohlfahrt. Sie ist gegründet auf republikanisch verfasste Staaten, die Menschenrechte und Rechtsstaatlichkeit garantieren, sowie auf eine föderal organisierte internationale Völkerrechtsordnung.

Abb. 29 | *Normative Visionen zu Krieg und Frieden*

Normative Perspektive	Vision	Weg zur Verwirklichung der Vision	politische Aktion auf der Grundlage der Vision
Idealismus (Kant)	ewiger Frieden, Sicherheit, Rechtsstaatlichkeit, Freiheit, Wohlfahrt	interne Demokratisierung der Staaten, weltföderale Strukturen des Völkerrechts, Handel und Austausch	14-Punkte-Programm von US-Präsident Woodrow Wilson zur Beendigung des Ersten Weltkriegs
Realismus (Morgenthau)	Abwesenheit von Krieg	Aufrüstung, Allianzbildung, Abschreckung	Containment-Politik von US-Präsident Harry Truman 1947/48 gegenüber der Sowjetunion
Marxismus (Prebisch/ Cardoso)	klassenlose Gesellschaft, Ende der Ausbeutung	Beseitigung der Abhängigkeitsstrukturen, Verbesserung der »terms of trade«, Revolutionen in Zentren und Peripherie	Importsubstitutionspolitik der Volksrepublik China in den 1970er- und 1980er-Jahren
Neokonservatismus (Kagan)	Durchsetzung der Interessen der USA: Frieden, Sicherheit, Freiheit, Rechtsstaatlichkeit, Demokratie und Marktwirtschaft	Beseitigung von Diktaturen, Demokratisierung, im Zweifel auch durch unilaterale Machtausübung der USA	US-Präsident George W. Bushs Krieg gegen den Irak 2003, um Saddam Hussein zu stürzen

Wilsons 14-Punkte-Programm

Das politische Programm, das der idealistischen Vision am nächsten gekommen ist, dürfte das 14-Punkte-Programm des US-amerikanischen Präsidenten Woodrow Wilson gewesen sein, mit dem er seit 1917 versuchte, den Ersten Weltkrieg zu beenden und zukünftige Kriege zu verhindern. Das Programm propagierte unter anderem ein Selbstbestimmungsrecht der Völker, die Demokratisierung der politischen Systeme aller Staaten, allgemeine Abrüstung sowie die Schaffung eines Völkerbunds, um auf diese Weise eine kollektive Friedenssicherung zu erreichen. Wilson ging davon aus, dass insbesondere die imperialen Kaiserreiche (Russland, Österreich-Ungarn und auch das Deutsche Reich) eine wesentliche Ursache für den Ersten Weltkrieg darstellten, weil sie nach innen autokratisch viele nationale Minderheiten unterdrückten und nach außen aggressiv gegen ihre Nachbarn auftraten. Sein Ziel war es deshalb, diese Reiche aufzulösen. Ferner sollten alle Staaten demokratische Regierungssysteme bekommen und in eine Internationale Organisation eingebunden werden, die als Forum zur Streitschlichtung dienen sollte. Wilson glaubte, mit dem Völkerbund auch eine Weltöffentlichkeit institutionalisieren zu können, in der keine Regierung als Aggressor und Kriegstreiber würde dastehen wollen, zumal sie bei demokratischen Verhältnissen mit ihrer Abwahl würde rechnen müssen.

Zusammenfassung

Wilsons 14-Punkte-Programm
Um den Ersten Weltkrieg zu beenden und für die Zukunft Kriege zu verhindern, veröffentlichte US-Präsident Woodrow Wilson 1917 ein 14-Punkte-Programm, das idealistische Friedensvisionen aufgriff: Selbstbestimmung der Völker, Demokratisierung der Staaten und Schaffung eines Völkerbunds zur friedlichen, multilateralen Beilegung von Streitigkeiten zwischen Staaten.

Realismus

4.1.1.2

In seiner modernen Form ist der Realismus das Ergebnis einer scharfen Kritik an der »Appeasement-Politik« Großbritanniens und Frankreichs gegenüber Hitler zwischen 1935 und 1938. Hans Morgenthau veröffentlichte 1949 sein sehr einflussreiches Werk »Politics Among Nations«, das für eine »realistische Perspektive« in den internationalen Beziehungen plädierte. Mit der Hinnahme des Einmarsches deutscher Truppen in das entmilitarisierte Rheinland 1936, des »Anschlusses« Österreichs an das Deutsche Reich 1938 und der Zerschlagung der Tschechoslowakei auf der Münchener Konferenz 1938 habe die Appeasement-Politik nur zur Stärkung Hitlers beigetragen und diesen weder von Krieg noch Holocaust abgehalten. Der Völkerbund sei ohnmächtig gewesen und seiner Aufgabe nie gerecht geworden.

Kritik der Appeasement-Politik

Morgenthau formulierte denn auch eine begrenzte »realistische« Vision: Abwesenheit von Krieg und Überleben der demokratischen Staaten. Eine darüber hinausgehende Zielsetzung sei eine idealistische Utopie, die von Diktatoren zum Nachteil der Demokratien missbraucht werde. Dahinter stand ein negatives Menschenbild. Es liege in der Natur des Menschen, Macht anzustreben und zum eigenen Vorteil auszunutzen. Innerhalb der Staaten setze das Machtmonopol des Staates diesem menschlichen Streben enge Grenzen. Nach außen, im Verhältnis zwischen den Staaten, gebe es dieses Machtmonopol jedoch nicht. Hier herrsche vielmehr Anarchie, mithin ein ständiger Wettstreit der Staaten um Macht.

Abwesenheit von Krieg

Morgenthau betonte als angemessenen Weg zur Verwirklichung einer realistischen Vision internationaler Beziehungen den Primat der Außenpolitik bzw. – noch schärfer – den Primat der Sicherheitspolitik. Alle anderen Politikbereiche, insbesondere der Innen- und Wirtschaftspolitik, müssten sich diesem unterordnen. Krieg sei ein unvermeidlicher Ausdruck des Machtkampfs im internationalen System. Er könne auf Dauer nicht verhindert oder gar ganz beseitigt werden. Ziel müsse es daher zum einen sein, Krieg zu einem möglichst seltenen Phänomen der internationalen Politik zu machen. Zum anderen gelte es, sich darauf vorzubereiten, um sich ange-

Abschreckung

messen verteidigen zu können. Letztlich, so Morgenthau, gehe es um Aufrüstung, Allianzbildung sowie eine gezielte Abschreckung von potentiellen Aggressoren, um auf diese Weise den Ausbruch von Kriegen möglichst zu vermeiden.

Zusammenfassung

Realismus: Das Konzept der Abschreckung

Aus der scharfen Kritik an der westeuropäischen Appeasement-Politik gegenüber Hitler 1935 bis 1938 entwickelte sich die realistische Vision internationaler Politik: Um zu verhindern, dass totalitäre Diktaturen die Friedensbereitschaft ihrer demokratischen Nachbarn ausnutzen, müssen diese aufrüsten, Allianzen bilden und so mögliche Gegner militärisch abschrecken.

Containment

Als Beispiel einer Politik, die diesen Überlegungen folgt, kann die von US-Präsident Harry Truman ab 1947 eingeleitete »Containment«-Strategie gegenüber der Sowjetunion verstanden werden. Der US-Diplomat George Kennan hatte 1947 auf den unaufhebbaren ideologischen Gegensatz zwischen Kommunismus und Kapitalismus, den ungebremsten sowjetischen Drang zur Weltrevolution und die Notwendigkeit für die USA hingewiesen, diesem Drang entgegenzutreten. Die USA müssten überall in der Welt jene Länder unterstützen, die noch nicht unter sowjetischen Einfluss gefallen seien. Innenpolitische, nicht zuletzt wirtschaftliche Stabilisierung und außenpolitischer Schutz täten not.

Daraus folgten ab 1947 gezielte Hilfsmaßnahmen beispielsweise für das von einem Bürgerkrieg zwischen kommunistischen und nationalistischen Gruppen zerrissene Griechenland oder aber für die Türkei. In Westdeutschland leiteten die USA 1948 die Währungsreform ein. Und als dies die Sowjetunion zum Anlass nahm, die Landverbindungen nach West-Berlin zu unterbrechen, reagierten die drei Westmächte unter Washingtons Führung mit der Berliner Luftbrücke. 1949 kam es zur Gründung der NATO und 1950 übernahmen es die USA, Südkorea gegen den Einmarsch der Truppen des kommunistischen Nordkorea zu verteidigen.

Zusammenfassung

Containment-Politik der USA

1947 änderten die USA ihre Politik gegenüber der Sowjetunion, der sie vorwarfen, sie nutze die schwierige Lage der vom Krieg zerstörten europäischen Staaten, um ihren Einflussbereich auszudehnen. Die USA stellten daraufhin verstärkt Wirtschafts- und Militärhilfe bereit, erhöhten wieder ihren

Rüstungsetat und versuchten, die westlichen Länder politisch und wirtschaftlich zu stabilisieren, mithin also die weitere Ausdehnung des sowjetischen Machtbereichs einzudämmen.

Marxismus

4.1.1.3

Schon Karl Marx (1818–1883) und vor allem Friedrich Engels (1820–1895) hatten sich ausführlich mit Außenpolitik sowie Krieg und Frieden beschäftigt. Im 20. Jahrhundert besaßen marxistische Überlegungen sehr viel Einfluss in der Diskussion um Unterentwicklung und die Nord-Süd-Beziehungen. Dabei wandten sich ab Ende der 1960er-Jahre vor allem südamerikanische Autoren (wegweisend der Argentinier Raúl Prebisch und der Brasilianer Fernando Cardoso) gegen die bis dahin vorherrschenden Modernisierungstheorien in der Entwicklungspolitik. Diese gingen davon aus, dass Unterentwicklung nur die Folge eines durch Industrialisierung aufholbaren Modernisierungsrückstandes sei. Prebisch und Cardoso betonten dagegen die strukturelle Abhängigkeit und damit Ausbeutung der Entwicklungsländer durch die vorherrschende Form des Welthandels, der von den Industriestaaten bestimmt werde (Prebisch 1968; Cardoso/Faletto 1974). Im Kapitalismus beute das industrielle Zentrum nicht nur das eigene Proletariat aus, sondern über imperiale Handelsabhängigkeiten und ungleiche »terms of trade« (also unfaire Handelsbedingungen) auch die Entwicklungsländer. Dabei helfe dem Zentrum die dünne, meist von ihm eingesetzte Oberschicht in der Peripherie, die von diesen Abhängigkeitsverhältnissen profitiere.

Dependencia-Theorie

Die Dependencia-Theorie entwickelte eine klare, auf den Axiomen des Marxismus fußende Vision: klassenlose Gesellschaften, Ende jeder Ausbeutung sowohl innerhalb als auch zwischen den Staaten. Klassenlose Gesellschaften bedurften zudem keiner staatlichen Strukturen mehr und mit dem Ende imperialer Ausbeutung entfiele ebenso jeder Grund für Konflikte und Kriege. Die Dependencia-Theorie offerierte darüber hinaus einen klaren Weg zur Verwirklichung dieser Vision: zuallererst die Beendigung der imperialen Abhängigkeitsverhältnisse zwischen den industriellen Zentren und der sich entwickelnden Peripherie. Eine autozentrierte Entwicklung sollte den Entwicklungsländern die Chance geben, auf eigenen Wegen Fortschritte zur Entwicklung zu machen. Das hieß nicht zuletzt, sich möglichst aus den ausbeuterischen Welthandelsstrukturen auszuklinken. Gleichzeitig galt es, eine Debatte um eine »Neue Weltwirtschaftsordnung« zu führen, die den Entwicklungsländern fairen Zugang zu den Märkten der Industriestaaten garantieren sollte. Ferner plädierten etliche Anhänger dieser Sichtweise für parallele proletarische Revolutionen im Zentrum wie der Peripherie.

Neue Weltwirtschaftsordnung

Zusammenfassung

Dependicia-Theorie: Frieden als Ende von Ausbeutung
Die vor allem in der Entwicklungspolitik einflussreiche Dependencia-Theorie sah Krieg als Ausdruck von Klassenkämpfen und imperialistischer weltwirtschaftlicher Abhängigkeiten. Folglich boten die Beseitigung dieser Abhängigkeiten und die Schaffung klassenloser Gesellschaften aus neomarxistischer Sicht die besten Voraussetzungen, Frieden zu schaffen und dauerhaft zu sichern.

Zur politischen Umsetzung: Zumindest ein wichtiger Teil der Vision der Dependencia-Theorie – die systematische Verringerung der Importe aus den Industrieländern und deren Ersatz durch einheimische Produkte – ist von etlichen Entwicklungsländern versucht worden. Am erfolgreichsten dürfte dabei die Volksrepublik China gewesen sein, die seit den 1970er-Jahren systematisch die heimische Industrie vor ausländischen Produkten schützte, selbst jedoch jede Exportchance nutzte. Ab den 1980er-Jahren aber liberalisierte das Land seine Binnenmärkte, erlaubte private Unternehmen und privates Eigentum und gab somit wichtige Prinzipien der klassenlosen Gesellschaft auf.

Autozentrierte Entwicklung

4.1.1.4 Neokonservatismus

Der Neokonservatismus entstand in den 1970er-Jahren in den USA unter dem Eindruck der Studentenproteste und der Demonstrationen gegen den Vietnamkrieg. Durchaus liberale Anhänger der demokratischen Partei verwahrten sich insbesondere gegen die Schwächung des Staates nach innen sowie des Einflusses der USA nach außen. So beschädigte der »Watergate«-Abhörskandal 1974 erheblich das innenpolitische Ansehen des Präsidentenamtes und führte zur gesetzlichen Einschränkung der präsidialen Machtbefugnisse bei Polizei und Geheimdiensten. Parallel dazu zwang der US-Kongress den Präsidenten zum Rückzug aus dem Vietnamkrieg und begrenzte die präsidialen Befugnisse bei Kriegserklärungen. Bis in die 1990er-Jahre entwickelte sich aus dieser Kritik eine eigenständige Denkrichtung, die aber erst mit der Übernahme der Präsidentschaft durch den Republikaner George W. Bush Einfluss auf die tatsächliche Politik gewann.

Starker Staat

Die politischen Visionen der Neokonservativen konzentrieren sich nach innen auf einen starken Staat. Die Betonung liegt hier auf einer starken Exekutive, die möglichst wenig durch Kongress und Gerichte eingeschränkt sein soll. Nach außen fordern die Neokonservativen die kompromisslose Durchsetzung der US-Interessen, nach dem Ende des Ost-West-Konflikts auch die Nutzung der unilateralen Machtposition der USA als einziger verbliebener Supermacht. Überragendes Interesse der USA – so unter anderem

Robert Kagan (2003) – ist dabei die Sicherung des Friedens, wobei der Friedensbegriff breit verstanden wird: Sicherheit, Freiheit, Rechtsstaatlichkeit, Demokratie, Marktwirtschaft.

Der Weg zur Verwirklichung dieser Vision führt nach Ansicht der Neokonservativen nur über die Stärkung des Staates: Stärkung der Präsidentschaft nach innen, Aufrüstung und Anpassung des Militärs an die neuen Bedingungen nach außen. Damit distanzieren sie sich von klassischen Konservativen, die eher isolationistisch die USA aus den internationalen Auseinandersetzungen heraushalten wollen. Als beste Strategie zur Friedenssicherung gilt den Neokonservativen die Verbreitung von Demokratie, Rechtsstaatlichkeit und Marktwirtschaft in der Welt. Das aber heißt, dass die USA auch Diktaturen militärisch beseitigen müssen, wenn sie zu einer Gefahr für die USA werden. Damit wenden sich die Neokonservativen ebenso gegen realistisch ausgerichtete Konservative, die während des Ost-West-Konflikts westlich gesinnte Diktaturen (z.B. Pinochet in Chile) akzeptierten und gegen feindliche Regime militärische Abschreckung und Embargos einsetzten, kriegerische Schritte zu deren Beseitigung aber unterließen – so noch 1991, als US-Präsident George H. W. Bush es ablehnte, nach der Befreiung Kuwaits von irakischen Truppen auch noch Saddam Husseins Diktatur im Irak zu stürzen. Internationalen Organisationen begegnen die Neokonservativen mit massiver Skepsis, weil sie den Handlungsspielraum Washingtons einengten und Diktatoren ein Forum böten.

Demokratisierung auch mit Gewalt

Zusammenfassung

Neokonservatismus: demokratischer Frieden – auch mit Gewalt
Neokonservative teilen mit Idealisten viele Ziele, darunter auch den positiven Friedensbegriff: Frieden, Demokratie, Menschenrechte, Rechtsstaatlichkeit und Wohlfahrt. Sie glauben aber nicht daran, dass sich diese Ziele durch langsame gesellschaftliche Evolution erreichen lassen. Gefährden totalitäre Diktaturen den internationalen Frieden, so sind die Neokonservativen im Zweifel auch bereit, die Machtmittel der USA einzusetzen, um an ihre Stelle demokratische Systeme zu setzen.

Politisch umgesetzt hat diese Vision wohl am deutlichsten die Regierung unter US-Präsident George W. Bush nach dem Terroranschlag auf das World Trade Center vom 11. September 2001. Das gab Regierungsmitgliedern wie Verteidigungsminister Donald Rumsfeld oder Vizepräsident Dick Cheney nicht nur die Chance, nach innen die Dominanz der Exekutive wieder herzustellen. Die in rascher Folge vom US-Kongress verabschiedeten Sondergesetze statteten den Präsidenten mit großzügigen Handlungsfreiheiten –

Kampf gegen den internationalen Terrorismus

auch bei der Einschränkung von Bürgerrechten – aus. Außenpolitisch bot sich die Chance, nicht nur in Afghanistan die Taliban-Regierung zu stürzen, die sich weigerte, gesuchte Terroristen auszuliefern. Trotz Widerstandes des Weltsicherheitsrats sowie heftiger Kritik eines Teils der europäischen Staaten gelang es Washington vielmehr auch, eine »coalition of the willing« mit dem Ziel zu vereinen, Saddam Hussein im Irak zu stürzen. Neokonservative Strategen im Umfeld von Cheney und Rumsfeld versprachen sich davon eine Demokratisierung des Irak und damit eine strategische Neuorientierung der Lage im Nahen und Mittleren Osten. Ein demokratischer Irak sollte Vorbild für die Demokratisierung der ganzen arabischen Welt werden und damit dem islamisch-fundamentalistischen Terrorismus das gesellschaftliche Wasser abgraben.

Zusammenfassung

Irak-Krieg 2003 als Testfall neokonservativer Ideen
Für viele Neokonservative bot die militärische Beseitigung des Diktators Saddam Hussein im Irak das Paradebeispiel für ihre Vision einer friedlicheren Welt: Eine demokratischer Irak, so die Hoffnung, würde nicht nur bedeuten, dass dort die Menschenrechte gesichert wären, sondern er würde auch die strategische Situation im Nahen Osten verändern, ein Vorbild für die Demokratisierung der Nachbarländer abgeben und letztlich den dauerhaften Frieden zwischen Israel und seinen Nachbarn ermöglichen.

4.1.2 | Empirisch-analytische Erklärungsansätze für Krieg und Frieden

Kenneth Waltz (1954) unterscheidet bei der Frage nach der angemessenen Erklärung für Krieg und Frieden drei mögliche Ebenen (»three images«), auf denen eine solche Erklärung angesiedelt sein kann:

- individuelle (oder innergesellschaftliche) Ebene (first image),
- staatliche Ebene (Staatsregierungen) (second image),
- systemische Ebene des internationalen Systems souveräner Staaten (third image).

Im Folgenden werden fünf empirisch-analytische Ansätze zur Erklärung von Krieg und Frieden behandelt, die sich auf diesen drei unterschiedlichen Ebenen bewegen. Die Darstellung umfasst jeweils die zentralen Prämissen, Annahmen und Weltsichten der Ansätze, aus denen dann empirisch testbare Hypothesen abgeleitet werden könnten (was aus Platzmangel unterbleibt), sowie ein empirisches Beispiel aus der Geschichte der internationalen Politik, das die Erklärungskraft des Ansatzes zeigt.

Auf das internationale System der Staatenwelt bezogene Ansätze

4.1.2.1

Kenneth Waltz präsentierte in seiner »Theory of International Politics« (1979) eine »systemische«, also im internationalen System der Staatenwelt (»third image«) angesiedelte Erklärung für Krieg und Frieden in der internationalen Politik. Sein auch als »Neorealismus« bezeichneter Ansatz geht von den Ideen des normativen Ansatzes des Realismus aus (→ vgl. Kapitel 4.1.1.2), hat aber nicht eine politische Vision, sondern eine analytische Erklärung im Auge. Die Grundannahmen des Neorealismus lassen sich in drei Punkten zusammenfassen:

Neorealismus

1. Jenseits von Staaten gibt es keine (hierarchischen) Strukturen, die das Verhalten der Akteure begrenzen und steuern könnten. Dort herrscht Anarchie.
2. Staaten bzw. deren Regierungen sind die zentralen und einzig wichtigen Akteure in der internationalen Politik. Demgegenüber spielen Internationale Organisationen oder gesellschaftliche Akteure (Interessengruppen, Unternehmen) eine untergeordnete Rolle.
3. Aufgrund der anarchischen Bedingungen des internationalen Systems bleibt rational handelnden Staaten nur übrig, selbst für ihr Überleben und ihre Sicherheit Sorge zu tragen. Nationale Sicherheit ist mithin der alles überragende Antrieb für außenpolitisches Handeln.

Damit wird der systemische, strukturelle Charakter der Waltz'schen Erklärung deutlich: Gleichgültig welche Regierung an der Macht ist und welche Interessen sie eigentlich im Sinn haben mag, sie muss sich aufgrund der anarchischen Bedingungen der internationalen Politik darauf konzentrieren, die eigene Sicherheit zu festigen. Internationale Institutionen – Allianzen und Abkommen, aber auch Organisationen wie die UNO – haben aus dieser Sicht für die beteiligten Staaten nur einen instrumentellen Charakter. Sind sie der eigenen Sicherheit nützlich, beteiligt man sich an ihnen. Fällt dieser Nutzen weg, dann bedeutet das auch das Ende der Institution; die Staaten treten aus. Waltz sieht ein einigermaßen stabiles Gleichgewicht nur in einer bestimmten systemischen Situation: Wenn sich unter dem atomaren Schirm zweier Supermächte zwei Blöcke in gegenseitiger Abschreckung gegenüberstehen. Nur diese bipolare, hegemoniale Stabilität vermag der Anarchie eine gewisse Sicherheit abzuringen. Alle anderen Konstellationen – also unilaterale Machtposition eines Landes oder multipolares System von mehr als zwei Großmächten – führen aus seiner Sicht zwangsläufig zu Unsicherheit.

Strukturelle Anarchie

Bipolare hegemoniale Stabilität

Zusammenfassung

Anarchisches internationales System
Der Neorealismus erklärt Krieg aus der anarchischen Struktur des internationalen Systems. Weil es über den Staaten keine verlässliche Ordnung gibt, ist jeder Staat gezwungen, selbst für seine eigene Sicherheit zu sorgen. Das daraus resultierende sich gegenseitig »Belauern« der Staaten, lässt sich für den Neorealismus nur dann einigermaßen friedlich stabilisieren, wenn sich zwei militärische Blöcke unter Führung zweier Hegemonialmächte in wirksamer Abschreckung gegenüberstehen. Unipolarität (= ein Staat dominiert) oder Multipolarität (= es gibt mehr als zwei Großmächte) führt demgegenüber zwangsläufig zu Rivalität und Krieg.

Multipolarität und Weltkriege

Als empirische Beispiele, die Waltz' Erklärung stützen, lassen sich die multipolaren Situationen vor dem Ersten und dem Zweiten Weltkrieg im Gegensatz zur bipolaren Stabilität im Kalten Krieg anführen. Mit der Gründung des Deutschen Reiches 1871 zerbrach nach und nach die auf dem Wiener Kongress 1815 beschlossene Friedensordnung für Europa. Deutschlands Aufstieg sorgte zusammen mit der 1861 abgeschlossen Einigung der italienischen Staaten zum Königreich Italien dafür, dass neben den traditionellen Großmächten Frankreich, Russland und Österreich-Ungarn auf dem Kontinent zwei weitere Machtzentren entstanden, die zu hektischen Allianzbildungen (Dreibund, Zweibund, entente cordiale) führten und schließlich im Ersten Weltkrieg endeten.

Eine ähnliche Situation ergab sich aus dem Bruch des Versailler Vertrages von 1919 durch Hitlers Aufrüstungspolitik. Da sich die USA isolationistisch aus den europäischen Auseinandersetzungen heraushielten, standen sich 1939 in Europa drei Machtzentren gegenüber: die Sowjetunion, die »Achse« aus Deutschland und Italien sowie das Bündnis zwischen Frankreich und England, dem auch Polen und die Tschechoslowakei verbunden waren. Eine entschiedene gemeinsame Front gegen Hitler – eine bipolare Situation gegenseitiger Abschreckung – hätte den Krieg zumindest begrenzen, vielleicht sogar verhindern können. Dass es Hitler jedenfalls bis 1941 gelang, die anderen Mächte gegeneinander auszuspielen, erklärt für Waltz den Ausbruch des Zweiten Weltkriegs 1939.

Dass der Kalte Krieg nicht »heiß« wurde – jedenfalls nicht in Europa –, verdankt sich aus dieser Sicht der Tatsache, dass sich nach 1945 ein bipolares Gleichgewicht zweier Hegemonialmächte entwickelt hatte.

Zusammenfassung

Multipolarität und zwei Weltkriege
Sowohl vor dem Ersten als auch vor dem Zweiten Weltkrieg herrschten aus Sicht des Neorealismus in Europa multipolare Verhältnisse mit drei oder mehr Großmächten, die in ihren Auseinandersetzungen um relative Machtgewinne Kriege provozierten. Der Kalte Krieg blieb demgegenüber friedlich, weil er auf der bipolaren hegemonialen Stabilität zweier Supermächte aufbaute.

Kampf der Kulturen

Nachdem mit dem Ende des Ost-West-Konflikts und der Demokratisierung Ost-Mitteleuropas schon das »Ende der Geschichte« (Fukuyama 1992) und der endgültige Sieg von Demokratie und Marktwirtschaft ausgerufen worden war, nahm Samuel Huntington (1996) mit seinem heftig diskutierten Buch »The Clash of Civilizations and the Remaking of World Order« erneut die systemische Perspektive der Erklärung von Krieg und Frieden auf. Er argumentierte, der von der unüberwindlichen ideologischen Spaltung zwischen Kommunismus und Kapitalismus getragene Kalte Krieg der zweiten Hälfte des 20. Jahrhunderts finde im 21. Jahrhundert seine Fortsetzung entlang einer neuen, ebenso unüberwindlichen Spaltungslinie: den Unterschieden in den Kulturen zwischen dem christlich-säkularen Abendland und dem islamisch-fundamentalistischen Orient. Nur wenn es dem zersplitterten Westen gelinge, eine gemeinsame, feste Position gegen den neuen Feind zu finden, könne ein neuer Weltkrieg verhindert werden. Insbesondere die USA müssten sich wieder an die Spitze der westlichen Welt stellen und die Errungenschaften von Aufklärung und Demokratie gegen den neuen Despotismus verteidigen. Aufrüstung, Allianz, Abschreckung und klare bipolare Verhältnisse – das war die Mahnung Huntingtons nicht zuletzt an den damaligen US-Präsidenten Bill Clinton.

Viele sahen im Terroranschlag vom 11. September 2001 den ersten empirischen Beleg für diesen neuen Kampf der Kulturen. Wenn auch keine orientalische Blockbildung unter einem fundamentalistisch-islamischen Hegemon zu erkennen ist, so bringen die Diskussionen um die Nuklearpolitik des Iran, aber auch um die zukünftige politische Stabilität der Atommacht Pakistan das Thema immer wieder auf die Tagesordnung.

Zusammenfassung

Kampf der Kulturen
Mit der These vom Kampf der Kulturen erhält die neorealistische Argumentation nach dem Ende des Kalten Krieges eine neue Ausrichtung. Die Bruchlinie zwischen säkularem Westen und fundamentalistischem Orient ersetzt

aus dieser Sicht im 21. Jahrhundert die ehemalige Auseinandersetzung zwischen Kommunismus und Kapitalismus.

4.1.2.2 Staatszentrierte Ansätze

Auch staatszentrierte Ansätze (»second image«) gehen zunächst einmal meist von den Grundannahmen des Neorealismus aus: Anarchie der Staatenwelt, Staaten als wesentliche Akteure der internationalen Politik, Überleben und Sicherheit als zentraler Antrieb für staatliches Verhalten. Sie versuchen indes, das Sicherheitsproblem nicht als unveränderbar aufzufassen, sondern die dahinter liegenden Interessenmuster der Staaten aufzudecken. Thomas Schelling (1960) argumentiert denn auch in seinem Buch »Strategy of Conflict«, die Anarchie in den internationalen Beziehungen führe dazu, dass die Interessenmuster zwischen den Staaten – spieltheoretisch analysiert – ein sogenanntes »Gefangenendilemma« (Zürn 1992) darstellten. Jede Seite besitze zwar grundsätzlich ein Interesse daran, dass der Frieden erhalten bleibe. Gleichzeitig spüre jede Seite jedoch individuell einen Anreiz zum »Trittbrettfahren«, also zum Ausnutzen von Schwächen und günstigen Gelegenheiten des friedlichen Gegenübers. Das aber führe zu gegenseitigem Misstrauen, zu einem »Sicherheitsdilemma« für alle Beteiligten.

Sicherheitsdilemma

Im Gegensatz zum systemischen Ansatz von Waltz steht aber ein Gefangenendilemma zumindest theoretisch einer Lösung offen: Informationsfluss, Vertrauensbildung, Schaffung von gemeinsamen Institutionen. Wie bereits erwähnt, lässt sich die Blockbildung im Kalten Krieg der 1950er- und 1960er-Jahre gut mit dem systemischen Ansatz von Waltz (bipolare Stabilität) erklären. Vor der Entspannungspolitik der 1970er-, aber vor allem der 1980er-Jahre muss der Ansatz jedoch kapitulieren: ob der Atomwaffensperrvertrag 1968, das Viermächteabkommen über Berlin 1971, die Konferenz für Sicherheit und Zusammenarbeit in Europa (KSZE) ab 1973 oder die zwischen den USA und der Sowjetunion geschlossenen Rüstungskontrollabkommen SALT I (1972) und SALT II (1979) – sie alle sind blockübergreifende Vereinbarungen und Institutionen, die für den systemisch orientierten Neorealismus unerklärbar bleiben.

Vertrauensbildende Maßnahmen

Schelling hingegen bietet die Grundlage für eine solche Erklärung auf staatszentrierter Ebene: angefangen vom »roten Telefon«, das nach der Kuba-Krise 1962, die die Welt an den Rand eines Atomkriegs gebracht hatte, eingerichtet wurde, um zukünftig sicherzustellen, dass Pannen und Irrtümer nicht zu einem Nuklearkrieg ausufern, bis hin zu den gegenseitigen Einladungen von Militärbeobachtern zu großen Manövern zieht sich eine ganze Reihe von Maßnahmen durch die zweite Hälfte des Kalten Krieges, die nur ein Ziel hatte – Informationen auszutauschen und gegenseitiges Vertrauen zu schaffen. Das aber ist der erste Schritt, um ein Gefangenendilemma zu lösen. Die Schaffung gemeinsamer Institutionen bildete in diesem Erklärungsansatz nur den Schlussstein in einer Strategie rationaler Kooperation und institutioneller Stabilisierung der Zusammenarbeit. Aus Schellings Sicht sorgten also nicht die bipolaren Blöcke für den Frieden, sondern vertrauensbildende Maßnahmen, Informationsaustausch und letztlich blockübergreifende gemeinsame Institutionen bis hin zur KSZE.

Zusammenfassung

Institutionalisierung des Friedens
Aus staatszentrierter Sicht besteht das Hauptproblem der Anarchie internationaler Politik im Sicherheitsdilemma, also der ständigen Sorge, dass die andere Seite die eigene Friedfertigkeit ausnutzen könnte. Dieses Dilemma lässt sich aber durch Vertrauensbildung sowie Schaffung gemeinsamer Institutionen lindern. Seit den 1960er-Jahren zeigte sich auch eine solche blockübergreifende Institutionalisierung (SALT, START, KSZE etc.).

Gesellschaftszentrierte Ansätze
4.1.2.3

Auch aus idealistischer Sicht wandten sich Autoren der Aufgabe zu, analytisch den Ursachen von Krieg und Frieden auf den Grund zu gehen (»first image«). Mit seinem Buch »The Rise of the Trading State« positionierte sich z.B. Richard Rosecrance (1986) gegen die vorherrschenden neorealistischen Interpretationen. Rosecrance verwies auf die nach 1950 rapide gestiegene Handelsinterdependenz zwischen den Industriestaaten und die hohen Auslandsinvestitionen, die zu einer massiven gegenseitigen Abhängigkeit führten. Zu einer funktionierenden Wirtschaft gehörten mittlerweile so viele Ex- und Importe, dass deren Störung erhebliche Schäden in der eigenen Wirtschaft erzeugen würde. Und schließlich könne von Anarchie zumindest im Bereich der internationalen Währungs- und Handelspolitik nicht mehr gesprochen werden, da diese durch mehrere sehr einflussreiche internationale Institutionen, wie Internationaler Währungsfonds, Weltbank oder Allgemeines Zoll- und Handelsabkommen (1995 aufgegangen in der Welthandelsorganisation, WTO), verregelt seien. Kein Industriestaat habe daher heute noch ein Interesse an militärischen Eroberungen. Folglich also: Dort wo enge, vielfältige Handelsbeziehungen und starke Abhängigkeiten zwischen den nationalen Wirtschaften bestünden und diese Beziehungen durch internationale Institutionen verregelt seien, gebe es nur eine geringe Wahrscheinlichkeit für Krieg.

Krieg lohnt sich nicht

Ein häufig zitiertes empirisches Beispiel für die Erklärungskraft dieses Ansatzes ist die Entwicklung der Europäischen Union (EU). Hohe Handels-

Handelsverflechtung

verflechtung zwischen den Staaten und deren Institutionalisierung durch die Gemeinschaft lassen sich als gute Erklärung dafür heranziehen, warum es in den vergangenen 60 Jahren zu keinerlei sicherheitspolitisch relevanten Auseinandersetzungen oder Krisen zwischen den Mitgliedstaaten der EU gekommen ist.

Zusammenfassung

Wenn Krieg sich nicht (mehr) lohnt
Aus Sicht der Handelsinterdependenztheorie machen enge Handelsverflechtungen Krieg wirtschaftlich sinnlos, weil die Schäden und Verluste für die eigene Wirtschaft höher sind als alle möglichen Kriegsgewinne. Kriege sind also nur dort noch zu befürchten, wo diese enge Verflechtung nicht besteht.

Demokratischer Frieden

Ebenfalls auf gesellschaftlicher Ebene setzt Michael Doyle (1983) an, der in seinem Aufsatz »Kant, Liberal Legacies, and Foreign Affairs« die Behauptung aufstellt, Demokratien führten untereinander keinen Krieg. Zwar seien demokratische politische Systeme immer wieder in Kriege verwickelt gewesen; dies jedoch nur gegen totalitär regierte Gegner, gegen die sie sich hätten verteidigen müssen. Doyle löste damit eine umfangreiche Debatte aus. Zum einen ging es dabei um Zweifel an der empirischen Haltbarkeit der Behauptung, im Kern aber vor allem um die genauen Definitionen von »Krieg« und »Demokratie«. Zum anderen stellte sich die Frage, welche Mechanismen denn Demokratien unfähig dazu machen, gegen andere Demokratien in den Krieg zu ziehen. Dabei kristallisierten sich zwei Arten von Grundannahmen heraus:

1. die Rolle von demokratischen Normen, die es Politikern in demokratischen Ländern verwehre, Krieg als Mittel der Politik gegenüber anderen Demokratien anzuwenden;
2. die Bedeutung der politische Struktur von Demokratien. Zur erfolgreichen Kriegsführung müssten Demokratien ihre Bevölkerung mobilisieren, was nur funktioniere, wenn der Gegner als gefährlich gebrandmarkt werden könne. Die Bevölkerung sehe andere Demokratien aber nie als gefährlich an. Demokratien mit ihrer offenen Form der politischen Entscheidungsfindung signalisierten anderen Ländern deutlich und mit langem Vorlauf, für welche Politik sie sich entscheiden werden. Das mache sie in den Augen anderer Demokratien berechenbar und ungefährlich.

Empirische Belege für die Erklärungskraft dieses gesellschaftlich orientierten Ansatzes ergeben sich zum einen aus einer Vielzahl von vor allem statistischen Untersuchungen zu den Kriegen in den vergangenen 200 Jahren, die das große Bild stützen, wonach Demokratien andere Demokratien nicht mit Krieg überziehen. Strittig ist eher die Frage, ob Demokratien generell friedfertiger sind, oder nur gegenüber anderen Demokratien (Hasenclever 2010).

Neue Bedeutung bekam diese Debatte, seitdem die US-Regierung unter George W. Bush sich nach dem Terroranschlag 2001 neokonservative Ideen zueigen machte, die unter anderem auch von der These des »democratic peace« ausgehen und daraus den Schluss ziehen, dass die militärisch erzwungene Einführung von Demokratie eine Lösung für die Krisenherde der Welt sein könne (Ungerer 2012).

Zusammenfassung

Friedfertige Demokraten
Nach der Theorie des demokratischen Friedens zeigen empirische Untersuchungen, dass demokratisch verfasste Staaten keine Kriege gegeneinander führen, weil sich dies gegenüber der Bevölkerung politisch nicht rechtfertigen lässt. Kriege finden demnach nur statt, wenn mindestens einer der Kriegsgegner eine Diktatur ist.

Neue Kriege | 4.1.3

Was aber hat sich seit dem Ende des Kalten Krieges geändert, dass trotz der überwundenen ideologischen Auseinandersetzung zwischen Kommunismus und Kapitalismus Krieg nach wie vor zu den zentralen Problemen der internationalen Beziehungen zählt? Obwohl die wissenschaftliche Debatte zu diesem Thema noch relativ jung ist, lassen sich drei Erklärungsrichtungen identifizieren.

Fehlende hegemoniale Ordnung

Erstens weisen Neorealisten darauf hin, dass mit dem Ende des Kalten Krieges und dem Zerfall der Sowjetunion auch die (bipolaren) Stabilisierungs- und Ordnungsfunktionen der Supermächte nicht mehr wirksam seien. Diese hätten in ihren jeweiligen Einflussbereichen Gewalt als Mittel zur Konfliktlösung ausgeschlossen, weil dadurch die Gefahr bestand, einen großen Krieg der Blöcke auszulösen. Ohne die Vorherrschaft der Supermächte kehrten die Staaten nun jedoch wieder zur unregulierten Anarchie mit einer Vielzahl unkontrollierter kleiner Kriege zurück.

Globalisierung

Zweitens sehen einige Autoren die neuen Kriege und Sicherheitsprobleme als direktes Ergebnis der Globalisierung. Diese sorge zum einen für eine massive Schwächung staatlicher Gewalt, weil Staaten ihre Grenzen nicht mehr umfassend sichern könnten und somit vielerlei externen gesellschaftlichen Einflüssen unterlägen, die sich ihrer Kontrolle entzögen. Zum anderen komme es durch die Globalisierung zu neuen gesellschaftlichen Bruchlinien zwischen Gewinnern und Verlierern der Entwicklung. Die neuen Formen von Gewalt und Krieg entstünden deshalb unter den Globalisierungsverlierern, vor allem in den Entwicklungsländern (Kaldor 1999).

Privatisierung und Internationalisierung von Gewalt

Drittens schließlich betonen einige Autoren einen Trend zur Privatisierung und gleichzeitigen Internationalisierung von Gewalt. Denationalisierung – also die zunehmende Entgrenzung gesellschaftlicher Aktivitäten – lasse sich nicht nur im Handel, bei Kultur, Umweltproblemen oder in der Telekommunikation finden. Sie umfasse auch den Sicherheitsbereich, wo zunehmend ein internationaler Markt für private Gewalt (und auch Sicherheit) entstehe (Zangl/Zürn 2003). Beispiele dafür sind die War Lords, Drogenbosse und Bürgerkriegsarmeen auf der einen sowie Firmen wie Blackwater (heute: Academi) oder Execuive Outcomes auf der anderen Seite.

Zusammenfassung

Globalisierung und Privatisierung von Gewalt
Die neuen Herausforderungen für Sicherheit und Frieden seit dem Ende des Ost-West-Konflikts werden aus den Auswirkungen der Globalisierung erklärt oder aber als Ergebnis von Internationalisierungs- und Privatisierungsprozessen verstanden. Staaten verlören an Bedeutung in der internationalen Politik, während der Einfluss privater Gewalthaber zunehme.

Beim derzeitigen Diskussionsstand lassen sich zwei wesentliche Achsen der normativen Diskussion über die Bekämpfung der neuen Kriege unterscheiden:

Nation Building statt militärische Interventionen

1. eine Achse, die militärischen Interventionen sehr skeptisch gegenübersteht. Hier finden sich sowohl Idealisten als auch Realisten wieder, die entweder militärische Mittel grundsätzlich ablehnen oder aber den Sinn militärischen Engagements in zerfallenden Staatsstrukturen nicht erkennen können. Vielmehr plädieren sie unter anderem für »kluge Macht« (Czempiel 1999), also für eine strategisch vorausschauende Politik. Sie zielt zum einen auf die Stärkung multilateraler internationaler Sicherheitsinstitutionen, vor allem der Vereinten Nationen. Zudem setzt sie auf die Stabilisierung der politischen und wirtschaftlichen Strukturen in den vom Zerfall bedrohten Ländern, auch als Public-Private-Partnership (Börzel/Risse 2005), also unter Zuhilfenahme privater gesellschaftlicher Akteure. So sollen die Ursachen für die neuen Kriege beseitigt werden.

Imperiale Herrschaft der USA

2. eine Achse, die militärische Interventionen befürwortet; und zwar Interventionen der einzig verbliebenen Supermacht USA, weil internationale Institutionen die Sicherheit nicht gewährleisten könnten. So plädieren

z. B. Michael Walzer (2003) oder Niall Ferguson (2004) dafür, die militärischen Mittel der USA unilateral, auch gegen den Willen der Vereinten Nationen, dort einzusetzen, wo Völkermord droht oder Bürgerkrieg und Terrorismus herrschen. Ferguson hält es angesichts der Probleme mit zerfallenden Staatsstrukturen für das kleinere Übel, eine wohlwollende imperiale Herrschaft der USA über derartige Gebiete zu errichten, um neuen Gewaltausbrüchen vorzubeugen. Allerdings zeigen die Erfahrungen in Afghanistan oder im Irak, dass für derlei neoimperiale Politik kaum Erfolgschancen bestehen.

Zusammenfassung

Nation Building oder neuer Imperialismus
Aus normativer Sicht gibt es bislang zwei Tendenzen im Umgang mit den neuen Kriegen:

- Etablierung einer langfristigen strategischen Politik der multilateral institutionalisierten Vorbeugung seitens der Vereinten Nationen gegen Gewaltausbrüche sowie die Stärkung zivilgesellschaftlicher und staatlicher Strukturen in den betroffenen Ländern, ohne jedoch militärisch dort einzugreifen;
- Nutzung der unilateralen US-Hegemonie, um – auch gegen den Willen der Vereinten Nationen – Völkermord und Bürgerkrieg militärisch zu verhindern und im Zweifel mit einem neuen Imperialismus für die Stabilisierung dieser Länder zu sorgen.

Lernkontrollfragen

1. Benennen Sie die Veränderungen des Krieges in den letzten vier Jahrhunderten.
2. Welche politischen Ziele besaß das 14-Punkte-Programm von Woodrow Wilson? Auf welche normative Vision über Krieg und Frieden in der internationalen Politik kann dieses Programm zurück geführt werden?
3. Wie sieht die Dependencia-Theorie das Problem von Krieg und Gewalt? Welche Maßnahmen schlägt sie zur Lösung dieses Problems vor?
4. Was sind die zentralen Annahmen des Neorealismus? Wie erklärt er den Frieden in Europa zwischen 1945 und 1990?
5. Warum lohnen sich nach Richard Rosecrance Kriege nicht mehr? Nennen Sie historische Beispiele, die seine theoretische Sicht untermauern.
6. Was sind die wichtigsten Merkmale der »neuen Kriege«? Wie erklärt sich die Politikwissenschaft diese neue Entwicklung?
7. Wie sehen die normativen Vorschläge aus, die diese »neuen Kriege« verhindern oder eindämmen sollen?

Literatur

Originalwerke

Cardoso, Fernando Henrique/Faletto, Enzo (1974), Abhängigkeit und Entwicklung in Lateinamerika, Frankfurt/Main.

Doyle, Michael (1983), Kant, Liberal Legacies, and Foreign Affairs, in: Philosophy and Public Affairs, Jg. 12, Heft 3, S. 205–235.

Huntington, Samuel P. (1996), The Clash of Civilizations and the Remaking of World Order, New York.

Kagan, Robert (2003), Macht und Ohnmacht. Amerika und Europa in der neuen Weltordnung, Berlin.

Kant, Immanuel (1795), Zum ewigen Frieden. Ein philosophischer Entwurf, in: Kant's gesammelte Schriften, hrsg. von der Königlich Preußischen Akademie der Wissenschaften, Berlin 1900 ff., Bd. VIII, S. 341–386.

Morgenthau, Hans J. (1949), Politics Among Nations. The Struggle for Power and Peace, New York.

Prebisch, Raúl (1968), Für eine bessere Zukunft der Entwicklungsländer: Ausgewählte ökonomische Studien, Berlin.

Rosecrance, Richard (1986), The Rise of the Trading State. Commerce and Conquest in the Modern World, New York.

Schelling, Thomas (1960), The Strategy of Conflict, Cambridge/Mass.

Waltz, Kenneth N. (1979), Theory of International Politics, Reading/Mass.

Sekundärliteratur

Börzel, Tanja A./Risse, Thomas (2005), Public-Private Partnerships: Effective and Legitimate Tools of Transnational Governance?, in: Grande, Edgar/Pauly, Louis W. (eds.): Complex Sovereignty: Reconstituting Political Authority in the Twenty-First Century, Toronto, S. 195–216.

Czempiel, Ernst Otto (1999), Kluge Macht. Außenpolitik für das 21. Jahrhundert, München.

Ferguson, Niall (2004), Colossus: The Price of America's Empire, New York.

Fukuyama, Francis (1992), Das Ende der Geschichte. Wo stehen wir?, München.

Hasenclever, Andreas (2010), Liberale Ansätze zum „demokratischen Frieden", in: Schieder, Siegfried/Spindler, Manuela (Hrsg.): Theorien der Internationalen Beziehungen, Opladen, 3. Aufl., S. 223–253.

Kaldor, Mary (1999), New and Old Wars: Organized Violence in a Global Era, Stanford/Cal.

Menzel, Ulrich (2001), Zwischen Idealismus und Realismus: Die Lehre von den Internationalen Beziehungen, Frankfurt/Main.
Gut lesbare Einführung in die neuen Internationalen Beziehungen mit einem Schwerpunkt auf der ideengeschichtlichen Darstellung.

Ungerer, Jameson Lee (2012), Assessing the Progress of the Democratic Peace Research Program, in: International Studies Review Jg. 14, Heft 1, S. 1–31.

Walzer, Michael (2003), Erklärte Kriege – Kriegserklärungen, Hamburg.

Waltz, Kenneth N. (1954), Man, the State, and War: A Theoretical Analysis, New York.

Zangl, Bernhard/Zürn, Michael (2003), Frieden und Krieg. Sicherheit in der nationalen und postnationalen Konstellation, Frankfurt/Main.
Die beiden Autoren bieten hier eine moderne, gut lesbare Einführung in die neuen Entwicklungen der internationalen Politik sowie einen an historischen Beispielen vorgestellten Überblick über wichtige Theorien der Internationalen Beziehungen.

Zürn, Michael (1992), Interessen und Institutionen in der internationalen Politik. Grundlegung und Anwendungen des situationsstrukturellen Ansatzes, Opladen.

Zürn, Michael (1994), Das Projekt ›Komplexes Weltregieren‹ – Wozu Wissenschaft von den Internationalen Beziehungen?, in: Leggewie, Claus (Hrsg.): Wozu Politikwissenschaft? Über das Neue in der Politik, Darmstadt, S. 77–88.

4.2 Institutionalisierung internationaler Zusammenarbeit: Warum entstehen internationale Institutionen?

4.2.1 Historische Entwicklung

Kaum internationale Institutionen vor 1914

Vor dem Ersten Weltkrieg existierte zwischen den Staaten eine Vielzahl von bilateralen Abkommen. Auch galten verschiedene multilaterale Verträge sowie diverse Allianzen und Beistandsabkommen militärischer Art. Dabei reservierte jeder Staat für sich das Recht, jederzeit aus einem Vertrag auszutreten. Vertragsverstöße waren an der Tagesordnung, wurden aber als natürliches Recht souveräner Staaten hingenommen. Außerdem gab es etliche informelle Regelungen vor allem in der Handels- und Währungspolitik. Jedoch kam es bei all dieser Zusammenarbeit nur zu einem geringen Grad an Institutionalisierung. Internationale Organisationen mit eigenen Organen gab es nur ganz wenige, die zudem auf sehr begrenzte technische Fragen beschränkt blieben, wie zum Beispiel die 1865 gegründete Internationale Fernmeldeunion (ITU).

Definition

Internationale Institutionen
Internationale Institutionen lassen sich in zwei Arten einteilen:

- in Internationale Organisationen, die nicht nur Normen und Regeln für ihre Mitgliedsstaaten umfassen, sondern eigene Organe besitzen, die auch selbst politisch aktiv werden können. Beispiele hierfür sind der Sicherheitsrat der Vereinten Nationen oder die Europäische Kommission der Europäischen Union;
- in sogenannte Internationale Regime, die inhaltlich-materielle oder prozedurale Regeln für die Staaten verankern, selbst aber keine aktiven Organe kennen. Beispiele hiefür sind das Internationale Regime zum Schutz der Ozonschicht oder der Vertrag zum Schutz der Antarktis (Zangl/Zürn 2003).

Völkerbund zur Friedenssicherung

Die furchtbaren Konsequenzen des Ersten Weltkriegs führten dann erstmals zu einem Versuch der Institutionalisierung einer multilateralen Friedenssicherung in Form des Völkerbundes. Ziel dieser ersten Internationalen Organisation im Kernbereich der Souveränität der Staaten war es, ein Forum für die friedliche Lösung von Konflikten zu bieten, über eine Art Weltöffentlichkeit Druck auf die Staaten auszuüben, eine friedliche Konfliktlösung

Scheitern des Völkerbundes

zu akzeptieren, und damit insgesamt Krieg zu vermeiden. Allerdings scheiterte der Völkerbund in den 1930er-Jahren aus mehrerlei Gründen:

- Erstens lag seiner Gründung bereits ein schwerer Geburtsfehler zugrunde, denn der US-Senat lehnte die Ratifizierung des Versailler Vertrages ab, weshalb die aufsteigende Weltmacht USA nicht Mitglied des Bundes werden konnte.
- Zweitens waren die Sowjetunion und Deutschland zunächst nicht Mitglied des Völkerbundes, sodass wichtige europäische Großmächte ihre Interessen in Genf nicht wirksam vertreten sahen.
- Drittens konnten in den 1930er-Jahren Japan, Italien oder Deutschland aus dem Völkerbund austreten, ohne dass dies Sanktionen nach sich zog.
- Viertens schließlich zeigte der Bund sich insgesamt als sehr schwerfällig und durchsetzungsschwach.

Weder gelang es, in Genf zu raschen Entscheidungen in Krisenfragen zu kommen, weil man letztlich auf Einstimmigkeit angewiesen blieb. Noch konnten die wenigen, verzögerten Entscheidungen des Völkerbundes irgendeine nennenswerte Wirkung erzielen, denn ihm fehlten die Instrumente, mit denen er eine Befolgung seiner Regelungen hätte erzwingen können. Neben den Völkerbund traten schließlich weitere multilaterale Verträge (Vertrag von Locarno 1925, Briand-Kellog-Pakt 1928), die ebenfalls der Friedenssicherung dienen sollten, aber letztlich kaum Wirkung zeigten.

Zusammenfassung

Auf dem Weg zur Institutionalisierung internationaler Politik

Vor dem Ersten Weltkrieg gab es zwar diverse Verträge und Abkommen, aber nur sehr wenige, meist technische internationale Institutionen, wie z. B. die 1865 gegründete Internationale Fernmeldeunion. Die Staaten schlossen Verträge im Bewusstsein, diese jederzeit kündigen oder nicht befolgen zu können. Erst nach dem Ersten Weltkrieg kam es mit dem Völkerbund zum ersten Versuch, die Erhaltung des Weltfriedens einer internationalen Institution zu übertragen. Allerdings blieb der Bund für diese Aufgabe zu schwach.

Bereits während des Zweiten Weltkriegs zogen insbesondere die USA und Großbritannien die Konsequenzen aus den Problemen des Völkerbundes. Ab 1944 entstand eine erste Welle von Internationalen Organisationen (darunter die Vereinten Nationen, der Internationale Währungsfonds, die Weltbank oder das Allgemeine Zoll- und Handelsabkommen sowie regional in Europa die NATO, der Europarat, der Vorläufer der OECD sowie die Europäischen Gemeinschaften). Washington und London versprachen sich vor allem von den Vereinten Nationen eine politische Stabilisierung der Staatenwelt, zumal diesmal nicht nur dafür gesorgt wurde, dass klare Verbote für Angriffskriege und Menschenrechtsverletzungen in den Gründungsakten verankert wurden, sondern mit dem Weltsicherheitsrat auch ein Organ entstand, das über weitgehende Durchsetzungs- und Sanktionsrechte verfügt. Zwar gibt es auch hier fünf Vetomächte (USA, Sowjetunion, Großbritannien, Frankreich, China), aber das sind deutlich weniger als beim Völkerbund und der Sicherheitsrat ist mit erheblich mehr Zuständigkeiten ausgestattet. Währungsfonds, Weltbank und GATT sollten ferner dazu beitragen, weltweit das Wirtschaftswachstum anzukurbeln, so die allgemeine Wirtschaftslage verbessern und damit Krisen entschärfen. Stabilität der Währungen und Wechselkurse, Struktur- und Aufbauhilfen für die vom Krieg zerstörten Volkswirtschaften sowie die Liberalisierung des Welthandels boten die Hoffnung für entsprechende Impulse.

Blockade im Kalten Krieg

Allerdings sorgte der rasch beginnende Ost-West-Konflikt dafür, dass – mit Ausnahme der Vereinten Nationen – die Sowjetunion sich weigerte, bei den anderen Internationalen Organisationen mitzumachen, sodass auch die von ihr abhängigen Ostblockstaaten sich gezwungen sahen, ihre Beteiligung abzulehnen. Auf regionaler Ebene reagierte Moskau dann mit der Gründung von Gegenorganisationen, so dem Rat für gegenseitige Wirtschaftshilfe (COMECON) und dem Warschauer Pakt. Gegenseitige Vorwürfe des Imperialismus brachten im Kalten Krieg der 1950er- und 1960er-Jahre die weitere internationale Institutionalisierung weitgehend zum Stillstand.

Zusammenfassung

Tendenz zur verstärkten Institutionalisierung

Nach dem Zweiten Weltkrieg kam es zu einer umfangreichen Institutionalisierung internationaler Politik; u.a. wurden die Vereinten Nationen, der Internationale Währungsfonds, die Weltbank und das Allgemeine Zoll- und Handelsabkommen gegründet. Mit diesen deutlich stärkeren multilateralen Institutionen sollten internationale Probleme in Zukunft besser gelöst werden. Der Kalte Krieg verhinderte jedoch zunächst, dass sie ihre volle Wirksamkeit entfalten konnten.

Blockübergreifende Institutionen

Die zweite Welle der Gründung Internationaler Organisationen setzte dann ab dem Ende der 1960er-Jahre ein. Der Atomwaffensperrvertrag von 1968 läutete eine Phase der blockübergreifenden Institutionalisierung ein. Es folgten unter anderem das Viermächteabkommen über Berlin 1971, die Konferenz für Sicherheit und Zusammenarbeit in Europa 1975 oder die Strategic Arms Limitation Talks (SALT I 1972, SALT II 1979). Im Kern ging es dabei um die Anerkennung des territorialen Status quo und der Grenzen in Europa, die erneute blockübergreifende Zusicherung, die Menschenrechte einzuhalten, sowie um Rüstungsbegrenzung vor allem im atomaren Bereich.

Mit dem Ende des Ost-West-Konflikts 1989 explodierte dann förmlich die Zahl der internationalen Institutionen. Heute existieren praktisch in allen wichtigen Politikfeldern globale, multilaterale Internationale Organisationen, so beispielsweise für Frieden und Sicherheit (Vereinte Nationen), Handel (Welthandelsorganisation) oder Währungspolitik (Internationaler Währungsfonds). Ferner sind praktisch alle international wichtigen Problemfelder mittels Internationaler Regime (siehe weiter oben) verregelt. Das führt dazu, dass Staaten heute gleich mehrfach in globale wie regionale Netze internationaler Institutionen eingebunden sind. Selbst Nordkorea ist Mitglied der Vereinten Nationen und diverser anderer Organisationen und Vertragssysteme. Ferner kommt es nur noch selten vor, dass Staaten aus Internationalen Organisationen austreten. Tun sie dies oder drohen sie auch nur mit der Kündigung des Vertrages, wie etwa Nordkorea oder der Iran in der Frage des Atomwaffensperrvertrags, dann müssen sie in der Regel mit Sanktionen oder erheblichen Nachteilen rechnen.

Dieses dichte Netz multilateraler internationaler Institutionen wird natürlich weiterhin ergänzt durch eine Vielzahl bilateraler Verträge zwischen den Staaten. So existieren derzeit z. B. weltweit mehr als 2000 Doppelbesteuerungsabkommen, die verhindern sollen, dass grenzüberschreitende wirtschaftliche Tätigkeiten von zwei Staaten gleichzeitig besteuert werden.

Diese massive Zunahme der bi- und multilateralen Zusammenarbeit zwischen Staaten und die daraus entstehende umfangreiche internationale Institutionalisierung ist das große, überragend wichtige Phänomen in den internationalen Beziehungen der zweiten Hälfte des 20. Jahrhunderts.

Zusammenfassung

Dichtes Netz an internationalen Institutionen
Mit der Entspannungspolitik seit den 1970er-Jahren kam es zunächst auch zur Bildung blockübergreifender internationaler Institutionen. Mit dem Ende des Ost-West-Konflikts schließlich entstand seit den 1990er-Jahren ein dichtes Netz internationaler Institutionen. Staaten sind damit nicht mehr völlig frei, Verträge zu kündigen und aus internationalen Institutionen auszusteigen, weil damit erhebliche Nachteile oder gar Sanktionen verbunden sind.

Parameter für die Erklärung der Institutionalisierung

4.2.2

Warum aber kam es nach dem Zweiten Weltkrieg zu einer solchen Zunahme internationaler Institutionen? In den vergangenen vier Jahrzehnten entwickelte sich in der politikwissenschaftlichen Teildisziplin der Internationalen Beziehungen eine umfangreiche Diskussion über die angemessene Erklärung internationaler Kooperation und deren Institutionalisierung. Dabei kam es einerseits zu Grundsatzdebatten über (meta-)theoretische Annahmen der Theoriebildung, andererseits jedoch vor allem zu einer erheblichen Ausdifferenzierung der Erklärungsansätze. Hier kann es im Folgenden nur um einen Überblick über die verschiedenen Theorien gehen, mit denen die Institutionalisierung internationaler Politik erklärt wird. Dieser Überblick lässt sich systematisch entwickeln, wenn man die Ansätze entlang zweier Gesichtspunkte unterscheidet: zum einen nach dem vom jeweiligen Ansatz verwendeten Erklärungsmodus, zum anderen nach dem wesentlichen Charakter der erklärenden Variablen des jeweiligen Ansatzes.

Erklärungsmodus

Der Erklärungsmodus bezieht sich auf die Art und Weise, wie der jeweilige Ansatz bei der Erklärung vorgeht. Dabei lassen sich grundsätzlich drei Erklärungsmodi unterscheiden:

- *strukturell-funktionalistisch*: der Erklärungsgrund (unabhängige Variable oder Explanans – das Erklärende) wird als Struktur- oder Funktionszwang geschildert, der unabhängig von den Interessen und Überzeugungen politischer Akteure sach-, struktur- oder funktionsnotwendig gegeben ist. Politische Entscheidungen können aus der Sicht einer strukturellen oder funktionalistischen Erklärung folglich gar nicht anders als auf eine bestimmte Art und Weise fallen.
- *intentional*: der Erklärungsgrund liegt hier in den Interessen und Überzeugungen (mindestens) eines politischen Akteurs. Weil dieser Akteur eine bestimmte Sache (die zu erklärende Sache oder abhängige Variable bzw. Explanandum) erreichen möchte, verhält er sich entsprechend und sorgt dafür, dass politische Entscheidungen so fallen, dass dies gelingt. Politische Entscheidungen hängen aus der Sicht einer intentionalen Erklärung folglich von den Interessen und Auffassungen der beteiligten Akteure ab.
- *diskursiv-konstruktivistisch*: der Erklärungsgrund liegt hier in der (meist sprachlichen) Interaktion zwischen politischen Akteuren. Der Verlauf und Inhalt der Interaktion und des Austausches erklären hier die Existenz der zu erklärenden Sache (abhängige Variable). Politische Entscheidungen sind aus Sicht einer diskursiv-konstruktivistischen Erklärung also soziale Konstruktionen, die durch den Austausch von Informationen, Meinungen und Ideen zwischen den politischen Akteuren entstehen.

Zusammenfassung

Erklärungsmodi

Sozialwissenschaftliche Erklärungen können auf drei Arten und Weisen erfolgen:

- strukturell-funktionalistisch: der Erklärungsgrund wird als unausweichlicher Sachzwang geschildert;
- intentional: der Erklärungsgrund ist das Interesse eines politischen Akteurs an der zu erklärenden Sache;
- diskursiv-konstruktivistisch: der Erklärungsgrund ist die gemeinsame, interaktive soziale Konstruktion der zu erklärenden Sache; sie entsteht durch den Austausch von Informationen, Meinungen und Ideen zwischen den Akteuren.

Form des erklärenden Faktors

Mit Blick auf den wesentlichen Charakter der erklärenden (unabhängigen) Variable (Explanans) des jeweiligen theoretischen Ansatzes haben sich im Laufe der o.g. Diskussion verschiedene charakteristische Formen dieser erklärenden Variablen herauskristallisiert. Dabei handelt es sich um vier verschiedene Typen:

- um Ansätze, die in Fortschreibung des Neorealismus Macht und Machtpolitik betonen,
- um Ansätze, die aus idealistisch-liberaler Sicht die materiellen gesellschaftlichen Sachfragen hervorheben;
- um Ansätze, die aus (neo-)institutionalistischer Sicht auf die Bedeutung der institutionellen Struktur und der institutionellen (Eigen-)Interessen der gemeinsamen Institutionen verweisen;
- um Ansätze, die aus soziologischer Sicht Normen, Ideen, Weltbilder und Identitäten als eigenständige Beweggründe für Politik ansehen.

Abb. 30 | *Empirisch-analytische Ansätze zur Erklärung der Institutionalisierung internationaler Politiks*

Form der erklärenden Variable Erklärungsmodus	Macht	liberal-gesellschaftliche Sachfragen	Institutionen	Ideen, Normen, Weltbilder, Identitäten
strukturell-funktionalistisch	Neorealismus (Mearsheimer 1990)	Neogramscianischer Ansatz (Gill/Law 1989)	Neofunktionalismus (Haas 1958)	world polity (Meyer 1980)
intentional	Sicherheitsdilemma (Grieco 1996)	liberaler Intergouvernementalismus (Moravcsik 1998)	funktionale Regimetheorie (Keohane 1984)	rhetorisches Handeln (Schimmelfennig 2001)
diskursiv-konstruktivistisch	Anarchie ist von Staaten gemacht (Wendt 1999)	epistemic communities (Haas 1992)	Deliberativer Supranationalismus (Joerges/Neyer 1997)	Kommunikation und Diskurs (Risse 1999)

Daraus lässt sich eine 3x4-Matrix (s. Abb. 30) schaffen, in der wohl die allermeisten in der Literatur zu findenden Ansätze zur Erklärung der Institutionalisierung internationaler Politik verortet werden können. Der folgende Überblick muss auf die Darstellung jeweils eines wichtigen Vertreters der Theorierichtung beschränkt bleiben.

Zusammenfassung

Charakteristische Formen der erklärenden Variable
In der internationalen Politik lassen sich vier charakteristische Formen und Ausprägungen der wesentlichen erklärenden Variable für die Institutionalisierung unterscheiden:

- Macht und Machtpolitik,
- materielle gesellschaftliche Sachfragen,
- institutionelle Strukturen und (Eigen-)Interessen,
- Normen, Ideen, Weltbilder und Identitäten.

4.2.3 Machtorientierte Ansätze

Machtorientierte Ansätze stehen weitgehend in der intellektuellen Tradition des Neorealismus (→ vgl. Kapitel 4.1.2.1). Obschon das Thema Krieg und Frieden meist weiterhin im Hintergrund mitschwingt, geht es vordergründig zunächst um die Frage der Wahrscheinlichkeit bzw. der Rahmenbedingungen für das Zustandekommen internationaler Kooperation und internationaler Institutionen sowie um deren Dauerhaftigkeit, Weiterentwicklung oder Zerfall.

4.2.3.1 Strukturell-funktionalistische Machtperspektive

Die strukturell-funktionalistische Version machtorientierter Ansätze nimmt die Grundannahmen des Neorealismus voll und ganz auf. Da aus dieser Sicht in den internationalen Beziehungen Gewalt eindämmende Strukturen fehlen, ist Anarchie das dominierende Charakteristikum der internationalen Politik. Staatsregierungen stellen in diesem Bereich die zentralen Akteure dar. Sie handeln rational, wobei das alles dominierende Ziel in der Sicherung des eigenen Überlebens liegt. Da sich die Staaten aufgrund der Machtverhältnisse auf niemanden verlassen können, sind sie auf Selbsthilfe angewiesen. Selbsthilfe in einem solchen anarchischen Umfeld zwingt die Regierungen jedoch – unabhängig von anderen Interessen und ihrer parteipolitischen Ausrichtung – dazu, auf relative Machtgewinne zu achten. Dabei gilt es, relative Machtgewinne gegenüber Nachbarn selbst anzustre-

Anarchie und relative Gewinne

ben, sie umgekehrt aber bei den anderen um jeden Preis zu verhindern (Schörnig 2010). Unter diesen strukturellen Rahmenbedingungen anarchischer internationaler Politik entstehen Zusammenarbeit und gemeinsame Institutionen eigentlich nur unter zwei Bedingungen:

Institutionalisierung durch einen Hegemon

- Erstens, wenn ein (wohlwollender) Hegemon diese Institutionen selbst schafft, um damit seine Machtposition zu verbessern, und zu diesem Zweck auch die Kosten dieser Institutionalisierung trägt, um kleineren Staaten in seinem Bereich damit Sicherheit und Stabilität anzubieten; oder

Institutionalisierung gegen gemeinsamen Feind

- zweitens, wenn eine gemeinsam gesehene Bedrohung die Regierungen zwingt, ihre machtpolitischen Auseinandersetzungen untereinander zurückzustellen und sich gegen diese Bedrohung mittels einer gemeinsamen Institution zusammenzuschließen.

Sehr fragile Institutionen

Institutionen, die unter diesen beiden Bedingungen entstehen, erweisen sich als sehr prekär und instabil. Verliert etwa der Hegemon seine zentrale Stellung oder benötigt er die früher geschaffene Institution nicht mehr, dann fehlt jede Voraussetzung für eine weitere Aufrechterhaltung. Gleiches gilt auch, wenn die gemeinsame Bedrohung entfällt.

Ein sehr einflussreicher Aufsatz von John Mearsheimer (1990) mit dem Titel »Back to the Future« wandte diese strukturell-funktionalistische Machtperspektive auf das empirische Beispiel der Europäischen Integration an. Mearsheimer argumentierte, die EU sei ein klassisches Kind des Kalten Krieges, bei dem sich die früheren Weltkriegsgegner aufgrund der massiven Bedrohung ihrer Sicherheit durch die Sowjetunion zusammengeschlossen hätten, um die eigene Wirtschaftsmacht zu stärken und damit auch ökonomisch der kommunistischen Bedrohung wirksam entgegenzutreten. Mit dem Wegfall der Bedrohung durch die Sowjetunion nach dem Ende des Ost-West-Konflikts werde auch die EU in absehbarer Zeit zerfallen, weil sich die großen Mitgliedsstaaten wieder den gegenseitigen machtpolitischen Positionskämpfen widmen müssten – ob sie das wollten oder nicht.

Zusammenfassung

Die strukturell-funktionalistische Machtperspektive
Aus dieser Sicht entstehen internationale Institutionen, wenn sie entweder von einem Hegemon gegründet und getragen werden oder wenn sich mehrere Staaten gegen eine gemeinsame Bedrohung zusammenschließen. Entfallen diese Gründe, gewinnt auch zwischen den bisherigen Kooperationspartner wieder zwangsläufig die strukturelle Anarchie der internationalen Politik die Oberhand und die gemeinsamen Institutionen zerfallen.

Intentionale Machtperspektive

4.2.3.2

Sicherheitsdilemma

Auch Ansätze mit einer intentionalen Machtperspektive orientieren sich in ihren Grundannahmen am Neorealismus. Aber bei ihnen liegt die Betonung auf den dilemmatischen Interessenmustern der Staaten im Zeichen des »Sicherheitsdilemmas«. Alle Regierungen wünschen sich grundsätzlich Zusammenarbeit und Frieden. Sie besitzen jedoch alle individuell ebenso einen Anreiz zur Ausnutzung von Schwächen ihrer Nachbarn (Trittbrettfahren). Unabhängig davon, ob es wirklich zu solchem Trittbrettfahren kommt, sorgt allein die Tatsache, dass dies geschehen kann, für Misstrauen unter den Regierungen. Das Sicherheitsdilemma lässt sich durch eine gemeinsame Institution lösen, deren Aufgabe es ist, die Einhaltung der Regeln zu überwachen (Monitoring), mögliche Verstöße zu ahnden (Sanktionierung) und so ein Trittbrettfahren sichtbar zu machen und damit sicherheitspolitisch zu entschärfen.

Institutionelle Verregelung der Anarchie

Die intentionale Machtperspektive dreht also den Spieß um: Anarchie ist nicht der Feind aller internationalen Institutionen (sofern kein Hegemon oder gemeinsamer Feind sie am Leben erhält). Vielmehr sorgt Anarchie gerade für das Interesse der Staaten, internationale Institutionen zu schaffen, um auf diese Weise den negativen Folgen des Sicherheitsdilemmas zu entgehen.

Institutionelle Einbindung eines Hegemons

Joseph Grieco (1996) präsentierte diese intentionale Variante eines machtorientierten Ansatzes am Beispiel der Schaffung der Europäischen Wirtschafts- und Währungsunion im Vertrag von Maastricht (1992): Gerade weil das vereinigte Deutschland mit der Deutschen Mark das Europäische Währungssystem dominierte sahen sich Frankreich und Italien (aber auch die kleineren Mitgliedsstaaten) dazu veranlasst, diese einseitige Handlungsfähigkeit Deutschlands durch die Schaffung des Euros und der Europäischen Zentralbank zu beseitigen.

Zusammenfassung

Die intentionale Machtperspektive

Internationale Institutionen entstehen aus dieser Sicht als Lösung des Sicherheitsdilemmas, also als Garantie dafür, dass einzelne Länder nicht aus der Zusammenarbeit ausscheren und auf Kosten der anderen Vorteile erzielen.

Diskursiv-konstruktivistische Machtperspektive

4.2.3.3

Von Staaten gemachte Anarchie

Auch die Ansätze einer diskursiv-konstruktivistischen Machtperspektive setzen zunächst bei den gängigen Grundannahmen des Neorealismus an: Anarchie in der internationalen Politik und Staaten, die um ihre Sicherheit bangen müssen. Anarchie ist aus Sicht der diskursiv-konstruktivistischen Perspektive jedoch weder strukturell gegeben noch Ausdruck eines bloßen

Interessenmusters. Vielmehr erweist sich Anarchie – wie praktisch alle Rahmenbedingungen menschlichen Daseins – als gesellschaftlich konstruiert; in diesem Fall als von der Weltgesellschaft der Staaten durch ihr eigenes Verhalten geschaffen.

Damit aber erhält die Anarchie der internationalen Beziehungen eine völlig neue Qualität: »Anarchy is what States make of it« (Wendt 1992). Das Verhalten und die Diskurse der Staatsregierungen bestimmen den Charakter der internationalen Beziehungen. Gegenseitige Sprachlosigkeit und fehlende Beziehungen sorgen auf diese Weise – auch aufgrund fehlender Informationen über einander – für Misstrauen und Angst, mithin also für Strukturlosigkeit. Je mehr aber diese Sprachlosigkeit durchbrochen wird, desto eher entsteht ein Umfeld, das die Grundlage für die Errichtung internationaler Institutionen schafft. Die Existenz internationaler Institutionen hängt aus dieser Sicht also vom diskursiven Verhalten der Staatsregierungen ab.

Entspannung der Anarchie

Alexander Wendt vermag in seinem Aufsehen erregenden Buch von 1999 über »The Social Theory of International Politics« denn auch eine neue, gleichwohl machtpolitisch orientierte Erklärung für die Wellen der Institutionenbildung in den internationalen Beziehungen der 1970er- und 1980er-/1990er-Jahre zu geben. Die 1970er-Jahre waren geprägt von den ersten größeren Schritten der sogenannten Entspannung im Ost-West-Konflikt. Das galt sowohl für die Politik der US-Regierung unter Präsident Richard Nixon, die nicht nur mit der Sowjetunion, sondern auch mit China zu regelmäßigen Gesprächen gelangte, als auch für die Neuorientierung der westdeutschen Ostpolitik unter Bundeskanzler Willy Brandt. Die Ergebnisse dieser verstärkten Entspannungsdiskurse waren aus Wendts Sicht nicht nur die Lösung des Vietnamkrieges oder das Viermächte-Abkommen über Berlin, sondern auch die Konferenz für Sicherheit und Zusammenarbeit in Europa (KSZE). Die Welle der Institutionalisierung der 1980er- und 1990er-Jahre wiederum hatte die Intensivierung des Dialogs und der Beziehungen nach dem Ende des Ost-West-Konflikts zur Voraussetzung.

Zusammenfassung

Die diskursiv-konstruktivistische Machtperspektive
Die Bereitschaft der Staaten zur Zusammenarbeit und Schaffung gemeinsamer Institutionen hängt aus dieser Sicht vom Charakter ihres internationalen Umfeldes ab. Dieses Umfeld unterliegt selbst der diskursiven Konstruktion, in der das Verhalten der Staaten in der Weltgesellschaft eine zentrale Rolle einnimmt. Je offener die Diskurse und je enger die Kontakte zwischen den Staatsregierungen sind, desto stärker fördern die weltgesellschaftlichen Rahmenbedingungen die Kooperation von Staaten sowie die Errichtung gemeinsamer internationaler Institutionen.

Über alle machtpolitisch orientierten Ansätze hinweg wird deutlich, dass aus der Sicht dieser Perspektive internationale Institutionen für die daran beteiligten Staaten immer nur instrumentellen Charakter besitzen. Weder gelten gemeinsame Institutionen als eigenständige Akteure in der internationalen Politik noch traut man ihnen eine Existenz jenseits der schieren Nützlichkeit für die Regierungen ihrer Mitgliedsstaaten zu. Macht ist eine Ressource, über die aus dieser Sicht nur nationale Regierungen verfügen – nicht internationale Institutionen (auch nicht die großen Internationalen Organisationen) und ebenso wenig nationale gesellschaftliche Akteure wie etwa Interessengruppen oder große Konzerne. Staaten (insbesondere ihre Regierungen) beherrschen die internationale Politik.

Instrumenteller Charakter der Institutionen

Liberal-gesellschaftlich orientierte Ansätze | 4.2.4

Liberal-gesellschaftlich orientierte Ansätze heben darauf ab, dass zur Erklärung internationaler Zusammenarbeit nicht nur die nationalen Regierungen, sondern auch die gesellschaftlichen Bedingungen der Staaten zentrale Erklärungsfaktoren darstellen.

Strukturell-funktionalistische Variante der liberal-gesellschaftlichen Perspektive | 4.2.4.1

Entkleidet man den Marxismus seiner (kritischen) normativen visionären Aspekte und nutzt ihn zur Erklärung der Entwicklungen in der internationalen Politik, dann offeriert er eine strukturell-gesellschaftliche Perspektive, was die Behandlung eines neomarxistischen Ansatzes in diesem Zusammenhang rechtfertigt. Die gesellschaftlichen Verhältnisse sind aus marxistischer Sicht von ausbeuterischen Klassenstrukturen geprägt. Im Kapitalismus dominiert das Bürgertum über das Proletariat, das zum eigenen Überleben seine Arbeitskraft fast um jeden Preis verkaufen muss. Die Proletarier werden von der herrschenden Klasse ausgebeutet und diese nutzt den Staat, um ihre Macht zu sichern. Es kristallisiert sich so ein bestimmtes sozioökonomisches Reproduktionssystem, ein Regulationsregime heraus. Im frühen Kapitalismus (vor 1850) war dies der Manchester-Kapitalismus mit niedriger Produktivität, moderatem Kapitaleinsatz, patriarchalischer Unternehmensführung, schwacher oder nicht vorhandener gewerkschaftlicher Organisation sowie geringem Massenkonsum aufgrund von Hungerlöhnen und hoher Ausbeutung.

Ausbeuterische Klassenstrukturen

Mit der großen Wirtschaftskrise zwischen 1870 und 1890 geriet dieses Regulationsregime an seine Grenzen und wurde spätestens ab den 1920er-Jahren durch den Fordismus abgelöst. Er ließ kapitalintensive, auf tayloristischer Arbeitsteilung (Fließbandproduktion) fußende vertikal hoch integ-

Fordismus

rierte nationale Konzerne (die von der Rohstoffgewinnung bis zum Verkauf des Endprodukts alles selbst kontrollierten) entstehen, die gleichzeitig auf durchsetzungsfähige Gewerkschaften trafen, sodass von Staat zu Staat ganz unterschiedliche Kompromisse zwischen Kapital und Arbeit entstanden. National abgeschottete Märkte boten die Möglichkeit für starke Lohnzuwächse und einen immer besser ausgebauten Wohlfahrtsstaat, was die Massenkaufkraft stärkte und so bis in die 1970er-Jahre hinein für enormes Wirtschaftswachstum sorgte. Internationale Institutionen spielten bei der Sicherung des Fordismus nur insofern eine Rolle, als sie – wie die NATO – den Schutz gegen den Kommunismus verstärkten oder aber – wie das GATT – ein gewisses Maß an Außenhandel zuließen, ohne den Welthandel wirklich zu liberalisieren. Auch der Fordismus geriet – nach marxistischer Sicht – in die Krise, als in den 1970er-Jahren die Massenkonsummärkte gesättigt waren und damit der Wachstumsmotor stotterte.

Post-Fordismus

Ab den 1980er-Jahren versuchten daher viele Staaten, dieser Krise durch Marktöffnung und Liberalisierung insbesondere der Kapitalmärkte Herr zu werden. Ziel war es, mittels offener und liberaler Finanzmärkte zusätzliches Investitionskapital ins Land zu holen. Diese Liberalisierung zusammen mit dem technologischen Wandel (Computerisierung, Internet, usw.) stärkte jedoch zunehmend die strukturelle Macht des international mobilen Finanzkapitals. Der Standortwettbewerb zwang die Staaten zu immer stärkerer Deregulierung und bot internationalen Konzernen die Chance, sich die politischen Rahmenbedingungen für ihre Investitionen (Steuerlast, Umweltschutz- oder Lohnkosten) auszusuchen. Das nationale Gleichgewicht zwischen Arbeit und Kapital im Fordismus zerbrach. Das neue Regulationsregime des Post-Fordismus kennzeichnen hochgradig arbeitsteilige Produktionsprozesse mit internationalen Zuliefererketten, mit denen die Kosten massiv gedrückt werden können (»lean production«). Sehr flexible Produktion in Betriebsnetzwerken (anstatt der Großkonzerne), Entflechtung der nationalen Besitzstrukturen und Auslagerung von Produktionsschritten in andere Länder sorgen für neue Rationalisierungspotentiale, Innovation und neues Wachstumspotential. Dies hebelt jedoch nicht nur die bisherige Macht der nationalen Gewerkschaften aus, sondern reduziert auch den politischen Handlungsspielraum der nationalen Regierungen. Regierungen, die die Liberalisierungs- und Deregulierungsmaßnahmen nicht mitmachen, werden von den globalisierten Finanzmärkten mit Kapitalentzug bestraft (Bieler/Morton 2006).

Rückzug des Staates

So argumentierten denn auch Stephen Gill und David Law 1989, das postfordistische Regulationsregime leide daran, dass dem äußerst mobilen internationalen Finanzkapital keine ausreichende Gegenmacht gegenüberstehe. Die unterentwickelte internationale Zivilgesellschaft könne es nicht mit dem Finanzkapital aufnehmen. Die Weltgesellschaft der Staaten sei dem

Standortwettbewerb ausgesetzt, ein Gegengewicht auf nationaler Ebene nicht zu sehen. Zwar billigten Gill und Law internationalen Institutionen grundsätzlich das Potential zu, diesen strukturellen Machtvorteil des Kapitals durch entsprechende internationale Marktregulierungen wieder einfangen zu können. Doch dienten alle bislang existierenden Internationalen Organisationen – GATT/WTO, Internationaler Währungsfonds, Weltbank, aber auch die Europäische Union – nur dazu, die Liberalisierung, Deregulierung und Privatisierung weiter voranzutreiben. Die Institutionalisierung liege also im ureigensten Interesse des äußerst mobilen Finanzkapitals.

Institutionen befördern Entstaatlichung

Damit offerierte der Neo-Marxismus – jenseits der normativen Kritik an der kapitalistischen Ausbeutung – eine alternative, strukturell-gesellschaftliche Erklärung für die Wellen der Institutionenbildung in der internationalen Politik. Mit den 1970er-Jahren war das fordistische Regulationsregime in eine tiefe Krise geraten, die international mobilem Kapital einen erheblichen Machtzuwachs bescherte. In diesem Zusammenhang dienten die neuen oder erweiterten internationalen Institutionen vor allem dazu, Liberalisierung, Deregulierung und Privatisierung weiter voran zu treiben. Sie erwiesen sich also als nützliche Instrumente der neuen grenzüberschreitenden Produktionsverhältnisse, die vom internationalen Finanzkapital dominiert wurden.

Zusammenfassung

Die strukturell-funktionale gesellschaftliche Perspektive
Aus dieser Sicht entstehen internationale Institutionen als Ergebnis der strukturellen Veränderungen in den kapitalistischen gesellschaftlichen Produktionsverhältnissen. Die Krise des nationalen wohlfahrtsstaatlichen Kompromisses zwischen Kapital und Arbeit (Fordismus) führte zu erweitertem Handlungsspielraum für das international mobile Finanzkapital. Dieses nutzte seine neue Handlungsfreiheit dazu, das bisherige nationale Gegengewicht der Gewerkschaften und der nationalen Sozialregulierung abzuschütteln. Die neuen internationalen Institutionen sind Ausdruck der neuen gesellschaftlichen Produktionsverhältnisse, weil sie die Liberalisierung, Deregulierung und Privatisierung zugunsten des mobilen Kapitals weiter vorantreiben.

4.2.4.2 Intentionale Variante der liberal-gesellschaftlichen Perspektive

Gesellschaftliche Sach interessen

Die intentionale liberal-gesellschaftliche Perspektive betont, dass Staaten und ihre Regierungen wichtige Akteure in der internationalen Politik darstellen, dass ihnen jedoch nicht die zentrale Erklärungskraft mit Blick auf

Kooperation und Institutionalisierung der internationalen Beziehungen zukomme. Außenpolitische Interessen der Staaten entstünden in den jeweiligen nationalen Gesellschaften. Diese nationalen gesellschaftlichen Interessen wirken aus dieser theoretischen Perspektive in einem dreischrittigen Prozess auf die internationale Kooperation:

1. Innerhalb der nationalen Gesellschaften kommt es zur Organisation von Parteien, Interessengruppen, Verbänden und sozialen Bewegungen, die bestimmte gesellschaftliche Interessen aufgreifen und politisch organisieren.
2. Die nationalen Regierungen greifen die wichtigsten und durchsetzungsfähigsten gesellschaftlichen Interessen auf, weil sie auf diese Weise ihre Wiederwahl sichern möchten. Beim Aufgreifen solcher gesellschaftlichen Forderungen besitzt die nationale Regierung allerdings in der Außenpolitik einen gewissen Freiraum gegenüber den Verbänden und Gruppen. Sie kann sich gegensätzlich gegenüberstehende Verbände gegeneinander ausspielen und mit Verweis auf außenpolitische Zwänge gewisse, ihr ungenehme Forderungen zurückweisen. Gleichwohl bleibt in einer pluralistischen Gesellschaft mit freien Medien die Regierung relativ eng an die wichtigsten gesellschaftlichen Forderungen gebunden.
3. Der Erfolg zwischenstaatlicher Verhandlungen schließlich hängt zunächst einmal davon ab, ob die von den Regierungen vertretenen nationalen Interessen gleichgerichtet sind oder aber stark divergieren. Nur bei einigermaßen ähnlichen Interessen zumindest der großen Staaten kann eine erfolgreiche Institutionalisierung stattfinden. Die Ausgestaltung der gemeinsamen Institution ist dann Gegenstand der Verhandlungen, in denen sich jene Regierungen durchzusetzen vermögen, die über bestimmte Verhandlungsvorteile oder asymmetrische Verhandlungsmacht verfügen. Verhandlungsvorteile bieten beispielsweise Dinge, die die anderen Verhandlungspartner gern bekommen möchten, oder aber die Fähigkeit, Paketlösungen anbieten oder Ausgleichszahlungen leisten zu können. Asymmetrische Verhandlungsmacht wiederum ergibt sich vor allem aus glaubhaften Austrittdrohungen oder einseitigen Handlungsmöglichkeiten, also etwa aus der Tatsache, dass ein Land sein Ziel auch ohne Hilfe anderer erreichen könnte.

Gesellschaftliche Interessen an der Europäischen Einigung

Andrew Moravcsik betont denn auch in seinem Buch »The Choice for Europe« (1998), die großen institutionellen Entscheidungen der Europäischen Einigung fußten auf den gesellschaftlichen Interessen der Mitgliedsstaaten. Sowohl bei der Gründung der Europäischen Wirtschaftsgemeinschaft (1957), den ersten Schritten zur währungspolitischen Einigung im Europäischen Währungssystem (1979), der Vollendung des Europäischen Binnenmarktes (1993) als auch der Schaffung der Europäischen Wirtschafts- und Währungsunion (ab 1993) hätten sich in allen Mitgliedsstaaten jeweils eindeutig die wirtschaftlich orientierten gesellschaftlichen Interessen durchgesetzt. Daher hätten im Vorfeld der Entscheidungen alle Regierungen grundsätzlich ähnlich ausgerichtete Interessen vertreten. Die Ausgestaltung der Institutionalisierung sei dann jedoch jeweils abhängig davon gewesen, welcher Mitgliedsstaat Verhandlungsvorteile habe geltend machen können. So habe sich bei der währungspolitischen Einigung Deutschland mit seinen Forderungen nach einer politisch unabhängigen Zentralbank durchsetzen können, weil es in der hegemonialen geldpolitischen Position der Bundesbank einen Verhandlungsgegenstand besaß, den insbesondere Frankreich und Italien gern beseitigt gesehen hätten. Das habe Paris und Rom zu Kompromissen gezwungen.

Zusammenfassung

Die intentionale gesellschaftliche Perspektive
Aus dieser Sicht hängt die erfolgreiche Schaffung internationaler Institutionen von den gesellschaftlichen Interessen der Mitgliedsstaaten ab. Wichtig ist dabei zum einen die unterschiedliche Durchsetzungsfähigkeit von nationalen Interessengruppen und damit deren Einfluss auf die nationale Regierung. Zum anderen müssen die nationalen gesellschaftlichen Interessen in den wichtigsten Staaten übereinstimmen und auf ein gemeinsames Ziel zustreben, denn nur dann ist die Schaffung einer internationalen Institution möglich. Die genaue Ausgestaltung der gemeinsamen Institution ist das Ergebnis der zwischenstaatlichen Verhandlungen, bei denen jene Staaten sich eher durchsetzen, die entweder materielle Verhandlungsvorteile besitzen, indem sie z.B. Ausgleichszahlungen anbieten können, oder die über asymmetrische Verhandlungsmacht verfügen, also z.B. glaubhaft ihren Austritt androhen können.

Diskursiv-konstruktivistische Variante der liberal-gesellschaftlichen Perspektive

4.2.4.3

Auch diskursiv-konstruktivistische liberale Ansätze starten von der gesellschaftlichen Ebene. Ihre Überlegungen setzen beim gesellschaftlichen Diskurs um Probleme und Problemlösungen an, wobei vorrangig der Diskurs in internationalen Wissenschaftlerkreisen (»epistemic communities«) gemeint ist. Angesichts des immer komplexer und komplizierter werdenden Zusammenspiels von Technologie, Wirtschaft und Gesellschaft entsteht – so die Grundannahme dieses Ansatzes – immer häufiger die Situation, dass wichtige, von der Politik zu lösende Probleme nicht durch Interessengruppen erkannt und auf die politische Tagesordnung gebracht werden. Häufig

Epistemic communities

erkennen nur Experten Umfang und Schwere der Situation. Und es sind gleichfalls diese Experten, die – wenn überhaupt jemand – in einem internationalen Diskurs in der Lage sind, eine Lösung für das neue Problem zu finden.

Von ihren jeweiligen nationalen Experten auf das Problem (und dessen mögliche Lösung) aufmerksam gemacht und von den durch die Wissenschaftler alarmierten Medien zu einer Entscheidung gedrängt, sehen sich die nationalen Politiker einer Front von Experten gegenüber, die auf eine – nicht selten – internationale Lösung des Problems drängt. Staatliche Regierungen werden auf diese Weise veranlasst, solche Probleme aufzugreifen und ihre Lösung anzustreben. So veranlassen internationale Wissenschaftlerdiskurse zusammen mit dem Druck der öffentlichen Meinung die nationalen Regierungen nicht nur dazu, national Gesetze zu erlassen, sondern unter Umständen ebenfalls internationale Institutionen zur gemeinsamen Lösung der Probleme zu errichten.

Keine Lobbyinteressen

Wichtig sind zwei Dinge: Der Ausgangspunkt der internationalen Institutionalisierung sind zwar auch hier gesellschaftliche Entwicklungen, die jedoch nicht von gesellschaftlichen Interessengruppen, die ihre eigenen materiellen Interessen verwirklicht sehen wollen, ausgehen. Vielmehr handelt es sich um von Interessen weitgehend unabhängige gesellschaftliche Diskurse. Die Wissenschaftler einer »epistemic community« haben in aller Regel von der Lösung des von ihnen diskutierten Problems keinen materiellen Vorteil, jedenfalls nicht mehr als der durchschnittliche Bürger. Ferner hängt die Durchsetzungsfähigkeit des Lösungsvorschlags nicht von den Interessenmustern und der Verhandlungsmacht der nationalen Regierungen ab, sondern von der diskursiven Überzeugungskraft der wissenschaftlichen Argumente. Nur wenn es gelingt, in möglichst vielen der betroffenen Staaten das öffentliche Bewusstsein für Problem und Problemlösung zu wecken, kommt es zu entsprechenden politischen Entscheidungen, mithin also zu internationaler Zusammenarbeit und der Schaffung einer internationalen Institution.

Problembewusstsein schaffen

Schutz der Ozonschicht

Wegweisend für diese diskursiv-konstruktivistische Variante liberalgesellschaftlicher Ansätze war der Aufsatz von Peter M. Haas (1992) zu »epistemic communities« und dem internationalen Regime zur Bekämpfung des Ozonlochs in der Antarktis. Bis in die 1970er-Jahre hinein hatte niemand von einem solchen Ozonloch gewusst. Damit aber war dies auch kein Thema für irgendeine gesellschaftliche Interessengruppe. Erst der grenzüberschreitende wissenschaftliche Diskurs zwischen Physikern, Chemikern, Meteorologen, Biologen und Medizinern ließ dann Anfang der 1980er-Jahre deutlich werden, dass die Zerstörung der stratosphärischen Ozonschicht erhebliche Gefahren barg und – fast noch wichtiger – dass die Ursache dieser Gefahr die bislang als ungefährlich geltenden Treib- und

Kühlgase auf FCKW-Basis waren. Diese wissenschaftliche Erkenntnis kam mit Hilfe der Medien auf die Tagesordnung der nationalen Politik und führte im Laufe einiger Jahre zu einem internationalen Regime zum Schutz der Ozonschicht, dessen Kernbestandteil ein weltweites Verbot der Herstellung von FCKW-Gasen war.

Zusammenfassung

Die diskursiv-konstruktivistische gesellschaftliche Perspektive
Internationale Institutionen entstehen aus dieser Sicht aufgrund von internationalen Expertendiskursen, die neue gesellschaftliche Probleme aufdecken, Lösungen erarbeiten und – auch mit Hilfe der Medien – die nationale Politik diskursiv davon überzeugen, dass für die Umsetzung der Lösung internationale Zusammenarbeit notwendig ist.

Damit wird über alle liberal-gesellschaftlichen Ansätze hinweg deutlich, dass aus dieser theoretischen Perspektive internationale Institutionen Ausdruck gesellschaftlicher Vorstellungen in den an ihnen beteiligten Staaten sind. Internationale Politik, insbesondere internationale Zusammenarbeit, erhält auf diese Weise den Charakter von Mehrebenenpolitik: Die Antriebskräfte stammen aus der subnationalen, gesellschaftlichen Ebene. Außenpolitisch Handelnde sind aber nach wie vor die nationalen Regierungen. Das Ergebnis einer solchen Politik ist – zumindest im Erfolgsfall – eine Zusammenarbeit oder sogar Institutionalisierung auf internationaler Ebene.

Institutionalistische Ansätze | 4.2.5

Institutionen sind in der Lage, der Politik Rahmenbedingungen zu setzen, die diese hemmen oder ihr Handlungsmöglichkeiten eröffnen. Damit können sie zu (erklärenden) Faktoren für das Zustandekommen internationaler Zusammenarbeit, mithin also ebenso für die Schaffung internationaler Institutionen werden – so paradox und tautologisch sich das auch zunächst anhören mag.

Strukturell-funktionalistische Variante der institutionalistischen Perspektive | 4.2.5.1

Neofunktionalismus

Unter den strukturell argumentierenden institutionalistischen Ansätzen ragt insbesondere der Neofunktionalismus heraus, sozusagen der Urvater der empirisch-analytischen Erklärung der Europäischen Einigung. Er griff zwar einige der Grundannahmen des Funktionalismus (→ vgl. Kapitel 4.3.2.1) auf; daher auch sein Name. Jedoch ging es dem Neofunktionalismus nicht um eine neue normative Vision der »guten« Institutionalisierung internationaler Politik. Ziel war es vielmehr, eine empirisch-analytische Erklärung dafür zu entwickeln, warum es zu einer solchen Institutionalisierung kommen kann, und er wollte die Rahmenbedingungen aufhellen, die eine Institutionalisierung befördern respektive bremsen. Dabei ging der Neofunktionalismus davon aus, dass es sich bei den Staaten, die einer internationalen Zusammenarbeit nicht abgeneigt gegenüberstanden, in der Regel um industrialisierte Länder mit hoch arbeitsteiliger Gesellschaft handelte.

Funktionale Interdependenz

Moderne Gesellschaften teilen sich in immer spezialisiertere funktionale Segmente auf, die ihre Aufgaben für alle immer effizienter und professioneller erledigen können. Sinnbild für diese Entwicklung war lange Zeit das Fließband, bei dem jeder Arbeiter seine immer spezialisiertere und abgegrenztere Tätigkeit immer schneller und besser zu erledigen vermochte. Damit verband sich aber gleichzeitig und unausweichlich eine zunehmende Interdependenz und gegenseitige Abhängigkeit. Konnte der frühmoderne Handwerker sein Produkt in aller Regel noch vollständig selbst herstellen, so sah sich der moderne Arbeiter in zunehmender Abhängigkeit von anderen, die für Vor- und Zuarbeiten verantwortlich waren. Er überblickte bei Weitem nicht mehr die gesamte Produktion und vermochte auch das Produkt in keinem Fall mehr allein herzustellen. Funktionale Segmentierung der Gesellschaft und daraus entstehende »organische Interdependenz« – das waren bereits im 19. Jahrhundert für den französischen Soziologen Emile Durkheim die Kennzeichen der Moderne. Das Neue, so die Behauptung des Neofunktionalismus, war, dass diese Interdependenz nun auch international und grenzüberschreitend wirksam wurde.

Pluralistische Gesellschaften

Ferner ging der Neofunktionalismus davon aus, dass sich in modernen Gesellschaften eine pluralistische Interessenstruktur mit entsprechenden Gruppen und Verbänden herauskristallisierte, die dafür sorgte, dass wichtige gesellschaftliche Vorstellungen in die politische Entscheidungsfindung eingebracht wurden. Nahm nun die grenzüberschreitende Interdependenz immer mehr zu, so bedurfte es über kurz oder lang internationaler Zusammenarbeit der Regierungen, um die dabei anfallenden gemeinsamen Probleme zu lösen. Das geschah meist auf unpolitischen, technischen Gebieten, also etwa im Bereich der technischen Normung und Standardisierung, der grenzüberschreitenden Infrastruktur (Straßen, Schienen, Telekommunikation, Post) oder beim Umweltschutz (Conzelmann 2010).

Waren aber einmal erste internationale Institutionen für bestimmte technische Segmente geschaffen, dann sorgten diese bereits institutionalisierten Bereiche für funktionale Zwänge, auch in angrenzenden Politikfeldern zusammenzuarbeiten und diese dann in die Verantwortung internationaler Institutionen zu überführen. Einmal begonnene funktionale

Integration sorgte also für ein quasi-automatisches funktionales *spill-over* (Überspringen) in angrenzende Felder. Einmal geschaffene Institutionen dehnten sich folglich inhaltlich wie territorial quasi funktionsnotwendig immer weiter aus; auch wenn die nationalen Regierungen selbst gegen eine weitere Institutionalisierung waren.

Spill-over

Ernst B. Haas (1958) analysierte in seiner bahnbrechenden Arbeit »The Uniting of Europe« auf neofunktionalistischer Basis die Entwicklung der Europäischen Gemeinschaft für Kohle und Stahl (EGKS) seit dem Jahr 1951. Er konnte zeigen, dass selbst eine Institutionalisierung so technischer und wirtschaftlich dominierter Politikbereiche wie Kohle und Stahl fast automatisch dazu führte, dass weitere angrenzende Aspekte mit in die Institutionalisierung einbezogen werden mussten, so sozialpolitische Fragen (Arbeitszeit, Entlohnung und Arbeitsbedingungen der Stahl- und Grubenarbeiter), Fragen des Transportwesens und der Infrastruktur (Kohle- und Stahltransporte), der Subventionen und Steuerbegünstigungen, der Umweltschutzvorschriften und vieles andere mehr. Dies führte schließlich dazu, dass die EGKS 1958 zur Europäischen Wirtschaftsgemeinschaft ausgeweitet wurde. Später zeigte sich, dass ein Binnenmarkt mit freiem Kapitalverkehr nur sinnvoll funktionieren konnte, wenn eine gemeinsame Währung ihn absicherte. Diese aufeinander folgenden Schritte verstärkter Institutionalisierung ließen sich neofunktionalistisch gut erklären: Einmal mit Kohle und Stahl begonnen, dehnte sich die Institutionalisierung der regionalen europäischen Zusammenarbeit auf immer mehr Politikbereiche (Vertiefung der Integration) und parallel dazu auf immer mehr Staaten (Erweiterung der Integration) aus.

Funktionalistische Integration

Zusammenfassung

Der strukturell-funktionalistische Institutionalismus
Diese Perspektive sieht die Erklärung der Institutionalisierung internationaler Politik in den funktionalen und strukturellen Notwendigkeiten interdependenter (= gegenseitig abhängiger) Gesellschaften sowie dem funktionalen *spill-over* (Überspringen) aus bereits institutionalisierten Politikbereichen. Strukturelle und funktionale Sachzwänge bestimmen das Bild, einmal geschaffene Institutionen erzwingen auf diese Weise ihre Ausdehnung, weil nur so politische Probleme zu lösen sind. Und selbst wenn diese Institutionalisierung ursprünglich in unpolitischen technischen Bereichen begonnen hat, dehnt sie sich unweigerlich auch auf hoch politische Bereiche aus.

4.2.5.2 Intentionale Variante der institutionalistischen Perspektive

Gemeinsame Institutionen sind in der Lage, bestimmte Aufgaben für jene Staaten zu übernehmen, die sie gegründet haben. Ganz abstrakt gesagt, können sie drei für ihre Gründer wichtige Aufgaben übernehmen: Verteilung von Kosten und Nutzen der Zusammenarbeit, Kontrolle der Regeleinhaltung, Sanktionierung der Regelverstöße. Sie erfüllen also Funktionen, die der gemeinsamen Problemlösung dienen und gleichzeitig dafür sorgen, dass die Zusammenarbeit sich stabilisiert (Zangl 1994). Das gilt vor allem im Hinblick auf die Kontrolle der Regeleinhaltung und die eventuelle Sanktionierung von Regelverstößen.

Institutionen senken Transaktionskosten

Wenn die Mitgliedsstaaten selbst diese Aufgaben übernehmen müssten, ergäbe sich für sie daraus ein enormer Aufwand, zumal sie ja in aller Regel in sehr vielen internationalen Institutionen mitwirken und somit ein umfangreiches Kontrollnetzwerk aufrechterhalten müssten. Das würde nicht nur zu extrem hohen Kosten für die einzelnen Staaten führen, sondern auch das gegenseitige Misstrauen erhöhen. Gemeinsame Institutionen senken folglich die Transaktionskosten für die Zusammenarbeit zwischen den Mitgliedern, wobei Transaktionskosten sehr breit verstanden werden können, also sowohl eigentliche Kooperationskosten (Überwachung, Sanktionierung) als auch Vertrauensbildung und die Schaffung von Erwartungssicherheit (Zusammenarbeit wird zuverlässig planbar) umfassen.

Diese Senkung der Transaktionskosten gewinnt vor allem dort an Bedeutung, wo einfache Marktaustauschbeziehungen nicht zu den gewünschten Ergebnissen führen; also etwa beim Umwelt- und Verbraucherschutz, bei der Sozialregulierung (Arbeitsschutz, soziale Sicherheit) oder bei der Garantie der Einhaltung der Menschenrechte. Sogenannte öffentliche Güter werden nur sehr begrenzt von freien Märkten produziert. Märkte sind hier häufig überfordert, es kommt zu Marktversagen und Umwelt- oder Verbraucherschutzbelange bleiben unberücksichtigt.

Interesse am Nutzen von Institutionen

Intentionale Ansätze gehen davon aus, dass Mitgliedsstaaten um die Vorteile gemeinsamer Institutionen wissen und diese ganz gezielt und bewusst anstreben. Vor allem westliche Industriestaaten besitzen ein Interesse daran, Marktversagen im internationalen Bereich durch ein gewisses Mindestmaß an internationaler Regulierung zu verhindern und auf diese Weise ihr eigenes nationales Regulierungsniveau gegen »unfaire« Konkurrenz zu sichern. Nur ein Beispiel: Kinderarbeit in vielen Entwicklungsländern ist aus Sicht der Industrieländer nicht nur ein Bruch grundlegender Menschenrechtsstandards, sondern vielmehr auch eine unfaire, billige Konkurrenz für die heimische Industrie. Freie Märkte vermögen Kinderarbeit nicht zu verhindern; internationale Regulierungen und darauf fußende internationale Institutionen schon eher.

Intentionale Institutionalisten erklären daher das Entstehen und die Entwicklung internationaler Institutionen mit den positiven Funktionen und Wirkungen, die sie für ihre Mitglieder haben. Weil die Staaten um diese Vorteile gemeinsamer Institutionen wissen, liegt es in ihrem Interesse, diese zu gründen und eventuell auch auszuweiten. Aus der Sicht intentionaler Institutionalisten können die nationalen Regierungen frei entscheiden und folgen nur ihren Interessen.

Wille zur Zusammenarbeit

Eine der einflussreichsten Analysen aus der intentional-institutionalistischen Perspektive stammt von Robert Keohane (1984). In seinem Buch »After Hegemony« präsentierte er eine Erklärung dafür, warum trotz der während der 1970er-Jahre nachlassenden Hegemonie der USA sowie der angesichts der Entspannung sich verringernden Bedrohung seitens der Sowjetunion ganz offensichtlich die Anzahl der internationalen Institutionen nicht – wie vom Neorealismus vorhergesagt – abnahm, sondern es sogar zu einer weiteren Welle der Institutionalisierung internationaler Politik kam. Keohane machte deutlich, dass zwar in der Tat viele internationale Institutionen ursprünglich – wie vom Neorealismus erklärt – unter hegemonialem Druck entstanden seien (→ vgl. Kapitel 4.2.1.1), diese aber auch ohne Hegemon wichtige Funktionen für ihre Mitgliedsstaaten erfüllten; Funktionen im Zusammenhang mit der Senkung der Transaktionskosten, die diese Mitgliedsstaaten sehr wohl erkannten und die in deren Interesse lagen. Deshalb hielten die Staaten auch ohne hegemonialen Druck die Zusammenarbeit weiterhin aufrecht und bauten sie sogar noch aus.

Institutionen auch ohne Hegemonie

Trotz des Niedergangs der US-Hegemonie zerfielen weder der Internationale Währungsfonds noch die Weltbank. Vielmehr passten sie ihre Aufgaben den neuen Verhältnissen an und entwickelten sich weiter. Nach dem Zerfall des Systems von Bretton Woods und dem Übergang zu freien Wechselkursen 1973 hätte man eigentlich auch die Auflösung des Internationalen Währungsfonds erwarten dürfen; schließlich gab es seine ursprüngliche Aufgabe nicht mehr. Er löste sich jedoch nicht auf, sondern entwickelte seine Aufgaben weiter und spezialisierte sich auf die Bekämpfung von Währungskrisen vor allem bei Entwicklungs- und Schwellenländern. Ähnliches gilt für das GATT, das sich trotz des Aufstiegs weiterer Welthandelsmächte (und damit dem Ende der US-Hegemonie) in mehreren Vertragsrunden weiterentwickelte und schließlich in den 1990er-Jahren in die Welthandelsorganisation mündete.

Materielle, funktionale Interessen gelten indes zwar als wirkungsvolle Handlungsmotive, gleichzeitig aber auch als vergleichsweise rasch veränderliche. Schon die Wahl einer neuen, parteipolitisch anders ausgerichteten nationalen Regierung kann durchaus den Schwerpunkt der funktionalen Interessen verschieben, etwa von freiem Handel zu mehr Umweltschutz oder umgekehrt. Das müsste dann aber zum Ausstieg des Landes aus diver-

Wandel von Interessen

sen internationalen Institutionen, die nicht mehr dem eigenen Interesse entsprechen, führen. Nach dem Zweiten Weltkrieg ist dies jedoch – im Gegensatz zu früher – nur sehr selten geschehen. Der vorübergehende Austritt der USA und Großbritanniens aus der UNESCO 1984 und 1985 bildet eine der spektakuläreren Ausnahmen. Was aber hält Regierungen dann in internationalen Institutionen, selbst wenn sich nationale Interessen verändern?

Internationale Institutionen stärken Regierungen

Man kann argumentieren (Moravcsik 1997), dass internationale Institutionen es den nationalen Regierungen ermöglichen, sich gegenüber den Forderungen der nationalen gesellschaftlichen Interessengruppen besser durchzusetzen. Da ausschließlich die nationalen Regierungen die Verhandlungen auf internationaler Ebene führen, bleiben die Möglichkeiten zur gesellschaftlichen Kontrolle vergleichsweise gering. Vielmehr erlaubt diese Situation den Regierungen die Behauptung, in diesen Verhandlungen alles Menschenmögliche dafür getan zu haben, die gesellschaftlichen Interessen zu wahren. Am Ende habe man aber einem notwendigen Kompromiss zustimmen müssen, also bestimmte gesellschaftliche Wünsche leider nicht durchsetzen können.

So paradox es klingen mag: die Bindung der Regierungen in einer internationalen Institution erhöht aus dieser Sicht auf nationaler Ebene deren Handlungsspielraum gegenüber den Interessengruppen, weil es den Regierungen möglich ist, schlechte Nachrichten und Misserfolge in die Verantwortung internationaler Institutionen abzuschieben, Erfolge und Errungenschaften jedoch für sich zu reklamieren. Damit aber besitzen speziell nationale Regierungen ein zusätzliches, sehr starkes Interesse am Erhalt internationaler Institutionen, das selbst dann existiert, wenn der sachlich-materielle Nutzen der Institution fortfällt. Um es überspitzt zu formulieren: Selbst eine konservative, EU-skeptische britische Regierung besitzt im Zweifel kein Interesse daran, die Europäische Union zu verlassen, weil sie damit die Möglichkeit verliert, die Verantwortung für alle politischen Probleme und Misserfolge Brüssel zuzuschieben und die Erfolge für sich zu reklamieren.

Zusammenfassung

Die intentionale institutionalistische Perspektive

Diese Sicht geht davon aus, dass internationale Institutionen Aufgaben und Funktionen für ihre Mitgliedsstaaten übernehmen, also Vorteile mit sich bringen. Die Staaten haben daher ganz gezielt ein Interesse daran, diese Institutionen zu gründen und auszubauen. Das gilt für materielle Sachinteressen etwa an Handel, Wirtschaft oder Umweltschutz, aber auch für das Interesse einer Regierung, die eigenen Vorstellungen gegenüber nationalen gesellschaftlichen Gruppen und Verbänden durchzusetzen. Denn internationale Institutionen offerieren nationalen Regierungen die Möglichkeit, politische Probleme und Misserfolge der internationalen Institution zuzuschreiben, Erfolge aber für sich zu reklamieren.

Diskursiv-konstruktivistische Variante der institutionalistischen Perspektive

4.2.5.3

Eine zentrale Kritik diskursiv-konstruktivistischer Ansätze an intentional-rationalistischen Autoren verweist zum einen darauf, dass Interessen nicht einfach nur gegeben seien, vielmehr ihre Entstehung selbst erklärt werden müsse. Zum anderen sei die Annahme falsch, dass Akteure jederzeit um ihre Interessen in einer bestimmten Frage wüssten. Vielmehr müsse davon ausgegangen werden, dass die Interessen sich erst in einem diskursiven Prozess herausbildeten, bei dem gemeinsame Institutionen eine große Bedeutung besäßen. Aus dieser Sicht erweisen sich Institutionen unter bestimmten Bedingungen als Foren, in denen jene Diskurse zwischen den Mitgliedern stattfinden, mittels derer die Mitgliederinteressen erst entwickelt werden. Institutionen bilden aus diskursiv-konstruktivistischer Sicht also Knotenpunkte und Foren für die Diskussion gemeinsamer Probleme, die Selbstfindung der daran beteiligten Akteure sowie die Entwicklung gemeinsamer Problemlösungen. Sie ermöglichen so ein argumentatives Diskutieren und Überzeugen und verhindern ein nur auf Macht, Drohungen und Durchsetzungsvermögen bauendes Verhandeln.

Interessen sind nicht gegeben

Christian Joerges und Jürgen Neyer (1997, 1998) betonten denn auch mit ihrem »Deliberativen Supranationalismus«, dass die sogenannten Komitologie-Ausschüsse im Umfeld der Europäischen Kommission – besetzt mit nationalen Experten sowie Vertretern der nationalen Regierungen – keineswegs nur undemokratische »Mauschelgremien« darstellten, in denen die Regierungen der Mitgliedsstaaten auf europäischer Ebene ungeniert ihre nationalen Interessen durchsetzten. Vielmehr konnten sie am Beispiel unter anderem der europäischen Lebensmittelsicherheitsregulierung zeigen, dass nicht selten Experten und nationale Vertreter vor den jeweiligen Ausschusssitzungen keine vorgefertigten Meinungen zu den Tagesordnungspunkten besaßen, mithin also auch keine nationalen Interessen repräsentierten, sondern hinter verschlossenen Türen in einen offen Diskurs um die vernünftigste Lösung der Frage eintraten und nachher diese Lösung auch zu Hause gegenüber den nationalen Akteuren vertraten. Die gemeinsamen Ausschüsse bildeten also den institutionellen Rahmen für die diskursive Konstruktion einer nationalen wie europäischen Experten- und Problemlösungskultur, innerhalb derer sich bei neu auftretenden Fragen die mitgliedsstaatlichen Interessen herauskristallisierten.

Deliberation in Institutionen

Als Beispiele für solche Wirkungen institutioneller diskursiver Kulturen gelten nicht nur die Komitologie-Ausschüsse der Europäischen Union. Auch die privat organisierten europäischen oder internationalen Gremien zur Erarbeitung von technischen Standards und Normen (darunter z.B. ISO, CEN, CENELEC) zeigen Merkmale einer derartigen diskursiven Forumskultur. Angesichts vielfältiger neuer technologischer Herausforderungen – so das Argument – seien die nationalen Regierungen längst überfordert, insbesondere dann, wenn keine nationalen Interessengruppen oder einschlägigen Unternehmen von dieser Normsetzung betroffen seien. Gleichwohl müsse vernünftig entschieden werden, was dann im Rahmen derartiger Normungsgremien der Fall sei.

Zusammenfassung

Der diskursiv-konstruktivistische Institutionalismus
Dieser Ansatz argumentiert, dass gemeinsame Institutionen deshalb geschaffen und weiterentwickelt werden, weil sie ein Forum bilden, in dem eine argumentative Problemlösungskultur zu einem Diskursprozess führt, an dessen Ende gemeinsame Problemlösungen stehen.

Über alle institutionalistischen Ansätze hinweg wird deutlich, dass das Entstehen und die Entwicklung von Institutionen sehr wohl mit ihnen selbst erklärt werden kann, ohne dass diese Erklärung tautologisch werden müsste. Strukturelle Zwänge als Folge eines funktionalen *spill-over* bereits institutionalisierter Politikbereiche, das Interesse der Gründungsstaaten an gemeinsamen Institutionen zur Lösung gemeinsamer Probleme bzw. die Rolle von Institutionen als Foren diskursiv-konstruktivistischer Selbstvergewisserung zeigen Mechanismen auf, die zu erklärenden Faktoren für die Schaffung internationaler Institutionen werden können.

4.2.6 | Norm- und ideenorientierte Ansätze

In der politikwissenschaftlichen Diskussion um eine angemessene Erklärung der Institutionalisierung internationaler Politik werden häufig diskursiv-konstruktivistische Ansätze mit norm- und ideenorientierten Perspektiven in einen Topf geworfen. Das jedoch erschwert nicht nur die Diskussion zwischen den unterschiedlichen theoretischen Perspektiven, sondern führt auch zu eigentlich nicht notwendigen Missverständnissen. Da es sich allerdings um ein noch sehr junges Feld theoretischer Diskussionen handelt, gibt es nach wie vor genug Unschärfen und Widersprüche, die sich erst in weiteren zukünftigen Untersuchungen auflösen lassen.

4.2.6.1 Strukturell-funktionalistische Variante der norm- und ideenorientierten Perspektive

So flüchtig und wenig greifbar Ideen auch erscheinen mögen, so können sie doch Strukturqualität erlangen, wenn sie als kulturelle Normen und Rahmenbedingungen erscheinen, innerhalb derer Akteure erst gesellschaftlich wahrgenommen werden und agieren können. Personen genauso wie korporative Akteure sind soziologische Phänomene, die ihren Charakter erst durch die gesellschaftliche Rollenzuweisung erhalten, die ihrerseits wiederum kulturell geprägten Normen unterliegt. Aus dieser Perspektive ist selbst der viel zitierte interessengeleitete »homo oeconomicus«, der seinen eigenen Vorteil zu maximieren versucht, nur eine mögliche gesellschaftliche Rolle.

Akteure handeln in Rollen

Die strukturell-funktionalistisch ausgerichtete norm- und ideenorientierte Theorieperspektive sieht in Staaten und staatlichen Regierungen derartige durch kulturelle Wertemuster und Rollenvorgaben geprägte Akteure. Im Verlauf der Säkularisierung und Aufklärung sei es zu einer Rationalisierung und Verwissenschaftlichung der Gesellschaften und damit auch der Staaten, ihrer Regierungen und Verwaltungen gekommen. Damit aber hätten sich rationale, wissenschaftliche Deutungsmuster international verbreitet, die zu einer wissenschaftlich-expertokratischen Kultur geführt hätten. Nicht mehr traditionale Formen politischer Organisation (Familie, Clan), sondern moderne, rationale Strukturen (Parteien, Verbände, Verwaltung, Regierung) bestimmten das politische Verhalten.

Idee der Institutionalisierung

Nach dem Zweiten Weltkrieg zählten dann auch internationale Institutionen zu diesem Set an rational-wissenschaftlichen, kulturell geprägten Rahmenbedingungen. Die Idee der Institutionalisierung erwies sich nun ebenfalls als Teil des rationalen Repertoires der Politik. Für bestimmte Fragen und Probleme gehörte es aus dieser theoretischen Perspektive ab spätestens den 1970er-Jahren zum kulturell vorgegebenen Handlungsmuster, diese mittels internationaler Institutionen zu verregeln und einer Lösung näher zu bringen.

Von Ideen getragene Handlungskultur

John Meyer argumentierte denn auch in seinem »World Polity«-Ansatz (1980), vieles an Handlungen politischer Akteure unterliege kulturell determinierten Ritualen und Rollenverständnissen. Auch er betonte deren gesellschaftliche Konstruktion, doch ging es ihm dabei weniger um die Entwicklung kultureller Normen und ideeller Rahmenbedingungen als vielmehr deren strukturelle Wirkung auf die tägliche Politik. Meyer verwies dabei häufig auf zwei aus seiner Sicht schlagende Beispiele. Das eine war für ihn die Entwicklung der Umweltpolitik, die sehr früh und in großem Umfang auf internationale Institutionen zurückgriff, um (auch nationale) Umweltschutzmaßnahmen durchzusetzen und zu stabilisieren. Nicht die Interessen, Funktionen oder Problemlösungsnotwendigkeiten standen bei der Gründung dieser Institutionen im Vordergrund, sondern das wissenschaftlich-rational ansozialisierte Rollenverständnis der mit der Lösung von Umweltfragen betrauten politischen und gesellschaftlichen Akteure.

Ein zweites Beispiel lieferte für Meyer die internationale Bildungspolitik nicht zuletzt in den Entwicklungsländern. Unabhängig von nationalen Rahmenbedingungen oder traditionellen Kulturen setzte sich im Laufe der 1970er- und 1980er-Jahre über internationale Organisationen eine bestimmte Form westlich-rationaler Bildungsinhalte überall in der Welt durch. Internationale Organisationen wie die UNESCO bildeten das Vehikel zur Durchdringung der Welt mit einem bestimmten bildungspolitischen Inhalt, der gleichzeitig stabilisierend auf die kulturellen Normen wirkte, die seine Ausbreitung vorantrieben.

Reproduktion von Ideen durch Institutionalisierung

Zusammenfassung

Die strukturell-funktionalistische norm- und ideenorientierte Perspektive

Aus dieser Sicht ist die Institutionalisierung der internationalen Politik Ausfluss einer bestimmten wissenschaftlich-rationalen Kultur, die sich seit der Säkularisierung und Aufklärung nach und nach weltweit durchgesetzt hat und die das Verhalten politischer Akteure über Rollenerwartungen und Rituale strukturiert.

4.2.6.2 | Intentionale Variante der norm- und ideenorientierten Perspektive

Ideen und Normen können auch Gegenstand von rationalen Akteursinteressen werden. Dieses intentionale Interesse an bestimmten Ideen und Normen spielt mitunter auch bei der Erklärung der Institutionalisierung internationaler Politik eine Rolle. So kommt es aus der Sicht der intentionalen Version norm- und ideenorientierter Theorien (auch) zwischen Staaten mitunter zu »rhetorischem Handeln« (Schimmelfennig 1997). Damit ist gemeint, dass staatliche Regierungen mitunter jahrelang bestimmte Ideen oder Normen propagieren und anderen Regierungen versprechen, dass sie mit ihnen zusammenarbeiten, ja gemeinsame Institutionen gründen werden, so diese die genannten Ideen akzeptieren und die Normen einhalten. Mitunter geht es dabei um Versprechungen, von denen die Regierungen keineswegs ausgehen, dass sie diese jemals einhalten müssen, die aber einen Vorteil in der öffentlichen Auseinandersetzung mit anderen Regierungen haben können.

Ideen als strategisches Mittel

Damit stehen diese Ideen und Normen aber dann als Versprechen im Raum. Kommt es daraufhin zu (manchmal überraschenden) Veränderungen in jenen Ländern, denen das Versprechen gegolten hat, und akzeptieren diese dann die Ideen und halten sich an die Normen, so sehen sich die ursprünglichen Versprechensgeber mitunter einem Dilemma gegenüber. Einerseits gibt es meist klare sachlich-materielle Interessen, die gegen eine Zusammenarbeit mit den sich reformierenden Versprechensnehmern und insbesondere gegen die Gründung gemeinsamer Institutionen sprechen. Andererseits erinnern die Versprechensnehmer die Versprechensgeber regelmäßig an die Tatsache des Versprechens und mahnen dessen Einhaltung an. Das kann unter Umständen dazu führen, dass die Bedingungen des rhetorischen Handelns dazu zwingen, das Versprechen entgegen der eigentlichen sachlich-materiellen Interessen einzuhalten und die gemeinsame Institution zu gründen. Ideen und Normen setzen sich rational gegen andere, widersprechende Interessen durch.

Versprechen einhalten

Frank Schimmelfennig (2001) bot in seinem wegweisenden Artikel zu »Rhetorical Action« eine derartige rationale ideen- und normorientierte Erklärung für die Erweiterung der EU und der NATO um mittel- und osteuropäische Staaten an. 40 Jahre lang habe der Westen Demokratie, Rechtsstaatlichkeit und Marktwirtschaft angepriesen und den damaligen Ostblockstaaten versprochen, sie umgehend vor allem in die Europäische Union aufzunehmen, wenn sie denn die westlichen Standards einhalten würden. Kaum einer im Westen dürfte zu Zeiten des Kalten Krieges daran gedacht haben, dieses Versprechen auf absehbare Zeit einhalten zu müssen. Vielmehr war es eine Waffe im ideologischen Kampf mit den kommunistischen Diktaturen.

Nach dem Fall der Berliner Mauer 1989 und der Transformation Ostmitteleuropas in demokratische, rechtsstaatliche und marktwirtschaftliche Systeme erinnerten jedoch diese Staaten ab Anfang der 1990er-Jahre gerade die EU und die NATO an ihre früheren Versprechen. Unter den damaligen NATO- und EU-Mitgliedsstaaten herrschte aber wenig Interesse an einer solchen Erweiterung. In NATO-Kreisen fürchtete man, bei einer Erweiterung nach Osten die gerade verbesserten Beziehungen mit Russland wieder in Gefahr zu bringen. Und die EU rechnete mit sehr hohen Transferzahlungen, sollten die vergleichsweise wirtschaftlich schwachen ehemaligen Kommandowirtschaften in den Binnenmarkt einbezogen werden. In beiden Fällen hätte man also am liebsten zusätzliche Bedingungen formuliert und die Aufnahme auf die lange Bank geschoben. Das aber – so Schimmelfennig – ließ sich nur sehr eingeschränkt und mit immer weniger Erfolg bewerkstelligen, weil die zentral- und osteuropäischen Staaten regelmäßig daran erinnerten, dass sie aufgrund der früheren Versprechen einen Anspruch auf Mitgliedschaft besäßen, nachdem sie so massive gesellschaft-

Osterweiterung von NATO und EU

liche, wirtschaftliche und politische Reformen durchgeführt hätten. Diese Erinnerung an die Versprechen spielte eine große Rolle bei den Medienberichten über diese Länder und sorgte letztlich dafür, dass weder die Sorge um das Verhältnis zu Russland noch die erwarteten Kosten eine Erweiterung länger verzögern konnten.

Zusammenfassung

Die intentionale norm- und ideenorientierte Perspektive
Die Institutionalisierung internationaler Politik wird hier damit erklärt, dass Ideen und Normen auch den Charakter von Interessen annehmen und in einem rationalen Verhandlungsprozess andersgeartete materielle Sachinteressen durchaus verdrängen können. Das gilt vor allem dann, wenn Akteure über lange Zeit versprochen haben, Institutionen zu schaffen, wenn entsprechende Normen eingehalten werden, und sich nun – auch entgegen ihrer materiellen Sachinteressen – zur Einhaltung ihres Versprechens gezwungen sehen.

4.2.6.3 | Diskursiv-konstruktivistische Variante der norm- und ideenorientierten Perspektive

Bereits die strukturell-funktionalistische Perspektive norm- und ideenorientierter Ansätze verwies darauf, dass Normen und Ideen durchaus global diffundieren, sich also in einer bestimmten Art und Weise verbreiten können. Ideen wandern aber nicht frei und ungehemmt durch die Welt, sondern diese Diffusion unterliegt bestimmten Bedingungen. Dabei spielt aus der Sicht dieser Ansätze eine ganz bestimmte Form von Diskurs eine besondere Rolle: das Argumentieren mit wahren Aussagen sowie das moralische Überzeugen des Gegenübers. Ideen und Normen verbreiten sich über soziale Interaktionen, die weder auf Macht noch auf Sachinteressen oder Institutionen aufbauen, sondern auf einer Form von argumentativer Rationalität, die nach Wahrheit sucht. Argumentieren und überzeugen wirkt dabei auf die Identität der Diskutanten ein. Wird in einem Gespräch jemand von der Wahrheit einer Aussage überzeugt, so wandelt sich bei diesem mitunter seine ganze Identität.

Argumentieren statt verhandeln

Ein derartiger Überzeugungsdiskurs ist jedoch nur unter bestimmten Voraussetzungen möglich. Zum einen darf es sich nicht um einen vermachteten Diskurszusammenhang handeln, bei dem die Diskussionspartner weniger argumentieren und überzeugen als vielmehr verhandeln und drohen. Zum anderen müssen die an diesem Diskurs Beteiligten über ein Mindestmaß an gemeinsamer Lebenswelt verfügen, also über die Grundelemente einer gemeinsamen Identität. Nur vor diesem Hintergrund lassen sich intersubjektiv gültige Wahrheitsaussagen machen. Diskursteilnehmer aus völlig unterschiedlichen Identitätskreisen vermögen zwar wohl miteinander zu reden. Ein Überzeugen erscheint jedoch wenig wahrscheinlich, wenn die Vorstellungen darüber, was argumentativ wahr ist, völlig auseinandergehen.

Argumentieren und überzeugen

Derartige Wahrheitsbehauptungen können sich in einem Diskurs auf drei unterschiedliche Aspekte beziehen:

1. auf die Wahrheit der benutzten Sachargumente und Sachbehauptungen,
2. auf die moralische Berechtigung der Normen, die den Sachargumenten zugrunde liegen, sowie
3. auf die Wahrhaftigkeit und Authentizität des Sprechers selbst.

Im politischen Diskurs besonders wichtig sind Begriffe und Bezeichnungen für bestimmte Probleme und Gegenstände. Je nach Überzeugung werden diese mitunter sehr unterschiedlich bezeichnet. Vom Begriff, der sich durchsetzt, hängt jedoch häufig Erfolg oder Nichterfolg in der Sache ab.

Sozialisation

Argumentative Diskurse legen jedoch nicht nur politische Begriffe fest. Sie dienen auch der diskursiv-konstruktivistischen Sozialisation der Diskursbeteiligten. Regelmäßiges Argumentieren schmiedet die daran Beteiligten zusammen und sorgt für ein gemeinsames Verständnis der vorliegenden Probleme.

Thomas Risse (1999) argumentierte denn auch in seinem Aufsatz »International Norms and Domestic Change«, dass im Laufe der vergangenen 50 Jahre ein praktisch globaler Menschenrechtsdiskurs dafür gesorgt habe, dass sich eine weltweit gültige und in diversen internationalen Institutionen verankerte Menschenrechtskultur entwickeln konnte. Das habe zur Folge, dass selbst Staaten, die Menschenrechte nicht einhalten, regelmäßig immer wieder in verschiedensten Gremien und Foren unter Rechtfertigungsdruck gerieten, mithin also gezwungen seien, ihr Verhalten argumentativ zu begründen. Gleichzeitig sorgten Menschenrechtsgruppen in den einzelnen Staaten für einen ähnlichen Rechtfertigungsdruck, sodass viele Länder nach und nach in die Einhaltung der Menschenrechte hineinsozialisiert würden, obwohl weder Macht noch Sachinteressen in diese Richtung wiesen. Das stärke wiederum im Gegenzug die internationalen Menschenrechtsinstitutionen.

Diskursive Sozialisation

Thomas Diez (1999) verwies ferner auf die große Bedeutung von diskursiven Knotenpunkten, die der Festlegung von wichtigen Begriffen dienen. Am Beispiel der unterschiedlichen Begriffe für die zukünftige Gestaltung der Europäischen Union (»Bundesstaat«, »Wirtschaftsgemeinschaft«, »Union«) machte er deutlich, dass mit der Durchsetzung bestimmter Begrifflichkeiten politische Vorentscheidungen getroffen werden, mithin also der Rahmen vorgegeben wird, der bestimmt, was nachher als politisches Ergebnis möglich ist.

Diskursive Knotenpunkte

Zusammenfassung

Die diskursiv-konstruktivistische norm- und ideenorientierte Perspektive
Internationale Institutionen werden nach dieser Perspektive dann geschaffen, wenn es gelingt, institutionelle Ideen und Normen diskursiv zu verbreiten, die Akteure in den Mitgliedsstaaten argumentativ davon zu überzeugen und diese schließlich in eine gemeinsame Identität hineinzusozialisieren, die wiederum die Institution selbst stabilisiert und trägt. Gemeinsame Institutionen erweisen sich dabei also zum einen als Ergebnis der internationalen Verbreitung von bestimmten Ideen und Normen. Zum anderen schaffen sie aber auch den Rahmen, in dem Argumentieren und Überzeugen in offenen Diskursen möglich ist.

Über alle norm- und ideenorientierten Ansätze hinweg unterstreichen die Befunde zweierlei: Zum einen sind politische Akteure immer auch soziale Phänomene, die einer gesellschaftlichen Rollenerwartung unterliegen und üblicherweise in diese hineinsozialisiert werden. Zum anderen sind Ideen und Normen ähnlich starke Antriebe für die Institutionalisierung internationaler Politik wie beispielsweise Machtfragen, materielle Sachfragen oder institutionelle Rahmenbedingungen.

Lernkontrollfragen

1. Wie haben sich Art und Umfang der Institutionalisierung der internationalen Politik in den letzten 100 Jahren entwickelt?
2. Was unterscheidet eine Internationale Organisation von einem Internationalen Regime?
3. Benennen Sie die drei Erklärungsmodi der Theorien zur Erklärung der internationalen Institutionalisierung.
4. Welche vier unterschiedlichen charakteristischen Formen erklärender Faktoren für die Institutionalisierung internationaler Politik gibt es? Wodurch unterscheiden sie sich?
5. Was sind »epistemic communities«? Wie lässt sich mit ihrer Hilfe das Zustandekommen internationaler Institutionen erklären?
6. Der strukturell-funktionalistische Institutionalismus ist in den 1950er-Jahren am Beispiel der Europäischen Einigung entwickelt worden. Was sind die Grundannahmen des Ansatzes? Wie erklärt er das Zustandekommen gemeinsamer europäischer Institutionen?

7 Der Ansatz des »rhetorischen Handelns« verbindet Normen, Ideen und Weltbilder mit einer interessegeleiteten Erklärung. Nennen Sie ein Beispiel aus der Institutionalisierung der internationalen Politik, das mit Hilfe dieses Ansatzes erklärt werden kann.

Literatur

Originalwerke

Diez, Thomas (1999), Speaking »Europe«. The Politics of Integration Discourse, in: Journal of European Public Policy, Jg. 6, Heft 4, S. 598–613.

Gill, Stephen R./Law, David (1989), Global Hegemony and the Structural Power of Capital, in: International Studies Quarterly, Jg. 33, Heft 4, S. 475–499.

Grieco, Joseph (1996), State Interests and Institutional Rule Trajectories. A Neorealist Interpretation of the Maastricht Treaty and European Economic and Monetary Union, in: Security Studies, Jg. 5, Heft 3, S. 261–306.

Haas, Ernst B. (1958), The Uniting of Europe. Political, Social, and Economic Forces 1950–1957, London.

Haas, Peter M. (1992), Banning Chlorofluorocarabons. Epistemic Community Efforts to Protect Stratospheric Ozone, in: International Organization, Jg. 46, Heft 1, S. 187–224.

Joerges, Christian/Neyer, Jürgen (1997), Transforming Strategic Interaction Into Deliberative Problem-Solving. European Comitology in the Foodstuffs Sector, in: Journal of European Public Policy, Jg 4, Heft 4, S. 609–625.

Joerges, Christian/Neyer, Jürgen (1998), Von intergouvernementalem Verhandeln zur deliberativen Politik. Gründe und Chancen für eine Konstitutionalisierung der europäischen Komitologie, in: Kohler-Koch, Beate (Hrsg.), Regieren in entgrenzten Räumen (PVS-Sonderheft 29), Opladen, S. 207–233.

Keohane, Robert O. (1984), After Hegemony. Cooperation and Discord in the World Political Economy, Princeton.

Mearsheimer, John J. (1990), Back to the Future. Instability in Europe After the Cold War, in: International Security, Jg. 15, Heft 1, S. 5–56.

Meyer, John W. (1980), The World Polity and the Authority of the Nation State, in: Bergesen, Albert (Hrsg.), Studies of the Modern World-System, New York, S. 109–137.

Moravcsik, Andrew (1997), Warum die Europäische Union die Exekutive stärkt. Innenpolitik und internationale Kooperation, in: Wolf, Klaus Dieter (Hrsg.), Projekt Europa im Übergang? Probleme, Modelle und Strategien des Regierens in der Europäischen Union, Baden-Baden, S. 211–269.

Moravcsik, Andrew (1998), The Choice for Europe. Social Purpose and State Power from Messina to Maastricht, Ithaca/NY.

Risse, Thomas (1999), International Norms and Domestic Change. Arguing and Communicative Behavior in the Human Rights Area, in: Politics and Society, Jg. 27, Heft 4, S. 529–559.

Schimmelfennig, Frank (2001), The Community Trap. Liberal Norms, Rhetorical Action, and the Eastern Enlargement of the European Union, in: International Organization, Jg. 55, Heft 1, S. 47–80.

Wendt, Alexander (1999), Social Theory of International Politics, Cambridge.

Sekundärliteratur

Bieler, Andreas/Morton, Adam David (2006), Neo-Gramscianische Perspektiven, in: Schieder, Siegfried/Spindler, Manuela (Hrsg.), Theorien der Internationalen Beziehungen, 2. Auflage, Opladen, S. 353–379. *Gute Zusammenfassung neo-marxistischer Ansätze in den Internationalen Beziehungen.*

Conzelmann, Thomas (2010), Neofunktionalismus, in: Schieder, Siegfried/Spindler, Manuela (Hrsg.), Theorien der Internationalen Beziehungen, 3. Auflage, Opladen, S. 157–186. *Gut strukturiert, verständliche Einführung in den Ansatz des Neofunktionalismus.*

Schimmelfennig, Frank (1997), Rhetorisches Handeln in der internationalen Politik, in: Zeitschrift für Internationale Beziehungen, Jg. 4, Heft 2, S. 219–254.
Schimmelfennig, Frank (2015), Internationale Politik, Paderborn, 4. Aufl.
Schörnig, Niklas (2010), Neorealismus, in: Schieder, Siegfried/Spindler, Manuela (Hrsg.), Theorien der Internationalen Beziehungen, 3. Auflage, Opladen, S. 65–96.
Gute Übersicht über die verschiedenen Spielarten neorealistischer Ansätze in den Internationalen Beziehungen.
Wendt, Alexander (1992), Anarchy Is What States Make of It. The Social Construction of Power Politics, in: International Organization, Jg. 46, Heft 2, S. 391–425.
Zangl, Bernhard (1994), Politik auf zwei Ebenen. Hypothesen zur Bildung internationaler Regime, in: Zeitschrift für Internationale Beziehungen, Jg. 1, Heft 2, S. 279–312.
Zangl, Bernhard/Zürn, Michael (2003), Frieden und Krieg. Sicherheit in der nationalen und postnationalen Konstellation, Frankfurt/Main.
Moderne Einführung in die Theorien der Internationalen Beziehungen. Die Darstellung ist gut strukturiert, verständlich geschrieben, mit erläuternden Beispielen versehen und enthält zudem eine kommentierte weiterführende Literaturübersicht.

4.3 | Institutionalisierung internationaler Zusammenarbeit: Normative Konzeptionen sowie Wirkungen internationaler Institutionen

Politikwissenschaftliche Forschung zielte (und zielt) nicht nur darauf ab, die Institutionalisierung internationaler Politik zu erklären. Sie beteiligte sich vielmehr ebenso an der Debatte um eine sinnvolle normative Konzeption internationaler Institutionalisierung. In den letzten 20 Jahren kam es ferner zu einer Diskussion über die Auswirkungen dieser Institutionalisierung auf die Nationalstaaten.

4.3.1 | Normative Konzeptionen der Institutionalisierung internationaler Politik

Institutionalisierung des Friedens

Die normativen Konzepte zur Institutionalisierung der internationalen Beziehungen gingen interessanterweise zuerst von der Frage der Kriegsverhütung und Friedenssicherung aus (→ vgl. Kapitel 4.1). Angesichts des Ost-West-Konflikts und der damit zunächst blockierten Weiterentwicklung der Institutionalisierung auf globaler Ebene konzentrierte sich die Diskussion auf die westeuropäische Situation und die Europäischen Gemeinschaften. Zwei unterschiedliche normative Visionen schälten sich dabei heraus: Föderalismus und Funktionalismus (s. Abb. 31).

4.3.1.1 | Föderalismus

Seit Immanuel Kant (→ vgl. Kapitel 4.1.1.1) riss die Debatte um Sinn oder Unsinn eines Weltstaatenbundes sowie dessen Struktur nicht mehr ab. Dem folgten seit den 1920er-Jahren umfangreiche Diskussionen über regionale Föderal-

Normative Visionen der Institutionalisierung internationaler Politik | **Abb. 31**

	Föderalismus	Funktionalismus
Vision	(kon-)föderaler Weltstaatenbund, (kon-)föderale regionale Staatenbünde (z. B. Vereinigte Staaten von Europa)	pluralistische Sicherheitsgemeinschaft(en)
Weg zur Verwirklichung der Vision	verfassungsgebende Versammlung der Völker, Verfassungsgebung (Schaffung von Organen, Zuständigkeitsverteilung)	unpolitische, sektorale, funktionale technische Zusammenarbeit, langsame Ausdehnung dieser Zusammenarbeit auf weitere Politikbereiche
Beispiel für eine politische Aktion auf der Basis der Vision	auf regionaler Ebene Konvent zur Erarbeitung eines europäischen Verfassungsvertrages (2003)	Liberalisierung des Welthandels durch GATT/WTO von der Zollsenkung auf Waren bis hin zu Dienstleistungen (GATS) und geistigen Eigentumsrechten (TRIPS); auf regionaler Ebene wirtschafts-politische Einigung in Europa von Kohle und Stahl über Binnenmarkt bis zur Währungsunion

Föderaler Staatenbund

strukturen. Die Anarchie der internationalen Politik sollte durch die Schaffung einer föderalen Institution hierarchisch strukturiert und damit Konflikte befriedet werden (Friedrich 1967). Die unterschiedlichen Modelle konföderierter oder föderaler Ordnungen, die dabei diskutiert wurden, griffen alle auf ein begrenztes Set an institutionellen Elementen zurück. Die Vision des Föderalismus fußt im wesentlichen auf der Schaffung einer wahlweise konföderierten oder föderalen Verfassungsordnung, die drei zentrale politische Fragen zu lösen hat:

1. die Schaffung von gemeinsamen Organen auf Bundesebene, zu denen neben einer Bundesexekutive (Föderalregierung) und einem Bundesgericht ein Zweikammerparlament gehört, dessen erste Kammer direkt von den Völkern gewählt wird, während die zweite Kammer entweder Vertreter der Regierungen der Mitgliedsstaaten (Bundesratsmodell) oder aber national gewählte Senatoren (Senatsmodell) umfasst;
2. die Regelung der vertikalen Gewaltenteilung, also die Verteilung der Entscheidungszuständigkeiten zwischen den Ebenen. Bleibt die letztliche Entscheidungsbefugnis über die Kompetenzverteilung (= Kompetenz-Kompetenz) bei den Mitgliedsstaaten, spricht man von konföderierten Strukturen. Liegt die Kompetenz-Kompetenz jedoch auf Bundesebene, handelt es sich um einen föderalen Bund;
3. geht es in einer solchen Verfassung um die Sicherung von Grundrechten. Dieser Aspekt hat in den letzten Jahren angesichts der Globalisierung die Diskussion über weltföderale Strukturen von Neuem angeheizt (Höffe 1999). Eine weltföderale Verfassung würde es nicht nur ermöglichen, grundlegende Menschenrechte, Demokratie und Rechtsstaatlichkeit global zu verankern. Mit ihr könnten auch zentrale Mindeststandards im Bereich von Umweltschutz oder sozialer Sicherheit festgelegt

werden, um auf diese Weise die Basis für einen fairen Standortwettbewerb zu legen.

Der Weg zur Verwirklichung dieser Vision führt natürlich zunächst über Verhandlungen der nationalen Regierungen. Ein solch umfassendes Projekt kann jedoch nur umgesetzt werden, wenn über kurz oder lang eine Art verfassungsgebende Versammlung aus den Repräsentanten der Völker gewählt wird, der die Aufgabe zukommt, den Inhalt der zukünftigen Verfassung auszuarbeiten (Große Hüttmann/Fischer 2005). Die Annahme (Ratifikation) der daraus entstehenden Verfassungsurkunde obliegt dann wahlweise den nationalen Parlamenten oder aber nationalen Volksentscheiden, wobei alle Mitgliedsstaaten ihre Zustimmung erklären müssen. Offensichtlich sind hier zahllose Blockade- und Vetomöglichkeiten eingebaut, sodass eine erfolgreiche Verfassungsgebung zu einer sehr schwierigen Aufgabe wird.

Verfassungsgebende Versammlung

Zusammenfassung

Vision einer föderalen Union

Die Vision der Institutionalisierung internationaler Politik auf föderaler Grundlage impliziert eine Verfassungsordnung, die gemeinsame Organe auf Bundesebene begründet, die Zuständigkeitsverteilung zwischen Bund und Mitgliedsstaaten festlegt und gewisse Grundrechte bundesweit sichert. Allerdings erweist sich der Weg zu einer solchen Verfassungsordnung als sehr hürdenreich: verfassungsgebende Versammlung der Völker, Einigung auf einen Verfassungstext sowie Ratifikation durch alle Mitgliedsstaaten (häufig ist dazu national ein Volksentscheid notwendig).

EU-Verfassungskonvent

Sucht man nach einem Beispiel für eine politische Aktion, der die föderale Einigungsvision zugrunde lag, so wird man erst auf regionaler Ebene fündig: der Konvent zur Erarbeitung eines Verfassungsvertrages zur Europäischen Union, der zwischen Februar 2002 und Juli 2003 einen Entwurf für eine Europäische Verfassung erarbeitete, die dann etwas verändert von den Staats- und Regierungschefs der EU-Mitgliedsstaaten im Oktober 2004 unterzeichnet wurde. Waren die Verträge über die Europäische Einigung früher ausschließlich von Regierungsvertretern ausgearbeitet worden, so brachte der Konvent zum ersten Mal das Element einer verfassungsgebenden Versammlung ein. Aber selbst die Europäische Union ist für eine solche föderale Verfassungsgebung noch nicht reif. Nachdem die Europäische Verfassung in Referenden in Frankreich und den Niederlanden von der Bevölkerung abgelehnt worden war, gelang es der Gemeinschaft nur mit Mühe, sie im Dezember 2009 in einer abgespeckten Form als »Vertrag von Lissabon« in Kraft zu setzen.

Funktionalismus

4.3.1.2

Der Funktionalismus verdankt der Arbeit von David Mitrany (1944) über »A Working Peace System« sehr viel. Mitrany kritisierte darin massiv die zu sehr politisierte Debatte um die föderal inspirierte Institutionalisierung der Nachkriegsordnung. Das sei Zeitverschwendung. Die pragmatisch bessere Alternative zu einer föderalen Weltordnung offeriere der Funktionalismus. Dabei bietet der Funktionalismus als Vision der Institutionalisierung internationaler Politik zunächst ein sperriges und eher theoretisch-abstrakt formuliertes Konstrukt an: die pluralistische Sicherheitsgemeinschaft. Dabei handelt es sich um sektoral miteinander verwobene, interdependente (gegenseitig abhängige) nationale Interessen, die mittels gemeinsamer funktionaler (also an technischen Fragen orientierter) Institutionen für konkrete Problemlösungen sorgen. Mitrany selbst verweist als Beispiele auf die alten technischen Internationalen Organisationen wie den Weltpostverein oder die Internationale Fernmeldeunion. Von Experten getragen, handele es sich um unpolitische, technische internationale Institutionen, die wenig Angriffsfläche für nationalen Populismus böten, in ihrer Aufgabenstellung selbstverständlich akzeptiert würden und so keinen Anlass für Macht- oder Souveränitätsdispute gäben. Solche technischen Institutionen lösten gemeinsame Probleme, schafften dadurch gegenseitiges Vertrauen und damit letztlich eine dauerhafte Basis für langfristige Zusammenarbeit.

Unpolitische technische Zusammenarbeit

Im Gegensatz zu der etwas sperrigen Vision leuchtete der Weg, mit dem Mitrany seine funktionalistische Vision erreichen wollte, intuitiv ein. Er empfahl eine zielgerichtete technische Zusammenarbeit von Experten in einer Vielzahl gemeinsamer Problemfelder. Eine erfolgreiche Lösung technischer Probleme und deren Institutionalisierung führe dann zu einer Gewöhnung an diese gemeinsame Arbeit und – so Mitranys »doctrin of ramification« – zu einer schrittweisen Ausdehnung der Kooperation auf andere Politikbereiche. Daraus entstehe eine vielfältige Vernetzung der Staaten durch unzählige sektorale Vereinbarungen vom Post- und Telekommunikationsbereich über Handel und Transport bis hin zu technischen Normen und Standards. Staaten würden auf diese Weise Teil eines sich vielfach überlappenden Systems funktionaler Vereinbarungen und entsprechender internationaler Institutionen, ohne auch nur einmal in Macht-, Souveränitäts- und Ansehensdispute zu geraten. Wolle ein Staat aus irgendwelchen Gründen eine bestimmte funktionale Zusammenarbeit nicht mitmachen, so stehe ihm das frei. Er behindere damit jedoch nicht die Kooperation der anderen. Damit bestehe die Option, die Institutionalisierung in verschiedenen Geschwindigkeiten, variabler Geometrie oder in konzentrischen Kreisen durchzuführen, also die Staaten je nach Bedarf in die gemeinsamen Institutionen einzubinden oder außen vor zu lassen bzw. einer kleineren Gruppe von Staaten eine engere Zusammenarbeit zu ermöglichen.

Funktionale Institutionalisierung

Zusammenfassung

Unpolitische technische Institutionalisierung
Der Funktionalismus offeriert die begrenzte Vision einer pluralistischen Sicherheitsgemeinschaft, kann aber auf einen gangbaren Weg verweisen: Die unpolitische technische Zusammenarbeit von Experten führt zu gegenseitigem Vertrauen, zur Schaffung sektoraler, funktionaler internationaler Institutionen (also etwa internationaler Vereinbarungen über technische Standards oder grenzüberschreitenden Post- und Telekommunikationsverkehr) und schließlich zur Ausweitung dieser Institutionen auf andere Politikbereiche, ohne dass dazu große wegweisende politische Entscheidungen notwendig würden, die möglicherweise blockiert werden könnten.

Funktionale wirtschaftspolitische Zusammenarbeit

Sucht man nach einer politischen Aktion, die auf der funktionalistischen Vision fußt, so findet man auf globaler Ebene insbesondere im Bereich der wirtschaftlichen Zusammenarbeit reichlich Beispiele. In der Überzeugung, dass möglichst unbehinderter Welthandel der Wohlfahrtssteigerung aller diene, veranlassten die Wirtschaftsexperten der Alliierten – allen voran John Maynard Keynes – nicht nur die Schaffung einer internationalen Institution zur Senkung der Zölle und Beseitigung anderer nicht tarifärer Handelhemmnisse (GATT), sondern auch zweier weiterer funktionaler Institutionen, nämlich des Internationalen Währungsfonds (IWF) und der Weltbank. Der IWF sollte die Währungen der Länder wieder konvertibel machen und die Wechselkurse zwischen ihnen möglichst stabil halten. Aufgabe der Weltbank war es, die vom Krieg zerstörten Volkswirtschaften mit Krediten für den Wiederaufbau zu versorgen. Aus Institutionen mit einer sehr begrenzten Zahl an ursprünglich beteiligten Mitgliedsstaaten sind heute globale umfassende Institutionen geworden, denen die überwiegende Zahl der Staaten der Erde angehört.

Europäische Einigung

Auf regionaler Ebene bietet wiederum die Europäische Einigung ein häufig zitiertes Beispiel. Von Kohle und Stahl 1952 über Landwirtschaft und Außenhandel 1958 bis hin zum Binnenmarkt 1993 und der Währungsunion 1999 bilden diverse sektorale Verträge eine Kette, denen funktionale Problemlösungen zugrunde liegen, die sich nach und nach in zweierlei Richtung ausgedehnt haben: in Richtung Vertiefung der Integration, also der verstärkten Übertragung von Zuständigkeiten von der nationalen auf die europäische Ebene, sowie in Richtung Erweiterung, also der Ausdehnung der Einigung von ursprünglich sechs auf derzeit 28 Mitgliedsstaaten (Stand Juli 2015).

Der Ausgangspunkt sowohl auf globaler als auch europäischer Ebene war hoch politisch: Friedensicherung nach zwei Weltkriegen. Das Vorgehen entsprach aber Mitranys Argumentation. Nicht große Verfassungsgebung und umfangreiche Institutionenbildung, sondern Lösung konkreter technischer Fragen im Rahmen multilateraler Abkommen, die sich weiterentwickelten, denen sich weitere Staaten anschlossen, einige sich aber auch (zunächst) verweigerten, bei denen der Vertiefungsprozess oft stecken blieb, dann aber wieder an Bewegung gewann.

Das macht bereits die Vorteile dieser funktionalistischen Vision deutlich: ihre vergleichsweise leichte, einfache Realisierbarkeit. Gegen die Regelung des grenzüberschreitenden Post- und Fernmeldeverkehrs oder die Vereinheitlichung der technischen Normen von Glühbirnen oder Radioapparaten konnte niemand ernsthaft Einwände haben (jedenfalls nicht in demokratischen westlichen Staaten, die Führung der Sowjetunion dachte da anders). Die Erarbeitung internationaler Normen und Standards erleichterte den Warenhandel und selbst die internationale Verregelung der Wechselkurse (durch den Internationalen Währungsfonds) ließ sich technisch-funktional begründen, wiewohl sie natürlich eminent politisch war.

Realisierbare Zusammenarbeit

Der zentrale Nachteil funktionaler Institutionalisierung lag darin, dass sie nur als Elitenprojekt erfolgreich sein konnte. Weder war die breite Popularisierung gewünscht noch notwendig für den Erfolg noch bot die komplexe, abstrakte Vision irgendeinen Ansatz für durchschlagende Popularisierungen. Der sichtbare Erfolg der funktionalistischen Institutionalisierung sorgte jedoch spätestens ab den 1990er-Jahren für immer lautere Vorwürfe, die auf diese Weise entstandenen Internationalen Organisationen verfügten nicht nur über eine schwache demokratische Legitimation, sie untergrüben vielmehr auch noch die nationalstaatliche Legitimation der Politik. So weiteten sie nach und nach ihre Aufgaben über das in den Verträgen ursprünglich festgelegte Maß hinaus aus (*mission creep*) und zwängen die Mitgliedsstaaten zu Anpassungen (Deregulierung, Liberalisierung), die diese nie gewollt hätten.

Fehlende demokratische Legitimation

Dieser Vorwurf traf zunächst den Internationalen Währungsfonds und die Weltbank. Er galt aber auch der Europäischen Union, deren Binnenmarktprogramm sich zu einem umfassenden Liberalisierungsprogramm auf mitgliedstaatlicher und einem Reregulierungsprogamm auf europäischer Ebene entwickelte. Das aber warf die große Frage auf, ob und vor allem wie internationale Institutionen und ihre politische Entscheidungsfindung demokratisch legitimiert werden können. Damit war man nach 50 Jahren erfolgreicher Institutionalisierung auf funktionalistischem Wege bei der großen Frage des Föderalismus angekommen.

Zusammenfassung

Erfolgreiche funktionale Zusammenarbeit
Ein Gutteil der wirtschaftspolitischen Zusammenarbeit der Staaten in den letzten 50 Jahren folgt der normativen Vision des Funktionalismus. Das gilt sowohl für die internationale Währungs- und Handelspolitik als auch auf regionaler Ebene für die wirtschaftliche Einigung in der Europäischen Union. Aber der Erfolg führt mittlerweile zu jenen Grenzen, die auch beim Föderalismus aufscheinen: die Notwendigkeit der demokratischen Legitimation internationaler Institutionen (→ vgl. Kapitel 4.4.2.2).

4.3.2 | Wirkungen internationaler Institutionen

Von den 1970er- bis Anfang der 1990er-Jahre lag der Schwerpunkt der politikwissenschaftlichen Forschung zur internationalen Zusammenarbeit und deren Institutionalisierung auf der Frage, wie sich diese Entwicklung erklären lässt. Nach dem Ende des Ost-West-Konflikts Ende der 1980er-Jahre galt indessen diese internationale Kooperation als gegebene Tatsache, mit der sich die Politik – und das hieß zunächst einmal die nationalstaatliche Politik – in Zukunft würde verstärkt auseinandersetzen müssen. Nicht zuletzt jedoch im Zusammenhang mit den Diskussionen um Globalisierung und Denationalisierung drehte sich dann ab Mitte der 1990er-Jahre die Fragerichtung im Bereich internationaler Institutionalisierung zunehmend um. Nicht mehr die Erklärung internationaler Kooperation stand im Mittelpunkt, sondern die Frage, wie internationale Institutionen auf ihre Mitgliedsstaaten zurückwirken. Obwohl die Antwort auf die Frage, ob internationale Institutionen Teil des Problems der Globalisierung oder doch bereits Teil der Antwort darauf seien, heftig umstritten blieb, entwickelten sich zwei miteinander verbundene politikwissenschaftliche Debatten:

- Zum einen nahmen die Diskussionen um Internationalisierung und die Handlungsfähigkeit des klassischen Nationalstaats zu.
- Zum anderen entstand eine ziemlich neue Forschungsrichtung, bei der es um die Frage der Regelbefolgung geht, also darum, ob, in welchem Umfang und gegebenenfalls warum Staaten internationale Regeln einhalten bzw. nicht befolgen.

4.3.2.1 | Internationalisierung und die Handlungsfähigkeit von Nationalstaaten

Ausdehnung gesellschaftlicher Handlungszusammenhänge

Unter dem Begriff »Globalisierung« wird in der Literatur ein umfangreiches Konglomerat unterschiedlicher Entwicklungen gefasst. Auf den eigentlichen Kern zurückgestutzt, handelt es sich bei Globalisierung um die Ausdehnung gesellschaftlicher Handlungszusammenhänge, die immer weniger an nationalstaatlichen Grenzen Halt machen. Das gilt nicht nur für Kapitalströme, den Waren- und Dienstleistungshandel oder Migrationsströme, sondern auch für Informationsflüsse über das Internet, kulturellen Austausch oder zunehmende grenzüberschreitende Umweltprobleme. Gesellschaftliches Handeln internationalisiert sich. Damit aber entstehen im Zusammenhang mit nationaler Politik zwei zentrale Probleme:

Kongruenzproblem

1. Nationale Politik, ihre Gesetzgebung und die Reichweite des von ihr erlassenen Rechts sind in aller Regel an die territorialen Grenzen des Staates gebunden. Internationalisiert sich nun gesellschaftliches Handeln, dann entstehen zunehmende Deckungsungleichheiten, Inkongruenzen, zwischen der Reichweite gesellschaftlichen Handelns und der Reichweite nationaler Regulierungen und Gesetze – es entwickelt sich ein Kongruenzproblem zwischen Gesellschaft und Staat.

Konkurrenzproblem

2. Derartige Deckungsungleichheiten offerieren aber zumindest bestimmten gesellschaftlichen Akteuren – insbesondere mobilem Investitionskapital – die Chance, sich den Staat, der subjektiv die besten Investitionsbedingungen anbietet, herauszusuchen. Dem Kongruenz- folgt also das Konkurrenzproblem auf dem Fuße – der oft zitierte Standortwettbewerb.

Die Staaten sehen sich – so eine verbreitete Annahme – ob dieses Konkurrenzproblems gezwungen, ein möglichst gutes Investitionsklima für das mobile Kapital zu schaffen, um auf diese Weise Arbeitsplätze zu erhalten und neue zu schaffen. In der Tendenz heißt das mitunter Senkung der Unternehmenssteuern, Verringerung der Umweltschutzauflagen, Reduzierung der Lohnkosten, Senkung der Sozialabgaben – alles in allem also auch eine Rücknahme vieler sozialer Errungenschaften des nationalen Interventions- und Wohlfahrtsstaates. Und weil es immer Staaten geben wird, die ihre Standortkosten noch weiter senken können, besteht bei diesem Konkurrenzproblem die Sorge vor einem »race to the bottom«, einem gegenseitigen Unterbietungswettlauf um mobiles Kapital, das schließlich – so die Behauptung – nur noch liberale Minimalstaaten übrig lässt, die lediglich als Garant der Sicherheit und des Privateigentums auftreten.

Internationale Institutionen bekommen in dieser Perspektive zwei konkurrierende Positionszuschreibungen. Auf der einen Seite gelten sie als Teil der Globalisierung, indem sie die Entstaatlichung, Deregulierung, Privatisierung und Schaffung freier Weltmärkte vorantreiben. So sehen viele zum Beispiel im Binnenmarktprogramm der Europäischen Union oder im Abbau von Zöllen und nicht tarifären Handelshemmnissen durch das GATT und die Welthandelsorganisation nichts anderes als einen institutionalisierten Teil der Globalisierung. Andere wiederum betonen, dass es zwar tatsächlich aus Sicht der Mitgliedsstaaten zunächst zu einer Deregulierung komme, da nationale Bestimmungen abgeschafft würden. Aber gerade die Europäi-

Institutionen und Globalisierung

sche Union bilde ein Beispiel dafür, wie die weggefallenen nationalen Regulierungen auf europäischer Ebene gemeinsam neu geschaffen würden. Das gelte beispielsweise sowohl für den Umwelt- und Verbraucherschutz als auch für etliche Sozialregulierungen (Arbeitszeiten, Arbeitssicherheit). Damit aber fange die EU de facto einen Teil des Kongruenzproblems wieder ein, indem sie gesellschaftliche Handlungszusammenhänge auf übernationaler Ebene neu reguliere. Das lindere dann aber gleichzeitig auch das Konkurrenzproblem, also den Standortwettbewerb.

Zusammenfassung

Internationale Institutionen und Globalisierung
Globalisierung, verstanden als Denationalisierung gesellschaftlicher Handlungszusammenhänge (also als die Zunahme grenzüberschreitenden Handelns gesellschaftlicher Akteure), führt zu verstärktem Standortwettbewerb und damit zu Druck auf die Staaten, Steuern zu senken, Märkte zu deregulieren und staatliche Aufgaben zu privatisieren. Internationale Institutionen spielen dabei eine zwiespältige Rolle. Einerseits befördern sie die Grenzöffnung und Liberalisierung der Märkte, andererseits bilden sie den institutionellen Rahmen für eine internationale Reregulierung dieser liberalisierten Märkte.

Die politikwissenschaftliche Diskussion über die Frage, welche Folgen die Internationalisierung für die nationale Politik zeitige, ist nach wie vor offen. Dabei lassen sich zwei grundsätzlich unterschiedliche Positionen finden:

Konvergenz der Nationalstaaten

1. Die eine behauptet, dass es aufgrund der Internationalisierung zu einer Angleichung, einer Konvergenz der nationalen politischen Systeme komme. Internationalisierung führe also zu einer Einebnung der nationalen Unterschiede. Damit verbunden sei auch eine deutliche Einschränkung der nationalen politischen Handlungsspielräume.
2. Die andere verneint zwar keineswegs den einebnenden Druck der Internationalisierung auf die nationalen politischen Systeme. Sie betont jedoch, dass aufgrund verschiedener Mechanismen eine tatsächliche Einebnung aber nicht stattfinde, vielmehr die nationalen Systeme sich dem Druck ganz unterschiedlich anpassten und damit durchaus größere Handlungsfreiheiten für sich bewahren könnten.

zu 1) Nicht zuletzt neoliberale Wirtschaftswissenschaftler, aber auch neomarxistische Autoren haben in den vergangenen Jahren immer wieder darauf hingewiesen, dass die Internationalisierung über den Druck der Standortkonkurrenz und der offenen Märkte unweigerlich dazu führe, dass die nationalen Regulierungen entweder ganz beseitigt oder aber auf ein international tolerierbares – also sehr viel niedrigeres – Niveau reduziert werden müssten (Sinn 1992; Strange 1996). Das gelte insbesondere für Unternehmenssteuern, Lohnnebenkosten und arbeits- oder umweltbezogene Regulierungen. Jedenfalls sei die Zeit erheblicher staatlicher Umverteilung vorbei. Neoliberale und neo-marxistische Autoren unterschieden sich lediglich in den Schlussfolgerungen, die sie aus dieser Sicht der Internationalisierungsfolgen zogen. So verlangten die neoliberalen Ökonomen, die staatlichen Regierungen sollten sich diesem Konvergenzdruck nicht entgegenstellen, sondern durch Reformen der Sozial-, Haushalts- und Steuerpolitik das eigene System fit für den Standortwettbewerb machen. Neo-Marxisten beklagten genau diese Vorschläge und befürworteten die grenzüberschreitende Mobilisierung zivilgesellschaftlicher Kräfte gegen den Konkurrenzdruck und den Abbau des Sozialstaates.

Konvergenz und race to the bottom

zu 2) Eine ganze Reihe von empirischen Untersuchungen gerade der nationalen Wohlfahrtsstaaten in der jüngsten Zeit setzt ein markantes Fragezeichen hinter die Behauptung, Internationalisierung führe zur Einebnung nationaler Unterschiede und zur massiven Einschränkung nationaler politischer Handlungsspielräume. Dabei bestreiten auch die Autoren dieser Arbeiten in der Regel keineswegs, dass die Staaten aufgrund der Internationalisierung und der daraus sich entwickelnden Standortkonkurrenz massivem Konvergenzdruck unterliegen. Aber sie unterscheiden mindestens drei Mechanismen, die aus ihrer Sicht entweder dazu führen, dass aus diesem Druck nur eine vorsichtige Einebnung nationaler Strukturen folgte, oder aber gar, dass es trotz des Drucks zu einer weiterhin national unterschiedlichen Entwicklung der politischen Systeme kommt – mit entsprechenden Konsequenzen für nach wie vor vorhandene politische Handlungsspielräume der nationalen Regierungen:

Nationale Eigenheiten

- einen ersten derartigen Mechanismus bildet die Pfadabhängigkeit nationaler politischer Systeme. Ihre Besonderheiten haben sich im Laufe von Jahrzehnten oder gar Jahrhunderten herausgebildet und stellen »geronnene Politik« dar, also institutionalisierte und verfestigte Ergebnisse früherer politischer Entscheidungen. Reformdruck aus Globalisierung und Internationalisierung trifft folglich auf diese spezifisch nationale Struktur und selbst umfassende Reformen erhalten auf diese Weise unterschiedliche nationale Ausformungen. So sehen beispielsweise Reformen in der Bildungs- oder Wissenschaftspolitik im föderalen Deutschland zwangsläufig anders aus als im zentralistischen Frankreich.

Pfadabhängigkeit

- Ein zweiter Mechanismus resultiert aus der unterschiedlichen Zahl von Vetopositionen in den jeweiligen nationalen politischen Systemen. Vetospieler besitzen in der Regel verfassungsmäßig garantierte Blockademöglichkeiten. Gibt es viele solcher Vetopositionen, dann sind auch bei hohem Druck von außen politische Reformen nur sehr schwer durchzu-

Vetospieler

setzen, weil ein Kompromiss zwischen den diversen Vetopositionen gefunden werden muss. So gilt beispielsweise das politische System der USA mit Präsident, Repräsentantenhaus, Senat, Oberstem Gerichtshof sowie der föderalen Ebene der Bundesstaaten als ein mit vielen Vetopositionen ausgestattetes politisches System, das sich mit grundlegenden Reformen sehr schwer tut. Das britische System verfügt dagegen über keine Vetopunkte, sodass eine Unterhausmehrheit im Zweifel jede Reform vergleichsweise rasch durchsetzen kann.

Unterschiedliche Regierungsparteien

- Ein dritter Mechanismus ist die parteipolitische Zusammensetzung der Regierung. Dabei geht man üblicherweise davon aus, dass sozialdemokratische Regierungen sich stärker gegen Kürzungen im Sozial- und Wohlfahrtsbereich sowie gegen umfangreiche Senkungen der Unternehmenssteuern aussprechen als liberal-konservative Regierungen. Mit anderen Worten, zumindest im Bereich von Sozial- oder Steuerpolitik gehen Sozialdemokraten mit globalem Reformdruck anders um als Liberale oder Konservative.

Zusammenfassung

Konvergenz oder Divergenz durch Globalisierung
Der Druck der Globalisierung auf die Staaten kann einerseits zu einer Angleichung der nationalen Systeme führen. Andererseits sorgen Mechanismen wie unterschiedliche nationale Pfadabhängigkeiten (also die über Jahrzehnte national aufgebauten Institutionen und Regelungen), Anzahl der nationalen Vetospieler (je höher deren Anzahl, desto schwieriger sind politische Veränderungen) oder die parteipolitische Zusammensetzung der Regierungen dafür, dass die Staaten uneinheitlich auf den Globalisierungsdruck reagieren, eine Angleichung der Systeme also nur sehr begrenzt stattfindet.

4.3.2.2 | Regelbefolgung

Will man die Wirkungen internationaler Institutionen untersuchen, ist auch der Frage nachzugehen, ob und in welchem Umfang internationale Regelungen eingehalten werden. Vor dem Zweiten Weltkrieg galt es mehr oder weniger als Recht der Staaten, Verträge aufzukündigen oder unbequem gewordene Vereinbarungen nicht mehr einzuhalten. So war es nicht allein der später viel kritisierten Appeasement-Politik der Westmächte (→ vgl. Kapitel 4.1.1.2) geschuldet, dass Hitler von 1935 bis 1938 diverse Abkommen und Verträge ungestraft brechen konnte. Völkerrecht galt gemeinhin als »soft law«, als weiches Recht, dessen Einhaltung nicht erzwungen werden konnte.

Recht zum Vertragsbruch

Das änderte sich nach dem Zweiten Weltkrieg. Die Siegermächte billigten den neuen Internationalen Organisationen stärkere Durchsetzungsinstrumente zu. Das galt insbesondere für die Vereinten Nationen und den Sicherheitsrat. Angriffskriege und Völkermord sollten auf diese Weise für die Zukunft verhindert werden. Allerdings blieb es – was die Regeleinhaltung anging – noch gut 40 Jahre bei einer sehr prekären Situation. So legte der Kalte Krieg den UNO-Sicherheitsrat weitgehend lahm, weil die fünf ständigen Mitglieder ihnen unangenehme Beschlüsse mit Vetos verhinderten. Und selbst bei einer so weit entwickelten regionalen Internationalen Organisation wie der Europäischen Gemeinschaft blieben etliche gemeinschaftliche Regelungen wirkungslos, weil die Mitgliedsstaaten sie nicht umsetzten.

Zunahme der Regelbefolgung

Das änderte sich im Laufe der 1980er-Jahre langsam, aber deutlich – zumindest bei einigen Internationalen Organisationen. Nicht nur die Europäische Union konnte bis zur Jahrtausendwende für internationale Beziehungen traumhafte Umsetzungs- und Regelbefolgungswerte vermelden. Auch innerhalb des Allgemeinen Zoll- und Handelsabkommens GATT und der daraus entstehenden Welthandelsorganisation wurden nicht nur bei der Streitbeilegung, trotz stetig steigender Fallzahlen, recht hohe Erfolgsraten erreicht, sondern es gab auch eindeutige Erfolge kleiner Staaten gegenüber den großen Welthandelsmächten. Eine offene Missachtung der Entscheidungen der Streitbeilegungsinstanz kam immer weniger vor. Wie aber lässt sich diese erhebliche, wenn auch nicht gleichmäßig über alle Politikbereiche feststellbare Zunahme an Regelungsbefolgung erklären?

Die Positionen, die in der politikwissenschaftlichen Forschung zur Compliance (Regelbefolgung) in den internationalen Beziehungen bezogen werden, lassen sich in vier wesentliche Perspektiven einteilen:

1. den strukturalistischen Ansatz,
2. den rationalistischer Ansatz,
3. den Management-Ansatz sowie
4. die Perspektive der Verrechtlichung und Judizialisierung (Zürn 2005).

Strukturalistischer Ansatz

zu 1) Aus strukturalistischer Sicht lag die Antwort auf die Frage nach der Regelungsbefolgung in der Pass(un)genauigkeit der neuen internationalen Regelung und der durch sie zu ersetzenden oder zu reformierenden nationalen Gesetze. Passte die neue internationale Regelung in den jeweiligen nationalen Verregelungsstil und erforderten sie einen ähnlichen Verwaltungsstil, so konnte davon ausgegangen werden, dass die neue internationale Norm als einfache Ergänzung oder Reform der nationalen Gesetze angesehen und vergleichsweise rasch umgesetzt werden würde. Passten neue internationale Regel und nationale Verhältnisse jedoch nicht zueinander, so war das Gegenteil zu erwarten: erhebliche nationale Widerstände, daraus resultierende Probleme bei der Implementierung und schließlich schlechte Regelbefolgung.

zu 2) Aus rationalistischer Sicht halten Staaten internationale Regeln nur ein, wenn ihr Nutzen für sie höher ist als die damit verbundenen Kosten. Das bezieht sich natürlich zunächst einmal auf sachlich-materielle oder machtpolitische Interessen an einer internationalen Regelung. Fördert diese die materiellen oder machtpolitischen Interessen des Mitgliedsstaats, dann wird dieser die Regel einhalten. Tut sie das nicht, besteht die Gefahr der Missachtung. Daraus ergibt sich auch die Behauptung, Staaten gingen nur solche vertraglichen Verpflichtungen ein, die ihnen Vorteile brächten und die sie daher auch einzuhalten gedächten. Allerdings lässt sich diese Kosten-Nutzen-Kalkulation auch durch Kontrolle und gegebenenfalls Sanktionierung der Nichteinhaltung verschieben. Ausgehend von der Überlegung, wonach Gesetze dann eingehalten werden, wenn der Gewinn aus dem Gesetzesverstoß kleiner ist als die zu erwartende Strafe multipliziert mit der Wahrscheinlichkeit, beim Gesetzesverstoß erwischt zu werden, lassen sich rational zwei Instrumente identifizieren, mit denen prinzipiell der Grad an Regelbefolgung erhöht werden kann:

Rationalistischer Ansatz

- einmal die Verstärkung der Anstrengungen zur Kontrolle der Regeleinhaltung, um auf diese Weise die Wahrscheinlichkeit zu erhöhen, Regelverstöße tatsächlich aufzudecken;
- zum anderen die Einführung (oder Erhöhung) von Sanktionen, um so die Gewinne, die aus möglichen Regelverstößen resultieren, auszugleichen.

Da internationale Institutionen gerade bei der Überwachung und Sanktionierung von Regelverstößen mithelfen können, vermag die erhebliche Zunahme der Institutionalisierung internationaler Politik hier die deutliche Verbesserung der Regeleinhaltung erklären.

zu 3) Der Management-Ansatz geht zunächst einmal vom Diktum Louis Henkins (1968) aus, wonach die allermeisten Staaten die allermeisten Regeln fast immer einhalten. Nichtbefolgung einer Regel hat aus dieser Sicht denn auch nichts mit bösem Willen oder absichtlichem Vertragsbruch zu tun. Vielmehr kommt es nicht selten zu Befolgungsproblemen, weil entweder die Regel unklar formuliert worden ist oder aber vor allem Entwicklungsländern für deren Einhaltung schlicht die technischen, finanziellen oder verwaltungsmäßigen Voraussetzungen fehlen. Folglich helfen weder mehr Kontrollen noch schwerere Sanktionen. Was Not tut ist ein kontinuierlicher Dialog zwischen den Vertragspartnern, ein Management des Vertragsinhaltes, um die Regeln den Problemen anzupassen, gemeinsame Regelauslegungen zu finden und so den Vertrag schrittweise weiterzuentwickeln. Ferner bedarf es zur Erhöhung der Regelbefolgung eines Ressourcentransfers. Insbesondere den Entwicklungsländern müssen die notwendigen technischen und finanziellen Mittel zur Verfügung gestellt werden, damit diese sich in der Lage sehen, die eingegangenen Verpflichtungen auch einzuhalten. Vor

Management-Ansatz

allem in der Umweltpolitik lässt sich mit Hilfe des Managementansatzes die gestiegene Regelbefolgung erklären.

Verrechtlichung und Judizialisierung

zu 4) Lange Zeit galt das Völkerrecht als »weiches Recht«, das – weil es nicht von der Sanktionsgewalt eines Staates getragen war – nicht als volles Recht anerkannt wurde. Das hat sich in den vergangenen 30 Jahren in etlichen Bereichen geändert. Dabei lassen sich zwei Entwicklungen unterscheiden. Die eine Entwicklung hat etwas mit der Verrechtlichung der internationalen Beziehungen zu tun. Versteht man unter rechtsförmiger Behandlung einer Frage im Minimum die Forderung, gleich gelagerte Fälle ohne Ansehen der Person nach einer einheitlichen Norm gleich zu behandeln, dann zeigt sich für die internationale Politik eine interessante Entwicklung. Internationale Politik war für mindestens drei Jahrhunderte die Domäne der Diplomatie, die gerade eben nicht gleiche Fälle gleich behandelte, sondern bei der unter anderem Macht, Ansehen oder Sachinteressen zu Verhandlungen und – sofern erfolgreich – zu individuellen, fallbezogenen Ergebnissen führten. So konnten sich z.B. in der Handelspolitik die USA mit ihren Vorstellungen natürlich besser durchsetzen als etwa ein Entwicklungsland. Das hat sich jedoch insbesondere in den Bereichen von Handel und Wirtschaft, aber auch im Umweltschutz und dem Schutz der Menschenrechte Schritt für Schritt gewandelt.

Damit einher geht eine zweite Entwicklung, die Judizialisierung der internationalen Beziehungen. In den vergangenen 30 Jahren sind nicht nur eine Vielzahl gerichtsförmiger Streitschlichtungsinstanzen auf internationaler Ebene neu eingerichtet worden, sondern diese Gerichte bekamen auch vermehrt die mandatorische Rechtsprechung in Streitfällen; d.h., bei Auseinandersetzungen müssen sie von den am Streit beteiligten Staaten verpflichtend angerufen werden und ihre Urteile sind dann bindend. Das gilt beispielsweise nicht nur für den Europäischen Gerichtshof der EU, sondern auch für die Streitschlichtungsinstanz der Welthandelsorganisation. Beide Entwicklungen – die Verrechtlichung der internationalen Politik und deren Absicherung mittels gerichtsförmiger Instanzen – sorgen dafür, dass das »weiche« Recht des Völkerrechts sich zumindest in einigen Bereichen deutlich »härtet«, was eine höhere Regelbefolgung mit sich bringt.

Zusammenfassung

Internationale Regelungen werden besser befolgt

In den vergangenen 30 Jahren hat sich die Einstellung der Staaten zur Befolgung internationaler Regelungen deutlich gewandelt. Offene Vertragsbrüche sind wesentlich seltener geworden. Eine Erklärung dafür bieten vier unterschiedliche theoretische Perspektiven der Compliance-Forschung:

- strukturalistische Perspektive: Internationale Regeln werden eingehalten, wenn sie zu den nationalen Regelwerken passen (und umgekehrt nicht eingehalten, wenn dies nicht der Fall ist).
- rationalistische Perspektive: Kontrollen und die Sanktionierung von Regelbrüchen erhöhen die Wahrscheinlichkeit der Regelbefolgung.
- Management-Perspektive: Eine schrittweise Regelungsinterpretation und -anpassung sowie Ressourcentransfer (vor allem in Entwicklungsländer) sind erforderlich, um die Einhaltung von Regeln zu ermöglichen.
- Verrechtlichungs- und Judizialisierungsperspektive: Völkerrecht erhält zunehmend die gleiche Qualität wie nationales Recht, d.h. gleich gelagerte Fälle werden nach gemeinsamen Normen gleich entschieden. Dies und der Ausbau gerichtsförmiger Streitschlichtungsinstanzen tragen dazu bei, dass Regeln befolgt werden.

Lernkontrollfragen

1. Wie sieht die normative Vision des Föderalismus für die Institutionalisierung internationaler Politik aus? Auf welchem Weg soll diese erreicht werden?
2. Der Funktionalismus offeriert einen nach dem Zweiten Weltkrieg oft genutzten Weg für die Institutionalisierung der internationalen Politik. Wie sieht dieser Vorschlag aus? Nennen Sie Beispiele aus der internationalen Politik, bei denen er angewandt wurde.
3. Was sind die Vor- und Nachteile der föderalistischen und funktionalistischen Konzepte für die Institutionalisierung der internationalen Politik?
4. Welchen Problemen sehen sich Staaten in der Globalisierung gegenüber? Lindern oder verstärken internationale Institutionen diese Probleme?
5. Warum kommt es trotz des hohen Globalisierungsdruck auf die Nationalstaaten nur sehr begrenzt zur Einebnung nationaler Unterschiede und zur Angleichung der nationalen Politiken?
6. Wie hat sich die Befolgung internationaler Regeln in den letzten 50 Jahren entwickelt? Welche Ursachen gibt es für diese Entwicklung?

Literatur

Friedrich, Carl J. (1967), Federalism and Nationalism, in: Orbis, Jg. 10, Heft 4, S. 1009–1021.

Große Hüttmann, Martin/Fischer, Thomas (2005), Föderalismus, in: Bieling, Hans-Jürgen/Lerch, Marika (Hrsg.), Theorien der Europäischen Integration, Wiesbaden, S. 41–64.
Gut lesbare Einführung in die Diskussion um den Föderalismus in den Internationalen Beziehungen.

Henkin, Louis (1968), How Nations Behave. Law and Foreign Policy, London.

Höffe, Otfried (1999), Demokratie im Zeitalter der Globalisierung, München.

Mitrany, David (1944), A Working Peace System, Chicago.

Sinn, Stefan (1992), The Taming of Leviathan. Competition Among Governments, in: Constitutional Political Economy, Jg. 3, Heft 2, S. 177–196.

Strange, Susan (1996), The Retreat of the State. The Diffusion of Power in the World Economy, Cambridge.

Zürn, Michael (2005), Introduction: Law and Compliance at Different Levels, in: Zürn, Michael/ Joerges, Christian (Hrsg.), Law and Governance in Postnational Europe. Compliance Beyond the Nation-State, Cambridge, S. 1–39.
Gut gegliederter Überblick über die Ansätze der Compliance-Forschung (Forschung zur Regelbefolgung in den Internationalen Beziehungen).

Governance und Mehrebenenregieren | 4.4

In den 1990er-Jahren bündelten sich mehrere, meist schon über Jahre laufende Entwicklungen, die aus den im Wesentlichen zwischenstaatlichen internationalen Beziehungen vielfältige, meist sektorale Systeme des Mehrebenenregierens (Multilevel Governance) machten:

- Spätestens mit der dritten Welle der Institutionalisierung der internationalen Politik ab Mitte der 1980er-Jahre entstand ein immer dichteres Netz internationaler Institutionen mit teilweise überlappenden Aufgaben und Zuständigkeiten. Damit sehen sich die Staaten einerseits in ein vielfältig strukturiertes Feld internationaler Beziehungen eingebunden. Andererseits kommt es zu immer größeren Interdependenzen zwischen diesen internationalen Institutionen. Um nur ein Beispiel zu nennen: Wenn die Welthandelsorganisation (WTO) zunehmend versucht, auch nicht tarifäre Handelshemmnisse – also vor allem den Handel beschränkende Marktregulierungen – zu beseitigen, dann trifft sie unter anderem verstärkt auf essentielle Umwelt- oder Verbraucherschutzregulierungen, die nicht nur von den Nationalstaaten erlassen wurden, sondern mittlerweile zunehmend auch auf internationalen Vereinbarungen beruhen. Das aber wirft immer mehr die Frage auf, wie mit diesen mitunter konkurrierenden internationalen Vorgaben umgegangen werden muss.

  Dichtes Netz internationaler Organisationen

- Damit hängt zusammen, dass die Zahl der einflussreichen Akteure in den internationalen Beziehungen massiv zugenommen hat. Noch im Kalten Krieg gehörten zu diesen praktisch nur die Staaten – also die nati-

  Zunahme der Akteure

onalen Regierungen. Seither kam nicht nur eine Reihe von Organen Internationaler Organisationen hinzu – am bekanntesten die Europäische Kommission oder das WTO-Sekretariat. In der internationalen Politik ist vielmehr mittlerweile auch eine ganze Reihe von internationalen gesellschaftlichen (sogenannten transnationalen) Akteuren aktiv. Dazu zählen Nichtregierungsorganisationen wie etwa Greenpeace oder amnesty international genauso wie grenzüberschreitende Interessenverbände (vom Weltfußballverband FIFA im Sportbereich bis hin zu Arbeitgeber-, Industrie- oder Gewerkschaftsverbänden im Wirtschaftsbereich). Dazu gehören aber auch große multinationale Konzerne wie beispielsweise, IBM, Airbus oder IKEA, die längst nicht mehr einem bestimmten Land oder Standort zugeordnet werden können.

- Ebenfalls wichtig in diesem Zusammenhang: In etlichen Internationalen Organisationen erlangten die dort eingerichteten Organe eine größere Eigenständigkeit gegenüber den Mitgliedsstaaten. Nicht selten wurden die nationalen Vetomöglichkeiten eingeschränkt, sodass übernationale (sogenannte supranationale) Entscheidungsgremien entstanden, denen sich die Mitgliedsstaaten auch dann zu unterwerfen haben, wenn sie mit deren Entscheidungen nicht einverstanden sind. Beispiele hierfür sind unter anderem die Europäische Kommission und der Europäische Gerichtshof der EU, das WTO-Sekretariat und die WTO-Streitschlichtungsinstanz oder der Europäische Gerichtshof für Menschenrechte des Europarats.
- Parallel dazu haben sich die internationalen Beziehungen immer mehr verrechtlicht. In etlichen Bereichen wurden die über 300 Jahre üblichen diplomatischen Einzelfallentscheidungen, bei denen nationale Macht und internationale Durchsetzungsfähigkeit im Vordergrund standen, mehr und mehr durch verrechtlichte Verfahren ersetzt, bei denen gleiche Fälle nach gleichen Grundsätzen entschieden werden; mithin Macht und Durchsetzungsfähigkeit der betroffenen Staaten eine deutlich geringere Rolle spielen.
- Und schließlich darf der Druck nicht vergessen werden, den Globalisierung und die damit verbundenen Liberalisierungs- und Öffnungsprozesse mit sich bringen. Liberalisierung und Entstaatlichung sind ein Ergebnis dieses Drucks; ein zweites das vor allem in den industrialisierten Ländern vorherrschende Verlangen nach internationaler Reregulierung, um grundlegende nationale Umwelt- und Verbraucherschutznormen oder Sozialregulierungen aufrechtzuerhalten. Das macht internationale Institutionen zu zentralen Foren einer solchen Reregulierungsdiskussion. Das gilt insbesondere für internationale Vereinbarungen zum Schutz der Umwelt oder der Menschenrechte.

Globalisierungsdruck

Definition

International – transnational – supranational
In der Diskussion um das Regieren jenseits des Staates wird der Begriff »international« nur noch für zwischenstaatliches Handeln verwendet. Arbeiten gesellschaftliche (nicht staatliche) Gruppen über Grenzen hinweg zusammen, so nennt man dies »transnationale« Zusammenarbeit. Mit dem Begriff »supranational« werden Organe Internationaler Organisationen bezeichnet, die eigenständig direkt wirksame politische Entscheidungen fällen können, ohne dass Staaten diese mit einem Veto noch zu blockieren vermögen.

All das hat erhebliche Konsequenzen für die internationale Politik. Internationale Institutionen erweisen sich nicht mehr nur als bloße Instrumente zur kollektiven Problemlösung in den Händen der Mitgliedsregierungen. Vielmehr entwickeln sich gerade in den vielfältigen Organen Internationaler Organisationen, aber auch in transnationalen sozialen Bewegungen und Interessenverbänden institutionelle Eigeninteressen. Das WTO-Sekretariat etwa sieht sich nicht nur als Vermittler zwischen den Mitgliedsstaaten, sondern auch als eigenständiger Akteur in den internationalen Handelsbeziehungen. Hinzu kommt, dass internationale Regelungen immer tiefer in nationale Politikbereiche eingreifen. Im Wirtschaftsbereich geht man heute davon aus, dass zwischen 70 und 80 % der Regelungen in der Bundesrepublik von der Europäischen Union bestimmt werden, speziell in der Geldpolitik sind es sogar noch mehr, weil hier die Europäische Zentralbank wesentliche Aufgaben allein bearbeitet. Die Bundesregierung hat hier folglich nur noch begrenzte Mitsprachemöglichkeiten.

Mehr supranationale Organe

Das wirft entscheidende Fragen nach Macht, Herrschaft und vor allem demokratischer Legitimation auf, wie sie aus nationalen politischen Systemen her ebenfalls bekannt sind. Wer regiert in diesem politischen Mehrebenensystem? Welche Interessen kommen bei der Entscheidungsfindung wie zum Zuge? Wie steht es mit der horizontalen und vertikalen Gewaltenteilung? Und wie demokratisch legitimiert sind diese politischen Entscheidungen?

Für die Beantwortung dieser Fragen kann man nur in begrenztem Maße auf die Erfahrungen in nationalen politischen Systemen zurückgreifen, weil dort andere Rahmenbedingungen vorherrschen. Insofern dürfte dieser Bereich der Multilevel Governance in den kommenden Jahren zum neuen Schwerpunkt sowohl der normativen als auch der empirisch-analytischen

Forschung im politikwissenschaftlichen Teilgebiet der Internationalen Beziehungen werden.

Zusammenfassung

Von internationalen Institutionen zum Mehrebenenregieren
Aus einem vielfältigen Netzwerk internationaler Institutionen haben sich seit den 1990er-Jahren immer mehr sektorale politische Mehrebenensysteme entwickelt, in denen auch supranationales Regieren jenseits des Nationalstaats stattfindet. Die enge, überlappende Institutionalisierung, eine erhebliche Zunahme politischer Akteure, die Ausdehnung des Einflusses politischer Organe wichtiger Internationaler Organisationen sowie die Verrechtlichung der internationalen Beziehungen haben dazu geführt, dass internationale Politik immer stärker mit der nationalen Politik vergleichbar wird, wenn es um Fragen von Macht, Herrschaft und demokratischer Legitimation geht.

4.4.1 | Normative Visionen des Mehrebenenregierens

Die normativen Visionen des Mehrebenenregierens lassen sich auf einem Spektrum mit den beiden Polen (föderaler) Weltstaat auf der einen Seite und Verteidigung der Souveränität der Nationalstaaten auf der anderen Seite anordnen. Dazwischen finden sich Konzepte wie das »komplexe Weltregieren« oder aber die »autonomieschonende Zusammenarbeit«.

4.4.1.1 | Weltstaat und kosmopolitisches Empire

Neben den bereits abgehandelten (föderalen) Weltstaatsideen (→ vgl. Kapitel 4.3) hat sich in den letzten Jahren eine zweite normative Perspektive in der Debatte etabliert, die nicht zuletzt von Ulrich Beck und Edgar Grande (2004) forciert worden ist: das kosmopolitische Empire. Angesichts der vielfältigen Fragen von Macht, Herrschaft und demokratischer Legitimation in Systemen des Mehrebenenregierens befürworten beide die Konstitutionalisierung – also verfassungspolitische Grundlegung – dieser Politik nicht zuletzt im Rahmen der Europäischen Union. Allerdings halten sie alle bisherigen Föderalisierungsgedanken für überholt, weil unter den heutigen Bedingungen der Globalisierung alle auf nationalstaatliche Formen zurückgehenden Vorgaben die Probleme nicht angemessen lösen könnten. Vielmehr müsse vom traditionellen Staatsgedanken Abschied genommen werden. Als neues Ziel der Konstitutionalisierung von Mehrebenenregieren offerieren sie das multinationale kosmopolitische Empire, das aus ihrer Sicht im Idealfall zehn Merkmale aufweise:

Merkmale des kosmopolitischen Empires

1. Es besitze eine asymmetrische Herrschaftsordnung, in der Politikbereiche mit supranationaler Regelung neben Politikfeldern mit weitgehend nationaler politischer Dominanz existierten.
2. Es umfasse ein offenes, variables Territorium, sei also nicht wie ein Nationalstaat auf ein gewisses Staatsgebiet begrenzt.
3. Es fuße auf einer multinationalen Gesellschaftsstruktur und kenne keine ethnischen Nationalismen.
4. Es werde – im Gegensatz zu den Imperien des 19. Jahrhunderts – durch Recht und nicht mittels Gewalt integriert. Schwächere Staaten würden darin also nicht gewaltsam eingebunden.
5. Es baue auf die »Gewalt der Ökonomie« anstatt der »Ökonomie der Gewalt«, nutze also Wirtschafts- und Handelsinterdependenzen und nicht militärische Mittel zur Einflussnahme.
6. Es komme im Inneren des Mehrebenensystems sowohl zu einer horizontalen als auch zu einer vertikalen Institutionenbildung, sodass dieses Empire nicht – wie die früheren Imperien – auf eine Zentrum-Peripherie-Dominanz zu seiner Stabilisierung angewiesen sei. Nicht die Hegemonie einer Kolonialmacht, sondern die gleichberechtigte Zusammenarbeit in gemeinsamen Institutionen bilde sein Fundament.
7. Macht und Herrschaft beruhten im politischen Mehrebenensystem des Empire auf nicht hierarchischer Netzwerkmacht, bei der staatliche wie zivilgesellschaftliche Akteure bei der politischen Entscheidungsfindung zusammenarbeiteten.
8. Das Empire besitze eine komplexe kosmopolitische Souveränität, die sich aus Teilsouveränitäten zusammensetze. Diese Teilsouveränitäten kämen von den Mitgliedsstaaten, dem Empire selbst sowie aus der Teilhabe des Empires an anderen internationalen Institutionen. Staaten müssten also weder auf ihre bisherige Souveränität noch auf den Vorteil einer gemeinsamen Empire-Souveränität verzichten.
9. Es stehe ambivalent zwischen Entgrenzung (also der durch die Globalisierung hervorgerufenen Ausdehnung gesellschaftlicher Handlungszusammenhänge über nationalstaatliche Grenzen hinaus, → vgl. Kapitel 4.3.2.1) und Reregulierung. Es sei folglich gleichzeitig sowohl Teil der Globalisierung als auch Teil der Antwort darauf.
10. Es sei durch einen emanzipativen Kosmopolitismus gekennzeichnet, der systematisch nach innen und außen Andersartigkeit anerkenne und nicht ausgrenze.

4.4.1.2 | Komplexes Weltregieren

Michael Zürn (1998) bezweifelte demgegenüber, dass ein Weltstaat oder eine globale Form der föderalen Konstitutionalisierung in absehbarer Zeit möglich oder denkbar sei. Er betonte aber gleichzeitig, dass der Nationalstaat allein angesichts der Globalisierung gesellschaftlicher Handlungszusammenhänge (→ vgl. Kapitel 4.3.2.1) schon seit geraumer Zeit damit überfordert sei, die auftretenden politischen Probleme autonom zu regeln. Ziel müsse es daher sein, ein System des »komplexen Weltregierens« systematisch weiterzuentwickeln, das sich in den vergangenen Jahrzehnten in Ansätzen bereits entwickelt habe. Zürns Vision des Mehrebenenregierens fußt auf vielfältigen sektoralen internationalen Institutionen (wie z.B. zum Schutz der Ozonschicht, zur Nicht-Weiterverbreitung von Atomwaffen oder zur Regelung der Nutzung der geostationären Umlaufbahn für Satelliten im Weltall) und vor allem Internationalen Organisationen mit supranational agierenden Organen, die der Lösung funktionaler Probleme dienen (wie z.B. die Welthandelsorganisation mit ihrem Sekretariat und Streitschlichtungsorgan zur Regelung internationaler Handelsbeziehungen). Dabei komme es zwangsläufig zu sehr unterschiedlichen Integrationsgraden.

Netzwerke Internationaler Organisationen

Während etwa im Handels- oder Umweltschutzbereich sehr weitreichende, supranationale Organisationen entstanden seien, blieben die Bereiche der Außen- und vor allem Sicherheitspolitik auch zukünftig weitgehend in nationaler Autonomie. Kennzeichnend seien für dieses System komplexen Weltregierens ferner sektorale hierarchische Rechtsordnungen etwa im Handels- oder Menschenrechtsbereich. Völkerrecht existiere hier als hartes Recht, das nationalem Recht vorgehe. Oder es komme zur Schaffung transnationalen privaten Rechts, das parallel zu nationalem Recht bestehe, so etwa bei der »lex mercatoria« (also der privaten rechtsförmigen Verregelung von Verfahrensfragen zwischen Kaufleuten im internationalen Bereich) oder dem »Codex Alimentarius« (also der privaten rechtsförmigen Festlegung von Standards im internationalen Gesundheits- und Verbraucherschutz). Dieses Recht existiere jedoch ohne das klassische staatliche Gewaltmonopol, bedürfe zu seiner Durchsetzung also durchaus horizontaler nationaler Kooperation zwischen den Staaten.

Ähnliches gelte für die demokratische Legitimation politischer Entscheidungen in diesem System komplexen Weltregierens. Nach wie vor beruhe der Kern dieser Legitimation auf der Zustimmung seitens der nationalen politischen Systeme. Doch kämen nach und nach auch transnationale diskursive Prozesse oder die Beteilung von transnationalen Nichtregierungsorganisationen auf internationaler Ebene hinzu, sodass auch jenseits des Staates die demokratische Legitimation politischer Entscheidungsfindung langsam wachse. Zürn betonte denn auch, dass ein derartiges Multilevel Governance-System die Nationalstaaten keineswegs ersetze oder beseitige.

Sie würden zwar in ein derartiges Mehrebenensystem integriert werden, in diesem aber nach wie vor eine ausgesprochen wichtige Rolle spielen.

Zusammenfassung

Kosmopolitisches Empire und komplexes Weltregieren
Als normative Vision eines politischen Mehrebenensystems findet sich zum einen die Idee eines kosmopolitischen Empires. Es soll eine asymmetrische Herrschaftsform (nicht alle Politikbereiche sind mit einbezogen) mit einem offenen Territorium, einer multinationalen Gesellschaftsstruktur, der Integration durch Recht sowie einer zusammengesetzten Souveränität verbinden. Nicht Gewalt und Dominanz, sondern Kooperation und Partizipation sind seine Ziele. Ein zweite Vision orientiert sich an einem vielschichtigen Set sektoraler, funktionaler Internationaler Organisationen, die eine internationale Problemlösung zum Ziel haben. Sie bedienen sich einer hierarchischen, mehrschichtigen Rechtsordnung. Sie ersetzen die Nationalstaaten nicht, sondern binden diese als wichtige Glieder in ein engmaschiges institutionelles Netz ein.

Autonomieschonende Zusammenarbeit zwischen Staaten | 4.4.1.3

Beschränkung auf das Notwendige

Fritz W. Scharpf (1999) sah selbst für die Europäische Union erhebliche Legitimationsprobleme bei politischen Entscheidungen jenseits des Nationalstaats, weil für derartige Mehrebenensysteme kein gemeinsamer *demos*, im Minimum ein gemeinsames Wir-Gefühl über Staatsgrenzen hinweg, zur Verfügung stehe. Das sei auf absehbare Zeit auch nicht zu erwarten, weshalb diese Mehrebenensysteme sich auf bestimmte Kooperations- und Koordinationsleistungen begrenzen sollten. Scharpf fand dabei aus der Sicht demokratischer Legitimation die Liberalisierung und Schaffung von gemeinsamen Märkten zunächst wenig problematisch, sofern sie nicht zur völligen Beseitigung nationaler umwelt- und verbraucherschutzpolitischer Regelungen oder sozialer Sicherungsmaßnahmen führten. Supranationale Reregulierung sei ferner für den Bereich der Produktregulierung möglich. Einmal eingeführte höhere Produktstandards setzten sich üblicherweise am Markt durch und würden nicht mehr ohne Weiteres unterboten. So kaufe niemand freiwillig einen Computer aus den 1980er-Jahren, auch wenn er noch so billig sei.

Demokratietheoretisch problematisch seien aber produktionsspezifische Reregulierungen und vor allem finanziell umverteilende Maßnahmen. Bessere Standards bei Produktionsprozessen setzten sich nicht automatisch am Markt durch. So spiele es häufig genug für den Kunden keine Rolle, ob das Produkt nun auf besonders umweltfreundliche oder umweltschädliche Weise produziert worden sei. Nicht selten greife der Kunde gerade zum auf umweltschädliche Weise produzierten Gut, weil dies in gleicher Qualität billiger angeboten werden könne. Ähnlich sei es mit umverteilenden Maßnahmen. Steuern und Abgaben würden nicht freiwillig bezahlt, müssten also im Zweifel ebenfalls einem staatlichen Zwang unterliegen. Überall wo dieser Zwang aber notwendig sei, reiche die demokratische Legitimation von Mehrebenensystemen jenseits des Nationalstaats nicht aus. Folglich müssten supranationale Mehrebenenstrukturen sich auf bestimmte marktschaffende und marktregulierende Fragen beschränken und alle anderen Fragen subsidiär den nationalen politischen Systemen zur Entscheidung überlassen, die demokratisch nach wie vor wesentlich besser legitimiert seien. Es gelte also, beim Mehrebenenregieren die nationale Autonomie so weit wie möglich zu schonen.

4.4.1.4 Erhalt und Schutz nationalstaatlicher Souveränität

Peter Graf Kielmansegg (1996) griff das Problem der demokratischen Legitimation derartiger Mehrebenensysteme des Regierens ebenfalls auf. Auch er betonte, dass zu einer demokratischen Legitimation ein gemeinsamer *demos* notwendig sei, verlegte diesen aber in den vorpolitischen Raum. Dieser könne selbst beim besten Willen nicht von der Politik geschaffen werden, sondern fuße auf gemeinsamen Werten und Überzeugungen, einer gemeinsamen Geschichte, Sprache, Tradition und Kultur, mithin also einer gemeinsamen Identität. Nur in politischen Gemeinschaften mit einer derartigen Basis sähen sich die Mitglieder in der Lage, Mehrheitsentscheidungen zu akzeptieren oder sich für andere besteuern zu lassen. Daher könnten auch in einem Mehrebenensystem demokratische Entscheidungsregeln bzw. umverteilende Steuern nur auf der Grundlage eines gemeinsamen Wir-Gefühls eingeführt werden. Existiere dieses Wir-Gefühl jedoch nicht und würden solche Maßnahmen dennoch beschlossen, so laufe das Mehrebenensystem Gefahr, separatistischen Bestrebungen zum Opfer zu fallen und auseinanderzubrechen, wie dies mit der Sowjetunion, Jugoslawien oder der Tschechoslowakei geschehen sei.

Illegitimes Regieren

Kielmansegg betonte denn auch, dass selbst der EU als dem am weitgehendsten zusammengewachsenen Mehrebenensystem alle Voraussetzungen für einen gemeinsamen *demos* fehlten. Weder gebe es gemeinsame Wertüberzeugungen noch eine gemeinsame Geschichte, Tradition, Sprache, Kultur oder gar Identität in Europa. Damit aber seien notgedrungen alle Formen supranationaler politischer Entscheidungsfindung demokratisch illegitim, schlicht nicht legitimierbar. Damit bleibe nichts anderes übrig, als sich auf die Nationalstaaten als die demokratisch berufenen politischen Systeme zu beschränken. Internationale Zusammenarbeit dürfe es folglich nur unter dem Vorbehalt nationaler Souveränität, also unter Beachtung des Einstimmigkeitsprinzips geben.

Zusammenfassung

Autonomieschonende Zusammenarbeit und nationale Souveränität
Mehrere normative Ansätze für das Regieren in Mehrebenensystemen bezweifeln, dass sich ein Regieren jenseits des Nationalstaats demokratische legitimieren lässt. Die Verteidiger der nationalen Souveränität sprechen dabei Mehrebenensystemen grundsätzlich (und auch für die absehbare Zukunft) die Demokratiefähigkeit ab, weil sie auf keinem grenzüberschreitenden Wir-Gefühl aufbauen könnten. Nur dieses erlaube aber demokratische Mehrheitsentscheidungen. Weniger strikte Theoretiker plädieren für eine autonomieschonende Zusammenarbeit; diese beschränke sich auf die Schaffung gemeinsamer Märkte und auf produktbezogene Reregulierung (etwa bei Computern oder Fahrzeugen), was demokratietheoretisch weniger problematisch sei. Von produktionsbezogener Reregulierung (etwa bezüglich Kinderarbeit oder Umweltschutzvorkehrungen der Fabriken) oder gar finanzieller Umverteilung nehme sie aber Abstand.

4.4.2 Wie lässt sich die Regierungsleistung politischer Mehrebenensysteme erklären?

Nachdem sich die Forschung im Bereich der internationalen Politik mehr als zwanzig Jahre lang hauptsächlich auf die Frage konzentriert hat, warum Zusammenarbeit zwischen Staaten und deren Institutionalisierung stattfindet, sorgt die Governance-Forschung für einen grundlegenden Perspektivenwechsel. Nicht mehr das Zustandekommen von gemeinsamen Institutionen steht im Mittelpunkt, sondern diese werden als gegeben vorausgesetzt. Gegenstand der Untersuchung ist nun die Regierungsleistung solcher Mehrebenensysteme. Gibt es charakteristische Regierungsergebnisse und wenn ja, warum ist dies der Fall?

Die politikwissenschaftliche Diskussion um solche Erklärungsansätze einer Mehrebenen-Regierungslehre ist noch sehr jung, sodass es erst recht wenige eigenständige analytische Zugriffe auf das Thema gibt. Viele Beispiele stammen daher aus der EU-Forschung, die den Paradigmenwechsel hin zur Multilevel Governance-Forschung schon früher vollzogen hat. Ferner kommt es nicht selten zu einer Übertragung und Anpassung von Ansätzen aus der politikwissenschaftlichen Teildisziplin der Vergleichenden Regierungslehre, die sich mit nationalen politischen Systemen beschäftigt. Entsprechend konzentrieren sich die bisherigen Diskussionen auf zwei klassische Schwerpunkte: Macht und Herrschaft sowie demokratische Legitimation.

4.4.2.1 | Macht und Herrschaft in Mehrebenensystemen

Politische Mehrebenensysteme des Regierens jenseits der Nationalstaaten besitzen charakteristische Eigenheiten, die zwangsläufig erhebliche Auswirkungen auf die politische Machtverteilung und die Durchsetzung von Interessen haben. Nimmt man die klassische Struktur politischer Systeme als Grundlage, dann lassen sich solche charakteristischen Eigenheiten sowohl auf der Input-Seite, im politischen System selbst als auch auf der Output-Seite finden.

Industrieverbände im Vorteil

Mit Blick auf die Input-Seite veröffentlichten Wolfgang Streeck und Philippe C. Schmitter 1991 einen bahnbrechenden Aufsatz über die Durchsetzungsfähigkeit transnationaler Interessengruppen. Sie argumentierten, dass Industrie- und Arbeitgeberverbände systematisch einen Vorteil bei der Interessenvertretung jenseits des Nationalstaats besäßen, weil sie sich wesentlich leichter organisieren könnten. Gewerkschaften hätten demgegenüber einen strukturellen Nachteil, weil sie große Mitgliedermassen grenzüberschreitend organisieren und zudem auch noch ideologische Unterschiede – in etlichen Staaten gibt es mehrere politisch unterschiedlich ausgerichtete Gewerkschaften – überbrücken müssten, um ihren politischen Einfluss beibehalten zu können.

Die Autoren schlossen aus dieser strukturellen Benachteiligung klassischer Arbeitnehmerorganisationen im Mehrebenensystem, dass es in solchen neuartigen Systemen des Regierens jenseits des Nationalstaats sehr viel leichter sei, Deregulierung, Privatisierung und Entstaatlichung – also die bekannten Ziele von Unternehmensverbänden – politisch durchzusetzen als etwa neue Sozialregulierungen oder Umwelt- und Verbraucherschutzmaßnahmen. Der früher von vielen Nationalstaaten her bekannte Korporatismus mit gleichen Einflusschancen für die Industrie wie für die Gewerkschaften zerbröckelt also – so Streeck und Schmitter – in einen asymmetrischen Pluralismus, der eindeutig die leichter organisierbaren Industrieinteressen bevorzugt.

Ebenfalls auf der Input-Seite angesiedelt ist ein zweites Argument: Nachdem mit dem Europäischen Parlament 1979 zum ersten Mal ein supranationales Parlament eines politischen Mehrebenensystems direkt von den Völkern der EU-Mitgliedsstaaten gewählt worden war, stellte sich rasch heraus, dass die wahlbestimmenden Themen nicht die auf der supranationalen politischen Tagesordnung stehenden Themen waren. Vielmehr nutzten die Wähler die Chance, ihre jeweiligen nationalen Regierungsparteien abzustrafen (Reif/Schmitt 1980). Die Wahlen zum Europäischen Parlament erwiesen sich folglich bis in die jüngste Zeit hinein als sogenannte nationale Denkzettelwahlen. Das macht zum einen deutlich, dass nach wie vor nicht gesamteuropäische Fragen und Probleme den Wahlkampf bestimmen, zumal eine grenzüberschreitende europäische Öffentlichkeit praktisch nicht besteht (Hepp et al. 2012). Das verweist zum anderen auf die nach wie vor fehlende Basis für eine gemeinsame Demokratie: das europäische Wir-Gefühl, die europäische Identität, der europäische *demos*. Dementsprechend ist das Europäische Parlament bislang auch das einzige direkt gewählte Parlament jenseits des Nationalstaats geblieben.

Europäische Wahlen national bestimmt

Mit Blick auf das politische System selbst ist bereits in Kapitel 3.5 auf das Problem der hochgradigen Verflechtung zwischen Bund und Ländern im Föderalismus der Bundesrepublik hingewiesen worden. Diese hohe Verflechtung läuft ständig Gefahr, zu einer Politikverflechtungsfalle (Scharpf 1985) zu werden, d. h., dass einmal gefundene Kompromisse faktisch auch dann unumkehrbar sind, wenn sie sich als nicht mehr problemangemessen erwiesen haben, weil zu ihrer Veränderung (weitgehende) Einstimmigkeit notwendig ist und die bestehenden Regelung für mindestens einen Beteiligten Vorteile hat, die er nicht verlieren möchte.

Politikverflechtung

Eine solche Politikverflechtung ist auch für Mehrebenensysteme jenseits des Nationalstaats charakteristisch. Selbst wenn solche supranationalen Entscheidungssysteme mittels qualifizierter Mehrheit abstimmen können, bedarf es doch meist hoher (Zwei-Drittel- oder Drei-Fünftel-)Mehrheiten, um zu einer Entscheidung zu gelangen. Und in besonders heiklen Fragen existiert meist nach wie vor das Einstimmigkeitsprinzip. Unter solchen Bedingungen werden jedoch einmal getroffene Entscheidungen nur noch schwer revidierbar, vor allem dann, wenn die Zahl der Mitgliedsstaaten zunimmt. Denn in aller Regel gibt es wenigstens eine kleine Minderheit, der die existierende Regelung Vorteile bringt und die deshalb jede Reform zunächst als Verlust empfinden muss. Reformen nicht mehr problemangemessener Regelungen lassen sich unter solchen Umständen meist nur dann bewerkstelligen, wenn größere Paketlösungen geschnürt werden können; wenn also jenen, die ihren Verlust per Veto verhindern wollen, auf anderem Gebiet ein Ausgleich angeboten werden kann.

Keine Umverteilung

Untersucht man die politischen Mehrebenensysteme mit Blick auf die Output-Seite, also auf die Art der Politikinhalte (Policies), die von ihnen beschlossen und umgesetzt werden, dann fällt rasch auf, dass sich diese im Wesentlichen auf regulative Politiken beschränken (Majone 1994). Selbst die EU besitzt – sieht man von den mittlerweile finanziell fast bedeutungslos gewordenen Zöllen einmal ab – keine eigene Steuer und ist folglich nicht in der Lage, eigenständig umverteilende Maßnahmen in die Wege zu leiten. So ist der Haushalt der EU mit 28 Mitgliedsstaaten gerade einmal halb so groß wie der Bundeshaushalt. Obwohl empirisch unzweifelhaft, ist die Erklärung für diese Tatsache umstritten. Die einen verweisen darauf, dass Steuerpolitik zu den Kernbereichen staatlicher Souveränität gehöre, die nur im Ausnahmefall aufgegeben würden. Die anderen leiten den Mehrebenen-Regulierungsstaat aus seinem Demokratiedefizit ab: Ohne *demos* keine Umverteilung, bleibe also nur Marktregulierung, die demokratietheoretisch weniger problematisch sei.

Zusammenfassung

Macht und Herrschaft in Mehrebenensystemen

Mehrebenensysteme zeigen charakteristische Formen von Macht- und Herrschaftsverteilung:

1. einen asymmetrischen Pluralismus, in dem die leichter organisierbaren Industrie- und Arbeitgeberinteressen gegenüber den grenzüberschreitend schwer zu mobilisierenden Gewerkschaften bevorzugt sind;
2. erweisen sich Wahlen zum Europäischen Parlament (dem bislang einzigen direkt gewählten supranationalen Parlament) als von nationalen Themen bestimmt, also als Denkzettel-Wahlen gegen die nationalen Regierungen;
3. tendieren Mehrebenensysteme ebenfalls zur Politikverflechtung, einmal beschlossene Politikinhalte können folglich oft nur schwer wieder verändert werden;
4. beschließen solche Systeme kaum umverteilende Maßnahmen, sondern sie beschränken sich im Wesentlichen auf die Regulierung von Märkten.

4.4.2.2 | Demokratische Legitimation des Regierens jenseits des Nationalstaats

Während die politikwissenschaftliche Literatur über die normativen Visionen demokratischer Legitimation des Regierens jenseits der Nationalstaaten ganze Regale füllt, ist die Frage, wie viel demokratische Legitimation supranationales Mehrebenenregieren denn derzeit besitzt, wesentlich schwieriger zu beantworten und damit seltener zu finden. Auch hier gehen die Meinungen weit auseinander. Während die einen kein Demokratiedefizit feststellen können (Moravcsik 2002) sehen andere den völligen Niedergang der Demokratie heraufziehen (Guéhenno 1994). Politische Legitimation eines politischen Systems ist jedoch schwer empirisch zu messen. Selbst die üblichen Umfragen helfen hier nur begrenzt weiter, weil sie in aller Regel die Akzeptanz des Systems durch die Bevölkerung messen. Akzeptanz ist aber nicht gleich demokratisch legitim (Nullmeier et al. 2010).

Michael Zürn (1996) unternimmt es daher, einen analytischen Maßstab einzuführen. Demnach müssen alle politischen Systeme (ob national oder supranational) mindestens drei Bedingungen erfüllen, um als demokratisch legitim zu gelten:

- *Kongruenzbedingung*: Im Zeitalter der Volksdemokratien müssen alle politischen Systeme den beherrschten Bürgerinnen und Bürgern eine faire Gelegenheit geben, ihre Herrscher per Wahl zu bestimmen oder aber per Volksabstimmung über konkrete Politik direkt zu entscheiden. Beherrschte und Herrscher müssen also letztlich deckungsgleich sein.
- *Transparenzbedingung*: Es muss möglich sein, politische Entscheidungen den dafür verantwortlichen politischen Organen zuzuordnen. Der Wähler muss also erkennen können, wer für eine bestimmte politische Entscheidung verantwortlich ist. Nur so kann er bei der nächsten Wahl seine Zustimmung oder Ablehnung (in Form von Wieder- oder Abwahl) kundtun.
- *Reversibilitätsbedingung*: Die politische Entscheidung einer früheren Regierung (oder eines früheren Parlaments) zu widerrufen oder zu ändern, muss theoretisch möglich sein. Wählt das Volk neue Repräsentanten (oder entscheidet es per Volksentscheid direkt), muss es grundsätzlich jede frühere Entscheidung ändern können.

Nun können schon klassische nationale politische Systeme diese drei Bedingungen oft nur teilweise einhalten. Wie groß zum Beispiel ist der angemessene territoriale Bereich für die richtige (kongruente) Entscheidung über den Bau einer Müllverbrennungsanlage? Der betroffene Ortsteil, die gesamte Stadt, der Landkreis, das Land? Je nach Zuordnung der Entscheidung kommen mitunter völlig unterschiedliche Ergebnisse heraus. Oder wie sieht es mit der Umkehrbarkeit einer Entscheidung zum Bau eines Flughafens oder gar eines Kernkraftwerkes aus?

In politischen Mehrebenensystemen vervielfältigen sich jedoch diese Probleme. Zürn kann für die EU zeigen, dass

- die Kongruenzbedingung noch meistens eingehalten wird, dass aber zum Beispiel schon beim Binnenmarkt Fragezeichen auftreten, weil EU-Entscheidungen dort auch für Nicht-EU-Mitgliedstaaten wie Norwegen oder die Schweiz gelten, die sich dem Binnenmarkt angeschlossen haben, aber politisch nicht mitentscheiden dürfen;
- die Transparenzbedingung gerade vom Rat der EU häufig missachtet wird, weil dieser hinter verschlossenen Türen tagt und somit die Zuordenbarkeit der politischen Entscheidungen sehr schwer fällt;
- die Reversibilitätsbedingung ebenfalls häufig verletzt wird, weil die EU stärker als nationale politische Systeme der Politikverflechtung unterliegt, die eine Reform einmal beschlossener Regelungen sehr erschwert.

Folglich erweist sich selbst das weit entwickelte Mehrebenensystem der EU als nur bedingt demokratisch legitim. Das gilt dann umso mehr für andere sektorale Mehrebenensysteme wie etwa die Welthandelsorganisation. Zürn schlägt indessen einige Maßnahmen vor, mit denen diese Legitimationsprobleme gelindert werden können. Neben mehr Transparenz z. B. bei den Ratssitzungen plädiert er nicht zuletzt für die Einführung EU-weiter Volksabstimmungen.

Zusammenfassung

Demokratie im Mehrebenensystem

Analytisch zu messen, welchen Grad an demokratischer Legitimation ein politisches Systems aufweist, ist schwierig. Alle politischen Systeme müssen jedoch zumindest drei Bedingungen erfüllen, um als demokratisch legitim zu gelten:

- Deckungsgleichheit von Herrschern und Beherrschten,
- Zurechenbarkeit von politischen Entscheidungen zu bestimmten Akteuren,
- grundsätzliche Umkehrbarkeit jeder politischen Entscheidung.

Selbst nationale politische Systeme erfüllen diese Bedingungen jedoch nicht vollständig. Supranationale Mehrebenensysteme erweisen sich aber als demokratisch noch prekärer. Vor allem die Zurechenbarkeits- und Umkehrbarkeitsbedingungen sind bei ihnen nur sehr begrenzt erfüllt.

Lernkontrollfragen

1. Warum kommt es in der internationalen Politik zur Herausbildung von sektoralen Systemen des Mehrebenenregierens?
2. Erläutern Sie die Begriffe »supranational« und »transnational«.
3. Wodurch zeichnet sich nach Ulrich Beck und Edgar Grande ein kosmopolitisches Empire aus?
4. Warum spricht man bei Mehrebenensystemen von asymmetrischem Pluralismus?
5. Welche Bedingungen muss ein politisches System erfüllen, um als demokratisch legitim zu gelten?

Literatur

Beck, Ulrich/Grande, Edgar (2004), Das kosmopolitische Europa. Gesellschaft und Politik in der Zweiten Moderne, Frankfurt/Main.

Benz, Arthur (Hrsg.) (2004), Governance: Regieren in komplexen Regelsystemen. Eine Einführung, Wiesbaden.
Aktuelle Einführung in die Frage der Governance und des Regierens in Mehrebenensystemen.

Guéhenno, Jean-Marie (1994), Das Ende der Demokratie, München.

Hepp, Andreas/Brüggemann, Andreas/Kleinen-von Königslöw, Katharina/Lingenberg, Swantje/Möller, Johanna (2012), Politische Diskurskulturen in Europa. Die Mehrfachsegmentierung europäischer Öffentlichkeit, Wiesbaden.

Kielmansegg, Peter Graf (1996), Integration und Demokratie, in: Jachtenfuchs, Markus/Kohler-Koch, Beate (Hrsg.), Europäische Integration, Opladen, S. 47–72.

Majone, Giandomenico (1994), The Rise of the Regulatory State in Europe, in: West European Politics, Jg. 17, Heft 3, S. 77–101.

Moravcsik, Andrew (2002), In Defense of the »Democratic Deficit«: Reassessing Legitimacy in the European Union, in: Journal of Common Market Studies, Jg. 40, Heft 4, S. 603–624.

Nullmeier, Frank/Biegon, Dominika/Gronau, Jennifer/Nonhoff, Martin/Schmidtke, Henning/Schneider, Steffen (2010), Prekäre Legitimitäten: Rechtfertigung von Herrschaft in der postnationalen Konstellation, Frankfurt/M.

Reif, Karlheinz/Schmitt, Hermann (1980), Nine Second Order National Elections. A Conceptual Framework for the Analysis of European Election Results, in: European Journal of Political Research, Jg. 8, Heft 1, S. 3–44.

Scharpf, Fritz W. (1985), Die Politikverflechtungs-Falle: Europäische Integration und deutscher Föderalismus im Vergleich, in: Politische Vierteljahresschrift, Jg. 26, Heft 4, S. 323–356.

Scharpf, Fritz W. (1999), Regieren in Europa. Effektiv und demokratisch?, Frankfurt/Main.

Streeck, Wolfgang/Schmitter, Philippe C. (1991), From National Corporatism to Transnational Pluralism: Organized Interests in the Single European Market, in: Politics and Society, Jg. 19, Heft 2, S. 133–164.

Zürn, Michael (1996), Über den Staat und die Demokratie im europäischen Mehrebenensystem, in: Politische Vierteljahresschrift, Jg. 37, Heft 1, S. 27–55.

Zürn, Michael (1998), Regieren jenseits des Nationalstaates. Globalisierung und Denationalisierung als Chance, Frankfurt/Main.
Systematische Einführung in die Thematik von Globalisierung und komplexem Weltregieren.

Register